IMPULSE

KOMMUNIKATIVES DEUTSCH FÜR DIE MITTELSTUFE

DAVID CROWNER
Gettysburg College

KLAUS LILL
Cologne, Germany

HOUGHTON MIFFLIN COMPANY
Boston   Toronto

Geneva, Illinois   Palo Alto
Princeton, New Jersey

Cover photo: Marcus Brooke, Tony Stone Images
Cover designer: Harold Burch, Harold Burch Design, NYC
Credits for photos, illustrations, and realia are found at the end of the
book following the index.

SPONSORING EDITOR: Susan M. Mraz
SENIOR DEVELOPMENT EDITOR: Barbara Lasoff
PROJECT EDITOR: Kathy Brown
PRODUCTION/DESIGN COORDINATOR: Carol Merrigan
SENIOR MANUFACTURING COORDINATOR: Priscilla Bailey

Printed in the U.S.A.

Library of Congress Catalog Card Number: 94-76497

ISBN: 0-395-66962-6

3456789-DH-98   97

Inhalt

Scope and Sequence

Source of Text Excerpt 1: Der Lesetext 2: Zum Schluß	Grammar
1, 2: Kronzucker, Dieter. In *Unser Amerika*. Reinbek bei Hamburg: Rowohlt Verlag, 1987.	Sachen charakterisieren (Adjektivendungen) *[Characterizing things (Adjective endings)]*
1: Heer, Hannes, ed. *Als ich 9 Jahre alt war, kam der Krieg: Schüleraufsätze 1946, Ein Lesebuch gegen den Krieg.* Cologne: Prometh Verlag, 1980. 2: *Nürnberger Trichter-Angebote '90/'91 für Einzelreisende und Gruppen.* Nuremberg: Congreß- und Tourismus-Zentrale Nürnberg, 1990.	Über Vergangenes sprechen (Perfekt) *[Talking about the past (Perfect tense)]*
1: Seemann, Peter. *Entwicklung des ADAC-Disco-Videos.* Munich: ADAC-Zentrale, 1992. 2: (Video) *The Game is Over.* Düsseldorf: Ministerium für Stadtentwicklung und Verkehr des Landes Nordrhein-Westfalen, 1992.	Über Geschehenes berichten (Präteritum) *[Relating something that happened (Imperfect tense)]*
1: a. Karpa, Joachim. "(Him-)Bär und seine Freunde – Eine süße Versuchung wird 70." *Westfalenpost: Wochenendpost,* November 7, 1992. b. Wilk, Uwe. "Das Geheimnis der Gummibärchen." *Heimat + Welt: Wochenmagazin des Reutlinger General-Anzeigers,* September 1, 1990. 2: Gindler, Frank J. "Das wahre Märchen vom Gummibärchen." *LM life,* 2, 1992.	Beschreibung eines Vorgangs (Temporaladverbien und temporale Konjunktionen) *[Describing a course of events (Adverbs and conjunctions of time)]*
1: "Aus dem Tagebuch eines AIDS-Kranken." In *Das ist mein Land: 40 Jahre Bundesrepublik,* ed. Horst Heidtmann. Baden-Baden: Signal-Verlag, 1988. 2: a. *Was jede/r über HIV und AIDS wissen sollte,* 4th ed. Bonn: Bundeszentrale für gesundheitliche Aufklärung, 1992. b. Tücking, Stefanie, and Kai Böcking, eds. *Das Anti Aids Buch.* Frankfurt am Main: Fischer, 1990.	Die Negation *[Negation]*
1: a. Moericke, Helga. *Wir sind verschieden: Lebens-entwürfe von Schülern aus Ost und West.* Frankfurt am Main: Luchterhand Literaturverlag GmbH, 1991. b. Baehr, Vera Maria. "Drei Jahre danach: Kinder der Wende." *Brigitte,* 21, 1992. c. "33 Kilometer bis Hoyerswerda." *Der Spiegel,* 38, 1993. 2: "Erst vereint, nun entzweit." *Der Spiegel,* 3, 1993.	Gedanken verbinden (Relativpronomen) *[Connecting thoughts (Relative pronouns)]*

Source of Text Excerpt 1: Der Lesetext 2: Zum Schluß	Grammar
1: Spellmeyer, Walter. "Eine verirrte Kuh findet allein zur Herde zurück." *Deutscher Entwicklungsdienst: Fachheft Gesundheitswesen.* Berlin: Deutscher Entwicklungsdienst, 1990.	Fragen stellen *[Posing questions]*
1: Nicolas, Dominic. "Billig-Touren mit der Bahn quer durch Europa." In *Informationsbuch für deutsche Schüler und Studenten: Update,* ed. Brigitte Stolz-Dacol. Wiesbaden: Betriebswirtschaftlicher Verlag Dr. Th. Gabler, 1990.	Richtung oder Lage ausdrücken (Präpositionen mit dem Dativ und Akkusativ) *[Expressing direction or location (Two-way prepositions)]*
1: Kronzucker, Dieter. "Winnetou und die anderen." In *Unser Amerika.* Reinbek bei Hamburg: Rowohlt Verlag, 1987. 2: Wagner, Irmgard. "Die Indianer standen vor einem Rätsel." *Kultur-Chronik,* 3, 1991. (Originally appeared in *General-Anzeiger,* Bonn.)	Das Objekt das Geschehens betonen (das Passiv) *[Emphasizing the object to which something happens (Passive voice)]*
1, 2: Herzog, Ruth. *Shalom Naomi? Brief an ein Kind.* Frankfurt am Main: Fischer, 1982.	Logische Verhältnisse ausdrücken (Unterordnende Konjunktionen) *[Expressing logical relationships (Subordinating conjunctions)]*
1: *Impulse* authors. Interview with members of the German National Wheelchair Basketball Team, 1993. 2: Brochure of Sonderschule für Geistigbehinderte, Cologne-Sulz, 1993.	Irreales, Wunschvorstellungen, Vermutungen ausdrücken (Konjunktiv II und die *würde* + Infinitiv-Konstruktion) *[Expressing unreal events, wishes, and conjecture (General subjunctive and the* würde + *infinitive construction)]*
1: a. Paraquin, Karl Heinz, ed. *Denkspiele.* Ravensburg: Ravensburger Buchverlag Otto Maier GmbH, 1990. b. Gebert, Helga. *Das große Rätselbuch.* Weinheim & Basel: Beltz, 1986. c. "Rätsel-Kaiser." Sonderheft der *Freizeit-Revue,* 16, 1990.	Modalverben *[Modal auxiliaries]*

Preface

Features of *Impulse*

Welcome to *Impulse,* an intermediate language program whose primary goal is to increase students' proficiency in German by fostering active use of the language for purposeful communication. *Impulse* offers a student text, video and audio presentations to accompany the book's twelve chapters (*Kapitel*), a workbook associated with the video and audiocassettes, as well as an *Instructor's Resource Manual* containing teaching and testing suggestions, scripts of the video and audiocassettes, and an answer key to the workbook.

Because the chapters are not dependent upon one another, *Impulse* provides the flexibility of using selected chapters in any sequence. However, *Kapitel 1* includes annotations that explain the purpose of each exercise. Thus, it is recommended that this particular chapter be treated immediately after the introductory chapter (*Einführungskapitel*).

Authentic Readings Chosen by Students

One of the guiding principles of *Impulse* is that motivation is a key to effective language learning. The book was conceived with careful attention to two motivational factors: the level of student interest in the thematic content, and the student's degree of need to communicate.

To find out first what topics in an intermediate course interest and motivate students, we asked numerous students to rate many possible authentic readings for their interest level and readability. The readings for each of the twelve chapters were selected to correspond to the students' interest. These readings form the thematic focus of their respective chapters and serve as the springboard to communication.

You will also find that the topics lend *Impulse* a distinctive international and multicultural character. They include, for example, the adventure of traveling in Europe by rail (*Kapitel 8*), the German perception of Native Americans (*Kapitel 9*), and the story of an international German corporation (*Kapitel 4*). Issues that either cross or transcend national boundaries place German culture within a broad context reflecting the impetus of globalization. For example, *Kapitel* 7 focuses on the work of a German doctor in the African country Burkina Faso. At the same time, the readings present a wide variety of writing types, such as newspaper articles, interviews, a diary, a letter, and reports.

Activities for Purposeful Communication

Since another motivational key to language acquisition is the need to communicate, *Impulse* relies as much as possible on genuine interchange in partner and group work, drawing heavily on the students' own experiences, and engaging students in using German for specific functions, such as describing things and expressing opinions. The heart of each chapter is a progression of creative activities that establish situations for meaningful communication.

Instructions for many activities explain whether the work is to be oral or written, whether in or outside of class. Activities particularly appropriate for individual work outside of class are marked with a symbol for "homework." Some exercises can be used in a variety of ways. For example, an exercise might be done as individual written homework, or as in-class oral work with a partner, or as a combination of both.

All-in-German

In order to make it easier to sustain communication in German, the chapters are entirely in German. However, unfamiliar words in the reading selection are glossed in the margin, and occasional lists of useful words and expressions (*Nützliche Wörter und Ausdrücke*) appear in the activities. A comprehensive German-English vocabulary list of words appearing in *Impulse* is provided at the end of the book.

Introductory Chapter

The brief introductory chapter (*Einführungskapitel*) is offered as a helpful opening resource. It lists the phrases needed to understand the exercise instructions and presents expressions commonly used in discussion and conversation. The introductory chapter also contains a self-test to enable students to check quickly their mastery of basic structures of German. The introductory chapter is designed as preparation for any of the chapters that follow.

Treatment of Grammar

Although the book is not a grammar review, it does provide an extremely well-integrated treatment of twelve important structures chosen both on the basis of communicative needs and on the basis of the material in the authentic texts. The grammar section of each chapter presents a brief explanation of one structure and a progression of exercises related directly to the thematic content of the chapter. For additional help a comprehensive set of grammar charts is provided in Appendix A (*Anhang A*).

Chapter Organization

Each chapter consists of the following six stages:

1. *Einleitung:* An introduction that activates prior knowledge about the general theme and introduces the specific topic.

2. *Vor dem Lesen:* An orientation to the concepts and vocabulary in the reading.

3. *Lesetext:* The reading selection itself.

4. *Nach dem Lesen:* Follow-up activities that move from comprehension of the text to reaction, opinion, debate, and personal experience. These activities culminate in a project requiring students to apply their language skills creatively, free of most linguistic controls.

5. *Sprachliche Funktion:* A grammar review section with exercises and activities.

6. *Zum Schluß:* A closing section that includes a brief, thematically related reading, with activities designed to help students summarize the communicative, thematic, lexical, and grammar content of the chapter.

The structure, although consistent throughout the book, allows the flexibility to choose from a variety of activities and to omit a chapter's closing section (*Zum Schluß*) or grammar review section (*Sprachliche Funktion*).

Other Components

Video with Authentic Footage from German Television

The supplementary video and audio programs further enhance listening and speaking skills. The video consists of a series of five- to seven-minute segments of footage produced originally for German television. The segments are closely related to the chapter topics and are best viewed upon completion of work with the corresponding chapter in the textbook so that students are already familiar with the thematic content.

Audio Program in Radio Show Format

An audio program also supplements the book. The individual programs, produced in a radio show format, correlate with the chapter topics to expand on what is already in the book. Each show begins with an interview or similar presentation, followed by activities based on the presentation, including a mini quiz show.

Accompanying Workbook for Video and Audio Programs

The workbook accompanying the video and audio programs provides exercises to help students comprehend the material and use it to their best advantage. Pre- and postviewing activities support each video segment. The workbook also contains a section with a variety of activities keyed to the audio program, to help students review and work with the recorded information.

The authors and Houghton Mifflin Company hope you enjoy using *Impulse.*

David Crowner

Klaus Lill

Acknowledgments

The authors and publisher of *Impulse* thank the following professors for their thoughtful reviews of portions of the manuscript.

Christiana Brohaugh
   University of Massachusetts, Amherst and Dartmouth, MA

Eston Evans
   Tennessee Technological University, Cookeville, TN

Todd Hanlin
   University of Arkansas, Fayetteville, AR

Jeffrey High
   University of Massachusetts, Amherst, MA

Robert Hoeing
   State University of New York, Buffalo, NY

Christiane Keck
   Purdue University, W. Lafayette, IN

Brenda Keiser
   Bloomsburg University, Bloomsburg, PA

Regula Meier
   Old Dominion University, Norfolk, VA

Bianca Rosenthal
   California Polytechnic State University, San Luis Obispo, CA

Gerd Schneider
   Syracuse University, Syracuse, NY

Daniel Soneson
   Macalester College, St. Paul, MN

Larry Wells
   State University of New York, Binghamton, NY

Norman Whisnant
   Furman University, Greenville, SC

Linda Kraus Worley
   University of Kentucky, Lexington, KY

The authors greatly appreciate the support of Gettysburg College, of their departmental colleagues, of the many students who rated materials and used early versions of the manuscript, and of other friends and colleagues too numerous to name.

The authors are deeply indebted to the staff at Houghton Mifflin for the invaluable work it carried out with a wonderful combination of professionalism and personal warmth. The authors thank especially Diane Gifford, Hildegunde Kaurisch, Harriet Dishman, Kirk Smith, and, above all, Senior Development Editor Barbara Lasoff, whose keen judgment and good spirit guided them through the stages of publication. The authors cannot imagine a finer editor.

Finally, the authors express their deepest thanks to Margret and Pat, who so often adjusted their lives to the authors' work on the book, and, in so doing, helped make *Impulse* possible.

**The authors dedicate the book to
Alex and Jannis.**

Europa

EINFÜHRUNGSKAPITEL

☐ EINFÜHRUNGSGLOSSAR

☐ SELBSTTEST

Studenten an der Technischen Hochschule Frankfurt am Main arbeiten miteinander.

Einführung

This **Einführungskapitel** (*introductory chapter*) provides you with two resources. The first is an **Einführungsglossar** (*introductory glossary*) of phrases useful for your work in any of the chapters in *Impulse*. The second is a **Selbsttest** (*self-test*) which will enable you to identify those areas of basic German grammar that you may need to review. You can check your answers against those provided at the end of this chapter.

Einführungsglossar

One of the key strategies of *Impulse* is to promote class discussion in German. Your experiences and opinions and those of your classmates serve as the starting point and focus of that interaction. However, in order to participate you need a repertoire of basic phrases. The following expressions will pave your way to active participation in German throughout the book. They are divided into two categories: (1) phrases used in the instructions throughout the book, and (2) phrases useful for discussions.

Phrases Used in Exercise and Activity Instructions in *Kapitel 1–12*

A. Interacting

1. Bilden Sie Partner-/Dreier-/ Kleingruppen.

   Form partner groups/ groups of three/small groups.

2. Stellen Sie eine Frage an Ihren Partner/Ihre Partnerin. *Ask your partner a question.*

3. Einigen Sie sich auf ... *Agree on ...*

4. Vergleichen Sie Ihre Antworten/Ergebnisse. *Compare your answers/results.*

5. Teilen Sie Ihre Lösung anschließend im Plenum mit. *Afterwards tell the whole class what your solution is.*

6. Berichten Sie dem Kurs über ... *Report to the class about ...*

B. Reacting

1. Überlegen Sie sich ... *Think about ...*

2. Was kommt Ihnen in den Sinn, wenn ... ? *What comes to your mind when ... ?*

3. Was fällt Ihnen ein? *What occurs to you?*

4. Woran denken Sie, wenn ... ? *What do you think about when ... ?*

5. Stellen Sie sich vor ... *Imagine ...*

C. Strategizing

1. Formulieren Sie ... *Formulate ...*

2. Erstellen Sie ... *Draw up/Make up ...*

3. Stellen Sie ... zusammen *Put together ...*

4. Ordnen Sie ... ein; Ordnen Sie ... zu *Arrange ... ; Categorize ...*

5. Erklären Sie den Zusammenhang von/zwischen ... *Explain the connection between ...*

6. Wählen Sie ... *Choose ...*

7. Begründen Sie Ihre Wahl. *Give reasons for your choice.*

8. Legen Sie fest, ... *Determine ...*

9. Benutzen Sie ... *Use ...*

10. Verwenden Sie ... *Make use of ...*

11. Bereiten Sie sich auf ... vor. *Prepare (yourself) for ...*

The symbol ▷ *is used throughout* **Impulse** *to indicate that an exercise or list continues on the following page.*

12. Verschaffen Sie sich einen   *Get a general impression*
Überblick über ...   *of ...*

13. Sehen Sie sich den Text   *Take a quick look at the*
flüchtig an.   *text.*

Phrases Useful for Discussions

A. Seeking Information

1. Wie bitte?   *Pardon?/What did you say?*

2. Wie war die Frage?   *What was the question?*

3. Ich möchte gerne wissen, ...   *I would like to know ...*

4. Ich frage mich ...   *I wonder ...*

5. Wie sagt man ... auf deutsch?   *How do you say ... in German?*

B. Eliciting Opinions

1. Was meinen Sie?   *What's your opinion? What do you think?*

2. Sind Sie der Meinung, daß ... ?   *Are you of the opinion that ... ?*

3. Was halten Sie von ... ?   *What do you think about ... ?*

C. Expressing Opinions

1. Ich glaube, daß ...   *I think that ...*

2. Meiner Meinung nach ...   *In my opinion ...*

3. Ich bin der Meinung ...   *I'm of the opinion/I think ...*

4. Das ist meine persönliche Meinung.   *That's my personal opinion.*

5. Mir scheint, daß ...   *It seems to me that ...*

6. Ich möchte sagen, daß ...   *I would like to say that ...*

7. vielleicht   *perhaps/maybe*

8. wahrscheinlich   *probably*

9. zweifellos   *no doubt*

10. hoffentlich   *I hope (colloquial: hopefully)*

D. Clarifying

1. Woher wissen Sie das? — *How do you know that?*
2. Ich habe die Erfahrung gemacht, daß ... — *I've had the experience that ...*
3. Es handelt sich um ... — *It has to do with ...*
4. erstens ... zweitens ... drittens ... — *first ... second ... third ...*
5. auf der einen Seite/auf der anderen Seite — *on the one hand/on the other hand*
6. im Vergleich zu/mit — *in comparison to/with, compared to/with*
7. im Unterschied zu — *unlike, as opposed to, in contrast to*
8. im Gegenteil — *on the contrary*
9. mit anderen Worten — *in other words*
10. Es kommt darauf an. — *It depends.*
11. jedenfalls — *in any case/at any rate*

E. Affirming or Denying

1. Ich habe festgestellt, daß ... — *I've established/found out that ...*
2. Da bin ich gleicher/anderer Meinung. — *I have the same/a different opinion.*
3. Da haben Sie recht. — *You're right about that.*
4. Das finde ich auch. — *I think so, too.*
5. Das geht mir auch so. — *I feel the same way.*
6. Eben!/Genau! — *Exactly!*
7. Klar ist, daß ... — *It's clear that ...*
8. Das ist doch klar! — *But it's clear!*
9. Ich bin sicher, daß ... ; Ich bin nicht sicher, ob ... — *I'm sure/certain that ...; I'm not sure/I'm uncertain whether ...*
10. Das sehe ich nicht so. — *That's not the way I see it.*

11. Das stimmt (nicht).	*That's (not) right.*
12. Das finde ich gut/schlecht.	*I think that's good/bad.*
13. Das ist völlig subjektiv!	*That's completely subjective!*

Selbsttest

The following activities allow you to check your command of several grammar topics covered in introductory German courses (e.g., present tense, noun plurals). The answers to the exercises are provided at the end of this **Einführungskapitel.** By working through the items and then checking your answers against those provided, you can identify areas of German grammar which you may need to review. To help you in your review, a series of grammatical charts is provided in **Anhang A.**

The twelve self-test exercises also give you a preview of the twelve chapter themes in **Impulse.** The thematic content of each exercise corresponds to that in one of the chapters.

A

❏ Setzen Sie die Verben im Präsens ein.

1. Wenn ein Deutscher in die USA _____ (kommen), _____ (sehen) er viele Unterschiede°, aber auch Ähnlichkeiten°.   *differences; similarities*

2. Wenn er dann wieder in Deutschland _____ (sein), _____ (haben) er viel zu erzählen°.   *tell*

3. „Alle Amerikaner _____ (essen) nur Hamburger, _____ (schauen) den ganzen Tag fern, und jeder _____ (interessieren) sich für Football."

4. Wir alle _____ (wissen), daß solche Klischees falsch _____ (sein), und doch _____ (können) man immer wieder hören: „Ich _____ (kennen) die Amerikaner, Italiener, Mexikaner, Deutschen usw."

5. Wir _____ (wollen) darüber reden°, welche Erfahrungen° ein Deutscher in den USA _____ (machen).   *talk; experiences*

B

☐ Schreiben Sie die folgenden Substantive im Plural.

1. Besonders für die _____ (Kind) ist der Krieg° eine schreckliche° Erfahrung.   *war; horrible*

2. Die _____ (Haus) in unserer Straße wurden von vielen _____ (Bombe) getroffen°.   *hit*

3. Alle _____ (Zimmer) unserer Wohnung waren zerstört.°   *destroyed*

4. Alle _____ (Tisch) und _____ (Stuhl) waren kaputt.

5. Die _____ (Mann) und _____ (Frau) liefen°, wenn die Bomber kamen, in die Luftschutzkeller°.   *ran*
   air raid shelters

6. Viele meiner _____ (Freund) und _____ (Freundin) sind im Krieg gestorben°.   **sind gestorben:** *died*

7. Die schrecklichen _____ (Erinnerung°) an den Krieg habe ich heute immer noch.   *memory*

8. In der Schule mußten wir später über unsere _____ (Erlebnis°) berichten°.   *experience*
   report

C

☐ Entscheiden Sie sich für das richtige Modalverb im Präsens.

1. In Deutschland _____ (können, müssen) man erst mit achtzehn Jahren den Führerschein° machen.   *driver's license*

2. Alkohol _____ (dürfen, wollen) man aber schon mit sechzehn trinken.

3. Viele Eltern _____ (können, wollen) nicht, daß ihre Kinder so jung schon Bier trinken.

4. Vor allem, wenn man mit dem Auto fährt, _____ (müssen, sollen) man keinen Alkohol trinken.

5. Nach der Disco _____ (dürfen, wollen) die Jugendlichen° schnell nach Hause, deshalb° fahren sie mit dem Auto.   *young people*
   therefore

6. Wie _____ (dürfen, können) man den Jugendlichen klarmachen, daß Autofahren und Alkohol nicht zusammenpassen°?   *go together*

7. Ein Team _____ (wollen, können) das untersuchen° und spricht mit jungen Discobesuchern.   *investigate*

Setzen Sie den bestimmten Artikel (**der, die, das**) ein. Achten Sie auf° die Präpositionen. Benutzen Sie entweder Akkusativ oder Dativ.

achten auf: pay attention to

1. Wenn man in Deutschland durch _____ Supermarkt (der) geht, findet man viele amerikanische Produkte.

2. Seit _____ Zeit (die) nach _____ Zweiten Weltkrieg (der) kauft man in Deutschland Jeans, T-Shirts, Corn-flakes oder Peanut-butter.

3. Doch auch in Deutschland produziert man für _____ amerikanischen Markt (der).

4. Außer _____ deutschen Autos (Pl.) gibt es noch mehr, was die lange Fahrt über _____ Atlantik (der) macht.

5. Zum Beispiel mit _____ deutschen Bier (das) lassen sich gute Geschäfte machen°.

lassen sich gute Geschäfte machen: you can do good business

6. Aber noch etwas: Direkt aus _____ Fabrik° (die) in Bonn kommen viele kleine Tiere° in _____ USA (Pl.).

factory

animals

7. Bei _____ Tieren (Pl.) handelt es sich um° süße°, bunte° Gummibärchen.

Bei ... um: The animals referred to are; sweet; colorful

Setzen Sie die Personalpronomen der unterstrichenen° Substantive ein°.

underlined

setzen ... ein: insert

1. Die Krankheit°, von der wir hier sprechen wollen, ist sehr gefährlich°. _____ heißt AIDS.

illness

dangerous

2. Seit den 80er Jahren suchen die Wissenschaftler° nach einem Serum, doch _____ haben noch keins gefunden.

scientists

3. Das Schicksal° vieler Menschen hängt von der Arbeit der Forscher° ab°. _____ heißt Tod,° wenn _____ keinen Erfolg° hat.

fate

researchers; **hängt ab:** depends on; *death*

success

4. Wie lebt der AIDS-Patient mit der Angst° zu sterben°? Wie geht _____ mit _____ um?

fear; die

5. Werner H. hat AIDS. _____ wohnt in Hamburg. _____ hat ein Tagebuch° über seine Krankheit geschrieben.

diary

6. Das Tagebuch hat dem Kranken geholfen, seine Krankheit zu verarbeiten°. _____ hat _____ geholfen, sich über seine Situation klarzuwerden.

work through

7. <u>Seinen Eltern und Freunden</u> hat er gesagt, daß er krank ist. Er hat ———— gesagt, daß er AIDS hat.

F

▢ Setzen Sie die folgenden Konjunktionen ein: **und, aber, denn.**

1. Die Mauer° in Berlin wurde geöffnet°, ———— sofort besuchten die Menschen aus dem Osten ihre Verwandten° im Westen.

2. Vierzig Jahre lang war Deutschland geteilt°, ———— jetzt gibt es keine Grenze° mehr quer durch° das Land.

3. Die Menschen in der DDR haben demonstriert, ———— sie waren unzufrieden° mit der Politik in ihrem Land.

4. Die Grenze wurde am 9. November 1989 geöffnet, ———— schon am 3. Oktober 1990 war Deutschland wiedervereint°.

5. Es gibt heute zwar keine Grenze mehr, ———— den Menschen im Osten geht es wirtschaftlich° immer noch viel schlechter als den Menschen im Westen.

6. Viele Jugendliche im Osten suchen Arbeit, ———— sie finden keinen Job.

7. Im Westen sind viele Menschen unzufrieden, ———— sie müssen für die Wirtschaft° im Osten mehr Steuern° bezahlen.

8. Wirtschaftlich geht es vielen Deutschen zwar schlechter als früher, ———— trotzdem° sind sie froh, daß es keine Grenze mehr gibt.

Wall; opened

relatives

divided

border; **quer durch:** *right through*

dissatisfied

reunified

economically

economy; taxes

nevertheless

G

▢ Ordnen° Sie die Satzteile° nach dem Muster° Subjekt-**Verb**-Objekt, und schreiben Sie den Satz.

arrange; parts of sentences; pattern

1. in einem Entwicklungsland / der Arzt / arbeitet

————————————————————————

2. versucht / er / sein Wissen / weiterzugeben

————————————————————————

3. im Ausland° / der Deutsche Entwicklungsdienst° / organisiert / viele Projekte

————————————————————————

foreign countries; Agency for Developing Countries

4. man / die Kultur / muß / verstehen lernen / der anderen Länder

————————————————————————

5. haben / zu verstehen / wir / Schwierigkeiten° / die Ge-
   wohnheiten° der Europäer

   difficulties
   habits

   _____

6. in einem Krankenhaus in Burkina Faso / arbeiten / die Europäer

   _____

7. ist / Entwicklungshilfe / keine Schande° / für uns Afrikaner

   shame

   _____

8. haben / zu helfen / eine historische Pflicht° / die reichen
   Länder / uns

   duty

   _____

H

Setzen Sie die folgenden Präpositionen ein (jede nur einmal): **von,
bis, durch, ohne, um, für, gegen, aus, mit, nach, seit, zu.**

1. Ich reise _____ dem Zug _____ Deutschland _____ Spanien.
2. Dabei muß ich _____ Frankreich fahren.
3. Der Zug fährt _____ 9.13 Uhr in Köln ab.
4. _____ 15 Uhr bin ich in Paris. Dort muß ich umsteigen°.

   change trains

5. Es ist das erste Mal, daß ich _____ meine Eltern in Urlaub° fahre.

   vacation

6. _____ drei Jahren wollen die Eltern meines spanischen Brief-
   freundes, daß ich _____ ihnen komme.
7. _____ die Reise habe ich mir ein Inter-Rail-Ticket gekauft. So
   kann ich auch noch in andere Länder reisen.
8. Also, auf Wiedersehen. Ich schreibe Euch eine Postkarte _____
   Madrid.

I

Setzen Sie die Reflexivpronomen (Akkusativ oder Dativ)
mich/mir, dich/dir, sich, uns, euch, sich ein.

1. Ich interessiere _____ für die Kultur der Indianer.
2. Ihre Kultur unterscheidet° _____ sehr von unseren Vorstellun-
   gen°.

   differs
   von unseren Vorstellungen:
   from what we imagine

3. In Deutschland hat man _____ immer ein sehr idealisiertes Bild
   von den Indianern gemacht.

4. Hast du _____ schon einmal gefragt, warum die Weißen die Kultur der Indianer zuerst zerstört haben, und jetzt viele sie als das bessere Leben wiederentdecken°? *rediscover*

5. Ich habe _____ überlegt°, für einige Zeit in einem Reservat zu leben. *considered*

6. Wenn du _____ auch entschließt°, in den Westen zu reisen, können wir _____ ja dort treffen°. *decide* / *meet*

7. Und deine Schwester? Wenn ihr beide _____ wirklich für Indianer interessiert, solltet ihr bald mit mir darüber reden.

J

Setzen Sie die Possessivpronomen **mein, dein, sein, ihr, sein, unser, euer, ihr** ein. Achten Sie auf die Endungen!

1. Eine jüdische° Frau in Deutschland sieht zum ersten Mal _____ Enkeltochter°. *Jewish* / *granddaughter*

2. Das Baby hat _____ ganzes Leben noch vor sich.

3. Die Eltern sind sehr stolz auf° _____ erstes Kind. **stolz auf:** *proud of*

4. Sie sehen es an und denken, „Wir wünschen dir für _____ Leben alles, alles Gute."

5. Beide sagen überzeugt°: „_____ kleinen Schatz° wird es einmal gut gehen." *with conviction; treasure*

6. Doch die Großmutter erinnert sich an _____ eigenes Leben als Jüdin in Deutschland zur Zeit der Nazis.

7. Sie denkt: „Vielleicht können dem Kind _____ Erfahrungen helfen."

K

Vervollständigen° Sie die folgenden Sätze, indem Sie die jeweiligen° trennbaren° oder nichttrennbaren Verben im Präsens richtig einsetzen. *complete; respective* / *separable*

1. (zuschauen°) Bei Sportveranstaltungen° / Millionen Menschen am Fernsehen *to watch; sporting events*

_____

2. (mitfeiern°) Viele / den Sieg° des eigenen Teams *to join in celebrating; victory*

_____

3. (abhängen°) Ob eine Sportart° populär wird, das / auch immer von den Medien   *to depend; type of sport*

_____

4. (übertragen°) Warum / das Fernsehen so wenig Behinder-tensport°   *to broadcast*   *sports by those with disabilities*

_____

5. (unterhalten°) Wir / uns mit behinderten° Sportlerinnen über dieses Thema   *to converse; disabled*

_____

6. (teilnehmen°) Sie / an den Olympischen Spielen   *to participate*

_____

7. (verstehen) Sie / nicht, warum sich so wenige für ihren Sport interessieren

_____

8. (mitkommen) Ihre Bekannten° finden Rollstuhlbasketball span-nend° und / zu jedem Spiel   *acquaintances, friends*   *exciting*

_____

L

☐ Setzen Sie den Positiv, Komparativ oder Superlativ ein.

1. (schwer) Das Rätsel°, das ich gerade gelöst° habe, war _____. Doch das Rätsel, das ich gestern gelöst habe, war _____ als das von heute.   *puzzle; solved*

2. (lang) Peter hat für das Kreuzworträtsel° _____ gebraucht°, aber Maria hat _____ gebraucht als Peter. Franz hat allerdings _____ _____ gebraucht.   *crossword puzzle; needed*

3. (interessant) In dieser Zeitung stehen _____ Denkspiele°, doch die Denkspiele in diesem Buch sind noch _____. Aber die Denk-spiele, die Stephanie kennt, sind _____ _____.   *mental games*

4. (gern) In meiner Freizeit lese ich _____, aber noch _____ mache ich Sport. Doch _____ _____ löse ich Rätsel.

5. (gut) Susanne war in der Uni recht _____. Doch Michael war _____. Aber der Student/die Studentin, der/die all diese Sätze hier richtig hat, ist _____ _____.

Answers to Selbsttest

A

1. kommt, sieht
2. ist, hat
3. essen, schauen, interessiert
4. wissen, sind, kann, kenne
5. wollen, macht

B

1. Kinder
2. Häuser, Bomben
3. Zimmer
4. Tische, Stühle
5. Männer, Frauen
6. Freunde, Freundinnen
7. Erinnerungen
8. Erlebnisse

C

1. kann
2. darf
3. wollen
4. soll
5. wollen
6. kann
7. will

1. den
2. der, dem
3. den
4. den, den
5. dem
6. der, die
7. den

1. Sie
2. sie
3. Es, sie
4. er, ihr
5. Er, Er
6. Es, ihm
7. ihnen

1. und
2. aber
3. denn
4. und
5. aber
6. aber
7. denn
8. aber

1. Der Arzt arbeitet in einem Entwicklungsland.
2. Er versucht sein Wissen weiterzugeben.

3. Der Deutsche Entwicklungsdienst organisiert viele Projekte im Ausland.
4. Man muß die Kultur der anderen Länder verstehen lernen.
5. Wir haben Schwierigkeiten, die Gewohnheiten der Europäer zu verstehen.
6. Die Europäer arbeiten in einem Krankenhaus in Burkina Faso.
7. Entwicklungshilfe ist für uns Afrikaner keine Schande.
8. Die reichen Länder haben eine historische Pflicht, uns zu helfen.

H

1. mit, von, nach
2. durch
3. um
4. Gegen
5. ohne
6. Seit, zu
7. Für
8. aus

I

1. mich
2. sich
3. sich
4. dich
5. mir
6. dich, uns
7. euch

J

1. ihre
2. sein
3. ihr
4. dein

5. Unserem
6. ihr
7. meine

K

1. Bei Sportveranstaltungen schauen Millionen Menschen am Fernsehen zu.
2. Viele feiern den Sieg des eigenen Teams mit.
3. Ob eine Sportart populär wird, das hängt auch immer von den Medien ab.
4. Warum überträgt das Fernsehen so wenig Behindertensport?
5. Wir unterhalten uns mit behinderten Sportlerinnen über dieses Thema.
6. Sie nehmen an den Olympischen Spielen teil.
7. Sie verstehen nicht, warum sich so wenige für ihren Sport interessieren.
8. Ihre Bekannten finden Rollstuhlbasketball spannend und kommen zu jedem Spiel mit.

L

1. schwer, schwerer
2. lange, länger, am längsten
3. interessante, interessanter, am interessantesten
4. gern, lieber, am liebsten
5. gut, besser, am besten

Kapitel 1

AMERIKANER UND DEUTSCHE

KOMMUNIKATIONSTHEMA
Wie sehen wir einander?

LESETEXT
Unser Amerika

SPRACHLICHE FUNKTION
Sachen charakterisieren (Adjektivendungen)

Einleitung

A   Einstieg ins Thema

Was für ein Bild haben Sie von den US-Amerikanern und den
Deutschen? Füllen Sie bitte diesen Fragebogen aus. Vergleichen Sie
dann Ihre Vorstellungen mit den Vorstellungen Ihrer Mitstuden-
ten/Mitstudentinnen, und diskutieren Sie über Ihre Meinungen.

*The **Einstieg** is a lead-in to the chapter. It turns your attention to the general theme, drawing on your ideas and interests in group discussion.*

Kreuzen Sie in der Skala die Zahlen an, die Ihrer Meinung nach
auf die US-Amerikaner zutreffen. Machen Sie einen Kreis um die
Zahlen, die auf die Deutschen zutreffen.

ATTRIBUT	wenig..sehr				
aufgeschlossen	1	2	3	4	5
demokratisch	1	2	3	4	5
fleißig	1	2	3	4	5
sauber	1	2	3	4	5
gebildet	1	2	3	4	5
materialistisch	1	2	3	4	5
tolerant	1	2	3	4	5

Nützliche Wörter und Ausdrücke

ankreuzen   *to cross*

aufgeschlossen   *receptive, outgoing*

das Bild, -er   *picture, image*

fleißig   *hard-working*

der Fragebogen, - (oder ⸚)   *questionnaire*

der Kreis, -e   *circle*

die Meinung, -en   *opinion;*

Ihrer Meinung nach
according to your opinion

vergleichen, verglich, verglichen   *to compare*

die Vorstellung, -en   *idea*

zutreffen (trifft zu), traf zu, zugetroffen   *to apply, to be true/accurate;* **zutreffen auf + Akk.**   *to apply to, to be true/accurate for*

B   Einführung in den Lesetext

*The **Einführung in den Lesetext** is a preview of the reading selection. The **Einführung** moves from the broad context of the **Einstieg** to the particular focus of the chapter. It is designed to involve you actively in an introduction to the chapter content.*

Dieter Kronzucker, Journalist und Autor, war sechs Jahre lang Amerika-Korrespondent für das Zweite Deutsche Fernsehen (ZDF). Er reiste durch viele Staaten der USA und berichtete über seine Eindrücke in der Fernsehsendung „Bilder aus Amerika".

Was für „Bilder" hat Kronzucker nach Deutschland geschickt? Was für ein Bild haben die Deutschen von den Vereinigten Staaten, und wie sehen die Amerikaner Deutschland? In Kronzuckers Fernsehessays finden Sie Antworten auf diese Fragen. Sie lesen einen Teil seines Essays „Wie uns die anderen sehen".[1]

Arbeiten Sie in Gruppen von zwei oder drei Studenten/Studentinnen zusammen, und denken Sie über die erste Frage in *Einführung in den Lesetext* nach: Was für Bilder oder Eindrücke hat Kronzucker nach Deutschland geschickt? Was meinen Sie? Was für Bilder könnte man erwarten? Einigen Sie sich auf ein Beispiel. Jede Gruppe berichtet anschließend im Plenum über ihr Beispiel, und das Plenum stellt eine Liste von den Ideen zusammen.

Nützliche Wörter und Ausdrücke

andere(r, -s) *other;* **die anderen** *the others*

anschließend *afterwards*

berichten (über + Akk.) *to report (about)*

der Eindruck, ⸚e *impression*

sich einigen (auf + Akk.) *to agree (on)*

erscheinen, erschien, ist erschienen *to appear*

erwarten *to expect*

die Fernsehsendung, -en *television program*

schicken *to send*

der Teil, -e *part*

die Vereinigten Staaten *the United States*

Bremer Volkshochschule

American Language and Culture
Bildungsurlaub
5.291 ◆

Gayle Goldstick,
Nanette Goldstein-Gröne

Find out the true story behind the American way of Life from two Americans. Explore and experience holidays like Halloween and Thanksgiving. Learn about American Heroes and Heroines from John F. Kennedy to Madonna. Laugh at American expressions. Listen to American music. Learn about how major political events affected the personal lives of individuals. Discover the best vacation spots and historical points of interest in the United States. This course will include conversation, writing, some grammar and a lot of fun! Teaching materials will be provided (Cost: DM 5,–). For intermediate to advanced students. Please phone 361-3254.

14.-18.3.1994, Montag bis Freitag, 9.00-16.00 Uhr,
Guttempler-Haus, Bremen-Walle,
Vegesacker Straße 43,
DM 125,– (E: DM 80,–),
5 Tage.

---

1. Aus: Dieter Kronzucker: *Unser Amerika,* Reinbek bei Hamburg, 1987.

C **Was sehen Sie?**

Was sehen Sie auf dem Bild? Was hat die Visa-Reklame mit dem Thema zu tun? Erklären Sie das in drei oder vier Sätzen.

ZUM BEISPIEL

Sie: *Das ist eine Reklame für VISA.*

VISA IM AUSLAND EBENSO EINFACH ZU NUTZEN WIE ZUHAUSE

Freiheitsstatue, New York

Akzeptiert in den Vereinigten Staaten und überall, wo Sie reisen. Die am häufigsten verwendete Kreditkarte der Welt wird in Hotels und Restaurants, bei der Automiete und beim Einkaufen anerkannt.
Reisen Sie zuversichtlich mit VISA.

VISA
ALLES, WAS SIE BRAUCHEN

Exercise C focuses on what you bring to the chapter topic. The purpose is to draw out information you already know in order to help you construct a general frame of reference for the upcoming material.

The symbol preceding the exercise indicates that the exercise may require preparation outside of class.

Nützliche Wörter

anerkannt *recognized*
das Ausland *foreign countries*

die Automiete *automobile rental*
ebenso *just as*

einfach *simple*	**nutzen** *to use*
die Freiheitsstatue, -n *Statue of Liberty*	**die Reklame, -n** *advertisement*
häufig *frequent(ly)*	**verwenden** *to make use of*
die Kreditkarte -n *credit card*	**zuversichtlich** *confident(ly)*

▷ D Was wissen Sie schon?

Bereiten Sie sich mit den folgenden Fragen auf den Lesetext vor. Jede Frage hat mehr als eine mögliche Antwort.

1. Woran denken Sie, wenn Sie an Deutschland denken?
2. Nennen Sie ein paar Unterschiede zwischen Deutschland und den USA.
3. Durch welche Medien und Erfahrungen macht man sich ein Bild von einem anderen Volk?
4. Wieso wissen viele Deutsche und Amerikaner wenig über das jeweils andere Land?
5. Was kann dazu führen, daß man sich über Erlebnisse in einem fremden Land ärgert?

The purpose of Exercise D is to orient you to specific topics in the reading by raising issues with which you are familiar and which are related to the text. The exercise paves the way by helping you anticipate what is in the subject matter.

Nützliche Wörter und Ausdrücke

sich ärgern *to be/get annoyed*	**das Erlebnis, -se** *experience*
dazu führen, daß ... *to lead to the fact that ...*	**fremd** *foreign*
die Erfahrung, -en *experience*	**das Mittel, -** *means*
	der Unterschied, -e *difference*
	wieso *why/how come*

▷ E Textüberblick

Man kann einen Text schneller verstehen, wenn man sich schon vor dem Lesen einen Überblick darüber verschafft. Folgende Fragen dienen dem Überblick. Sehen Sie sich also den Text auf Seite 28–30 flüchtig an, um die folgenden Fragen zu beantworten.

1. Wie viele Absätze gibt es im Artikel?

E. Textüberblick: By skimming the reading text for selected information you gain an initial impression of the piece. As a result you will be able to approach the reading with better informed expectations.

2. Spricht Dieter Kronzucker im zweiten, dritten und vierten Absatz über Amerika oder Deutschland?

3. Im fünften und sechsten Absatz erzählt Kronzucker von den Erfahrungen eines amerikanischen Studenten in Deutschland. Von welcher Universität kam der Amerikaner?

4. Wer äußert im siebten Absatz seine Meinung über die deutsche Demokratie?

    a. ein amerikanischer Tourist

    b. ein amerikanischer Journalist

    c. ein amerikanischer Student

5. Der 10. Absatz behandelt unser Deutschlandbild in welchem Medium?

    a. im Film

    b. im Fernsehen

    c. im Radio

    d. im Buch

6. In welchem Absatz schreibt Kronzucker: „Amerika ist vor allem weit"?

7. Findet man Wörter am Anfang der Absätze, die für eine chronologische Wiedergabe typisch sind („erstens", „zweitens", „dann", „danach" usw.)?

8. In welcher Form schreibt Kronzucker diesen Text?

    a. in Form einer Erzählung

    b. in Form eines Berichtes

    c. in Form eines Interviews

Nützliche Wörter und Ausdrücke

der Absatz, ⸚e *paragraph*

das Amerikabild, -er *image of America*

der Ausdruck, ⸚e *expression*

äußern *to express*

behandeln *to deal with*

benutzen *to use*

der Bericht, -e *report*

dienen *to serve*

die Erfahrung, -en *experience*

die Erzählung, -en *story*

sich flüchtig ansehen (sieht flüchtig an), sah flüchtig an, flüchtig angesehen *to glance at*

(das) Mittel zum Zweck *(the) means to an end*

sich einen Überblick verschaffen *to get a general idea*

die Wiedergabe, -n *account*

F Wortschatz

F *Wortschatz:* By learning and practicing important vocabulary you expand your resources for increasingly precise and effective communication.

Die Vokabeln und Sätze kommen in dieser Reihenfolge im Lesetext vor.

1. **weit** *wide, broad; far*

2. **der Himmel, -** *sky*
   Für den einen ist Amerika der **weite** helle **Himmel** ...

3. **halten für (hält), hielt, gehalten** *to consider, to regard as*
   Bei allem Respekt vor der europäischen Kultur **halten** die Amerikaner ganz allgemein ihr Land **für** zivilisierter.

4. **schimpfen** *to scold, to swear, to carry on;* **schimpfen mit jemandem** *to scold someone;* **schimpfen auf/über etwas/jemanden** *to swear at/about something/someone*

5. **der Unterschied, -e** *difference*

6. **erkennen, erkannte, erkannt** *to recognize*
   Daheim muß sich der Amerikaner nicht mit **schimpfenden** Autofahrern ... herumschlagen, muß den **Unterschied** zwischen Beirut und Bayreuth nicht **erkennen** ...

7. **der Ärger** *annoyance; anger; hassle* (slang)

8. **der Laden, ⸗** *store*

9. **der Schluß** *closing; end; conclusion*
Auch erspart sich der daheimgebliebene Amerikaner den **Ärger** über die eisernen **Ladenschluß**zeiten ...

10. **imponieren** *to impress;* **imponieren + Dat.** *to impress someone*

11. **gemütlich** *cozy, pleasant*
Was hat ihm da **imponiert**? „Die blauen Stunden und die **gemütlichen** Weinstuben."

12. **auffallen (fällt auf), fiel auf, ist aufgefallen** *to attract attention, to stand out;* **auffallen + Dat.** *to be noticeable to someone*
Aufgefallen ist dem jungen Mann ... auch die Widersprüchlichkeit im Religionsleben.

13. **die Kirche, -n** *church*
[D]ie **Kirchen** [sind] viel leerer.

14. **wirtschaftlich** *economic*

15. **der Fortschritt** *progress*
„Bei euch ist die Idee von Demokratie so sehr an den **wirtschaftlichen Fortschritt** gekettet ..."

16. **reagieren** *to react;* **reagieren auf + Akk.** *to react to*

17. **beleidigen** *to offend, to hurt*
Doch die Amerikaner **reagieren** genauso **beleidigt** wie die Deutschen ...

18. **enttäuschen** *to disappoint*
Deutsche Amerikareisende sind regelmäßig **enttäuscht** darüber ...

19. **umgekehrt** *the other way around, vice versa*
Doch **umgekehrt** sieht es nicht viel anders aus ...

20. **der Bericht, -e** *report*

21. **beklagen** *to complain; to lament*
In einem Fernseh**bericht** ... **beklagte** der WDR-Reporter Wolfgang Korruhn die mangelnde Präsenz amerikanischer Journalisten in Bonn ...

22. **die Nachricht, -en**   *news*

In dieser Dokumentation wurde auch der so geringe Anteil von **Nachrichten** über Deutschland im US-Fernsehen beklagt.

23. **berichten**   *to report;* **berichten über + Akk.**   *to report about*

Aber wann schon **berichten** wir **über** Belgien, ...

24. **vor allem**   *above all*

Amerika ist **vor allem** weit.

25. **stimmen**   *to be correct, to be right*

26. **das Gegenteil**   *opposite*

[W]as immer du darüber sagst, **stimmt.**
Und das **Gegenteil** vermutlich auch.

▷ **Erste Wortschatzübung**

Das erste Wort in jeder Gruppe ist aus dem Wortschatz. Zwei weitere Wörter in der Gruppe passen thematisch zum ersten Wort, ein Wort paßt aber nicht. Welches Wort paßt nicht zu den anderen? Arbeiten Sie alleine oder mit einem Partner/einer Partnerin.

ZUM BEISPIEL

die Kirche
die Religion
theologisch
(fahren)

Sie: *Die Religion und theologisch passen zum ersten Wort, die Kirche, aber fahren paßt nicht. Fahren hat mit Autos und nicht mit der Kirche zu tun. (Oder: Die Kirche, die Religion und theologisch passen zusammen, aber fahren paßt nicht dazu. Fahren hat mit Autos und nicht mit der Kirche zu tun.)*

Turn the page for items 7–12 of the **Erste Wortschatz-übung.**

1. **weit**
   wirtschaftlich
   groß
   lang

2. **der Himmel**
   die Sonne
   der Mond
   die Amerikanerin

3. **stimmen**
   richtig
   schnell
   wahr

4. **schimpfen**
   der Ärger
   beleidigen
   freundlich

5. **der Unterschied**
   dasselbe
   anders
   das Gegenteil

6. **erkennen**
   verstehen
   wissen
   imponieren

7. **der Laden**

    der Himmel

    der Supermarkt

    das Kaufhaus

8. **gemütlich**

    vor allem

    nett

    freundlich

9. **reagieren**

    die Reaktion

    lesen

    antworten

10. **enttäuschen**

    nicht imponieren

    unglücklich

    der Fortschritt

11. **der Schluß**

    das Ende

    auffallen

    enden

12. **die Nachricht**

    berichten

    umgekehrt

    die Zeitung

13. **halten für**

    glauben

    beklagen

    meinen

Zweite Wortschatzübung

Bilden Sie eine Gruppe von drei Studenten/Studentinnen, stellen Sie einander die Fragen, und füllen Sie die Tabelle aus. Nachher soll Ihre Gruppe im Plenum über drei oder vier interessante Ergebnisse berichten.

Fragen	Erfahrungen		
	Ich	#2	#3
ZUM BEISPIEL: Wer oder was macht dir Ärger?	mein Bruder	mein freund	meine Zimmerkollegin
1. Mit wem oder über was hast du in letzter Zeit geschimpft, oder wer hat mit dir geschimpft?			
2. Wer oder was hat dir in letzter Zeit imponiert?			
3. Wer oder was hat dich in letzter Zeit enttäuscht, oder wen hast du enttäuscht?			
4. Was ist dir in letzter Zeit aufgefallen?			
5. Worüber hast du in letzter Zeit berichtet?			

Nützliche Wörter

ausfüllen *to fill out*

das Ergebnis, -se *result*

nachher *afterwards*

neulich *recently*

Schreiben Sie alleine oder gemeinsam mit einem Partner/einer Partnerin einen kurzen Bericht von etwa fünf Sätzen, in dem Sie möglichst viele Vokabeln aus dem Wortschatz verarbeiten. Schreiben Sie über Thema 1 oder 2. Lesen Sie hinterher den anderen Studenten/Studentinnen Ihren Bericht vor. Vielleicht können Sie auch ein Bild oder eine Illustration zu Ihrem Bericht zeigen. Die anderen Studenten/Studentinnen sollen Ihnen ein paar Fragen über den Bericht stellen.

1. Wenn man Tourist ist:

   Was soll der Tourist tun oder nicht tun? Über welche Erfahrungen eines Touristen können Sie kurz berichten? Ihr Bericht könnte zum Beispiel so beginnen: „Wir wollen über den typischen Touristen sprechen ...“

2. Die Nachrichten:

   Berichten Sie über die Nachrichten im Radio, Fernsehen oder in der Zeitung. Vielleicht wollen Sie über etwas sprechen, was Sie neulich in den Nachrichten gehört oder gesehen haben. Ihr Bericht könnte zum Beispiel so beginnen: „Wir berichten heute über die Nachrichten über ...“

Nützliche Wörter und Ausdrücke

die Erfahrung, -en *experience*	**gemeinsam** *together*
gebrauchen *to use*	**möglichst viele** *as many as possible*

Unser Amerika

DIETER KRONZUCKER

The reading selection serves as the chapter's thematic core and provides lexical material found throughout the chapter.

Neben den Engländern stellen wir [Deutsche] den größten ethnischen Block im Vielvölkerstaat USA. Dies ist zwar ein fernes° Land, und doch ist es uns näher als vielen europäischen Nachbarn: Unser Amerika.

5   [...] In der Ernüchterung° von heute sucht sich jeder sein eigenes Amerikabild aus°. Für den einen ist Amerika der weite helle Himmel, die modernen Wolkenkratzer° und die glitzernden Hotelbars, die blitzende Feuerwehr° und die ausgeprägte° Höflichkeit°, die Disziplin in Warteschlangen° und das Vertrauen° auf sich selbst.

10 Für den anderen bietet Amerika nur „small talk" und „pop corn", zu weite Hosen und Lockenwickler°, *Krieg der Sterne*° und Abfallberge°.

    [...] Bei allem Respekt vor der europäischen Kultur halten die Amerikaner ganz allgemein° ihr Land für zivilisierter. Alle sprechen

15 Englisch, ‚the water is safe', die Mückenplage° ist längst ausgerottet°. Es gibt keine exotischen Kriege wie in Irland, keine Weinpanscher° wie in Italien oder Österreich, keine Innereien° zum Lunch wie in Frankreich, keine schiefen Blicke° wegen der karierten° Kleidung.

    Daheim muß sich der Amerikaner nicht mit schimpfenden Auto-

20 fahrern und mißmutigen° Kellnern herumschlagen°, muß den Unterschied zwischen Beirut und Bayreuth nicht erkennen und sich nicht an den Zungenbrechern° der deutschen Sprache versuchen.

    Auch erspart° sich der daheimgebliebene Amerikaner den Ärger über die eisernen° Ladenschlußzeiten, die das Einkaufen einem

25 harten Reglement unterwerfen°. Deutschland zumal° ist ein Land der Schließungszeiten, und die sind streng: Ein Student der Duke University in North Carolina durfte auf ein Jahr zum Austausch° nach Deutschland. Was hat ihm da imponiert? „Die blauen° Stunden und die gemütlichen Weinstuben. Die Wurst vom Metzger und das Brot

30 vom Bäcker. Meine Freizeit war prima, aber mit dem Studium hat es

distant

sober-mindedness

sucht ... aus: chooses

skyscrapers

fire engines; distinctive; politeness
waiting lines; confidence

hair curlers; Krieg der Sterne: Star Wars; mountains of garbage

ganz allgemein: generally

problem with mosquitos; eradicated
wine adulterators

innards

keine schiefen Blicke: no funny looks; checkered

disgruntled; keep struggling

tongue-twisters

spares

iron-clad

subject; especially

exchange

here: leisure

In einer deutschen Metzgerei.

gehapert°. Die Universitätsbibliothek machte schon um 18 Uhr zu
und am Wochenende gar nicht erst auf. Solchen Entzug° am Arbeitsplatz kennen wir nicht in Amerika."

    Aufgefallen ist dem jungen Mann aus North Carolina, einem prak-
35 tizierenden Katholiken, auch die Widersprüchlichkeit° im Religionsleben. Die Predigten° seien in Deutschland viel gehaltvoller° als in
Amerika und die Kirchen dabei viel leerer°. Wenn in seiner Gastfamilie zu Abend gegessen wurde, war nach dem Dessert nicht Schluß,
sondern dann ging man zum gemütlichen Teil über. In Amerika war
40 er es gewohnt°, nach Tisch aufzustehen, um der Mutter beim Abwaschen zu helfen.

*hat ... gehapert: was a prob-
lem*
Solchen Entzug: *being de-
prived like that*

contradiction

sermons; substantive

emptier

used to

Der amerikanische Journalist Marvin Kalb meinte nach einem Deutschlandbesuch: „Bei euch ist die Idee von Demokratie so sehr an den wirtschaftlichen Fortschritt gekettet°, daß Einbrüche° im Wohlstand° gleich die Stabilität der Demokratie gefährden°. Ihr habt allerdings über° diesem wirtschaftlichen Fortschritt nicht die soziale Entwicklung versäumt° wie wir."

Doch die Amerikaner reagieren genauso beleidigt wie die Deutschen, wenn die westlichen Freunde ihnen ihre Liebe entziehen°, wenn ihr Bild im Ausland angekratzt° wird. Deutsche Amerikareisende sind regelmäßig° enttäuscht darüber, daß sie in der Tiefe des Landes keine Zeile° über ihre Heimat lesen können.

Doch umgekehrt sieht es nicht viel anders aus: Die meisten Deutschen wissen über Oklahoma soviel oder sowenig wie Amerikaner über Nordrhein-Westfalen. Dabei ist die Eigenständigkeit° der Bundesstaaten in den USA oft so ausgeprägt° wie der Nationalismus in Luxemburg oder in der Schweiz.

[...] In einem Fernsehbericht über das Deutschlandbild im US-Journalismus beklagte der WDR-Reporter[2] Wolfgang Korruhn die mangelnde° Präsenz amerikanischer Journalisten in Bonn. [...] In dieser Dokumentation wurde auch der so geringe Anteil° von Nachrichten über Deutschland im US-Fernsehen beklagt. Aber wann schon berichten wir über Belgien, über die Flamen und Wallonen[3]? Für Washington ist Deutschland nur ein kleiner Ausschnitt° der Welt. Für die Bundesrepublik ist Amerika der übermächtige° Bezugspunkt° unserer Politik. Das schafft kulturelle und politische Probleme bei der Vermittlung° von Nachrichten und Überzeugungen°.

[...] Amerika ist vor allem weit. Die Weite des Landes beherrscht° alles andere. Die meisten amerikanischen Superlative verblassen° vor der Ausdehnung° dieses Kontinents. [...] Deshalb tröste° ich mich mit einem Satz meines Kollegen Hans-Joachim Friedrichs, mit dem zusammen ich ein halbes Jahrzehnt lang „Bilder aus Amerika" gezeichnet habe. Er meinte einmal: „Amerika ist so groß – was immer du darüber sagst, stimmt. Und das Gegenteil vermutlich° auch."

Marginal glosses:
- *linked; here: slumps*
- *prosperity; endanger*
- *here: during, in all the*
- *neglected*
- *withdraw*
- *besmirched*
- *regularly*
- *line*
- *autonomy*
- *pronounced*
- *inadequate*
- *share*
- *segment*
- *all-powerful*
- *point of reference*
- *conveying*
- *convictions*
- *dominates*
- *pale*
- *expanse; comfort*
- *presumably*

---

2. WDR = Westdeutscher Rundfunk, die Fernseh- und Rundfunkanstalt in Köln.

3. Die Flamen *(Flemish)* sind die holländischsprachige, und die Wallonen *(Walloons)* die französischsprachige Bevölkerung in Belgien.

Nach dem Lesen

▷ **G** **Zuweisung von Überschriften**

Der Text besteht aus elf Absätzen. Entscheiden Sie, welche Überschrift zu welchem Absatz gehört, und numerieren Sie die elf Überschriften in der richtigen Reihenfolge.

Absatz   Überschrift

_____ a. Wer ist zivilisierter?

_____ b. In der Kirche und beim Abendessen

_____ c. Ärger über Schlußzeiten

_____ d. Die Weite Amerikas

_____ e. Der weite Himmel oder Abfallberge

_____ f. Daheim ist es besser

_____ g. Wirtschaftlicher Fortschritt und Demokratie

_____ h. Wenige Nachrichten über Deutschland

_____ i. Wenn man beleidigt wird

_____ j. Ein fernes Land

_____ k. Was weiß man über Oklahoma?

*The exercises in this part of the chapter, **Nach dem Lesen**, move in increments towards increasingly free communication. Exercise G focuses on the text and its organization in order to help you review the text, take note of its structure, and be aware of the main points. The titles can serve as an outline useful for summarizing and recall.*

Welche Themen stehen im Text?

Exercise H focuses on issues in the text, helping you review the reading in a manner less structured than paragraph by paragraph. Like many of the exercises, it creates an opportunity for you to communicate about the subject matter.

Berichtet Dieter Kronzucker im Lesetext über folgende Themen? Kreuzen Sie **Ja** oder **Nein** an. Wenn die Antwort **Ja** ist, erzählen Sie in einem oder mehreren Sätzen, was Kronzucker über das Thema zu sagen hat.

ZUM BEISPIEL

Ja   **Nein**

Brot   X   _____

Das Brot in Deutschland hat dem amerikanischen Studenten imponiert.

	Ja	**Nein**
1. Geographie		
2. Demokratie		
3. Fußball		
4. Kirchen		
5. Musik		
6. Journalisten		
7. Ladenschlußzeiten		
8. Fernsehen		
9. Autofahrer		
10. Bier		

 I   **Ihre Meinung**

Exercise I shifts from a focus on the text alone to one that includes your reaction. The purpose is to help you review specific information and make it more meaningful by eliciting your own views.

1. Dieter Kronzucker sieht in den Amerikabildern verschiedener Menschen viele Aspekte. Welche Aspekte in der Liste unten gehören zu Ihrem Amerikabild? Welche empfinden Sie als typisch amerikanisch und welche nicht? Schreiben Sie ein **X** in die entsprechende Kategorie.

Ja   =   Ja, das würde ich auch sagen.

Vielleicht   =   Ich bin nicht sicher.

Nein   =   Nein, das würde ich nicht sagen; das ist nicht meine Erfahrung.

Amerikabild	Ja	Vielleicht	Nein
1. der weite helle Himmel			
2. moderne Wolkenkratzer			
3. die blitzende Feuerwehr			
4. die ausgeprägte Höflichkeit			
5. die Disziplin in Warteschlangen			
6. das Vertrauen auf sich selbst			
7. nur „small talk" und „pop corn"			
8. Abfallberge			
9. die Meinung „Wir sind zivilisierter als Europa"			
10. kein Ärger mit schimpfenden Autofahrern			
11. kein Ärger mit mißmutigen Kellnern			
12. kein Ärger über Ladenschlußzeiten			
13. keine gemütliche Zeit am Tisch nach dem Dessert			
14. die Eigenständigkeit der Bundesstaaten			
15. mangelnde Fernsehnachrichten über Deutschland			
16. die Weite Amerikas			

2. Vergleichen Sie Ihre Antworten mit den Antworten eines Partners/einer Partnerin. Wo Sie nicht derselben Meinung sind, sollten Sie den Meinungsunterschied kurz erklären. Folgende Fragen können Ihnen dabei helfen:

- Welche Antworten haben Sie und Ihr Partner/Ihre Partnerin gewählt? Die gleichen oder unterschiedliche?

- Finden Sie diesen Aspekt typisch amerikanisch?

- Ist Ihnen dieser Aspekt schon einmal persönlich aufgefallen?

- Denken Sie an diesen Aspekt, wenn Sie an Amerika denken?

ZUM BEISPIEL

„Kein Ärger mit schimpfenden Autofahrern" ist ein Teil von [Anitas] Amerikabild, aber nicht von meinem. Ich habe in den USA schon Ärger mit schimpfenden Autofahrern gehabt.

J   Ein Deutschlandbild

The purpose of Exercise J is to move you from primarily text-based communication towards a freer mode related to the chapter theme. Your tasks are primarily identification and description, with some comparison and explanation.

Stellen Sie in einer Gruppe von drei oder vier Studenten/Studentinnen ein kleines Deutschlandbild zusammen. Einigen Sie sich auf drei positive und drei negative Begriffe, die Ihnen zum Thema Deutschland einfallen. Vergleichen Sie Ihre Liste mit den Listen der anderen Gruppen. Wie sieht die Gesamtliste aus? Sind alle Studenten mit dem Bild zufrieden? Was meinen Sie?

Positiv

1. _____

2. _____

3. _____

Negativ

1. _____

2. _____

3. _____

K   Debatte

*The purpose of the **Debatte** exercise is to promote free communication related to the chapter theme. The exercise is meant to give you practice in stating your position and giving supporting reasons. Each **Kapitel** has a **Debatte** activity.*

Folgende Thesen stehen zur Auswahl:

1. Es ist gut, wenn man in andere Länder reist, denn durch den Besuch im fremden Land baut man seine Vorurteile ab.

2. So wie in Deutschland sollten in Amerika alle Schulkinder im fünften Schuljahr anfangen, eine Fremdsprache zu lernen.

Der Kurs wählt eine dieser beiden Thesen und teilt sich in zwei Gruppen auf. Eine Gruppe soll dafür, eine Gruppe dagegen argumentieren. Bereiten Sie sich darauf vor, in der Debatte die Meinung Ihrer Gruppe mit zwei oder drei Argumenten zu unterstützen. Welche Argumente können Sie finden? Es ist unwichtig, ob Sie wirklich davon überzeugt sind, wichtig ist, daß Sie mitargumentieren.

Vor der Debatte soll die Gruppe festlegen, wer was sagt, denn im ersten Teil der Debatte sollen alle Teilnehmer der Gruppen abwechselnd zu Wort kommen. Als zweiter Teil folgt dann eine offene Diskussion.

Nützliche Wörter und Ausdrücke

Allgemein nützliche Ausdrücke zum Argumentieren finden Sie im *Einführungskapitel*. Folgende Wörter und Ausdrücke beziehen sich auf die beiden Thesen.

abbauen *to reduce*

bestätigen *to confirm, corroborate*

die Einstellung, -en *attitude, outlook*

die Gelegenheit, -en *opportunity*

der Grund, ⁻e *reason*

die Klischeevorstellung, -en *stereotype*

leicht *easy*

nötig *necessary*

das Sprachtalent *talent for languages*

das Verständnis *understanding, comprehension;* **Verständnis haben für** *to have understanding/sympathy for*

das Vorurteil, -e *prejudice*

K. Debatte: Nützliche Wörter und Ausdrücke. The purpose of this section is to suggest a few vocabulary items you might find useful. Naturally, the words and phrases you will need depend on what you want to say.

 L Ihre Erfahrung

Sind Sie schon einmal in eine Situation geraten, in der für Sie vieles neu, fremd oder unbekannt war? Wann war das? Was ist passiert? Wie sind Sie mit der Situation umgegangen? Erzählen Sie davon.

The purpose of Exercise L is, within the broad context of the chapter theme, to turn the focus of attention on your personal experience. The exercise creates the opportunity for you to follow your creative impulses in telling your own story.

 M Ihre Reaktion

1. Ein Prospekt

Helfen Sie anderen, Deutschland besser kennenzulernen. Stellen Sie (einzeln, in Arbeitsgemeinschaften oder mit dem ganzen Kurs zusammen) eine Broschüre in deutscher Sprache zusammen, in der Sie wichtige Informationen über Deutschland geben. Der Graphiker/Die Graphikerin unter Ihnen kann bei der Arbeit sehr hilfreich sein, und der Professor/die Professorin kann Ihnen mit der Sprache helfen. Photokopieren Sie Ihre Broschüre, und verteilen Sie sie an Interessenten.

2. Interviews außerhalb der Klasse

a. Fragen Sie einige Personen nach ihrem Deutschlandbild oder:
b. Fragen Sie einige Ausländer nach ihrem USA-Bild.

The purpose of Exercise M, the final activity in the section, is to help you use the language in a project, producing a tangible product for the enjoyment and/or benefit of yourself and others.

Exercise M continues on page 36.

Formulieren Sie die Fragen alleine oder mit anderen Studen-
ten/Studentinnen zusammen. Sie könnten z.B. einen Fragebogen
wie beim *Einstieg ins Thema* anfertigen. Fassen Sie nach den
Interviews die Ergebnisse Ihrer Umfrage zusammen, und
berichten Sie darüber.

Sprachliche Funktion

Sachen charakterisieren (Adjektivendungen)

Wir benutzen Adjektive, um Substantive zu charakterisieren oder
zu beschreiben. Adjektive machen die Kommunikation informativer,
interessanter und genauer. Man muß allerdings auf die Adjektivendungen achten.

Substantiv
der Autofahrer

Adjektiv   **Substantiv**
der **schimpfende** Autofahrer

Drei Deklinationsmuster

1. Adjektive (z.B. **deutsch, kalt, hell**) vor dem Substantiv; kein
   Artikel oder Pronomen:

   Wir trinken **deutschen** Wein.

2. Adjektive hinter einem bestimmten Artikel (**der, die, das**) oder
   einem Demonstrativpronomen (z.B. **dies-, jed-, jen-, manch-,
   solch-, welch-**):

   Wir trinken **diesen deutschen** Wein.

3. Adjektive hinter einem unbestimmten Artikel (**ein, kein**) oder einem Possessivpronomen (**mein, dein, sein, unser, euer, ihr, Ihr**):

Wir trinken **einen deutschen** Wein.

	Singular			Plural
	MASKULIN	FEMININ	NEUTRUM	
Nom.	*der Wein* deutsch**er** Wein der deutsche Wein ein deutsch**er** Wein	*die Limonade* kalt**e** Limonade die kalt**e** Limonade eine kalt**e** Limonade	*das Bier* hell**es** Bier das hell**e** Bier ein hell**es** Bier	*die Getränke* gut**e** Getränke die gut**en** Getränke unsere gut**en** Getränke
Akk.	*den Wein* deutsch**en** Wein den deutsch**en** Wein einen deutsch**en** Wein			
Dat.	*dem Wein* deutsch**em** Wein dem deutsch**en** Wein einem deutsch**en** Wein	*der Limonade* kalt**er** Limonade der kalt**en** Limonade einer kalt**en** Limonade	*dem Bier* hell**em** Bier dem hell**en** Bier einem hell**en** Bier	*den Getränken* gut**en** Getränken den gut**en** Getränken unseren gut**en** Getränken
Gen.	*des Weines* deutsch**en** Weines des deutsch**en** Weines eines deutsch**en** Weines	*der Limonade* kalt**er** Limonade der kalt**en** Limonade einer kalt**en** Limonade	*des Bieres* hell**en** Bieres des hell**en** Bieres eines hell**en** Bieres	*der Getränke* gut**er** Getränke der gut**en** Getränke unserer gut**en** Getränke

*The exercises in this section of the chapter, **Sprachliche Funktion,** move from straightforward, drill-like tasks to increasingly communicative activities.*

☐ Bilden Sie Antworten auf die Fragen.

Mit Artikel oder Pronomen

ZUM BEISPIEL

Was ist Dieter Kronzucker? (ein deutsch_____ Korrespondent)

Dieter Kronzucker ist ein deutscher Korrespondent.

Maskulinum im Singular:

1. Wer war der junge Mann? (ein amerikanisch_____ Student)
2. Über wen haben wir gelesen? (über einen jung_____ Mann aus North Carolina)
3. Von wem hat Kronzucker erzählt? (von einem jung_____ Mann aus North Carolina)
4. Wessen Meinung ist das? (eines jung_____ Mannes aus North Carolina)

Femininum im Singular:

5. Welche Familie war das? (die deutsch_____ Gastfamilie)
6. Über wen haben wir gelesen? (über die deutsch_____ Gastfamilie)
7. Von wem hat der Student erzählt? (von der deutsch_____ Gastfamilie)
8. Wir sprechen von der Gastfreundschaft welcher Familie? (der deutsch_____ Gastfamilie)

Neutrum im Singular:

9. Welches Bild ist das? (das amerikanisch_____ Deutschlandbild)
10. Welches Bild beklagt Wolfgang Korruhn? (das amerikanisch_____ Deutschlandbild)
11. Von welchem Bild spricht Kronzucker? (vom amerikanisch_____ Deutschlandbild)
12. Wir sprechen über die Rolle welches Bildes? (des amerikanisch_____ Deutschlandbildes)

Plural:

13. Welche Weinstuben sind dem jungen Mann aufgefallen? (die gemütlich_____ Weinstuben)
14. Was hat der junge Mann aus North Carolina erlebt? (die eisern_____ Ladenschlußzeiten)
15. Von wem sprach Dieter Kronzucker? (von den schimpfend_____ Autofahrern)

2

☐ Setzen Sie die richtigen Adjektivendungen ein.

Mit Artikel oder Pronomen

ZUM BEISPIEL

Für den einen ist Amerika der weit_____ Himmel.

Für den einen ist Amerika der weite Himmel.

Maskulinum im Singular:

1. Der daheimgeblieben_____ Amerikaner erspart sich den Ärger über die Ladenschlußzeiten.

2. Für Washington ist Deutschland nur ein klein_____ Ausschnitt der Welt.

3. Die Idee von Demokratie ist an den wirtschaftlich_____ Fortschritt gekettet.

4. Etwas ist dem jung_____ Mann aus North Carolina aufgefallen.

Femininum im Singular:

5. Für den einen ist Amerika die ausgeprägt_____ Höflichkeit.

6. Wolfgang Korruhn beklagte die mangelnd_____ Präsenz amerikanischer Journalisten in Bonn.

7. Man hat Respekt vor der europäisch_____ Kultur.

8. Man muß sich nicht an den Zungenbrechern der deutsch_____ Sprache versuchen.

Neutrum im Singular:

9. Amerika ist zwar ein fern_____ Land.

10. Jeder sucht sich sein eigen_____ Amerikabild aus.

11. Die Ladenschlußzeiten unterwerfen das Einkaufen einem hart_____ Reglement.

12. Er half der Mutter beim täglich_____ Abwaschen.

Plural:

13. Es gibt keine exotisch_____ Kriege wie in Irland.

14. Deutschland ist ein Land der streng_____ Schließungszeiten.

15. Die gemütlich_____ Weinstuben haben ihm imponiert.

16. Amerikaner sind beleidigt, wenn die westlich_____ Freunde ihnen ihre Liebe entziehen.

17. Die meist_____ Deutschen wissen wenig über Oklahoma.

3

◻ Setzen Sie die richtigen Adjektivendungen ein.

Ohne Artikel oder Pronomen

ZUM BEISPIEL

Hat er deutsch_____ Wein getrunken?

Hat er deutschen Wein getrunken?

Maskulinum:

1. Gut_____ Wein ist in dieser Weinstube nicht sehr teuer.
2. Bei all_____ Respekt vor der europäischen Kultur halten die Amerikaner ihr Land für zivilisierter.
3. WDR heißt „Westdeutsch_____ Rundfunk".

Femininum:

4. Er kaufte frisch_____ Wurst beim Metzger.
5. Er ging ins Konzert und hörte modern_____ Musik.

Neutrum:

6. Er kaufte frisch_____ Brot beim Bäcker.
7. Bei schlecht_____ Wetter ist es schön, in einer gemütlichen Weinstube zu sitzen.

Plural:

8. Daheim muß sich der Amerikaner nicht mit schimpfend_____ Autofahrern und mißmutig_____ Kellnern herumschlagen.
9. Der Journalist beklagte die mangelnde Präsenz amerikanisch_____ Journalisten.
10. Der Unterschied schafft kulturell_____ und politisch_____ Probleme.

4

◻ Wählen Sie in Partnerarbeit zwei der drei Reisewerbungen. Formulieren Sie zu jeder Werbung drei Sätze, z.B. was Sie daran interessant finden, Ihre Reaktion usw. Jeder Satz muß mindestens ein dekliniertes Adjektiv enthalten. Vergleichen Sie Ihre Sätze mit den Sätzen der anderen Gruppen.

ZUM BEISPIEL

1. *Wir haben nicht gewußt, daß* **deutsche** *Touristen Motorräder mieten können.*
2. *Das Motorrad gibt dem Fahrer* „**große** *Freiheit".*
3. *Beim Motorradfahren genießt man die* **grandiosen** *Landschaften.*

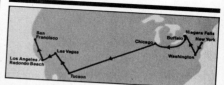

Machen Sie die folgende Meinungsumfrage mit. Sie bekommen eine der folgenden Fragen und sollen sie an alle anderen Studenten stellen. Notieren Sie, wie viele Studenten mit **Ja** oder **Nein** antworten, und berichten Sie über die Ergebnisse.

ZUM BEISPIEL

Sie berichten: *Ich habe die Frage gestellt: „Wissen die meisten Deutschen viel über die amerikanische Kultur?" Fünf Studenten meinen Ja und acht meinen Nein.*

1. Haben die meisten Amerikaner ein positives Deutschlandbild?
2. Hast du ein positives Deutschlandbild?
3. Hast du ein romantisches Bild von Deutschland?
4. Haben die meisten Deutschen ein positives Amerikabild?
5. Hast du ein positives Amerikabild?
6. Glaubst du, Deutschland unterscheidet sich sehr von den USA?
7. Wissen die meisten Amerikaner ziemlich viel über das heutige Deutschland?
8. Spielt Deutschland eine führende wirtschaftliche Rolle in Europa?
9. Sieht man in den Nachrichten im amerikanischen Fernsehen genug über Deutschland?
10. Zeigen die meisten Hollywood-Filme ein realistisches Bild vom amerikanischen Leben?
11. Wissen die meisten Amerikaner ziemlich viel über die deutsche Kultur?
12. Hältst du die amerikanische Kultur für zivilisierter als die europäische?
13. Sind deutsche Autos besser als amerikanische Autos?
14. Ist das deutsche Schulsystem besser als das amerikanische?
15. Ist deutsches Bier besser als amerikanisches Bier?
16. Ist das amerikanische Essen besser als das deutsche?

Reagieren Sie in Einzel- oder Partnerarbeit auf die folgenden Bilder. Formulieren Sie mindestens fünf Sätze. Jeder Satz muß mindestens ein dekliniertes Adjektiv enthalten.

Süddeutsche in traditioneller Kleidung (links) und zwei Punker in Berlin (rechts).

Zum Schluß

This section concludes the chapter. It reflects the grammar topic and the thematic content, and closes with an exercise that helps you review the chapter.

already

Sie haben schon einiges aus Dieter Kronzuckers „Unser Amerika"
gelesen. Folgende Auszüge – jeder behandelt ein anderes Thema –
erscheinen auch in seinem Buch. Sie sind hier von 1 bis 5 numeriert.
Die fünf Auszüge geben Ihnen weitere Beispiele von Kronzuckers
Erfahrungen in den USA. Lesen Sie die Auszüge, und bearbeiten Sie
die darauf folgenden Aufgaben.

1. Die amerikanischen Geschichtsschreiber meinen, Kennedy sei in
   Deutschland beliebter gewesen als in seinem eigenen Heimatland.

Tatsache ist, daß nach seiner Ermordung in Dallas nicht nur in den Vereinigten Staaten getrauert° wurde. In Deutschland war der Schock jedenfalls gewaltig°. An seiner schlichten° Erinnerungsstätte° auf dem Soldatenfriedhof von Arlington macht fast jeder deutsche Besucher in Washington halt. In Stein gehauen° steht dort die Mahnung°: „Frage nicht, was dein Land für dich tun kann, sondern was du für dein Land zu tun vermagst."

mourned

tremendous; simple
memorial

carved
admonition

2. Straßenschilder° weisen freilich drauf hin°, daß New Orleans nicht nur französisch war, sondern auch 40 Jahre lang spanisch, bevor die Amerikaner kamen. Die Plazas und die Patios aus der spanischen Zeit verleihen° der Altstadt zusätzlichen° Reiz°. So nimmt es nicht Wunder, daß New Orleans eines der bevorzugten° Reiseziele zumal° amerikanischer Jungvermählter° ist: Europa im eigenen Lande. Am beliebtesten unter den „Honeymoonern" freilich ist nach wie vor eine Hochzeitsnacht am Niagarafall.

street signs; weisen ... hin: indicate

lend; additional; charm
preferred;
especially; newlyweds

3. Amerikaner essen gern und gerne viel [...] Es heißt, daß die Amerikaner meist größer und vor allem breiter sind als die Europäer – eben der ungeheuren° Dimension ihres Landes entsprechend° [...] Einmal im Jahr essen die Amerikaner besonders reichlich. „Thanksgiving" ist ein Familienfest, wie bei uns Weihnachten. Dieser Erntedank° entspringt der Tradition der frühen Einwanderer.

enormous
corresponding

harvest thanks

4. Das Telefon gehört zu Amerika wie der Broadway und Mickeymouse. Es gibt mehr Anschlüsse° als Einwohner, und an die° 1500 Privatfirmen jagen sich gegenseitig° die Kunden° ab°. Sie alle aber bieten einen Service an°, von dem wir in Deutschland nach wie vor nur träumen können. Man kann buchstäblich° an jeder Ecke° tefefonieren, im Schatten des Spielkasinos, in der Damen-Garderobe° oder am Tennisplatz.

hook-ups; an die: the nearly
from one another; customers; jagen ... ab: hustle away; bieten ... an: offer
literally; corner

women's lounge

5. Da die Geschwindigkeit° in den USA von Amts wegen° auf 85 km/h gedrosselt° ist, steht Bequemlichkeit° im Vordergrund. In Grundpreis und Ausstattung° eines amerikanischen Automobils sind Klimaanlage, automatische Kupplung, elektronische Fensterheber und „cruise control", zu deutsch „Tempomat", enthalten°. Das Auto fährt damit sozusagen von selber.

speed; von Amts wegen: officially
throttled; comfort
equipment

included

▷ **Aufgaben**

1. Unterstreichen Sie zehn deklinierte Adjektive, und stellen Sie fest, warum die bestimmten Endungen verwendet werden.

2. Geben Sie jedem Auszug (1–5) aus Kronzuckers Buch eine kurze, treffende Überschrift.

3. Am Anfang des Kapitels haben Sie einen kleinen Fragebogen über Ihre Bilder von Deutschen und Amerikanern ausgefüllt. Im Lesetext und in den fünf Zitaten oben hat Dieter Kronzucker über seine Bilder geschrieben. In Übungen haben Sie auch Gelegenheit gehabt, über Ihre eigenen Gedanken und Erfahrungen zu sprechen.

Nun sollen Sie zum Schluß Ihre Gedanken in einem Aufsatz zusammenfassen. Denken Sie über folgende Fragen nach.

- Welche Gedanken haben Sie jetzt zu dem Bild, das Deutsche von Amerika und das Amerikaner von Deutschland haben?

- Stimmt das, was Kronzucker erzählt?

- Haben Sie dieselben oder andere Erfahrungen gemacht?

- Was finden Sie besonders wichtig oder interessant?

- Welche Meinungen haben Sie nun zum Schluß des Kapitels?

- Gibt es irgend etwas, was Sie als Folge tun möchten?

Bevor Sie mit Ihrem Aufsatz beginnen, sollten Sie sich einige Gedanken über den Aufbau machen. Hier einige Tips:

- Was ist Ihre zentrale Aussage?

- Mit welchen Argumenten können Sie Ihre zentrale Aussage unterstützen?

- Wie können Sie diese Argumente logisch strukturieren?

- Mit welchen Informationen unterstützen Sie Ihre Argumente?

- Womit fangen Sie an?

- Haben Sie Ihren Aufsatz in Abschnitte eingeteilt?

- Geben Sie zum Schluß eine gute Zusammenfassung?

- Haben Sie in Ihrem Aufsatz noch einmal Wortwahl und Grammatik überprüft?

Kapitel 2

EIN KRIEGSERLEBNIS

KOMMUNIKATIONSTHEMA
Ein unvergeßliches Erlebnis

LESETEXT
Als ich 9 Jahre alt war, kam der Krieg

SPRACHLICHE FUNKTION
Über Vergangenes sprechen (Perfekt)

Regensburg, den 25. Februar 1944.

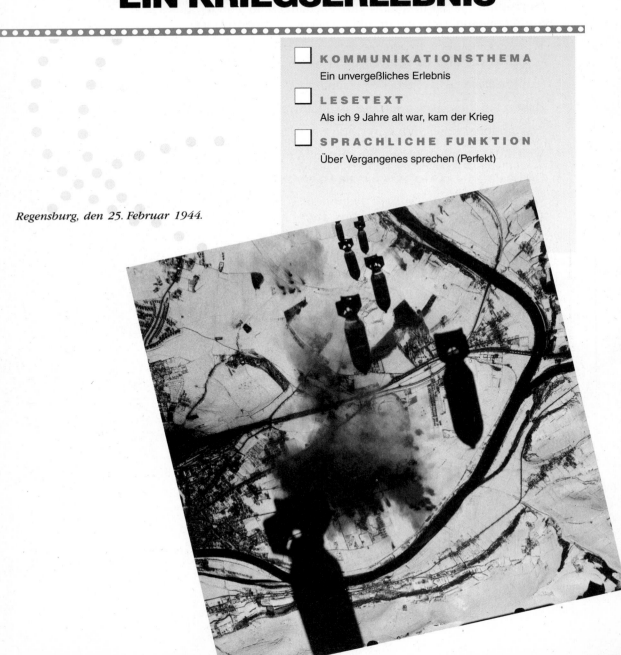

A Einstieg ins Thema

Was kommt Ihnen in den Sinn, wenn Sie das Wort „Krieg" hören?
Zeichnen Sie spontan eine einfache Illustration davon, und stellen
Sie den anderen Kursteilnehmern Ihr Bild vor.

Nützliche Wörter und Ausdrücke

der Krieg, -e *war*	**zeichnen** *to draw*
in den Sinn kommen *to come to mind*	

B Gedanken zum Thema

Über welche Kriege wissen Sie schon etwas? Haben Sie etwas über
diese Kriege gelesen, hat man Ihnen davon erzählt, oder haben Sie
sogar persönliche Erfahrungen? Stellen Sie eine Liste all dieser
Kriege zusammen.

Einführung in den Lesetext

Der Zweite Weltkrieg begann am 1. September 1939 mit dem Überfall Deutschlands auf Polen. Der Krieg verbreitete sich weit über Europa hinaus, bis alle Weltmächte daran beteiligt waren. Am 7. Mai 1945 kapitulierte Deutschland, und die Alliierten (Großbritannien, Frankreich, die Sowjetunion und die USA) übernahmen die Macht in Deutschland.

Der folgende Lesetext ist eine wahre Geschichte in Form einer Ich-Erzählung. Ein Kind erzählt von einer Nacht im August 1943, als seine Heimatstadt Nürnberg bombardiert wurde.

Das Kind schrieb diese autobiographische Geschichte Ende 1945, kurz nach dem Krieg, als 7.000 Nürnberger Schüler einen Aufsatz über ihre Kriegserlebnisse schreiben sollten. Viele Jahre später stieß der deutsche Kulturhistoriker Hermann Glaser auf diese Aufsätze, und sein Kollege Hannes Heer veröffentlichte eine Auswahl in dem Buch *Als ich 9 Jahre alt war, kam der Krieg.*[1]

Arbeiten Sie in einer Gruppe von zwei oder drei Studenten/Studentinnen. Einigen Sie sich auf drei Informationen aus der *Einführung in den Lesetext,* die dem Leser/der Leserin den Einstieg in die Geschichte am besten ermöglichen.

Anschließend berichtet jede Gruppe im Plenum über ihre Auswahl, so daß der Kurs eine gemeinsame Liste zusammenstellen kann.

Wichtige Information
1.
2.
3.

Nützliche Wörter und Ausdrücke

der Aufsatz, ¨e *essay*

die Auswahl *selection*

beschreiben, beschrieb,
  beschrieben *to describe*

beteiligt: an etwas (Dat.)
beteiligt sein *to be
  involved in something*

bombardieren *to bomb*

---

1. Hannes Heer (Herausgeber): *Als ich 9 Jahre alt war, kam der Krieg: Schüleraufsätze 1946, Ein Lesebuch gegen den Krieg,* Köln 1980.

das Erlebnis, -se *experience*

ermöglichen *to make possible*

erzählen (+ von) *to tell (about)*

die Geschichte, -n *story*

die Ich-Erzählung, -en *first-person narrative*

die Macht, ⸚e *power*

stoßen auf (+ Akk.) (stößt), stieß, ist gestoßen *to run into, come upon*

der Überfall, ⸚e *invasion*

übernehmen (übernimmt), übernahm, übernommen *to take over*

sich verbreiten *spread*

veröffentlichen *to publish*

Vor dem Lesen

D   **Was sehen Sie?**

Was hat das Bild auf Seite 50 mit dem Thema zu tun? Erklären Sie das in drei oder vier Sätzen.

ZUM BEISPIEL

Das ist die Stadt Nürnberg im Jahre 1945.

Nützliche Wörter

das Bombenflugzeug, -e *bomber*

das Haus, ⸚er *building*

der Hinter-/Vordergrund *back-/foreground*

die Mauerreste (Pl.) *remains of the wall*

der Panzer, - *tank*

der Soldat, -en, -en *soldier*

die Straße, -n *street*

die Trümmer (Pl.) *rubble*

der Wiederaufbau *reconstruction*

wiederaufbauen *to reconstruct*

die Zerstörung, -en *destruction*

zertrümmern *to smash into pieces*

Nürnberg im Juni 1945.

 E **Was wissen Sie schon?**

Bereiten Sie sich mit folgenden Fragen auf den Lesetext vor. Jede
Frage hat mehr als eine mögliche Antwort.

1. Was wissen Sie schon über Nürnberg? Wo liegt Nürnberg? (Finden
   Sie Nürnberg auf der Landkarte vorne im Buch.)
2. Was kommt Ihnen in den Sinn, wenn Sie an Kinder im Krieg
   denken?
3. Was tun Einwohner, wenn ihre Stadt im Krieg bombardiert wird?
4. Welche Ängste haben Kinder wohl im Krieg?

Nützliche Wörter und Ausdrücke

die Angst, ⸚e *anxiety, fear;*
Angst haben *to be afraid*

**der Einwohner, -/die
Einwohnerin, -nen**
inhabitant

Man kann einen Text schneller verstehen, wenn man sich schon vor dem Lesen einen Überblick darüber verschafft. Folgende Fragen dienen dem Überblick. Sehen Sie sich also den Text auf Seite 55–57 flüchtig an, um die folgenden Fragen zu beantworten.

1. Wann macht das Kind diese Kriegserfahrung?

2. Wo sieht man zum ersten Mal im Text, daß der Aufsatz eine Ich-Erzählung ist?

3. Woran erkennen wir im ersten, zweiten und dritten Absatz, daß das Kind chronologisch erzählt?

4. Im ersten Teil des Aufsatzes erzählt das Kind von den Stunden vor dem Bombenangriff. Wo ist das Kind?

   a. in der Schule

   b. zu Hause

   c. auf dem Spielplatz

5. Im zweiten Teil des Aufsatzes erzählt das Kind von der Zeit im Keller. Beginnt dieser Teil mit dem vierten oder fünften Absatz?

6. Mit welchem Absatz endet die Beschreibung der Zeit im Keller? Mit dem sechsten oder siebten?

7. Wo steht der Satz: „Das werde ich nie vergessen"?

Nützliche Wörter

der Absatz, ⸚e *paragraph*

der Angriff, -e *attack*

berichten *to report;*
  berichten über (+ Akk.)
  to report on/about

die Beschreibung, -en
  description

einschlagen (schlägt ein),
  schlug ein,
  eingeschlagen *to strike*

die Erfahrung, -en
  experience

erkennen, erkannte,
  erkannt *to recognize*

ARD

23.00 Widerstand
Zwischen Verfolgung und Terror nach dem 20. Juli 1944
Dokumentation von Heribert Schwan über die Sippenhaft nach dem mißglückten Attentat auf Adolf Hitler

G Ordnen Sie die Stichwörter.

 Welches Stichwort steht in welchem Absatz im Lesetext? Unterstreichen Sie das Stichwort, und numerieren Sie die Wörter in der Reihenfolge der acht Absätze.

Reihenfolge	Stichwort
_____	brennen
_____	die Trümmerstätte
_____	die Sirenen
_____	einschlafen
_____	grausig
_____	ein Hund
_____	das Abendbrot
_____	der Keller

H Wortschatz

Die Vokabeln und Sätze kommen in dieser Reihenfolge im Lesetext vor.

1. **das Abendbrot** *supper*
   Es war abends gegen 7 Uhr, da saß ich mit meinen Eltern beim **Abendbrot.**

2. **die Lust** *inclination, desire;* **Lust haben** *to feel like, to want (to do)*
   Ich bin heute so müde und **habe** gar keine **Lust** mehr, zur Wache zu gehen.

3. **einschlafen (schläft ein), schlief ein, ist eingeschlafen** *to fall asleep*
   [Er] war vor Müdigkeit schon auf dem Sofa **eingeschlafen.**

4. **heulen** *to wail, howl*
   Kurz nach Mitternacht **heulten** die Sirenen schrecklich.

5. **rennen, rannte, ist gerannt** *to run, race*
   Ich **rannte** sofort davon. Als ich halb da war, fielen schon Bomben ...

6. **der Hausbewohner, -/die Hausbewohnerin, -nen**
occupant, tenant
Ich habe mich in der Angst an einen **Hausbewohner** angeklammert, den ich in der Finsternis nicht erkannt habe.

7. **der Keller, -** *cellar, basement*

8. **einschlagen (schlägt ein), schlug ein, eingeschlagen** *to
strike, hit, smash in*
Kaum waren wir im **Keller, schlugen** schon Bomben in al-
lernächster Nähe **ein.**

9. **nebenan** *next door*
Sie sind im Hause **nebenan** im Keller ...

10. **hinwerfen (wirft hin), warf hin, hingeworfen** *to throw
down*
Ich mußte mich auf der Straße neben dem Bürgersteig **hinwerfen** ...

11. **sich (Akk.) klammern an (+ Akk.)** *to cling to*
Ich selbst **klammerte mich an** meinen Vater.

12. **gleich** *immediately, right (away)*

13. **gleich darauf** *right/immediately after that*

14. **brennen, brannte, gebrannt** *to burn, to be on fire*
Gleich darauf kam der Luftschutzwart und sagte: „Bei euch
vorn **brennt** schon alles."

15. **grausig** *horrible*
Was ich oben sah, war ein **grausiges** Bild.

16. **retten** *to save*
Es ist nichts mehr zu **retten,** ...

17. **die Trümmerstätte, -n** *place of rubble;* **die Stätte,
-n** *place;* **die Trümmer (Pl.)** *rubble*
Am anderen Tag standen wir noch einmal vor unserer **Trümmerstätte** ...

18. **bisher** *so far, up to now*

19. **traurig** *sad*

20. **das Erlebnis, -se** *experience*
Es war **bisher** das **traurigste Erlebnis** meines Lebens.

Erste Wortschatzübung

Arbeiten Sie mit zwei anderen Studenten/Studentinnen zusammen, und wählen Sie aus dem Wortschatz acht Vokabeln. Bilden Sie vier Wortpaare, schreiben Sie die Wortpaare auf, und geben Sie sie einer anderen Gruppe. Diese Gruppe muß jedes Wortpaar in einem logischen Satz anwenden. Hinterher können Sie Ihre vier Sätze mit den Sätzen der anderen Gruppen vergleichen.

ZUM BEISPIEL

Wortpaar: *der Keller, bisher*
Satz: *Bisher war ich noch nie im Keller.*

Nützliche Wörter

vergleichen, verglich, verglichen *to compare*	**wählen** *to choose*

 ## Zweite Wortschatzübung

Teilen Sie die Vokabeln in folgende drei Kategorien auf:
1) die Vokabeln, die Sie schon beherrschen;
2) die Vokabeln, die Sie erkennen, aber nicht beherrschen;
3) die Vokabeln, die Sie gar nicht kennen.
Vergleichen Sie danach im Plenum die Vokabeln der dritten Kategorie. Welche Vokabeln sind den meisten Studenten völlig neu?

ZUM BEISPIEL

Beherrschen	**Erkennen**	**Gar nicht kennen**
traurig	*rennen*	*sich klammern an*

 ## Dritte Wortschatzübung

Ordnen Sie in Einzel- oder Partnerarbeit die Vokabeln aus dem Wortschatz den folgenden Kategorien zu. In welche Kategorie paßt die jeweilige Vokabel am besten? Vergleichen Sie Ihre Ergebnisse mit denen der anderen.

Menschliches	Zeit	Ort	Ding	Was nicht in die Kategorien paßt

Als ich 9 Jahre alt war, kam der Krieg[2]

HANNES HEER (HERAUSGEBER)

10. August 1943. Es war abends gegen 7 Uhr, da saß ich mit meinen Eltern beim Abendbrot. Mein Vater hatte Luftschutzwache°. Er sagte: „Ich bin heute so müde und habe gar keine Lust mehr, zur Wache zu gehen." Ich gab ihm zur Antwort: „Geh halt° in deine Wache,
5 sonst bekommst du Ärger°!"

air-raid duty

Geh halt: Just go

trouble

2. Der hier abgedruckte Text enthält leichte sprachliche Veränderungen.

Mein Vater gab mir keine Antwort mehr, denn er war vor Müdigkeit schon auf dem Sofa eingeschlafen. Nach 8 Uhr weckte ihn meine Mutter wieder auf und sprach: „Steh auf und lege dich in dein Bett!" Mein Vater stand auf und ging ins Bett. So nebenbei° sprach er: „Hoffentlich haben wir heute nacht Ruhe." Auch meine Mutter und ich legten uns bald danach schlafen.

Kurz nach Mitternacht heulten die Sirenen schrecklich. Fliegeralarm! Wie der Blitz fuhren° wir aus den Betten. Rasch° kleideten wir uns an. Mein Vater rief: „Schnell, ich trau'° heute dem Laden°

as an aside

here: leaped; quickly

trust; here: the situation (literally: store)

Nürnberger verlassen ihre zerstörte Stadt.

15 nicht, ich geh' heute auch in den Luftschutzraum!" Als ich fertig war,
sprach mein Vater: „Lauf, was du laufen kannst!" Wir hatten etwa 300
Meter weit in den Bunker. Ich rannte sofort davon. Als ich halb da
war, fielen schon Bomben und die Flak° schoß wie wild. Ich habe   *anti-aircraft battery gun*
mich in der Angst an einen Hausbewohner angeklammert, den ich
20 in der Finsternis° nicht erkannt habe.   *darkness*

Kaum waren wir im Keller, schlugen schon Bomben in allernäch-
ster Nähe ein. Wir hörten Mauern einstürzen°. Wenige Minuten   *collapse*
später kam mein Vater und suchte nach mir. Ich habe ihn sofort
gesehen und fragte, wo Mutter, Großmutter und Großvater seien. Er
25 sagte: „Sie sind im Hause nebenan im Keller, sie konnten nicht mehr
weiter, es war schon zu gefährlich." Auch die übrigen° Hausbe-   *remaining*
wohner flüchteten sich° in das gleiche Haus.   *flüchteten sich: sought refuge*

Überall schlugen schon Bomben ein. Mein Vater erzählte: „Ich
mußte mich auf der Straße neben dem Bürgersteig° hinwerfen, denn   *sidewalk*
30 im nächsten Augenblick explodierte schon kurz hinter mir eine
Bombe." Einige Meter vor ihm lief ein Hund über die Straße, den es
getroffen hatte, so daß er liegen blieb. Es fielen immer noch fort-
während° Bomben. Die Leute im Keller schrien auf, wenn welche°   *constantly; some*
ganz nahe explodierten. Ich selbst klammerte mich an meinen Vater.
35 Mein Vater sprach: „Nur Ruhe, diejenigen°, die wir krachen° hören, *the ones; crashing*
tun uns nichts."

Gleich darauf kam der Luftschutzwart° und sagte: „Bei euch vorn°   *air-raid warden; where you live*
brennt schon alles." Mein Vater rannte gleich davon. An der Tür fragte
er noch, ob jemand mitkommen möchte. Jedoch es rührte° sich   *moved*
40 niemand, und mein Vater war auch schon fort. Vorher sagte er noch:
„Ich will sofort nach Mutter, Großmutter und Großvater sehen." In
dieser Zeit fielen immer noch Bomben. Ich wartete noch einige Zeit
bis die anderen Leute gingen, dann ging ich auch fort.

Was ich oben sah, war ein grausiges Bild. Das ganze Gebiet° glich°   *area; resembled*
45 einem einzigen Flammenmeer. Meine Großmutter hatte ich zuerst
gesehen. Ich fragte gleich nach meinen Eltern. Leider konnte sie mir
darüber keine Auskunft geben. Kurze Zeit darauf kamen meine Eltern und sagten: „Es ist nichts mehr zu retten, wir können nicht
einmal in die Straße hinein." Wir haben dann Hausbewohner und
50 gute Nachbarn gesucht. Leider fanden wir sechs Personen nur noch
als Leichen°.   *corpses*

Am anderen Tag° standen wir noch einmal vor unserer Trümmer-   *am anderen Tag: the next day*
stätte, bis wir endgültig° Abschied nahmen° von unserer alten Hei- *once and for all; Abschied nahmen: took leave*
mat. Es war bisher das traurigste Erlebnis meines Lebens. Das werde
55 ich nie vergessen.

▷ **I**   ## Zuweisung von Überschriften

Der Text besteht aus acht Absätzen. Entscheiden Sie, welche Überschrift zu welchem Absatz gehört, und numerieren Sie die acht Überschriften in der richtigen Reihenfolge.

Absatz   **Überschrift**

_____   Immer noch Bomben

_____   Wir gehen schlafen

_____   Die Flucht zum Bunker

_____   Nichts mehr zu retten

_____   Vater und ich finden einander im Keller

_____   Beim Abendbrot

_____   Abschied von der Heimat

_____   Unser Haus brennt

Nürnberg heute: Ein Teil der Alstadt.

J **Fassen Sie den Lesetext zusammen.**

Suchen Sie sich aus der folgenden Liste nur die Sätze heraus, die
Sie für eine kurze Zusammenfassung des Textes für wichtig halten.
Kreuzen Sie **Ja** an, wenn Sie einen Satz für wichtig halten, und
Nein, wenn Sie ihn für überflüssig halten. Vergleichen Sie dann
Ihre Zusammenfassung mit der eines Partners/einer Partnerin.
Worin unterscheiden sich Ihre Versionen? Einigen Sie sich auf eine
Version, mit der Sie beide einverstanden sind.

Ja	Nein	
		1. Es war der 10. August 1943 in Nürnberg.
		2. Eine Nürnberger Familie ging nach 8.00 Uhr ins Bett.
		3. Der Vater sagte nebenbei: „Hoffentlich haben wir heute nacht Ruhe."
		4. Der Vater hatte Luftschutzwache, ging aber nicht.
		5. Er war müde und hatte keine Lust, dahin zu gehen.
		6. Kurz nach Mitternacht heulten die Sirenen.
		7. Die Familie lief zum Bunker.
		8. Der Vater und das Kind liefen in einen Keller, die Mutter und die Großeltern in einen anderen.
		9. Auf dem Weg explodierte eine Bombe hinter dem Vater und traf einen Hund.
		10. Als die Familie in den Kellern wartete, schlugen überall Bomben ein.
		11. Das Kind klammerte sich an seinen Vater.
		12. Der Luftschutzwart kam und sagte: „Bei euch vorn brennt alles."
		13. Dann rannte der Vater davon, um die Mutter und die Großeltern zu suchen.
		14. Das Kind mußte einige Zeit warten, bis es den Keller verlassen konnte.
		15. Später sah man oben ein grausiges Bild.
		16. Die Häuser brannten, und es war nichts mehr zu retten.
		17. Sechs Nachbarn waren tot.
		18. Am nächsten Tag nahm die Familie Abschied von ihrer alten Heimat.
		19. Es war das traurigste Erlebnis des Kindes.

K   **Erklären Sie Begriffe.**

Im Text finden Sie die folgenden Begriffe. Erklären Sie in wenigen Sätzen, in welchem Zusammenhang das Kind den Begriff benutzt.

ZUM BEISPIEL

das Abendbrot

Das Kind beginnt die Geschichte, als die Familie beim Abendbrot saß. Das war gegen 7.00 Uhr am 10. August 1943. Fünf Stunden später war dann der Bombenangriff.

1. 10. August 1943
2. die Familie
3. der Fliegeralarm
4. der Keller
5. die Bomben
6. die Großeltern
7. das Haus

L   **Wichtige Sätze im Text**

Suchen Sie sich vier Sätze aus dem Text heraus, die besonders deutlich machen, wie wichtig das Erlebnis für das Kind war. Erklären Sie einem Partner/einer Partnerin kurz, warum Sie speziell diese vier Sätze gewählt haben. Wer von Ihnen hat Ihrer Meinung nach besser gewählt? Einigen Sie sich auf eine gemeinsame Liste von vier Sätzen.

M   **Ihre Meinung**

1. Was sind wohl einige Gedanken, die das Kind gehabt hat, als es im Keller saß?
2. Was halten Sie von der Beschreibung der Kriegserfahrung? Hat das Kind einen guten Aufsatz geschrieben? Begründen Sie Ihre Meinung.
3. Warum haben die Schulkinder solche Kriegsbeschreibungen überhaupt schreiben müssen? Welche Gründe könnte es dafür geben?

N Debatte

Folgende Thesen stehen zur Auswahl:

1. Es ist falsch, Schulkindern die Hausaufgabe zu geben, über traumatische Erfahrungen zu berichten.
2. Im Krieg sind militärische Angriffe auf die Zivilbevölkerung eine effektive Strategie des Angreifers.

Der Kurs wählt eine dieser beiden Thesen und teilt sich in zwei Gruppen auf. Eine Gruppe soll dafür, eine Gruppe dagegen argumentieren. Bereiten Sie sich darauf vor, in der Debatte die Meinung Ihrer Gruppe mit zwei oder drei Argumenten zu unterstützen. Welche Argumente können Sie finden? Es ist unwichtig, ob Sie wirklich davon überzeugt sind, wichtig ist, daß Sie mitargumentieren.

Vor der Debatte soll die Gruppe festlegen, wer was sagt, denn im ersten Teil der Debatte sollen alle Teilnehmer der Gruppen abwechselnd zu Wort kommen. Als zweiter Teil folgt dann eine offene Diskussion.

Nützliche Wörter

Allgemein nützliche Ausdrücke zum Argumentieren finden Sie im *Einführungskapitel*. Folgende Wörter und Ausdrücke beziehen sich auf die beiden Thesen.

angreifen, griff an, angegriffen *to attack*

der Angriff, -e *attack*

aufgeregt *upset, excited, nervous*

sich aufregen (über + Akk.) *to get upset (about)*

demoralisieren *to demoralize*

entschlossen *determined, resolute*

fertig werden mit *to deal/cope with*

die Macht, ¨e *power, force*

die Zivilbevölkerung, -en *civilian population*

psychologisch *psychological*

(die) Angst (vor + Dat.) haben *to be afraid/frightened (of)*

verdrängen *to repress (e.g., thoughts, wishes)*

O **Ihre Erfahrung**

Das Kind im Lesetext hat über ein unvergeßliches Erlebnis berichtet. Welches unvergeßliche, vielleicht gefährliche Erlebnis ereignete sich in Ihrer Kindheit? Oder von welchem unvergeßlichen Erlebnis eines anderen Kindes wissen Sie? Erzählen Sie davon.

Nützliche Wörter und Ausdrücke

Ich erinnere mich daran, wie/daß ...	*I remember how/that ...*
Ich weiß immer noch, wie ...	*I still remember how ...*
Ich habe es genau/lebhaft vor Augen.	*I remember it clearly/vividly.*
vor zehn Jahren	*ten years ago*
Als ich (noch) klein war, ...	*When I was little, ...*
Wie war das noch mal?	*How was that again?*
Mir scheint es, daß ...	*It appears to me that ...*
so (et)was	*something like that*
jedenfalls	*in any case, at any rate*
damals	*at that time*

 P **Ihre Reaktion**

1. Bringen Sie einen Gegenstand in die Deutschstunde mit, der zu dem Kriegsthema in diesem Kapitel paßt. Sie können einen Zeitungsartikel oder ein Foto mitbringen. Vielleicht möchten Sie sogar ein Bild oder Poster malen.

   Erklären Sie, warum Sie den Gegenstand ausgewählt haben, was er mit dem Kapitel zu tun hat, und was er Ihnen bedeutet.

2. Erzählen Sie von einem Kriegserlebnis, das einen tiefen Eindruck bei Ihnen hinterlassen hat, oder das Sie ganz allgemein interessiert. Vielleicht kennen Sie dieses Erlebnis aus einem Buch, Film oder Fernsehprogramm, vielleicht hat Ihnen jemand davon erzählt, oder Sie haben es selbst erlebt. Ihr Bericht könnte so beginnen:

ZUM BEISPIEL

> *Ich habe eben einen Schüleraufsatz gelesen, in dem ein Kind beschreibt, wie 1943 Bomben sein Haus zerstörten. Nachdem ich ihn gelesen hatte, dachte ich an ...*

3. Die folgenden Zeichnungen haben mit Krieg und Frieden zu tun. Wählen Sie zwei Zeichnungen, und interpretieren Sie sie. Schreiben Sie für jede Interpretation mindestens vier Sätze.

Nützliche Wörter

aufbauen *to build up*	**das Symbol, -e** *symbol*
aufstapeln *to stack up*	**die Taube, -n** *dove*
die Blume, -n *flower*	**wachsen (wächst), wuchs, ist gewachsen** *to grow*
der Feind, -e *enemy*	**die Welt** *world*
der Frieden *peace*	**zerstören** *to destroy*
der Gegner, - *opponent*	**der Zweig, -e** *twig*
der Helm, -e *helmet*	
quetschen *to crush*	

①

②

Krieg ist nicht gesund für Kinder und andere lebende Dinge

⑤

③

④

Über Vergangenes sprechen (Perfekt)

Man benutzt das Perfekt im Gespräch, wenn man über Vergangenes sprechen will. (Im Englischen benutzt man in derselben Situation normalerweise das Präteritum [*past tense*]).

> (Deutsch) Perfekt: „Gestern **habe** ich einen Aufsatz **geschrieben.**"
>
> (Englisch) Präteritum: "Yesterday I **wrote** an essay."

Um das Perfekt zu bilden, benutzt man eine konjugierte Form im Präsens von **sein** oder **haben** und ein Partizip.

Sein als Hilfsverb

Sein ist das Hilfsverb bei intransitiven Verben (Verben ohne Akkusativobjekt), die eine Bewegung (z.B. **gehen, laufen, rennen**) oder Veränderung (z.B. **aufstehen, einschlafen**) ausdrücken, und bei **bleiben, gelingen, geschehen, passieren** und **sein.**

Präsens
Das Kind läuft in den Keller.

Perfekt
Das Kind **ist** in den Keller **gelaufen.**

Laufen drückt eine Bewegung, eine Ortsveränderung aus.

„Den Urlaub hat meine Autoversicherung bezahlt"

Haben als Hilfsverb

Haben ist das Hilfsverb bei transitiven Verben (mit Akkusativobjekt), die keine Bewegung oder Veränderung ausdrücken[3], und bei reflexiven Verben und Modalverben.

Präsens
Das Kind wohnt in Nürnberg.

Perfekt
Das Kind **hat** in Nürnberg **gewohnt.**

Wohnen drückt keine Bewegung, keine Veränderung aus.

Konjugation der Hilfsverben *sein* und *haben* im Präsens

sein		haben	
ich bin	wir sind	ich habe	wir haben
du bist	ihr seid	du hast	ihr habt
er/sie/es ist	sie/Sie sind	er/sie/es hat	sie/Sie haben

Kategorien der Partizipien

a. Schwache Verben (keine Veränderung im Stammvokal, z.B.: *fragen, fragte, gefragt*)

Infinitiv	→	Präfix + ge +	Stamm + ___	+ Endung + **t** oder **et**	=	Partizip
arbeiten	→	ge	+ arbeit	+ et	=	gearbeitet
heulen	→	ge	+ heul	+ t	=	geheult
hören	→	ge	+ hör	+ t	=	gehört
öffnen	→	ge	+ öffn	+ et	=	geöffnet
warten	→	ge	+ wart	+ et	=	gewartet

---

3. Ein Verb wie **fahren** kann man entweder transitiv oder intransitiv verwenden:
Ich habe den Wagen gefahren. *I drove the car.*
(**habe gefahren:** transitiv, Akkusativobjekt = **den Wagen**)
Ich bin nach Nürnberg gefahren. *I drove to Nuremberg.*
(**bin gefahren:** intransitiv, kein Akkusativobjekt)

b. Schwache Verben mit trennbarem Präfix[4]

Infinitiv	→	trennbares Präfix —	+ Präfix + **ge**	+ Stamm + __	+ Endung + **t** oder **et**	= Partizip
ankleiden	→	an	+ ge	+ kleid	+ et	= angekleidet
aufwecken	→	auf	+ ge	+ weck	+ t	= aufgeweckt
einstürzen	→	ein	+ ge	+ stürz	+ t	= eingestürzt

c. Schwache Verben mit untrennbarem Präfix[5]

Infinitiv	→	Stamm —	+ Endung + **t** oder **et**	=	Partizip
behaupten	→	behaupt	+ et	=	behauptet
erklären	→	erklär	+ t	=	erklärt
verkaufen	→	verkauf	+ t	=	verkauft

d. Verben mit *-ieren*

Infinitiv	→	Stamm —	+ Endung + **t**	=	Partizip
explodieren	→	explodier	+ t	=	explodiert
studieren	→	studier	+ t	=	studiert

e. Starke Verben (mit Veränderungen im Stammvokal, z.B. ge*h*en, *ging*, ge*gang*en)

Infinitiv	→	Präfix **ge**	+ Stamm + __	+ Endung + **en**	=	Partizip
sitzen	→	ge	+ sess	+ en	=	gesessen
sprechen	→	ge	+ sproch	+ en	=	gesprochen
trinken	→	ge	+ trunk	+ en	=	getrunken

---

4. Die trennbaren Präfixe sind die Präpositionen **an-**, **auf-**, **aus-**, **bei-**, **ein-**, **mit-**, **nach-**, **vor-**, **um-**, und **zu-** und die Adverbien **ab-**, **los-**, **vorbei-**, **weg-**, **weiter-**, **zurück-** und **zusammen-**.

5. Die untrennbaren Präfixe sind **be-**, **emp-**, **ent-**, **er-**, **ge-**, **miß-**, **ver-** und **zer-** und die Präpositionen **über** und **unter**.

f. Starke Verben mit trennbarem Präfix

Infinitiv	→	trennbares Präfix +	Präfix + **ge** +	Stamm + ___ +	Endung = **en** +	Partizip
aufstehen	→ auf		+ ge	+ stand	+ en	= aufgestanden
einschlafen	→ ein		+ ge	+ schlaf	+ en	= eingeschlafen
hinwerfen	→ hin		+ ge	+ worf	+ en	= hingeworfen

g. Starke Verben mit untrennbarem Präfix

Infinitiv	→	Stamm ___	+ Endung + **en**	=	Partizip
bekommen	→	bekomm	+ en	=	bekommen
enthalten	→	enthalt	+ en	=	enthalten
vergessen	→	vergess	+ en	=	vergessen

h. Unregelmäßige Verben

Infinitiv	→	Präfix **ge**	+ Stamm + ___	+ Endung + **t**	=	Partizip
brennen	→	ge	+ brann	+ t	=	gebrannt
bringen	→	ge	+ brach	+ t	=	gebracht
denken	→	ge	+ dach	+ t	=	gedacht
rennen	→	ge	+ rann	+ t	=	gerannt
wissen	→	ge	+ wuß	+ t	=	gewußt
auch die Modalverben:						
dürfen	→	ge	+ durf	+ t	=	gedurft
können	→	ge	+ konn	+ t	=	gekonnt
mögen	→	ge	+ moch	+ t	=	gemocht
müssen	→	ge	+ muß	+ t	=	gemußt
sollen	→	ge	+ soll	+ t	=	gesollt
wollen	→	ge	+ woll	+ t	=	gewollt

i. Unregelmäßige Verben mit trennbarem Präfix

Infinitiv	→ trennbares Präfix	+ Präfix ge	+ **Stamm** ___	+ **Endung** + **t**	= Partizip
abbrennen	→ ab	+ ge	+ brann	+ t	= abgebrannt
mitbringen	→ mit	+ ge	+ brach	+ t	= mitgebracht

j. Unregelmäßige Verben mit untrennbarem Präfix

Infinitiv	→	Stamm ___	+ Endung + **t**	=	Partizip
erkennen	→	erkann	+ t	=	erkannt
verbrennen	→	verbrann	+ t	=	verbrannt

k. Die Hilfsverben

Infinitiv	→	Präfix	+ Stamm	+ Endung	=	Partizip
haben	→	ge	+ hab	+ t	=	gehabt
sein	→	ge	+ wes	+ en	=	gewesen
werden	→	ge	+ word	+ en	=	geworden

1

□ Geben Sie das Partizip an.

(fragen) Das Kind hat __gefragt__, wo seine Eltern wären.

Schwache Verben

1. (legen) Der Vater hat sich ins Bett _____.
2. (heulen) Kurz nach Mitternacht haben die Sirenen _____.
3. (hören) Die Familie hat die Sirenen _____.
4. (öffnen) Sie haben die Tür zum Keller _____.

5. (warten) Das Kind hat einige Zeit im Keller _____.

6. (klammern) Das Kind hat sich an seinen Vater _____.

7. (krachen) Die Bomben haben überall _____.

8. (rühren) Der Vater suchte Hilfe, aber niemand hat sich _____.

9. (meinen) Was hat der Luftschutzwart _____?

10. (suchen) Die Familie hat die Nachbarn _____.

11. (retten) Die Familie hat nichts _____.

12. (sagen) Was haben sie über ihre Heimat _____?

13. (wohnen) Wo haben sie nach dem Krieg _____?

Schwache Verben mit trennbarem oder untrennbarem Präfix

14. (aufwecken) Die Mutter hat den Vater _____.

15. (ankleiden) Sie haben sich rasch _____.

16. (anklammern) Das Kind hat sich an einen Hausbewohner _____.

17. (einstürzen) Die Mauern sind _____.

18. (erzählen) Der Vater hat von einem Hund _____.

19. (explodieren) Eine Bombe ist hinter ihm _____.

20. (erklären) Der Luftschutzwart hat die Situation _____.

21. (erleben) Das Kind hat einen Bombenangriff _____.

22. (benutzen) Die Nachbarn haben den Keller als Bunker _____.

23. (versuchen) Das Kind hat _____, seine Eltern zu finden.

Starke Verben

24. (herausgeben) Hannes Heer hat das Buch _____.

25. (sitzen) Die Familie hat gegen 7 Uhr beim Abendbrot _____.

26. (geben) Der Vater hat ihm keine Antwort _____.

27. (sprechen) Die Mutter hat mit dem Vater _____.

28. (gehen) Sie sind kurz nach 8 Uhr ins Bett _____.

29. (rufen) Der Vater hat _____: „Lauf in den Keller!"

30. (laufen) Das Kind ist schnell _____.

31. (schießen) Die Flak hat wie wild _____.

32. (fallen) Die Bomben sind überall _____.

33. (sehen) Das Kind hat seinen Vater sofort _____.

34. (treffen) Eine Bombe hat den Hund _____.

35. (finden) Oben haben sie nur noch Trümmer _____.

Starke Verben mit trennbarem oder untrennbarem Präfix

36. (einschlafen) Der Vater ist sofort auf dem Sofa _____.
37. (aufstehen) Später ist er _____ und ins Bett gegangen.
38. (einschlagen) Die Bomben haben überall _____.
39. (hinwerfen) Der Vater hat sich auf der Straße _____.
40. (fortgehen) Das Kind ist aus dem Keller _____.
41. (beginnen) Der Bombenangriff hat kurz nach Mitternacht _____.
42. (vergessen) Das Kind hat das Erlebnis nie _____.

Unregelmäßige Verben ohne und mit Präfix

43. (rennen) Die Familie ist sofort in den Bunker _____.
44. (mitbringen) Das Kind hat nichts _____.
45. (erkennen) Das Kind hat den Hausbewohner nicht _____.
46. (wissen) Der Vater hat nicht _____, wo die Großeltern waren.
47. (brennen) Nach dem Bombenangriff haben die Häuser _____.
48. (denken) Was haben die Hausbewohner _____?

▷ 2

Verbinden Sie die Satzelemente in der linken Spalte durch eine Linie mit den passenden Elementen in der rechten Spalte. Bilden Sie anschließend die 9 Sätze im Perfekt.

ZUM BEISPIEL

Der Vater ～～～～～～ auf dem Sofa einschlafen

Der Vater ist auf dem Sofa eingeschlafen.

1. Hannes Heer
2. viele Schüler
3. der Vater
4. die Mutter
5. die Bomben
6. die Menschen im Keller
7. die Sirenen
8. die Häuser
9. das

a. den Vater aufwecken
b. oft laut aufschreien
c. schrecklich heulen
d. die Aufsätze herausgeben
e. überall einschlagen
f. Luftschutzwache haben
g. nach dem Angriff brennen
h. im Jahre 1943 sein
i. die Aufsätze schreiben

3

Stellen Sie die folgenden Fragen an einen Partner/eine Partnerin. Er/Sie wählt eine Antwort aus und bildet den Satz im Perfekt. Sie können die Fragen auch an zwei oder mehr Studenten/Studentinnen stellen und hinterher dem Kurs die Antworten mitteilen.

ZUM BEISPIEL

Sie: Hast du viel gearbeitet?

a. Ja, (in den letzten Tagen viel arbeiten)

b. Nein, (in den letzten Tagen nicht viel arbeiten)

Ihr Partner/Ihre Partnerin: *Nein, ich habe in den letzten Tagen nicht viel gearbeitet.*

Sie teilen dem Kurs mit: *[Petra] hat in den letzten Tagen nicht viel gearbeitet.*

1. Weißt du viel über den Zweiten Weltkrieg?

   a. Ja, (viel darüber lesen)

   b. Nein, (nicht viel darüber lesen)

2. Weißt du noch, wann der Angriff war, über den das Kind schreibt?

   a. Ja, (das Datum nicht vergessen)

   b. Nein, (das Datum vergessen)

3. Hast du als Kind auch so eine Schulaufgabe gehabt?

   a. Ja, (auch so einen Aufsatz schreiben)

   b. Nein, (nie so einen Aufsatz schreiben)

4. Hast du schon einmal ein Sofa als Bett benutzt?

   a. Ja, (schon einmal auf einem Sofa einschlafen)

   b. Nein, (noch nie auf einem Sofa einschlafen)

5. Kennst du die Stadt Nürnberg?

   a. Ja, (schon einmal da sein)

   b. Nein, (noch nie da sein)

6. Möchtest du einmal Nürnberg besuchen?

   a. Ja, (schon daran denken)

   b. Nein, (noch nicht daran denken)

7. Weißt du, wo Nürnberg liegt?

   a. Ja, (Nürnberg auf der Landkarte finden)

   b. Nein, (Nürnberg noch nicht auf der Landkarte finden)

8. Weißt du, wer Albrecht Dürer war?
   a. Ja, (den Namen schon hören)
   b. Nein, (den Namen noch nie hören)
9. Hast du Durst?
   a. Ja, (lange nichts trinken)
   b. Nein, (gerade etwas trinken)
10. Hast du diese Übung schwer gefunden?
   a. Ja, (die Fragen nicht verstehen)
   b. Nein, (alle Fragen gut verstehen)

4

Setzen Sie sich mit zwei Partnern/Partnerinnen zusammen. Jeder/Jede erzählt den anderen von einer Erfahrung, die er/sie in letzter Zeit gemacht hat. Benutzen Sie mindestens zwei Sätze pro Erfahrung. Danach berichtet ein Partner/eine Partnerin im Plenum über die Erfahrungen der anderen beiden.

ZUM BEISPIEL

„Hussain sagte, daß er letzte Woche ins Kino gegangen ist. Der Film hat ihm gut gefallen. Vor zwei Wochen hat Anna ...“ usw.

5

Wenn Sie schon ein anderes Kapitel in *Impulse* durchgenommen haben, schlagen Sie dort den Lesetext nach, und bereiten Sie daraus fünf Fragen im Perfekt vor. Stellen Sie dann Ihre Fragen in der Deutschstunde einem Partner/einer Partnerin.

Filmboden

Hot Shots

USA 1991, Regie: Jim Abrahams, mit Charlie Sheen, Lloyd Bridges u. a., 84 Min., ab 6 Jahre Ein gutes Dutzend der großen Erfolgsfilme Hollywoods wird in diesem Publikums-Hit aufs Korn genommen.
„Rocky“, „9 1/2 Wochen“, „Vom Winde verweht“, „Superman“ und viele andere. Am härtesten trifft jedoch der Hagel boshafter Gags den Militärschinken „Top Gun“.

ALTES AMTSGERICHT
Amtsgericht
KLOSTERSTR. 21 · 28865 LILIENTHAL · 04298-2583
MITTWOCHS BIS SONNTAGS VON 15.00-22.00 UHR

6

Am Anfang des Kapitels haben Sie eine einfache Illustration gezeichnet. Sehen Sie sich Ihre Zeichnung noch einmal an, und beantworten Sie schriftlich folgende Fragen. Achten Sie auf den Gebrauch des Perfekts!

1. Beschreiben Sie, was Sie gezeichnet haben.
2. Interpretieren Sie Ihre Zeichnung noch einmal.
3. Unterscheidet sich Ihre jetzige Interpretation von der ersten?
   a. Wenn ja, erklären Sie die Unterschiede. Was haben Sie vorher gemeint, und was meinen Sie jetzt? Warum hat sich Ihre Interpretation geändert?
   b. Wenn nein, warum hat sich Ihre Interpretation nicht geändert?
4. Was halten Sie im Rückblick für das Interessanteste an Ihrer Illustration?

„Flying Fortresses" bombardieren eine Flugzeugfabrik in Marienburg, Oktober 1944.

Der Schüleraufsatz, den Sie gelesen haben, handelt von einer Familie in Nürnberg. Das Thema dieser Übung ist Nürnberg. Die Congress- und Tourismus-Zentrale in Nürnberg bietet Touristen, die sich für die Kultur und Geschichte Nürnbergs interessieren, verschiedene Stadtführungen. Unten finden Sie Informationen aus dem Touristenkatalog. Lesen Sie über die Stadtführungen, und bearbeiten Sie die darauf folgenden Aufgaben. Der Text in diesem Katalog ist natürlich nicht im Schreibstil eines Kindes geschrieben, und Sie werden auch keinen Erzählstil finden, sondern kurze Beschreibungen mit vielen Fakten.

»Nürnberg-Streifzüge« – die besonderen Stadtführungen nach Spezialthemen

(Themenauswahl für Gruppenreisende)

Zielgruppe:
Interessierte an Kultur und Geschichte

Das können Sie bei uns buchen (Auswahl):

Nürnbergs Blütezeit und ihre Künstler und Kunsthandwerker

(Fußführung)

Albrecht Dürer, Veit Stoß, Peter Vischer – große Gestalten und ihre bedeutenden Werke; Nürnberg als »des Heiligen Reiches Schatzkästlein«... [THE 1]

Nürnbergs Befestigungsanlagen

(Fußführung)

Nürnberg ist die einzige Großstadt Deutschlands mit nahezu vollständig geschlossenem Mauerring und Burg, einer genialen und nie im Kampf eroberten Befestigungsanlage. [THE 2]

Nürnbergs Weg zur Industrialisierung

(komb. Bus- und Fußführung)

Der Erfinder- und Pioniergeist Nürnberger Bürger; wie Nürnberg zum Sitz weltbekannter Unternehmen wurde; von der ersten deutschen Eisenbahn zur Hochtechnologie [THE 4]
(Preisaufschlag).

Nürnberg und der Nationalsozialismus: Das ehemalige Reichsparteitagsgelände

(komb. Bus- und Fußführung)

Die Nazis machten Nürnberg zur »Stadt der Reichsparteitage«, die Alliierten entschieden sich 1945 für Nürnberg als Sitz der »Nürnberger Prozesse«. Die Überreste des ehemaligen Reichsparteitagsgeländes liegen noch vor den Toren der Stadt [THE 8]
(Preisaufschlag).

Wenn Sie an weiteren Themen unserer »Nürnberg-Streifzüge« interessiert sind, rufen Sie uns bitte an (09 11/23 36-24).

die Befestigungsanlage, -n *fortification*

die Blütezeit, -en *time of blossoming; fig: great period*

die Beschreibung, -en *description*

die Burg, -en *fortress*

ehemalig *former*

der Erfindergeist *inventive spirit*

erobern *conquer*

die Gestalt, -en *figure*

prächtig *magnificent*

der Preisaufschlag *supplementary charge*

das Reichsparteitags-gelände *meeting grounds for the Nazi party convention*

das Schatzkästlein *little treasure chest*

der Sitz *headquarters*

die Stadtführung, -en *city tour*

der Streifzug, ⁼e *brief ventures*

das Tor, -e *gate*

der Überrest, -e *remains*

das Unternehmen, - *concern, business*

vollständig *complete*

vornehm *distinguished*

Aufgaben

1. Suchen Sie sich aus der Anzeige eine Führung aus, die Sie als Tourist(in) am liebsten machen möchten. Finden Sie dann alle Studenten, die Ihre Führung ebenfalls ausgesucht haben, und bilden Sie eine Gruppe. Fassen Sie in Gruppenarbeit zusammen, warum Sie sich für diese Führung interessieren. Danach berichtet jede Gruppe im Plenum über ihre Wahl und die Gründe dafür. Achten Sie auf den Gebrauch des Perfekts.

2. Schreiben Sie einen Aufsatz mit dem Titel „Die Stadt Nürnberg gestern und heute". Denken Sie dabei an die Kriegserlebnisse des Kindes im Jahre 1943. Denken Sie auch an die Kultur und Geschichte, die man bei den Stadtführungen erleben kann:

   • berühmte Künstler wie Albrecht Dürer (1471–1528)

   • die 5 Kilometer lange Stadtmauer und 80 Türme aus dem 14. und 15. Jahrhundert

   • Nürnberg als wichtige Industrie- und Messestadt, als Ort der größten Spielwaren-Fachmesse der Welt

   • das Reichsparteitagsgelände der Nazis

Das Haus des berühmten Künstlers Albrecht Dürer (1471–1528) in Nürnberg.

Wenn Sie weitere Auskünfte über Nürnberg erhalten möchten, können Sie vielleicht in der Bibliothek etwas finden, oder aber Ihr Professor/Ihre Professorin kann Ihnen weiterhelfen.

Bevor Sie mit Ihrem Aufsatz beginnen, sollten Sie sich einige Gedanken über den Aufbau machen. Hier einige Tips:

- Was ist Ihre zentrale Aussage?

- Mit welchen Argumenten können Sie Ihre zentrale Aussage unterstützen?

- Wie können Sie diese Argumente logisch strukturieren?

- Mit welchen Informationen unterstützen Sie Ihre Argumente?

- Womit fangen Sie an?

- Haben Sie Ihren Aufsatz in Abschnitte eingeteilt?

- Geben Sie zum Schluß eine gute Zusammenfassung?

- Haben Sie in Ihrem Aufsatz noch einmal Wortwahl und Grammatik überprüft?

Kapitel 3

TANZEN, TRINKEN, FAHREN

- **KOMMUNIKATIONSTHEMA**
  Alkohol und Autofahren
- **LESETEXT**
  Entwicklung des ADAC-Disco-Videos
- **SPRACHLICHE FUNKTION**
  Über Geschehenes berichten (Präteritum)

Jugendliche am Eingang zu einer Disco in Berlin.

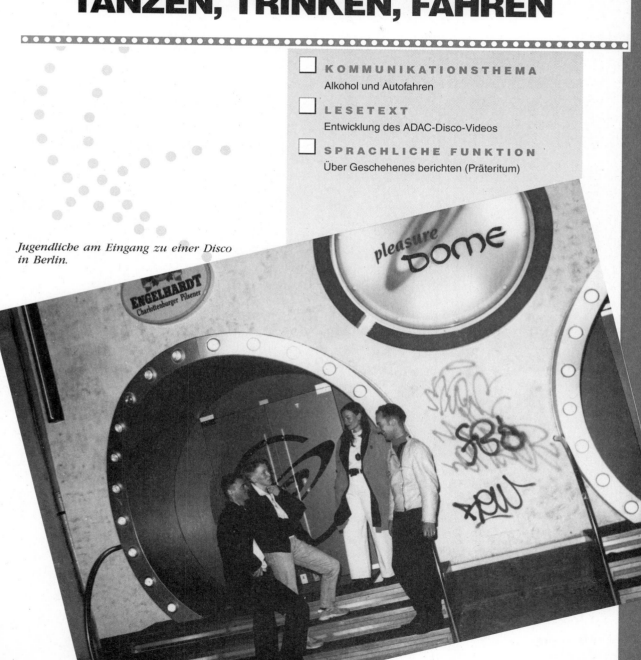

Einleitung

A   Einstieg ins Thema

Beschreiben Sie das Bild unten. Was sehen Sie auf dem Photo? Was
könnte passiert sein? Wie könnte es passiert sein? Was meinen Sie?

Verkehrsunfall in Hamburg.

anhalten (hält an), hielt an, angehalten *to stop (vehicles)*

der Autofahrer, -; die Autofahrerin, -nen *automobile driver*

bremsen *to brake*

die Kreuzung, -en *intersection*

passieren (sein) *to happen*

der Unfall, ⁓e *accident;* **an einem Unfall beteiligt sein** *to be involved in an accident*

die Vorfahrt *right of way;* **die Vorfahrt haben** *to have the right of way;* **die Vorfahrt beachten/nicht beachten** *to observe/ignore the right of way*

der Zusammenstoß, ⁓e *collision, crash*

zusammenstoßen (stößt), stieß zusammen, ist (wenn kein Akkusativobjekt) **zusammengestoßen** *to collide;* **zusammenstoßen mit** *to collide with*

Verkehr auf der Autobahn.

Einführung in den Lesetext

Es ist gefährlich, wenn Menschen Alkohol trinken und Auto fahren. Wer hat nicht von tragischen Unfällen gehört, in denen Alkohol eine Rolle gespielt hat. Bei Jugendlichen ist das Problem besonders groß.

In Deutschland, bekannt für schnelle Autos und gutes Bier, versucht der Allgemeine Deutsche Automobil-Club (ADAC) neue Wege der Aufklärung zu gehen: per Video vernünftig werden. Da gerade nach Discobesuchen das Unfallrisiko für junge Leute am größten ist, hat der ADAC ein Experiment mit Discobesuchern durchgeführt und ein Video darüber erstellt.

Peter Seemann, Mitarbeiter der ADAC-Zentrale München, hat das Projekt für das Bundesministerium für Verkehr in Bonn beschrieben. Diese Beschreibung, „Entwicklung des ADAC-Disco-Videos" (ADAC-Zentrale München, 1992) lesen Sie in diesem Kapitel.

Arbeiten Sie in einer Gruppe von zwei oder drei Studenten/Studentinnen, und denken Sie über die *Einführung in den Lesetext* nach: Welche Fragen können Sie jetzt schon über das Disco-Videoprojekt stellen? Was möchten Sie im Lesetext erfahren? Einigen Sie sich auf zwei Fragen.

Anschließend berichtet jede Gruppe im Plenum über ihre Auswahl, so daß der Kurs eine gemeinsame Liste zusammenstellen kann.

Nützliche Wörter

die Aufklärung *enlightenment, education*

beschreiben, beschrieb, beschrieben *to describe*

die Beschreibung, -en *description*

die Disco (oder: die Disko), -s (= die Diskothek, -en) *disco(theque)*

die Entwicklung, -en *development*

erstellen *to put together, to make*

gefährlich *dangerous*

Jugendliche(r) (wie ein Adj. dekl.) *young person*

das Risiko, -s (oder: Risiken) *risk*

tätig sein *to work*

der Verkehr *traffic*

vernünftig *sensible*

der Weg, -e *way, path*

▷ ☐ C **Was sehen Sie?**

Was sehen Sie auf dem Bild? Was hat das Bild mit dem Thema zu tun? Erklären Sie das in drei oder vier Sätzen.

ZUM BEISPIEL

Ich sehe ein Auto auf dem Bild. Ich glaube, es fährt sehr schnell.

Der Wagen ist ins Schleudern gekommen.

Nützliche Wörter und Ausdrücke

gefährlich *dangerous*

die Geschwindigkeit *speed*

die Kontrolle *control;* **die Kontrolle über den Wagen verlieren** *to lose control of the car*

die Kurve, -n *curve, bend (of a road);* **die Straße macht eine Kurve** *the street curves*

lenken *to steer*

schleudern (sein) *to skid;* **ins Schleudern kommen** *to go into a skid*

die Spur, -en *lane (of a road);* **aus der Spur kommen** *to leave (skid out of) the lane*

der Straßenrand *side of the road*

▷ D Was wissen Sie schon?

Bereiten Sie sich mit den folgenden Fragen und Aufgaben auf den Lesetext vor. Jede Frage hat mehr als eine mögliche Antwort.

1. Nennen Sie einige Ursachen für Autounfälle.
2. Erklären Sie, was eine Disco ist.
3. Erklären Sie, was ein „Designated Driver" ist.
4. Woran denken Sie, wenn Sie an Alkohol und Autofahren denken?
5. Warum haben viele Jugendliche Autounfälle, wenn sie von der Disco nach Hause fahren?

E Textüberblick

Man kann einen Text schneller verstehen, wenn man sich schon vor dem Lesen einen Überblick darüber verschafft. Folgende Fragen dienen dem Überblick. Sehen Sie sich also den Text auf Seite 88–91 flüchtig an, um die folgenden Fragen zu beantworten.

1. Was sagt bereits der Titel des Lesetextes aus?
2. Welches Thema wird schon im ersten Absatz erwähnt?
   a. das Tanzen
   b. Discounfälle
   c. schlechte Videos
3. Im dritten Absatz beginnt Peter Seemann mit der Beschreibung eines Projektes. Die Beschreibung endet mit dem Satz: „Wenn ihr mir beweist, daß ich nach fünf Bier wirklich schlechter fahre als nüchtern, habt ihr gewonnen'." Wie viele Absätze umfaßt also die Beschreibung: drei, vier oder fünf?

4. Seemanns Beschreibung des zweiten Projektes beginnt mit den Worten: „Dies ließen sich die Experten nicht zweimal sagen ...", und endet mit dem Satz: „Auch die Aussage, daß man mit einem angetrunkenen Fahrer als Freund oder Freundin nun nicht mehr mitfahren würde, verfehlte die Wirkung nicht." Umfaßt dieser Teil des Textes drei, vier oder fünf Absätze?

5. Wie viele Absätze bilden den Schluß des Artikels?

6. Welche Zeitform benutzt der Autor als Hauptzeitform im Text?

   a. Präsens (z.B. „ich gehe")

   b. Präteritum (z.B. „ich ging")

   c. Perfekt (z.B. „ich bin gegangen")

   d. Futur (z.B. „ich werde gehen")

7. Der Autor benutzt diese Zeitform, denn der Text ist:

   a. ein Interview

   b. ein Brief

   c. ein Bericht

   d. eine Konversation

Nützliche Wörter

benutzen *to use*

der Bericht, -e *report*

die Beschreibung, -en
  description

der Discounfall, ⁻e *disco
  (related) accident*

erwähnen *to mention*

der Schluß, -sses (kein Pl.)
  ending, conclusion

umfassen *to contain*

Personenkraftwagenproduktion nach Herstellern 1993

Hersteller	In Hunderttausend
	2 4 6 8 10 12 14 16 18 20 22 24 26
Audi	340.956
BMW	532.926
Ford	842.065
Mercedes-Benz	725.758
Opel	815.138
Porsche	13.361
Volkswagen	2.677.424

Was lernt man von den Produktions-zahlen?

Die Vokabeln und Sätze kommen in dieser Reihenfolge im Lesetext vor.

1. **der Verkehr**   *traffic*

2. **die Sicherheit**   *safety*
   Discounfälle waren schon seit langem ein wichtiges **Verkehrssicherheits**thema für den ADAC.

3. **darstellen**   *to portray, to present*
   Immer wieder versuchten wir ... **darzustellen,** daß Musik plus Alkohol plus Autofahren eine brisante Mischung **darstellen.**

4. **die Aktion, -en**   *campaign*

5. **mitwirken an/bei (+ Dat.)**   *to help with, to play a part in*
   1991 wurde an den ADAC mehrfach die Idee herangetragen, bei der **Aktion** „Stars gegen Alkohol am Steuer" **mitzuwirken.**

6. **allerdings**   *certainly, of course, admittedly*

7. **die Abteilung, -en**   *department, division*
   Der Aufwand wäre **allerdings** in Millionenhöhe gegangen – eine Summe, die der Verkehrs**abteilung** in der ADAC-Zentrale ... keinesfalls zur Verfügung stand.

8. **abstimmen**   *to vote, to determine*

9. **nüchtern**   *sober; matter-of-fact; level-headed*
   Es besagte, daß eine Gruppe von Discobesuchern untereinander **abstimmt,** wer diese Gruppe nachts absolut **nüchtern** nach Hause fährt.

10. **das Getränk, -e**   *drink*
    Er sollte entweder von der Gruppe oder vom Discobesitzer alkoholfreie **Getränke** spendiert bekommen.

11. **gesamt**   *entire, whole, total*

12. **gemeinsam**   *mutual, joint, common;* **gemeinsam mit** *together with*
    Die **gesamte** Öffentlichkeitsarbeit des ADAC interessierte sich sehr stark für die Thematik, so daß die Abteilung ... **gemeinsam mit** Mitarbeitern ... die Probe aufs Exempel machte ...

13. **sich (Akk.) lächerlich machen**   *to make a fool of oneself*
Hinter der Ablehnung stand eindeutig die Angst, **sich lächerlich zu machen.**

14. **beweisen**   *to prove*
„Wenn ihr mir **beweist,** daß ich nach fünf Bier wirklich schlechter fahre als nüchtern, habt ihr gewonnen."

15. **die Sitzung, -en**   *session, meeting*
Nach drei Arbeits**sitzungen** in der Disco ... stand das Programm fest.

16. **überzeugt sein + von**   *to be convinced, confident +*
of/about; **überzeugen**   *to convince*
Eine Gruppe von sechs jungen Leuten stellte – weil **von** sich und ihren Fähigkeiten **überzeugt** – die „Trinkergruppe".

17. **normalerweise**   *normally*

18. **anschließend**   *(immediately) afterwards*
Sie sollte am Testtag genausoviel trinken, wie sie **normalerweise** konsumiert, wenn sie in der Disco ist und **anschließend** noch mit dem Auto nach Hause fährt.

19. **die Szene, -n**   *scene*

20. **vermeiden, vermied, vermieden**   *to avoid*
Bewußt wurden Realszenen ... **vermieden.**

21. **nachvollziehen, vollzog nach, nachvollzogen**   *to reproduce;* **nachvollziehbar** *reproducible*

22. **die Tatsache, -n**   *fact*
Das Experiment und das gesamte Video leben daher ausschließlich von **nachvollziehbaren** und nicht wegzudiskutierenden **Tatsachen.**

23. **der Blutalkoholwert, -e**   *blood alcohol level*
Nach dem Trinkversuch hatten die Testkandidaten **Blutalkoholwerte** zwischen 0,8 und 1,7‰ [Promille].

24. **niederschmetternd**   *crushing;* **niederschmettern**   *to crush, to smash down*
Vor allem die Beurteilung durch die Nüchterngruppe war für sie **niederschmetternd.**

Erste Wortschatzübung

Auf Seite 87 sehen Sie 16 Felder. In jedem Feld steht ein Satz, der beschreibt, was ein junger Mensch beim Disco-Videoprojekt macht. Stellen Sie sich vor, daß vier von diesen Sätzen vier Jugendliche – Ulrich, Hans, Sabine und Monika – beschreiben. Schreiben Sie jeden Namen in eins der 16 Felder.

Spielen Sie das folgende Spiel mit einem Partner/einer Partnerin. Vorsicht! Ihr Partner/Ihre Partnerin darf nicht sehen, wo Sie die Namen hingeschrieben haben! Stellen Sie sich abwechselnd so lange Fragen über die vier Personen, bis einer/eine entdeckt, wo alle vier Namen stehen. Beim Fragen müssen Sie jedesmal einen ganzen Satz benutzen, sonst ist Ihr Partner/Ihre Partnerin wieder an der Reihe. Wer findet als erste(r) alle vier Namen?

ZUM BEISPIEL

A: *Findet Ulrich die gesamte Aktion gut?*

B: *Nein. – Hat Monika an der Aktion mitgewirkt?*

A: *Nein. – Trinkt Ulrich normalerweise wenig Bier?*

B: *Ja! – Hat ... usw.*

Nützliche Wörter und Ausdrücke

abwechselnd *alternately*

die Reihe, -n *row, line;* **Ich bin an der Reihe.** *It's my turn.*

entdecken *to discover*

jedesmal *each time*

sich (Dat.) vorstellen *to imagine*

Beim Disco-Videoprojekt

hat sich lächerlich gemacht	trinkt nur alkoholfreie Getränke	spricht über die gemeinsame Aktion von zwei Gruppen	wird nach dem Discobesuch einen hohen Blutalkoholwert haben
findet die gesamte Aktion gut	hat das Experiment nachvollzogen	ist auf der Party absolut nüchtern geblieben	hat an der Aktion mitgewirkt
ist normalerweise sehr freundlich	hat morgen früh schon um 8 Uhr eine Sitzung	trinkt normalerweise wenig Bier	wollte vermeiden, an dem Experiment teilzunehmen
will den Wert der Aktion beweisen	weiß viel über Verkehrssicherheit	möchte fahren, hat allerdings zu viel getrunken	ist von den Tatsachen überzeugt

▷ **Zweite Wortschatzübung**

Stellen Sie sich vor, es gibt eine Aktion gegen Alkoholkonsum und Autofahren, und Sie schreiben eine Radiowerbung dafür. Schreiben Sie in Einzel- oder Partnerarbeit eine Werbung von etwa fünf oder sechs Sätzen, in denen Sie möglichst viele neue Vokabeln verarbeiten. Vergleichen Sie danach die Werbungen. Welche sind die interessantesten?

Entwicklung des ADAC-Disco-Videos

PETER SEEMANN

Discounfälle waren schon seit langem ein wichtiges Verkehrssicherheitsthema für den ADAC. Immer wieder versuchten wir in Gesprächsrunden° mit Jugendlichen, bei Sonderangeboten° im ADAC-Sicherheitstraining für junge Leute usw. darzustellen, daß Mu-
5 sik plus Alkohol plus Autofahren eine brisante° Mischung darstellen.

1991 wurde an den ADAC mehrfach die Idee herangetragen°, bei der Aktion „Stars gegen Alkohol am Steuer°" mitzuwirken. Der Aufwand° wäre allerdings in Millionenhöhe gegangen° – eine Summe, die der Verkehrsabteilung in der ADAC-Zentrale und auch
10 den ADAC-Gauen° zur Umsetzung° in die Praxis keinesfalls zur Verfügung stand. Allerdings wollten wir einen Teil der Idee übernehmen: Das Modell „Designated driver".

Anfang 1992 wurde das Projekt dann sehr konkret: Aktionspläne lagen vor°, um diesem sogenannten „Button-Modell" zum
15 Durchbruch° zu verhelfen. Es besagte, daß eine Gruppe von Discobesuchern untereinander abstimmt, wer diese Gruppe nachts absolut nüchtern nach Hause fährt. Dieser sollte sich zum Zeichen° seines „Auserwähltseins"° einen Button auf die Jacke stecken, auf dem stand „I am the driver". Er sollte entweder von der Gruppe
20 oder vom Discobesitzer alkoholfreie Getränke spendiert° bekommen.

Die gesamte Öffentlichkeitsarbeit° des ADAC interessierte sich sehr stark für die Thematik, so daß die Abteilung Verkehrserziehung und Aufklärung° (VEA) gemeinsam mit Mitarbeitern aus diesem
25 Bereich° die Probe aufs Exempel machte°: Die Aktion wurde vor Ort° jungen Discobesuchern vorgestellt.

Innerhalb weniger Minuten war klar: Das Ganze mußte gekippt° werden. Die jungen Leute fanden es unmöglich, mit einem Button „gebrandmarkt"° herumzulaufen. Es fielen markige Sprüche° wie
30 „Wer einen solchen Button hat, wird danach gefragt, ob ihm Mami

rounds of talks; special presentations

explosive

brought to

steering wheel

expenditure; **in Millionenhöhe gegangen:** gone up into the millions

regions; **zur Umsetzung:** for the translation/conversion

were available

breakthrough

zum Zeichen: as a sign

being selected

gratis

public relations division

Verkehrserziehung und Aufklärung: Traffic Education and Information; area; **die Probe aufs Exempel machte:** Put it to the test; **vor Ort:** on site dumped

branded; **es fielen markige Sprüche:** pointed comments were made

das Trinken verboten oder der Arzt die Leber° zu gründlich untersucht° hat." Hinter der Ablehnung° stand eindeutig die Angst, sich lächerlich zu machen. Außerdem wurden praktische Gründe genannt: „In meine neue teuere Lederjacke stecke ich keine Buttonnadel." „Beim Tanzen bleibt man daran hängen° und kann sich verletzen°."

liver

examined; rejection

bleibt man daran hängen: *one will get caught on it; hurt*

Man hätte nun einfach über diese Argumente hinweggehen und feststellen° können, daß alles nur eine Frage der Motivation sei. In diesem Fall entschloß sich° der ADAC aber, nichts gegen, sondern alles mit den jungen Leuten zu machen.

determine

decided

Der entscheidende° Satz fiel von einem Discobesucher: „Wenn ihr mir beweist, daß ich nach fünf Bier wirklich schlechter fahre als nüchtern, habt ihr gewonnen."

decisive

Dies ließen sich die Experten nicht zweimal sagen: Es wurde gemeinsam mit den jungen Leuten ein Programm entwickelt, wie fahrpraktische Übungen aus dem Sicherheitstraining und dem Geschicklichkeitsturnier° so aufbereitet° werden könnten, daß dieser Vergleich° eindeutig – ohne Manipulation – zu Gunsten° der Verkehrssicherheit ausfallen° würde. Nach drei Arbeitssitzungen in der Disco, die jeweils° von 11.00 Uhr abends bis 4.00 Uhr früh dauerten, stand das Programm fest. Es sollten zwei Gruppen gebildet werden: Eine Gruppe von sechs jungen Leuten stellte° – weil von sich und ihren Fähigkeiten° überzeugt – die „Trinkergruppe". Sie sollte am Testtag genausoviel trinken, wie sie normalerweise konsumiert, wenn sie in der Disco ist und anschließend noch mit dem Auto nach Hause fährt. Die andere Gruppe von sechs Nüchternbleibenden spielte die „Aufpasser"°. Als Zugeständnis° durfte sie aber auch alkoholfreies Bier trinken. Von diesem Getränk wußten wir, daß man in einer Stunde 9,5 Liter trinken müßte, um höchstens auf 0,3‰ [Promille] zu kommen.

skill competition; prepared

comparison; in favor

turn out

each (time)

provided

capabilities

overseers/supervisors; concession

Bereits hier wurde die Philosophie des Disco-Videos deutlich: Kein erhobener° Zeigefinger von Außenstehenden°, kein Moralisieren, sondern nur nüchterne Facts! Bewußt° wurden Realszenen wie „Auto vor Baum" oder „Crash nach der Disco" und „Blut und Tränen"° vermieden. Die Experten wußten, daß dadurch nur Verdrängungstendenzen° geschaffen° und Hinschau-Effekte° gefördert° würden. Das Experiment und das gesamte Video leben daher ausschließlich° von nachvollziehbaren und nicht wegzudiskutierenden Tatsachen.

raised; outsiders

deliberately

tears

tendency for repression; created; onlooker effect; promoted

exclusively

Insgesamt wurde der Versuch mit hohem Aufwand gefahren°: Auf dem ADAC-Trainingsgelände° in Augsburg wurde ein Partyzelt° errichtet°, in dem es all das zu trinken gab, was junge Fahrer in der

run

ADAC Training Grounds; party tent; erected

Disco bevorzugen° (Bacardi-Cola, Whisky, Weißbier, Sekt, usw.) Nach dem Trinkversuch hatten die Testkandidaten Blutalkoholwerte zwischen 0,8 and 1,7‰.

Was weiter geschah, zeigt das Video in absichtlich völlig neutraler Form. Übereinstimmend° sagten die jungen Leute nach Beendigung des Testes aus, daß man vor allem der Trinkergruppe mit einer objektiven Darstellung wesentlich° mehr geholfen hätte als mit Bildern nach dem „Blut-und-Tränen–Prinzip". Vor allem die Beurteilung° durch die Nüchterngruppe war für sie niederschmetternd. Sich vor der nüchtern gebliebenen Freundin in alkoholisiertem Zustand lächerlich gemacht zu haben, als aggressiv und fahruntüchtig° erkannt worden zu sein, war für alle äußerst° unangenehm°. Auch die Aussage°, daß man mit einem angetrunkenen° Fahrer als Freund oder Freundin nun nicht mehr mitfahren würde, verfehlte° die Wirkung nicht.

Auf dem ADAC-Trainingsgelände in Augsburg.

Dieses Disco-Video ist der Beginn einer Philosophie, die an sich schon überfällig° ist: Aktionen nicht für, sondern mit der Zielgruppe zu planen und durchzuführen; wegzugehen von Sensationsszenen zur Abschreckung° durch objektive, nachzuvollziehende Darstellungen. In vielen Zuschriften° ist zu lesen, daß man das Experiment wegen seiner absoluten Glaubwürdigkeit° gerne mit Unterstützung° des ADAC nachvollziehen möchte. Gerade an unserer Testgruppe hat es sich gezeigt, daß junge Leute eher mit Fakten als mit Gruselgeschichten° zu überzeugen sind, von denen es heute wahrlich mehr als genug gibt.

Die Autorengruppe hat das Disco-Video über die „ADAC-Motorwelt" kostenlos zur Bestellung° angeboten°. Man rechnete mit° einer Anforderungsquote° von ca. 400–500 Interessenten. Inzwischen erreicht die abgeforderte° Stückzahl° schon fast die 10.000er Grenze.

[Margin glosses:]
overdue

deterrence
letters
credibility; support

horror stories

ordering; offered; reckoned on/expected
request quota
demanded; number of items

Nach dem Lesen

 G **Zuweisung von Überschriften**

Der Artikel von Peter Seemann besteht aus 13 Absätzen. Entscheiden Sie, welche Überschrift zu welchem Absatz gehört, und numerieren Sie die 13 Überschriften in der richtigen Reihenfolge.

Verwenden Sie anschließend jede Überschrift, um die Hauptidee des Absatzes wiederzugeben. Mit diesen 13 kurzen Erklärungen bilden Sie eine Zusammenfassung des Berichts.

ZUM BEISPIEL

_____5_____   a. Kein Interesse bei den jungen Leuten

Das Button-Modell fand kein Interesse bei den jungen Leuten, denn sie wollten nicht „gebrandmarkt" herumlaufen.

_____	a.	Kein Interesse bei den jungen Leuten
_____	b.	Der entscheidende Satz
_____	c.	Die Wirkung des Testes
_____	d.	10.000 Videos schon bestellt
_____	e.	Die Aktion, die zu teuer war
_____	f.	Das Trinken
_____	g.	Discounfälle: Seit langem ein wichtiges Thema
_____	h.	Die Entwicklung des Programms
_____	i.	Großes Interesse beim ADAC
_____	j.	Aktionspläne für das Modell „Designated driver"
_____	k.	Nur nüchterne Tatsachen
_____	l.	Die Strategie des ADAC: Mit den jungen Leuten arbeiten
_____	m.	Die Philosophie, die schon lange fehlt

▷ H Die Struktur des Berichtes

Setzen Sie sich mit einem Partner/einer Partnerin zusammen, und schauen Sie Peter Seemanns Text gemeinsam an.

1. Mit welchem Satz drückt Seemann immer wieder die Hauptidee eines Absatzes aus – mit dem ersten oder dem letzten? Schauen Sie jeden Absatz an. Was meint Ihr Partner/Ihre Partnerin? Was meinen Sie?

2. Hat man, wenn man entweder alle ersten oder letzten Sätze zusammenstellt, eine logische Zusammenfassung von Seemanns Bericht? Versuchen Sie das. Was meint Ihr Partner/Ihre Partnerin? Was meinen Sie? Wie ist das Resultat? Berichten Sie darüber.

Nützliche Wörter

ausdrücken _to express_	**die Zusammenfassung, -en**
die Hauptidee, -n _main idea_	_summary_

Im Text finden Sie die folgenden Begriffe. Erklären Sie in wenigen Sätzen, was jeder Begriff mit dem Bericht über das Disco-Video zu tun hat.

ZUM BEISPIEL

Discounfälle

Discounfälle sind schon seit langem ein wichtiges Verkehrssicherheitsthema für den ADAC. Jugendliche trinken in der Disco, fahren mit dem Auto nach Hause und haben einen Unfall. Das ist ein Discounfall.

1. die Verkehrssicherheit

2. die Disco

3. das „Button-Modell"

4. der Testtag

5. Augsburg

6. nüchtern

7. das „Blut-und-Tränen–Prinzip"

Eine Gedächnisstätte für ein Opfer im Straßenverkehr.

Ordnen Sie Begriffe.

In der linken und rechten Spalte stehen Begriffe, die zusammenpassen. Zeichnen Sie eine Linie von dem Begriff links zu dem
passenden Begriff rechts.

Überlegen Sie sich dann in Einzel- oder Kleingruppenarbeit fünf
weitere Begriffspaare, die Ihre Mitstudenten/-studentinnen richtig
mit einer Linie verbinden. Schließlich stellt der Kurs von allen
Arbeitsgruppen eine Gesamtliste aller Begriffspaare zusammen.

1. Musik plus Alkohol plus Autofahren   a. neue teuere Lederjacke

2. vom Discobesitzer   b. hinter der Ablehnung

3. innerhalb weniger Minuten war klar   c. alkoholfreie Getränke spendiert bekommen

4. keine Buttonnadel   d. eine brisante Mischung

5. Angst, sich lächerlich zu machen   e. das Ganze mußte gekippt werden

6. _____   f. _____

7. _____   g. _____

8. _____   h. _____

9. _____   i. _____

10. _____   j. _____

K   Informationen zum Thema Discounfälle

Lesen Sie die Statistiken und Informationen von Horst Schulze und
Peter Berninghaus[1] und von Klaus Peter Becker[2]. Erklären Sie in
fünf oder sechs Sätzen den Zusammenhang zwischen diesen Informationen und dem Lesetext von Peter Seemann. Wenn Sie möchten,
können Sie folgende Ideen verwenden:

Schulze und Berninghaus:

- Discobesuch; Bestandteil der Wochenendfreizeit

- 216 Verkehrsunfälle; nur 7% der Insassen unbeschadet

- mehr als ein Drittel; gehören der Altersgruppe von 18 bis 24 an

---

1. Horst Schulze, Peter Berninghaus: *Damit Sie die Kurve kriegen,* Bonn 1991, S.4, 15

2. Klaus Peter Becker: Alkohol im Straßenverkehr: *Meine Rechte und Pflichten,*
München 1988, S.36

Becker:

- das Promille-Gesetz; Grenzwert vom Alkohol im Blut auf 0,8 festsetzen

- bei 0,8 Promille; Autofahrer außerstande; sicher fahren

Seemann:

- der ADAC; Programm entwickeln; darstellen; Alkohol und Auto-fahren

- objektive Videodarstellung beweisen; Discobesucher; nach dem Trinken schlechter fahren

Sie könnten Ihre Erklärung so beginnen: *In drei Texten behandeln Peter Seemann, Horst Schulze, Peter Berninghaus und Klaus Peter Becker das Problem Alkohol und Autofahren. ...*

Was lernt man aus den Statistiken?

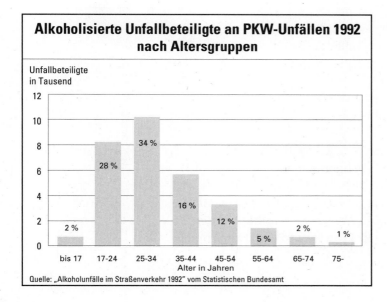

Alkoholisierte Unfallbeteiligte an PKW-Unfällen 1992 nach Altersgruppen

Quelle: „Alkoholunfälle im Straßenverkehr 1992" vom Statistischen Bundesamt

Disco-Unfälle

HORST SCHULZE UND PETER BERNINGHAUS

Für einen großen Anteil° der heute 18- bis 24jährigen ist der Disko-thekenbesuch wichtiger Bestandteil° der Wochenendfreizeit. Während einer dreimonatigen bundesweiten° Totalerhebung° (Winter 1987/88) wurden im Zusammenhang mit Diskothekenbesuchen

portion

element

nationwide; comprehensive in-vestigation

216 Verkehrsunfälle ermittelt°, bei denen 64 junge Leute getötet° *investigated; killed*
und 484 schwer verletzt wurden. Von den 616 jungen Insassen° der *passengers*
Unfallfahrzeuge° überstanden° nur 44 (das sind nur 7%!!) die Unfälle *accident vehicles; survived*
unbeschadet° ... Die Hauptursachen° dieser Disco-Unfälle waren *uninjured; main causes*
Alkohol, Geschwindigkeit°, Übermüdung° und überbesetzte° *speed; overtiredness; overcrowded;*
Fahrzeuge. [...]

Jungen Fahrern fällt es offensichtlich° besonders schwer°, zwi- *obviously; **fällt es ... schwer** it is hard (for)*
schen Trinken und Fahren zu trennen°. Mehr als ein Drittel (38%) *to separate*
aller alkoholisierten Fahrer, die 1988 an PKW-Unfällen° beteiligt° ***PKW-Unfälle = Personenkraftwagen-Unfälle** car accidents; involved*
waren, gehörten der Altersgruppe von 18 bis 24 Jahren an (Statisti-
sches Bundesamt 1989).

Was heißt Promille?

KLAUS PETER BECKER

Wissenschaftlich° genau und exakt ist die Bezeichnung° [Promille] *scientifically; term*
„Gramm pro Mille". Mit jedem in Promille ausgedrückten° Blutalko- *expressed*
holwert wird jeweils die in Tausend Milliliter Blut enthaltene° Alko- *contained*
holmenge° in Gramm ausgedrückt. Das Ergebnis° 1,0 Promille *amount of alcohol; result*
besagt, daß der Gehalt° des Blutes an reinem° Alkohol 1 zu 1.000 *content; pure*
beträgt°, daß also in jedem Liter Blut ein Gramm Alkohol enthalten *amounts to*
ist. [...]

Bei 0,8 Promille ist die Mehrzahl aller Kraftfahrer° außerstande°, *motor (vehicle) drivers; incapable*
sicher zu fahren und die eigene Fahruntauglichkeit° selbst zu be- *not being fit to drive*
merken. [...] Obwohl der Bereich° der Alkoholkonzentration zwi- *level*
schen 0,6 und 0,7 Promille aus naturwissenschaftlicher Sicht° als *view*
Gefahrengrenzwert° nicht überschritten° werden sollte, hat der Ge- *danger limit; exceeded*
setzgeber° den Grenzwert auf 0,8 Promille [das „0,8 Promille- *legislature*
Gesetz"] festgesetzt°. *set/fixed*

L   ## Eine Glückwunschkarte

Auf der Innenseite dieser Glückwunschkarte steht der Satz: „Herzlichen Glückwunsch zur bestandenen Fahrprüfung." Beantworten
Sie in Einzel- oder Partnerarbeit die folgenden Fragen.

1. Warum bekommt man so eine Karte?
2. Was ist der „letzte Wille" des Kartensenders?

Mein letzter Wille fahr ohne Promille

3. Was bedeutet dieser „letzte Wille"?

4. Man sieht auf der Karte ein Röhrchen. Woran soll man denken?

   a. ans Trinken einer Cola

   b. an den Blastest der Polizei

   c. an ein Kinderspiel

5. Erklären Sie, warum die Polizei einen Autofahrer/eine Autofahrerin auffordert, einen Blastest mit dem „Prüfröhrchen" zu machen.

Nützliche Wörter

auffordern   *to ask (to do something)*

bestehen, bestand, bestanden   *to pass (a test/examination)*

der Blastest, -s (oder: -e)   *breathalyzer ("blowing") test*

die Fahrprüfung, -en   *driving test*

die Glückwunschkarte, -n   *greeting card*

das Promille, -   *thousandth (part; referring to ratio of alcohol to blood)*

das Röhrchen, -   *tube*

der Wille, -ns, -n   *will*

Rollenspiel

Sie sind auf einer Party. Ein Gast hat schon etwas viel Bier getrunken, will aber unbedingt mit dem Auto fahren. Die anderen wollen den Gast überreden, das Auto stehen zu lassen und zu Fuß zu gehen, oder mit dem Taxi oder mit Freunden nach Hause zu fahren.

Bereiten Sie in Kleingruppen einen Dialog vor, und spielen Sie ihn vor der Klasse. Vielleicht finden Sie einige der folgenden Ausdrücke nützlich.

Nützliche Ausdrücke	
Hör' mal!	*Listen!*
Hör' mal auf!	*Stop it!*
Sei doch vernünftig, sei nicht so blöd!	*Be sensible, don't be so stupid!*
Es hat gar keinen Zweck.	*There's absolutely no point.*
Ich bin noch nüchtern, nicht betrunken.	*I'm still sober, not drunk.*
Laß mich in Ruhe!	*Leave me alone!*
Gib mir den Autoschlüssel!	*Give me the car key!*
Du kannst nicht mehr fahren!	*You can't drive any more!*
Das Risiko eines Unfalls ist sehr hoch.	*The risk of an accident is very high.*

N Debatte

Folgende Thesen stehen zur Auswahl:

1. In Deutschland dürfen Jugendliche ab 16 Jahren legal in der Öffentlichkeit Bier oder Wein trinken, in Begleitung der Eltern sogar schon ab 14 Jahren. Man darf aber erst mit 18 Jahren den Führerschein machen. In den USA darf man schon mit 16 Auto fahren, in vielen Staaten aber erst mit 21 Alkohol trinken. Die amerikanische „Lösung" ist besser als die deutsche.

2. Mit 17, 18 oder 19 Jahren haben Jugendliche schon so viel über das Thema Alkohol am Steuer gehört, daß alle Aktionen wie das Disco-Video keine Wirkung haben und nicht der Mühe wert sind.

Der Kurs wählt eine dieser beiden Thesen und teilt sich in zwei Gruppen auf. Eine Gruppe soll dafür, eine Gruppe dagegen argumentieren. Bereiten Sie sich darauf vor, in der Debatte die Meinung Ihrer Gruppe mit zwei oder drei Argumenten zu unterstützen. Welche Argumente können Sie finden? Es ist unwichtig, ob Sie wirklich davon überzeugt sind, wichtig ist, daß Sie mitargumentieren.

Vor der Debatte soll die Gruppe festlegen, wer was sagt, denn im ersten Teil der Debatte sollen alle Teilnehmer/Teilnehmerinnen der Gruppen abwechselnd zu Wort kommen. Als zweiter Teil folgt dann eine offene Diskussion.

Nützliche Wörter und Ausdrücke

Allgemein nützliche Ausdrücke zum Argumentieren finden Sie im *Einführungskapitel.* Folgende Wörter und Ausdrücke beziehen sich auf die beiden Thesen.

die Begleitung *accompaniment*

(der) Druck von seiten der Gleichaltrigen *peer pressure*

der/die Erwachsene, -n (wie ein Adj. dekl.) *adult, grown-up*

der Führerschein, -e *driver's license*

imponieren (+ Dat.) *to impress (someone);* **es imponiert mir** *it impresses me*

die Lösung, -en *solution*

die Mühe, -n *effort;* **der Mühe wert** *worth the effort*

die Öffentlichkeit *public*

das Steuer, - *(steering) wheel;* **am Steuer** *behind the wheel*

verändern *to change*

die Wirkung, -en *effect*

  Ihre Erfahrung

Erzählen Sie von einem Erlebnis, bei dem Alkohol das Verhalten einer Person beeinflußt hat. Haben Sie selbst schon einmal eine solche Erfahrung gemacht, oder haben Sie es bei Freunden oder Bekannten erlebt? Was ist passiert? Wo und wann? Was haben Sie darüber gedacht? Was haben andere darüber gesagt?

Nützliche Wörter

beeinflussen *to influence*
erleben *to experience*

das Verhalten *behavior*

P **Ihre Reaktion**

Entwickeln Sie allein oder in einer Gruppe einen realistischen Plan, wie bei der nächsten Party alle Partybesucher sicher wieder nach Hause kommen, ohne daß jemand, der getrunken hat, selbst mit dem Auto fährt. Welche Regeln stellen Sie auf? Welche Vorbereitungen müssen Sie treffen? Wie wird der Plan durchgeführt? Wie kann man kontrollieren, ob die Partybesucher die Regeln einhalten?

Nützliche Wörter

durchführen *to carry out, to implement*

einhalten (hält ein), hielt ein, eingehalten *to keep*

die Regel, -n *rule*

sicher *safe*

die Vorbereitung, -en *preparation;* **Vorbereitungen treffen** *to make preparations*

Sprachliche Funktion

Über Geschehenes berichten (Präteritum)

Man benutzt das Präteritum (Imperfekt) um das, was schon geschehen ist, zu erzählen oder darzustellen oder darüber zu berichten. Im Unterschied zum Perfekt, das man im Gespräch benutzt, verwendet man das Präteritum vor allem in der geschriebenen Sprache.

Innerhalb weniger Minuten **war** klar: Das Ganze **mußte** gekippt werden. Die jungen Leute **fanden** es unmöglich, mit einem Button „gebrandmarkt" herumzulaufen. Es **fielen** markige Sprüche ...

Die Form

Bei den schwachen Verben (z.B. **sagen, sagte, gesagt**) wird das Präteritum mit einem **t** (oder **et**) gebildet; bei den starken (z.B. **gehen, ging, gegangen**) mit einer Änderung im Stamm; und bei den unregelmäßigen (z.B. **nennen, nannte, genannt**) mit einem **t** und einer Änderung im Stamm.

	schwach	**stark**	**unregelmäßig**
Infinitiv:	sagen	gehen	nennen
Präsens:	Ich sage das.	Ich gehe in die Disco.	Ich nenne es.
Präteritum:	Ich **sagte** das.	Ich **ging** in die Disco.	Ich **nannte** es.
Mit trennbarem Präfix:			
Infinitiv:	aufmachen	aufstehen	mitbringen
Präsens:	Ich mache die Tür auf.	Ich stehe früh auf.	Ich bringe es mit.
Präteritum:	Ich **machte** die Tür **auf**.	Ich **stand** früh **auf**.	Ich **brachte** es **mit**.

Die Konjugationen

1. Schwache, starke und unregelmäßige Verben:

	schwach	**stark**	**unregelmäßig**
	machen	**gehen**	**nennen**
ich	machte	ging	nannte
du	machtest	gingst	nanntest
er/sie/es	machte	ging	nannte
wir	machten	gingen	nannten
ihr	machtet	gingt	nanntet
sie, Sie	machten	gingen	nannten

2. Die drei Hilfsverben:

	sein	**haben**	**werden**
ich	war	hatte	wurde
du	warst	hattest	wurdest
er/sie/es	war	hatte	wurde
wir	waren	hatten	wurden
ihr	wart	hattet	wurdet
sie, Sie	waren	hatten	wurden

3. Modalverben (mit **t,** ohne Umlaut; **mögen** wird **mochte**):

	dürfen	**können**	**müssen**	**sollen**	**wollen**	**mögen**
ich	durfte	konnte	mußte	sollte	wollte	mochte
du	durftest	konntest	mußtest	solltest	wolltest	mochtest
er/sie/es	durfte	konnte	mußte	sollte	wollte	mochte
wir	durften	konnten	mußten	sollten	wollten	mochten
ihr	durftet	konntet	mußtet	solltet	wolltet	mochtet
sie, **Sie**	durften	konnten	mußten	sollten	wollten	mochten

1

◻ Geben Sie das Präteritum an.

(fragen) Er _fragte_ uns, wie das Projekt heißt.

Schwache Verben

1. (interesssieren) Viele Menschen _____ sich für die Thematik.
2. (machen) Der ADAC _____ nichts gegen, sondern alles mit den jungen Leuten.
3. (darstellen) Wir _____ das Problem Alkohol am Steuer _____.
4. (stecken) Die jungen Leute _____ keine Buttonnadel in ihre Jacken.
5. (abstimmen) Die Discobesucher _____ nicht _____, wer nüchtern bleibt.

6. (entwickeln) Die Experten _____ ein Programm.

7. (hören) Ich _____ von diesem Programm.

8. (mitwirken) Ich _____ bei dem Programm _____.

9. (dauern) Die Arbeitssitzungen _____ jeweils fünf Stunden.

10. (konsumieren) Die jungen Leute _____ genausoviel wie immer.

11. (spielen) Die zweite Gruppe _____ die „Aufpasser".

12. (leben) Das Experiment _____ von nachvollziehbaren Tatsachen.

13. (errichten) Die Arbeiter _____ in Augsburg ein Partyzelt.

14. (zeigen) Das Video _____ alles in neutraler Form.

15. (rechnen) Man _____ mit 400–500 Interessenten.

16. (sagen) Ich _____, ich wolle das Video sehen.

17. (warten) Ich _____ auf das Video.

18. (reden) Meine Freunde _____ über das Video.

Starke Verben

19. (sein) Discounfälle _____ schon seit langem ein wichtiges Thema.

20. (werden) Anfang 1992 _____ das Projekt sehr konkret.

21. (finden) Die jungen Leute _____ es unmöglich, einen Button zu tragen.

22. (sein, haben) Ich _____ auch in der Disco; ich _____ Zeit, am Wochenende in die Disco zu gehen.

23. (tragen) Ich _____ keinen Button, und meine Freunde _____ keinen Button.

24. (gehen, trinken, fahren) Die jungen Leute _____ in die Disco, _____, tanzten und _____ nach Hause.

25. (beweisen, fahren) Die Experten _____ einem jungen Discobesucher, daß er nach fünf Bier schlechter _____.

26. (vermeiden) Die Experten _____ die Blut-und-Tränen–Szenen.

27. (feststehen) Nach drei Sitzungen _____ das Programm _____.

28. (geschehen) Das Video zeigte, was weiter _____.

29. (schreiben) Peter Seemann _____ über das Projekt.

30. (sprechen) Er _____ mit seinen Mitarbeitern darüber.

Unregelmäßige Verben

31. (denken) Die jungen Leute _____, daß das Button-Modell keine gute Idee war.

32. (kennen) Die Discobesucher _____ einander.

33. (nennen) Ich _____ praktische Gründe gegen das Projekt.

34. (wissen) Du _____ das schon.

Modalverben

35. (können) Der ADAC _____ nicht bei der Aktion „Stars gegen Alkohol am Steuer" mitwirken.

36. (wollen) Die Experten _____ mit einem Projekt beginnen.

37. (müssen) Die Experten _____ drei Sitzungen in der Disco halten.

38. (sollen) Eine Gruppe _____ am Testtag trinken und fahren.

39. (dürfen) Eine Gruppe _____ keine alkoholischen Getränke trinken.

40. (können) Ich _____ am Programm nicht mitwirken.

2

Geben Sie die folgende Beschreibung als Bericht im Präteritum wieder.

ZUM BEISPIEL

Folgendes war unsere Erfahrung. Discounfälle waren schon … usw.

Folgendes ist unsere Erfahrung. Discounfälle sind schon seit langem ein wichtiges Thema. Wir versuchen immer wieder das Problem Alkohol und Autofahren darzustellen. Dann wird uns die Idee „Stars gegen Alkohol am Steuer" vorgeschlagen, aber wir können nicht daran mitwirken. Das ist einfach zu teuer. Allerdings wollen wir einen Teil der Idee übernehmen. Wir interessieren uns für das Modell „Designated driver". Das Projekt wird sehr konkret: Aktionspläne liegen vor. In der Disco soll jede Gruppe abstimmen, wer fahren soll. Der Fahrer soll sich einen Button an die Jacke stecken. Wir stellen diese Aktion den Discobesuchern vor, aber in wenigen Minuten ist klar, das Ganze muß gekippt werden. So ist es.

3

Arbeiten Sie mit einem Partner/einer Partnerin zusammen. Einer/Eine spielt die Rolle eines Zeugen/einer Zeugin eines Autounfalls und der/die andere die Rolle des Polizisten/der Polizistin, der/die viele Fragen stellt. Bereiten Sie aus den Antworten einen Bericht im Präteritum vor. Vergleichen Sie ihn danach mit den Berichten der anderen Kursteilnehmer/Kursteilnehmerinnen.

Polizist/Polizistin (P): Um wieviel Uhr kamen Sie aus der Disco?

P: Waren Sie alleine oder mit jemandem zusammen?

P: Stiegen Sie auf dem Parkplatz in Ihren Wagen ein?

P: Was für ein Wagen stand vor Ihrem Wagen?

P: Wie viele junge Leute stiegen in den Wagen ein?

P: Sie glaubten, die jungen Leute waren angetrunken. Wieso?

P: Wer fuhr den Wagen? Wie sah der Autofahrer/die Autofahrerin aus? (ziemlich klein/groß; eine/keine Brille tragen; kurzes/langes Haar; eine/keine Jacke anhaben usw.)

P: Sie fuhren hinter dem anderen Wagen?

P: Wie war das Wetter?

P: Wie stark war der Straßenverkehr?

P: Warum kriegte er die Kurve nicht? Eine Linkskurve oder Rechtskurve?

P: Wollte er jemanden überholen?

P: Kam er von der linken oder rechten Seite der Fahrbahn ab?

P: Prallte er mit der Fahrerseite oder mit der Beifahrerseite gegen die Straßenlaterne?

P: Wie kam der Wagen zum Stillstand? Prallte er gegen einen Baum?

P: Was taten Sie? (ein Telefon suchen; die Polizei anrufen usw.)

Nützliche Wörter und Ausdrücke

die Beifahrerseite *passenger side (in front)*

von der Fahrbahn abkommen *to veer off the road*

die Kurve kriegen *to make the curve*

prallen (sein) *to collide, to crash;* **prallen gegen** *to collide with, to crash into*

zum Stillstand kommen *to come to a stop*

der Straßenverkehr *(highway) traffic*

überholen *to pass*

der Unfall, :e *accident*

der Zeuge, -n, -n/die Zeugin, -nen *witness*

4

Im Lesetext erklärt Peter Seemann, daß das Disco-Video-Experiment von zwei Gruppen – einer Nüchterngruppe und einer Trinkergruppe – ausgeführt wurde. Der Kurs teilt sich in zwei Gruppen.

Eine Gruppe übernimmt die Rolle der „Trinker", die andere die Rolle der „Nüchternen".

Überlegen Sie zunächst alleine, was Sie in Ihrer Rolle als Trinker/Trinkerin oder nüchterner Mensch gemacht haben. Wie haben Sie sich auf und nach der Party verhalten? Berichten Sie schriftlich im Präteritum darüber. Schreiben Sie mindestens fünf Sätze.

Vergleichen Sie danach Ihren Bericht mit denen Ihrer Gruppe. Schreiben Sie aus den verschiedenen Versionen einen Gesamtbericht, den ein Gruppensprecher/eine Gruppensprecherin dem Kurs vorliest.

5

Stellen Sie in fünf bis zehn Sätzen im Präteritum eins der folgenden Erlebnisse dar:

- Einen Unfall, den Sie einmal gehabt haben: War das z.B. mit dem Auto, mit dem Fahrrad, zu Hause, beim Skilaufen? Wann und wo war das? Wie ist es geschehen?

- Wie Sie das Autofahren lernten: Wo war das? Wie alt waren Sie? Wer hat es Ihnen beigebracht? Wie lange dauerte das? Wie war es, als Sie zum ersten Mal alleine fuhren?

- Ein Autoerlebnis aus Ihrer Kindheit: War das ein schönes Erlebnis oder nicht? Wo war das? War das auf einer langen Fahrt oder nicht? Wie alt waren Sie damals?

Bilden Sie Kleingruppen, und lesen Sie einander Ihre Geschichten vor. Jede Gruppe soll eine Geschichte wählen, die sie gerne im Plenum erzählen möchte. Ein Mitglied der Gruppe, das diese Geschichte nicht geschrieben hat, erzählt sie. Auf diese Weise hört man einige interessante Erlebnisse vom ganzen Kurs. Wenn Sie möchten, stellen Sie Fragen an den Studenten/die Studentin, der/die die Geschichte geschrieben hat.

6

Sie freuen sich, weil Sie die folgende Glückwunschkarte bekommen haben. Erzählen Sie im Präteritum davon. Warum bekamen Sie die Karte? Von wem? Warum? Was sieht man auf der Karte, und welche Bedeutung hat das? Formulieren Sie mindestens sechs Sätze.

Gute Fahrt

Herzlichen Glückwunsch
zum Führerschein

Zum Schluß

In diesem Kapitel haben Sie das Thema Alkohol am Steuer behandelt. Im Lesetext berichtete Peter Seemann über das Disco-Video-Experiment des ADAC. In Übungen haben Sie Gelegenheit gehabt, über Ihre eigenen Gedanken und Erfahrungen zum Thema Alkohol am Steuer zu sprechen. Machen Sie jetzt zum Schluß die folgenden Aufgaben.

▷ Aufgaben

1. Sehen Sie sich das deutsche Video „The Game is Over"[3] an, und diskutieren Sie im Plenum über das Video. Beschreiben Sie, was Sie sehen. Meinen Sie, daß Alkohol eine Rolle gespielt hat? Erklären Sie den Zweck des Videos. Was will der Film sagen? Ist dieser Film ein Beispiel von den „Blut-und-Tränen–Videos", die die Jugendlichen in Peter Seemanns Bericht kritisierten? Wie reagieren Sie auf den Film? Welche Gefühle haben Sie? Meinen Sie, daß „The Game is Over" wirksam ist? Was halten Sie von dem Video?

2. Schreiben Sie nach der Diskussion einen Aufsatz, worin Sie die Handlung von „The Game is Over" wiedergeben und dieselben Diskussionsfragen behandeln. Schreiben Sie auch darüber, welchen Zusammenhang Sie zwischen diesem Video und dem Disco-Video-Experiment sehen.

3. Schreiben Sie einige zusammenfassende Worte aus der Perspektive bestimmter Charaktere aus diesem Kapitel. Schreiben Sie in sieben Absätzen (ca. vier bis fünf Sätze pro Absatz), was folgende Menschen zum Thema „Tanzen, Trinken, Fahren" aussagen:

   • ein 21jähriger Discobesucher/eine 21jährige Discobesucherin

   • ein Discothekenbesitzer/eine Discothekenbesitzerin

   • ein Sprecher/eine Sprecherin vom ADAC

   • ein Sprecher/eine Sprecherin von deutschen Brauereien

   • ein junger Fahrer/eine junge Fahrerin, der/die wegen Alkohol an einem schweren Verkehrsunfall beteiligt war

   • Eltern eines Sohnes/einer Tochter, der/die den Führerschein hat

   • Sie selbst

---

3. Ministerium für Stadtentwicklung und Verkehr des Landes Nordrhein-Westfalen. *The Game is Over,* Düsseldorf, 1992.

Kapitel 4

DAS GUMMIBÄRCHEN

☐ **KOMMUNIKATIONSTHEMA**
In 54 Ländern ein süßer Bär aus Deutschland

☐ **LESETEXT**
Eine süße Versuchung wird 70

☐ **SPRACHLICHE FUNKTION**
Beschreibung eines Vorgangs (Temporaladverbien und temporale Konjunktionen)

Einleitung

Einstieg ins Thema

In vielen Ländern, wie z.B. in den USA, in Rußland, China und Deutschland, ist der Bär ein populäres Tier. Wir alle wissen etwas über Bären, haben vielleicht sogar schon Erfahrung mit einem echten Bären gemacht. Woran denken Sie, wenn Sie das Wort „Bär" hören? Welche Wortassoziationen ergeben sich? Antworten Sie möglichst spontan.

Ordnen Sie Ihre eigenen Wortassoziationen und die der anderen Studenten/Studentinnen in Wortfelder ein. Benutzen Sie dazu die Tafel und die Wortfelder unten.

Nützliche Wörter

der Bär, -en, -en *bear*	**sich ergeben** *to arise*
echt *genuine*	**sogar** *even*
einordnen *to categorize*	**die Tafel, -n** *(black)board*
die Erfahrung, -en *experience*	**das Tier, -e** *animal*
	unten *below*

Wer kennt das Gummibärchen nicht? Die kleinen, süßen Teddies sind ein deutsches Produkt, das heute weltweit bekannt ist. Die Geschichte der Firma ist die Geschichte eines großen wirtschaftlichen Erfolges.

Vor 70 Jahren haben Hans Riegel und seine Frau in einem Stadtteil von Bonn die ersten Gummibärchen produziert, und seitdem ist der Familienbetrieb zu einer internationalen Firma geworden. Sie heißt „Haribo". In zwei Zeitungsauszügen lesen Sie über diese erfolgreiche Firma und über die Herstellung der Gummibärchen.

Teil 1 des Textes ist von dem Journalisten Joachim Karpa[1], Teile 2-4 sind von dem Journalisten Uwe Wilk.[2]

Stellen Sie mit einem Partner/einer Partnerin eine Liste von Tatsachen zusammen, die Sie auf Grund der Einführung schon über die Gummibärchen und die Firma Haribo wissen, z.B.: Der Gummibär ist ein Produkt der Firma Haribo. Fragen Sie dann auch etwas, was Sie noch nicht wissen. Vergleichen Sie Ihre Liste mit den Listen der anderen Partner/Partnerinnen. Was weiß man schon, und was weiß man noch nicht?

Nützliche Wörter und Ausdrücke

der Auszug, ¨e *excerpt*
der Erfolg, -e *success*
der Familienbetrieb, -e
  family business
die Firma, Firmen *company*
das Geheimnis, -se *secret*
die Geschichte, -n *history,*
  story
auf Grund *on the basis;*
  auf Grund von (+ Dat.
  oder Gen.) *on the basis of*
das Gummibärchen, -
  gummi bear

die Herstellung *production*
seitdem *since then (adv.)*
süß *sweet*
die Tatsache, -n *fact*
der Teil, -e *part*
vergleichen, verglich,
  verglichen *to compare*
die Versuchung, -en
  temptation
wirtschaftlich *economic*

---

1. Joachim Karpa: (Him-)Bär und seine Freunde – Eine süße Versuchung wird 70, *Westfalenpost: Wochenendpost*, 7.11.92, S. 1

2. Uwe Wilk: Das Geheimnis der Gummibärchen, *Heimat + Welt: Wochenmagazin des Reutlinger General-Anzeigers*, 1.09.90, S. 2-3

C | **Was sehen Sie?**

Was hat das Bild mit dem Thema zu tun? Erklären Sie das in drei
oder vier Sätzen.

ZUM BEISPIEL

> *Ich sehe ein Süßwarengeschäft. Im Schaufenster sind ver-
> schiedene Süßwaren.*

Süßwarengeschäft.

der/das Bonbon, -s *candy*

die Dekoration (kein Pl.) *decoration;* die Fensterdekoration *window decoration*

der Eingang, ⁒e *entrance*

der Kunde, -n, -n/die Kundin, -nen *customer*

naschen *to eat/nibble sweet things;* Er nascht gern Süßigkeiten. *He has a sweet tooth.*

das Schaufenster, - *show window*

die Süßigkeiten (Pl.) *candy*

das Süßwarengeschäft, -e *candy store*

die Schokolade, -n *chocolate*

▷ D Was wissen Sie schon?

Bereiten Sie sich mit folgenden Fragen auf den Lesetext vor. Jede Frage hat mehr als eine mögliche Antwort.

1. Was wissen Sie schon über Bonn?
2. Woran denken Sie, wenn Sie an Süßigkeiten denken?
3. Wie sieht ein Gummibär aus?
4. Was kann man möglicherweise sehen und lernen, wenn man durch eine Fabrik oder Firma geht?
5. Was sind die Zeichen einer erfolgreichen, wachsenden Firma?

Nützliche Wörter

aussehen (sieht aus), sah aus, ausgesehen *to appear, to look*

erfolgreich *successful*

die Fabrik, -en *factory*

möglicherweise *possibly*

wachsen (wächst), wuchs, ist gewachsen *to grow*

das Zeichen, - *sign, indication*

E Textüberblick

Man kann einen Text schneller verstehen, wenn man sich schon vor dem Lesen einen Überblick darüber verschafft. Folgende Fragen dienen dem Überblick. Sehen Sie sich also den Text auf Seite 118–121 flüchtig an, um die folgenden Fragen zu beantworten.

1. Erzählt der Journalist am Anfang oder am Ende des Lesetextes von Filmen, Comic-Heften und Büchern über Gummibärchen?

2. Wo steht der humorvolle Graffiti-Satz „Alle Macht den Gummi-Bären" *(Power to the Gummi Bears)*?

3. Wie viele Gummibärchen werden täglich produziert? In welchem Absatz finden Sie diese Information?

4. Wie heißen die Gründer der Firma? In welchem Absatz finden Sie diese Information?

5. Welchen Namen haben die Gründer ihrer Firma im Jahre 1920 gegeben? In welchem Absatz finden Sie diese Information?

6. Steht die Geschichte von den Anfängen der Firma am Anfang oder am Ende des Lesetextes?

7. Im fünften Absatz beginnt eine Beschreibung der Produktion von Gummibärchen. Mit welchem Absatz endet diese Beschreibung?

Nützliche Wörter

der Absatz, ⸚e *paragraph*
die Beschreibung, -en *description*

der Gründer, - *founder*
täglich *daily*

 F   Wortschatz

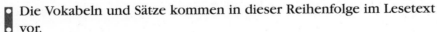

Die Vokabeln und Sätze kommen in dieser Reihenfolge im Lesetext vor.

1. **unglaublich** *unbelievable*
Eine **unglaubliche** Zahl.

2. **zunächst** *at first*

3. **der Gummi** *rubber, gum*

4. **gießen, goß, gegossen** *to pour*
Vor 70 Jahren war es Bonbon-Kocher Hans Riegel, der den „Tanz-bären", so hieß er **zunächst**, zum ersten Mal in **Gummi goß.**

5. **der Kessel, -** *kettle;* **der Kupferkessel** *copper kettle*

6. **die Produktion** *production*

7. **besitzen, besaß, besessen** *to possess, own*
Ein Sack Zucker, eine Marmorplatte, ein Hacker, ein Herd, ein Kupfer**kessel** und eine Walze waren alles, was er und Ehefrau Gertrud zur **Produktion besaßen.**

8. **der Lastwagen, -** *truck*
Heute sorgen Schiffe und eine Flotte blau-roter **Lastwagen** dafür, daß die süße Versuchung in 54 Ländern zu bekommen ist.

9. **der Gründer, -** *founder;* **der Firmengründer** *founder of the company*
Der Firmen**gründer** selbst starb kurz nach Ende des Zweiten Weltkriegs, im Mai 1945.

10. **führen** *to lead, guide, direct*
Seine beiden Söhne, Paul und Hans, **führen** seitdem den Familienbetrieb ...

11. **das Stockwerk, -e** *floor*

12. **das Unternehmen, -** *business, concern, enterprise*
Über vier **Stockwerke** erstreckt sich die Geburtsstätte der Goldbären, nach wie vor Renner im Programm des **Unternehmens** ...

13. **mischen** *to mix*
Die Zutaten werden von großen Rührern **gemischt** und in Kesseln erhitzt.

14. **die Masse, -n** *mass*
Über ein Leitungssystem läuft diese warme **Masse** zu einer Anlage ...

15. **das Brett, -er** *board;* **das Holzbrett, -er** *wooden board*

16. **das Mehl** *flour;* **das Maismehl** *cornmeal flour*
Auf großen Holz**brettern** wird ein ganz feines Puder aus Mais**mehl** ausgebreitet.

17. **riesig** *gigantic*

18. **die Form, -en** *form*
Ein **riesiger** Stempel preßt in dieses Mehl Hunderte von Gummi-Bärchen-**Formen.**

19. **aussehen (sieht aus), sah aus, ausgesehen (+ wie)** *to look (+ like)*
Eine Station weiter fährt ein Rohrgestänge über diese gestempelten Bretter, das **wie** ein Rechen **aussieht.**

20. **spritzen** *to spray*

*Bei der Produktion
von Gummibärchen.*

21. **passen**   *to fit*
   Jeder Zinken ist eine Düse, aus der exakt die Menge Fruchtgummi-Masse **gespritzt** wird, die in eine Gummibären-Form
   auf dem Brett **paßt ...**

22. **bunt**   *colorful, multicolored*

23. **die Packung, -en**   *pack, packaging*
   [S]o spart man sich das nachträgliche Mischen für die **bunten
   Packungen.**

24. **austrocknen**   *to dry out*

25. **die Trommel, -n**   *drum (revolving cylinder or musical instrument)*
   Ist die Flüssigkeit dann **ausgetrocknet,** werden die Bretter einfach auf ein Gitter gekippt: Das Mehl fällt durch das Sieb, die
   Bärchen kommen in eine große **Trommel** ein Stockwerk tiefer.

26. **zusammenkleben**   *to stick together, to glue together*
   [N]un können die Bären nicht mehr **zusammenkleben.**

27. **herstellen**   *to produce, to manufacture*
   „Wir könnten noch viel mehr verkaufen als wir **herstellen** können,“ ...

▶ **Erste Wortschatzübung**

Schreiben Sie möglichst viele Vokabeln aus dem Wortschatz in die Zeichnung oben. (Sehen Sie zum Beispiel das Wort *Lastwagen*.)

Zweite Wortschatzübung

Stellen Sie folgende Fragen an einen Partner/eine Partnerin, und merken Sie sich die Antworten. Erzählen oder zeigen Sie anschließend den anderen Studenten/Studentinnen die Antworten Ihres Partners/Ihrer Partnerin.

1. Wie viele **Stockwerke** gibt es da, wo du wohnst?
2. Hast du schon einmal einen **Lastwagen** gefahren?
3. Hast du schon einmal in einer Firma in der **Produktion** gearbeitet?

4. Kennst du persönlich den **Gründer** eines **Unternehmens**?

5. Welches Produkt **stellt** die Firma Haribo **her**?

6. In welchem Zimmer einer Wohnung könnte man **Mehl** und ein **Brett** finden?

7. Zeichne einen **Kessel**.

8. Zeichne eine **Trommel**.

9. Nenne etwas, was **riesig aussieht**.

10. Nenne etwas, was du gerne **besitzen** möchtest.

11. Nenne etwas, was man **gießen** kann.

12. Wovon hast du gehört, was du **unglaublich** findest?

Lesetext

Eine süße Versuchung wird 70

JOACHIM KARPA (WESTFALENPOST) UND
UWE WILK (REUTLINGER GENERAL-
ANZEIGER)

1.

KARPA: [...] Täglich kommen 70 Millionen in Deutschland auf die Welt. Ja, täglich. Eine unglaubliche Zahl. Pro Einwohner ein Bärchen. Die Brutstätte° liegt in der ehemaligen Hauptstadt, in Bonn. Unweit vom Bundeshaus°, im Stadtteil Kessenich, ist der „Ursus latex"° zu
5   Hause.

Vor 70 Jahren war es Bonbon-Kocher° Hans Riegel, der den „Tanz-bären", so hieß er zunächst, zum ersten Mal in Gummi goß. Zu einer Zeit, in der der Teddy-Bär besonders beliebt war. Dies mit be-scheidenem° Startkapital. Ein Sack Zucker, eine Marmorplatte, ein
10 Hacker, ein Herd°, ein Kupferkessel und eine Walze° waren alles, was er und Ehefrau Gertrud zur Produktion besaßen. Und einen festen Glauben an ihre Idee.

breeding ground

Federal Parliament Building;
Ursus latex: *Latin for rub-ber bear or gummi bear*

candy cook

*modest; **eine Marmorplatte,
ein Hacker, ein Herd:** a
marble slab, a chopper, a
stove; roller*

Anfangs waren es täglich ganze 70.000 Stücke bäriger Versuchung°, die in den ersten Stunden noch mit dem Rad° ausgelie-
15 fert° wurden. Heute sorgen Schiffe und eine Flotte° blau-roter Lastwagen dafür, daß die süße Versuchung in 54 Ländern zu bekommen ist. Ihr Name genießt weltweit einen guten Ruf. Haribo. Der Name, der seit 1920 im Bonner Handelsregister eingetragen° ist. Der Name, der für Wohnort und Besitzer steht – HAns RIegel BOnn.

20 Der Firmengründer selbst starb kurz nach Ende des Zweiten Weltkriegs, im Mai 1945. Seine beiden Söhne, Paul und Hans, führen seitdem den Familienbetrieb mit 5.000 Beschäftigten. Sie alle dürfen von den frischen Bärchen bei der Arbeit soviel essen wie sie wollen. [...]

2.

25 **WILK:** [...] Über vier Stockwerke erstreckt sich die Geburtsstätte° der Goldbären, nach wie vor Renner° im Programm des Unternehmens mit einem geschätzten Gesamtumsatz° von über 500 Millionen Mark. Kein klebriger° Finger berührt hier die Fruchtgummi-Bären auf ihrem Werdegang°. Die Zutaten° werden von großen Rührern
30 gemischt und in Kesseln erhitzt.

Über ein Leitungssystem läuft diese warme Masse zu einer Anlage° mit einem verblüffend° einfachen Prinzip. Auf großen Holzbrettern wird ein ganz feines Puder aus Maismehl ausgebreitet. Ein riesiger Stempel° preßt in dieses Mehl Hunderte von Gummi-Bär-
35 chen-Formen.

temptation; bicycle

delivered; fleet

registered

birthplace

here: winner

geschätzten Gesamtumsatz: *estimated total sales*
sticky

development; ingredients

device; amazingly

stamp

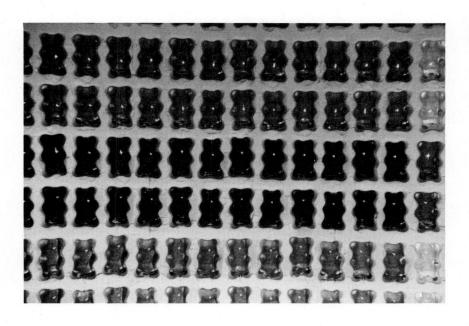

Gummibärchen-Formen ins Mehl gepreßt.

Eine Station weiter fährt ein Rohrgestänge° über diese gestempelten Bretter, das aussieht wie ein Rechen°. Jeder Zinken° ist eine Düse°, aus der exakt die Menge Fruchtgummi-Masse gespritzt wird, die in eine Gummibären-Form auf dem Brett paßt: Genau 1,1 Gramm
40 pro Bär. Statt getrennt° nur rote, grüne, gelbe und weiße Gummibären zu machen, spritzen die Düsen gleich vierfarbig ihre Fruchtmasse in die Formen: eine Reihe rot, eine Reihe gelb ... – so spart man sich das nachträgliche° Mischen für die bunten Packungen.

3.

Exakt 504 Bären passen auf eine dieser Holzplatten, die in große
45 Trockenräume° geschoben° werden. Das Trocknen, so Werner Schemuth [Pressesprecher der Haribowerke], sei eine Wissenschaft für sich. ... Die Konsistenz der Bären, ihre Bißfestigkeit°, hängt davon ab, ob der Trockenmeister die richtige Mischung aus Temperatur und Luftfeuchtigkeit° gefunden hat.
50 Ist die Flüssigkeit° dann ausgetrocknet, werden die Bretter einfach auf ein Gitter° gekippt: Das Mehl fällt durch das Sieb°, die Bärchen kommen in eine große Trommel ein Stockwerk tiefer. Durch das Drehen der Trommel werden die letzten Maispulverreste ausgeschieden° und die Bären mit einer hauchdünnen Schicht aus
55 Bienenwachs versehen°. „Bienenwachs als Trennungshilfe" steht später auch auf den Packungen – nun können die Bären nicht mehr zusammenkleben.
Damit sind die Bären bereits fertig. Bunt gemischt werden sie ein Stockwerk weitertransportiert, werden von automatischen Waagen
60 abgewogen°, portioniert, in die bekannten Kunststofftüten° eingeschweißt°, und ab geht es in die wartenden Lastwagen. [...]

4.

„Wir könnten noch viel mehr verkaufen als wir herstellen können," erklärt Gummibären-Sprecher Schemuth. Der neue Markt in der [ehemaligen] DDR, die riesige Nachfrage° aus den Vereinigten
65 Staaten von Amerika, die einfach nicht genug von den deutschen Bunt-Bären haben können – die gut 2.000 Mitarbeiter[3] des Unternehmens in den zehn Produktionsstätten kommen kaum mit der Produktion nach°. Dabei enthält jeder der über den Bonner Rheinhafen verschifften Container 21 Tonnen Haribo-Goldbären, sprich
70 13,5 Millionen Einzelexemplare°. [...]
Man kann ... von einer regelrechten Kulturgeschichte des Gummi-Bären sprechen: Filme mit Gummi-Bären als Helden, Comic-Hefte mit

---

3. 2.000 in Deutschland; 5.000 weltweit

a device made of pipes

rake; prong

nozzle

separately

subsequent

drying rooms; pushed

firmness when bit into

humidity

liquid

grate; sieve

removed

mit einer hauchdünnen Schicht aus Bienenwachs versehen: *given an extremely thin layer of beeswax*

weighed; plastic bags

sealed in

demand

kommen kaum nach: *scarcely keep up*

individual copies

den „Gold-Bärchen", „Bärologie"-Forschungsarbeiten° und autobio-   *research papers*
graphische Erinnerungen der süßen Tiere sind erschienen: „Gum-
75 mibärchen – Ihr erstes Buch". Und an Graffiti-Wänden ist zu lesen:
„Alle Macht den Gummi-Bären".

Nach dem Lesen

G Rollenspiel: Ein Interview führen

Arbeiten Sie mit einem Partner/einer Partnerin zusammen.
Einer/Eine spielt die Rolle eines Journalisten und einer/eine die
Rolle des Leiters von Haribo, Dr. Hans Riegel. Benutzen Sie unseren
Lesetext, und bereiten Sie acht bis zehn Interviewfragen und
Antworten vor. Bereiten Sie sich darauf vor, das Interview vor-
zuführen.

ZUM BEISPIEL

Journalist: *Herr Dr. Riegel, wie viele Gummibärchen kom-*
           men täglich auf die Welt?

Riegel: *Täglich kommen 70 Millionen in Deutschland*
           auf die Welt!

Journalist: *Wo liegt Ihre Firma?*

Riegel: *Unsere Firma liegt in Bonn, im Stadtteil Kes-*
           senich.

H Zuweisung von Überschriften

1. Der Text besteht aus vier Teilen. Entscheiden Sie, welche Überschrift zu welchem Teil am besten paßt.

   a. Das Privatleben von Hans und Paul Riegel

   b. Wie werden die süßen Bärchen produziert?

c. Mit Gertrud und Hans Riegel hat es begonnen

d. Der 20 Millimeter kleine Bär mit der riesigen Nachfrage

e. Alle essen gern Gummibärchen

f. Wo kommen die vielen kleinen Gummibärchen her?

g. Bücher und Filme gibt es auch

h. Bald sind die bunten Bären fertig

2. Erklären Sie, warum Sie die jeweiligen Überschriften ausgewählt haben. Erklären Sie in wenigen Sätzen den Zusammenhang zwischen jeder Überschrift und dem Text.

3. Vergleichen Sie Ihre Antworten mit den Antworten eines Partners/einer Partnerin. Wer hat die besseren Überschriften und Erklärungen? Verarbeiten Sie miteinander Ihre besten Ideen zu einer gemeinsamen Antwort.

I Erklären Sie Begriffe.

Im Text finden Sie die folgenden Begriffe. Erklären Sie in wenigen Sätzen den Zusammenhang zwischen jedem Begriff und dem Gummibärchen.

ZUM BEISPIEL

Kessenich

Kessenich ist ein Stadtteil von Bonn. Die Firma Haribo, die das Gummibärchen produziert, liegt in Kessenich.

1. bescheidenes Startkapital

2. Haribo

3. Fruchtmasse

4. das Holzbrett

5. Trockenräume

6. riesige Nachfrage

7. Kulturgeschichte

J Beschreiben Sie die Produktion.

1. Numerieren Sie die folgenden sieben Sätze so, daß sie die Herstellung der Gummibärchen in der richtigen Reihenfolge beschreiben. Lesen Sie diese Beschreibung des Vorgangs zwei- bis

dreimal, und überlegen Sie sich bei jedem Satz zur visuellen Unterstützung eine einfache Illustration.

_____ a. Die Bretter werden auf ein Gitter gekippt, und die Bären fallen in eine große Trommel.

_____ b. Die Holzbretter werden in große Trockenräume geschoben.

_____ c. Die Fruchtgummimasse wird in die Formen gespritzt.

_____ d. Die Bären werden abgewogen, portioniert und in Tüten eingepackt.

_____ e. Auf großen Holzbrettern wird ein ganz feines Puder aus Maismehl ausgebreitet.

_____ f. Die Zutaten werden von großen Rührern gemischt und in Kesseln erhitzt.

_____ g. Ein riesiger Stempel preßt in dieses Mehl Hunderte von Gummi-Bärchen-Formen.

2. Setzen Sie sich mit einem Partner/einer Partnerin zusammen. Während Sie nun Ihrem Partner/Ihrer Partnerin den Herstellungsvorgang Satz für Satz erzählen, zeichnen Sie zu jedem Satz Ihre einfache Illustration.

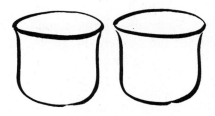

ZUM BEISPIEL

Das sind Kessel. Die Zutaten werden in diesen Kesseln gemischt und erhitzt.

Nützliche Wörter

der Herstellungsvorgang, ⸚e **zeichnen** *to draw*
production process
die Unterstützung (kein
Pl.) *support*

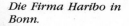
Die Firma Haribo in Bonn.

 K   **Sprechen Sie über den Humor.**

Die Journalisten Karpa und Wilk schrieben ihre Artikel in einem
humorvollen Ton. Ordnen Sie die Begriffe und Sätze in der linken
Spalte den Erklärungen in der rechten Spalte zu. Verbinden Sie
jedes Paar mit einer Linie.

   Wählen Sie dann die drei Begriffe oder Sätze aus, die Ihnen am
humorvollsten erscheinen, und suchen Sie die Stellen im Text.
Begründen Sie dann Ihre Wahl einem Partner/einer Partnerin.

ZUM BEISPIEL

9. Man kann gar von einer
   regelrechten Kulturgeschichte des
   Gummi-Bären sprechen ...

e. Kulturgeschichte ist zu ernst für
   den Gummibär.

*Es gibt Bücher und Filme über den Gummibären. Bücher
und Filme sind ein Teil der Kultur. Aber es ist amüsant,
wenn man sagt, daß der Gummibär eine Kulturgeschichte
hat. Bei Menschen spricht man von Kulturgeschichte, aber
nicht bei Süßigkeiten.*

Nützliche Wörter

locker   *light, relaxed*   **die Spalte, -n**   *column*
witzig   *funny*

1. Täglich kommen 70 Millionen [Gummibären] in Deutschland auf die Welt.

2. Die Brutstätte liegt in der ehemaligen Hauptstadt, in Bonn.

3. Ursus latex

4. [Es war] Hans Riegel, der den „Tanzbären" ... zum ersten Mal in Gummi goß.

5. Die süße Versuchung

6. Sie alle dürfen ... soviel essen wie sie wollen.

7. Über vier Stockwerke erstreckt sich die Geburtsstätte der Goldbären.

8. Bunt-Bären

9. Man kann gar von einer regelrechten Kulturgeschichte des Gummi-Bären sprechen ...

a. Die zwei B's zusammen sind spielerisch und musikalisch: Alliteration.

b. Brutstätten, wo echte Tiere sich vermehren, gibt es, aber eine Brutstätte der Bonbons, nein!

c. Geburtsstätten findet man bei Menschen und echten Tieren.

d. Menschen und Tiere „kommen auf die Welt"; Süßigkeiten werden produziert oder hergestellt.

e. Kulturgeschichte ist zu ernst für den Gummibären.

f. Die zwei G's zusammen sind spielerisch und musikalisch: Alliteration.

g. Sicherlich hat man bald keinen Appetit mehr auf Gummibären, wenn man so viele essen darf, wie man will.

h. „Versuchung" hat einen ernsten, moralischen Ton – etwas zu ernst für Gummibärchen.

i. Lateinische Namen gibt es in der Wissenschaft, aber nicht bei Bonbons.

L   Aus dem Leben eines Gummibärchens

1. Sie sind ein Gummibärchen: Beschreiben Sie einen Tag aus Ihrem Leben. Lassen Sie Ihrer Phantasie freien Lauf.

ZUM BEISPIEL

Ich lag ganz gemütlich neben meinen bunten Brüdern und Schwestern in der Tüte. Plötzlich hörte ich ein Rascheln ...

2. Erzählen Sie Ihre Geschichte jetzt mündlich einem Partner/einer Partnerin. Er/Sie hört zu und stellt typische Zuhörerfragen an Sie, so daß Sie Ihre Geschichte weitererzählen müssen.

3. Zum Schluß erzählt Ihr Partner/Ihre Partnerin im Plenum die Geschichte nach, die Sie ihm/ihr erzählt haben.

Nützliche Ausdrücke für die „Gummibärchen"

eines Tages   *one day*

zuerst   *first (of all)*

am Morgen/am Abend/am nächsten Tag   *in the morning/in the evening (at night)/the next day*

als nächstes ging ich ...   *next I went ...*

(kurz) danach   *(shortly) after that/afterwards*

inzwischen   *meanwhile*

ich wollte gerade gehen, als ...   *I was just about to go, when ...*

es war nämlich so, ...   *it was like this (you see), ...*

es stellte sich heraus, daß ...   *it turned out that ...*

Nützliche Ausdrücke für die „Zuhörer"

Tatsächlich?   *Really?*

Und dann?   *And then?*

Was ist dann passiert?   *What happened then?*

Was hast du dir gedacht?   *What did you think?*

Was hast du da gemacht?   *What did you do?*

Erzähl doch weiter!   *Go on with your story!*

Wie geht das also weiter?   *So how does it go on?*

 M   Ihre Erfahrung

 Erzählen Sie von Ihren Erfahrungen mit Süßigkeiten. Essen Sie gern Süßigkeiten? Können Sie immer Nein dazu sagen? Durften Sie als Kind Süßigkeiten essen? Wann hatten Sie oder ein Freund/eine Freundin ein lustiges oder interessantes Erlebnis mit Süßigkeiten? Erzählen Sie davon. Schreiben Sie das Erlebnis auf.

N   Ihre Reaktion

Welche Fragen über die Firma Haribo und ihre Gummibärchen haben Sie noch? Überlegen Sie sich zuerst Ihre Fragen. Schreiben Sie dann mit einer Gruppe oder mit dem ganzen Kurs einen Brief an die Firma Haribo, Hans-Riegel-Straße 1, 53129 Bonn. Erklären Sie in Ihrem Brief, wie Sie von der Firma und den Gummibärchen gehört haben, und stellen Sie Ihre Fragen. Sie können die folgende Briefform verwenden:

```
Ihr Name                      Ort, den 31.10.1995
Hausnummer und Straße
Ort, Bundesstaat, Zip Code
Land


Haribo
Hans-Riegel-Straße 1
53129 Bonn
Deutschland




Sehr geehrte Damen und Herren,




(Brieftext)




Mit freundlichen Grüßen


(Unterschrift)
(Ihr Name)
```

Beschreibung eines Vorgangs

Temporaladverbien

Mit Temporaladverbien lassen sich Vorgänge beschreiben, Umstände der Zeit und zeitliche Abläufe darstellen (Vorsicht – konjugiertes Verb an zweiter Stelle im Hauptsatz).

    zuerst   first

    dann   then

    später   later

    __Zuerst__ wird die Masse gemischt, __dann__ wird sie erhitzt und __später__ in die Gummibärenformen gespritzt.

Folgende Temporaladverbien werden oft bei der Beschreibung eines Vorgangs gebraucht:

Verwandte Wörter

davor	before that, beforehand	**danach**	after that
früher	earlier	**später**	later
immer	always	**nie(mals)**	never
immer wieder	again and again		
schon	already	**noch nicht**	not yet
		noch nie	never . . . before
(immer) noch	still	**nicht mehr/länger**	not any more/longer
oft	often	**selten**	seldom
vorher	beforehand, in advance	**nachher**	afterwards
		hinterher	afterwards
		seitdem	since then
zuerst	at first, first	**zuletzt**	in the end
zunächst	first of all	**endlich**	finally, at last
		schließlich	finally, in the end, eventually

Andere Adverbien

bald soon

dann then

erstens, zweitens, drittens usw. first, second, third, etc.

gleich right away, immediately

inzwischen meanwhile

jetzt now

nun now

sofort immediately

täglich, wöchentlich, monatlich, jährlich daily, weekly, monthly, annually

vorgestern, gestern, heute, morgen, übermorgen day before yesterday, yesterday, today, tomorrow, day after tomorrow

wieder again

Temporale Konjunktionen

Temporale Konjunktionen verbinden einen Hauptsatz mit einem Nebensatz und setzen die Sätze in einen temporalen Zusammenhang (Vorsicht – Endstellung des Verbs im Nebensatz).

nachdem after

Nachdem die Masse gemischt worden ist, wird sie erhitzt.

Folgende temporale Konjunktionen werden bei der Beschreibung eines Vorgangs oft gebraucht:

als when

bevor, ehe before

bis until

nachdem after

seit(dem) since

sobald as soon as

solange as long as

während while

wenn when(ever)

Wählen Sie das Wort, das am besten in den Satz paßt.

(endlich / täglich) _Endlich_ bin ich mit der Arbeit fertig; jetzt kann ich essen!

1. (bald / schon vorher) Ich kenne die Geschichte von Haribo, denn ich habe sie _____ gelesen.

2. (schließlich / nie) Gestern wollte ich nicht mitgehen, aber ich ging _____ doch.

3. (immer / danach) Hans Riegel, Gründer der Firma, ist 1945 gestorben. _____ haben seine Söhne die Firma übernommen.

4. (seitdem / zuerst) _____ war die Firma sehr klein, aber (inzwischen/früher) _____ ist sie riesengroß geworden. Heute beschäftigt sie 5.000 Menschen.

5. (davor / gleich) Wenn ich Gummibären sehe, will ich sie _____ aufessen!

6. (endlich / vorher) Du hast mir den Namen erklärt! _____ verstehe ich, was Haribo bedeutet!

7. (dann / zuerst) _____ wird die Masse gemischt, _____ wird sie erhitzt.

8. (hinterher / zunächst) Ich war schon einmal in Bonn, aber erst _____ habe ich erfahren, daß die Firma Haribo dort ist.

9. (selten / sofort) _____ esse ich Gummibären, denn ich mag Süßigkeiten nicht.

10. (dann / zuerst) _____ hießen die Süßigkeiten „Tanzbären", aber Gertrud und Hans Riegel änderten den Namen. (vorher / seitdem) _____ heißen sie „Goldbären".

Verwenden Sie in den Sätzen die Ausdrücke in Klammern, so daß die logische Beziehung zwischen den Sätzen ausgedrückt wird. Vorsicht! Achten Sie auf die Wortstellung!

> Als Kind habe ich viele Gummibären gegessen. Ich esse sie selten. (jetzt, früher)
>
> ***Früher** habe ich als Kind viele Gummibären gegessen.*
> ***Jetzt** esse ich sie selten.*

1. Täglich wurden nur 70.000 Gummibärchen produziert. Es sind 70 Millionen. (heute, zuerst)

2. Der Bär hieß „Tanzbärchen". Er nannte ihn „Goldbär". (zunächst, nachher)

3. Der Firmengründer starb kurz nach Ende des Krieges. Die Söhne führen den Betrieb weiter. (seitdem)

4. Die Bärchen wurden mit dem Rad ausgeliefert. Schiffe und Lastwagen sorgen für die Verteilung. (heute, früher)

5. Ein Stempel preßt die Form in ein Mehlbrett. Eine Düse spritzt die Fruchtmasse in die Form. Ein buntes Gummibärchen entsteht. (danach, jedesmal, zuerst)

6. Die Bärchen sind in Tüten eingeschweißt. Sie kommen in die wartenden Lastwagen. (sofort, nachdem)

7. Sie kommen in Container. Die Container kommen auf die Schiffe. (erstens, zweitens)

8. Die Mauer fiel. Man durfte keine Gummibären in der ehemaligen DDR verkaufen. Das Gebiet ist ein großer, neuer Markt geworden (bis, hinterher)

9. Der Bundesbürger ißt 340 Gummibärchen. Manche Kinder könnten 340 essen. (jährlich, wöchentlich)

10. Die Menschen essen Gummibärchen. Sie werden produziert. (solange, immer weiter)

3

Schreiben Sie auf zehn Zettel die Zahlen 1 bis 10. Jede Zahl steht für einen Schritt bei der Herstellung der Gummibärchen. Lassen Sie Ihren Partner/Ihre Partnerin fünf Zettel ziehen, ohne die Zahlen zu sehen. Merken Sie sich die Sequenz der gezogenen Zahlen, denn der Partner/die Partnerin muß die fünf Schritte in der gezogenen Sequenz nacherzählen. Bei jedem Satz muß er/sie ein logisches Adverb verwenden, um die richtigen zeitlichen Beziehungen auszudrücken.

Die Herstellung der Gummibärchen

1. Die Zutaten werden gemischt und in Kesseln erhitzt.

2. Die warme Fruchtmasse wird über ein Leitungssystem zu einer Holzbrettanlage geführt.

3. Die Masse wird in Gummibärformen gespritzt.

4. Die Holzplatten werden in große Trockenräume geschoben.

5. Die Gummibärchen werden getrocknet.

6. Die Holzplatten werden auf ein Gitter gekippt.

7. Die Bärchen kommen in eine große Trommel.

8. Die Gummibärchen werden mit einer Schicht Bienenwachs versehen.

9. Die Bärchen werden mit automatischen Waagen abgewogen.

10. Die Gummibärchen werden in Tüten eingeschweißt.

Gezogene Zahlen: 9, 3, 2, 5, 8

*(9) Die Bärchen werden von automatischen Waagen abge-wogen, (3) aber **schon vorher** wird die Masse in Gum-mibärenformen gespritzt. **Bevor** die Masse in Gummibärenformen gespritzt wird, (2) wird die warme Fruchtmasse über ein Leitungssystem zu einer Holzbrettan-lage geführt usw.*

Nützliche Wörter

die Beziehung, -en
   relationship
sich (Dat.) merken   *to make*
   a (mental) note of
nacherzählen   *retell*

der Schritt, -e   *step*
die Zahl, -en   *number*
der Zettel, -   *piece of paper*
ziehen   *to draw, to pull*

4

Fragen Sie drei Studenten/Studentinnen im Kurs, ob sie etwas tun wollen (Sie können drei verschiedene Fragen stellen). Als Antwort gibt jeder/jede drei Gründe an, warum er/sie das machen will oder kann, oder warum nicht. Dabei soll er/sie die Adverbien **erstens, zweitens** und **drittens** verwenden.

Welche Fragen wollen Sie stellen? Lassen Sie Ihrer Phantasie freien Lauf. Hier einige Beispielfragen: Möchtest du Gummibären essen? Möchtest du nach Bonn reisen und die Firma Haribo besichtigen? Willst du Großunternehmer werden? Willst du mit den Firmenleitern Hans und Paul Riegel sprechen? usw.

A: *Möchtest du Gummibären essen?*
B: *Nein, ich will nicht. Erstens kosten sie zuviel, zweitens ...*

Nützliche Wörter

besichtigen   *to tour*
der Firmenleiter, -   *head of*
   the company

der Großunternehmer, -
   entrepreneur

5

Wählen Sie in Kleingruppen zwei der folgenden fünf Themen, und erfinden Sie zu jedem Thema eine kurze Geschichte. Formulieren Sie mindestens vier Sätze, und verwenden Sie vier der folgenden Adverbien und Konjunktionen.

vorher	nachher
dann	später
als (Konj.)	**bis** (Konj.)
schließlich	immer

Anschließend erzählen alle Gruppen ihre kleinen Geschichten, und der ganze Kurs wählt die zwei besten Geschichten aus. Die Themen sind:

1. Viele Gummibärchen essen
2. Auf einer Party
3. Ein Wochenendbesuch von Ihrer Mutter/Ihrem Vater
4. Die Wiedervereinigung Deutschlands
5. Ein Besuch bei der Haribo-Fabrik in Bonn-Kessenich

ZUM BEISPIEL

Thema 4: Die Wiedervereinigung Deutschlands

__Vorher__ gab es zwei deutsche Staaten. __Dann__ fiel die Mauer. __Danach__ wurden die Staaten vereinigt. __Später__ wurde Berlin zur neuen Hauptstadt gewählt.

6

Schreiben Sie fünf Sätze über Ihren gestrigen Tag. Gebrauchen Sie keine Temporaladverbien oder temporale Konjunktionen. Tauschen Sie mit einem Partner/einer Partnerin die Sätze aus. Der Partner/Die Partnerin bringt die Sätze in einen zeitlichen Zusammenhang, indem er/sie Temporaladverbien oder temporale Konjunktionen gebraucht. Er/Sie schreibt die Sätze in die Du-Form um und erzählt danach dem Studenten/der Studentin die neue Version.

Sie: *Ich habe um 7.00 Uhr gefrühstückt.*
Ich habe ein Buch gelesen.
Ich bin um halb sieben aufgestanden.
usw.

Ihr Partner/Ihre Partnerin: *Gestern bist du um halb sieben*
aufgestanden. Dann hast du gefrühstückt und nachher
ein Buch gelesen ...

7

Der Teddybär ist ein beliebter Bär, wie Sie auch auf dieser
Grußkarte sehen können. Schreiben Sie auf, was Ihrer Meinung
nach auf der Innenseite der Karte stehen könnte. Vergleichen Sie
danach Ihre Ideen mit denen der anderen Studenten. Wer hatte die
beste Idee? (Vielleicht sagt Ihnen Ihr Professor/Ihre Professorin
sogar, was auf der echten Karte steht!)

Frank J. Gindler, Chefredakteur der Zeitschrift *LM life*[4], führte ein Interview mit dem Leiter der Firma Haribo, Dr. Hans Riegel. Weil Dr. Riegel über sich selbst erzählt, benutzt er vorwiegend die erste Person. Herr Gindler schreibt in einem ähnlichen Stil wie die Journalisten Karpa und Wilk, aber nicht ganz so locker. Lesen Sie die Auszüge aus dem Interview, und bearbeiten Sie die darauf folgenden Aufgaben.

Interview mit Dr. Riegel

LM life *sprach mit Dr. Hans Riegel über das Phänomen „vom Bonbonkocher zum Millionär", über Ursachen° und Hintergründe des spektakulären Erfolgs des „Süßwarenriesens°" Haribo.*

    causes

    candy giant

LM life: Als Ihr Vater starb, waren Ihr Bruder und Sie noch in Kriegsgefangenschaft°. Wie ging es mit dem vom Krieg gehandikapten Unternehmen Haribo weiter, als Sie nach Hause zurückkehrten?

    in Kriegsgefangenschaft sein: to be a prisoner of war

5 **Dr. Riegel:** Am Anfang hat meine Mutter die Firmenleitung übernommen. Im Mai 1946 kam ich nach Bonn zurück, sechs Monate später mein Bruder. Ich habe mich schnell in die Welt des „Bonbonmenschen" eingearbeitet, in die kaufmännische Betriebs- und Unter-
10 nehmensführung°, Marketing usw. ...

    kaufmännische Betriebs- und Unternehmensführung: business and corporate management

LM life: Sie waren damals noch ziemlich jung. ...

Dr. Riegel: Ich habe das Unternehmen mit 23 Jahren übernommen. Mein Vater hatte früher gesagt, er würde es gerne sehen, wenn einer seiner Söhne den Doktortitel macht. Diesen
15 Wunsch habe ich ihm erfüllt. Neben der Führung der Firma habe ich in Bonn Volkswirtschaft° studiert, erst habe ich das Diplom gemacht, ein Jahr später habe ich – Thema Weltzuckerwirtschaft° – promoviert°. ...

    economics

    worldwide sugar industry; received a doctorate

LM life: [Es] ist bekannt, daß Sie sich sportlich sehr engagieren.
20 Oder kommen private Aktivitäten bei all der Arbeit zu kurz?

---

4. LM = Lebensmittel. *LM life* ist eine Zeitschrift.

Dr. Riegel: Sicher habe ich private Interessen. Ich gehe gern zur Jagd°, spiele Badminton und Tennis. Badminton habe ich eigentlich in Deutschland als Sportart eingeführt°. Wir hatten eine Schwesterfirma in Dänemark, dort habe ich Badminton kennengelernt. Dann habe ich den ersten deutschen Badminton-Klub gegründet. Nachdem mehrere Klubs gegründet waren, habe ich die Initiative zur Gründung eines Verbandes° ergriffen°, habe diesen Verband 10 Jahre lang geführt. In und auch nach dieser Zeit habe ich in vielen Meisterschaften mitgespielt und war auch selbst deutscher Meister. Außerdem habe ich mir das Klostergut° Jacobsberg zugelegt° und es zum Kur- und Sporthotel umfunktioniert. Mein Privatleben kommt eigentlich nicht zu kurz. Manchmal wäre ich froh, etwas weniger in Terminnot° zu sein, um besser koordinieren zu können.

LM life: Wer soll denn später mal die Unternehmensführung übernehmen, Sie sind zwar sicherlich kein Mann, der mit 65 in Rente° geht, aber einen Nachfolger° muß es doch geben?

Dr. Riegel: Mit 65 in Rente zu gehen sieht schlecht aus, da ich bereits im 68sten Lebensjahr bin. ... Für entsprechende° Nachfolger sorgt mein Bruder Paul. ... Sein Sohn Hans-Jürgen verdient sich bereits die ersten Sporen°. Er ist Betriebswirt° und arbeitet bei einer Tochterfirma als Verkaufsleiter.

LM life: Mal ganz was anderes°. Wer hat eigentlich den genialen Slogan: Haribo macht Kinder froh ... usw. erfunden?

Dr. Riegel: „Lassen Sie sich etwas einfallen!°" Damit beauftragte° mein Vater in den dreißiger Jahren einen durchreisenden Werbetexter°. Dessen Idee war Gold wert. „Haribo macht Kinder froh" pinselte° er in großen Lettern an die Schaufenster der kleinen Kessenicher Verkaufsstelle. „Und Erwachsene° ebenso" war dann das persönliche Bekenntnis° des damaligen Haribo-Werbeleiters und Süßigkeiten-Fans Fred Friedmeyer in den sechziger Jahren. ...

LM life: Herr Dr. Riegel, eine Frage noch zum Abschluß°. Was möchten Sie gerne noch erreichen°? Oder können Sie sich mit dem, was Sie in ihrem bisherigen Leben geleistet haben, gelassen° zur Ruhe setzen?

---

gehe ... zur Jagd: *go hunting*

introduced

association; seized

land belonging to the monastery; acquired

in Terminnot: *under pressure of deadlines*

in Rente gehen: *to retire; successor*

appropriate

spurs

He has a degree in business management.

Mal ganz was anderes.: *Now something entirely different.*

Lassen Sie sich etwas einfallen: *Come up with something; commissioned*

advertising copywriter

painted

sales place; grown-ups

confession

zum Abschluß: *in closing*

achieve

calmly

Dr. Riegel: Ich möchte gesund bleiben und ein hohes Alter er-
reichen. Ziele steckt man sich° im Laufe des Arbeitsle- *man steckt sich Ziele: one sets goals for oneself*
bens. Was ich gerne noch erreichen würde, ist eine
europaweite Durchsetzung° von Haribo wie in der Bun- *success*
desrepublik und in Dänemark. Außerdem wäre noch
ein Ziel, in Amerika Ware zu produzieren.

65

> ## ▷ Aufgaben

1. Lesen Sie das Interview noch einmal, und unterstreichen Sie alle Temporaladverbien und temporale Konjunktionen.

2. Arbeiten Sie mit einem Partner/einer Partnerin zusammen, und nennen Sie die Hauptthemen im Interview. Worüber spricht Herr Riegel? Berichten Sie im Plenum, wozu Sie sich entschieden haben, und vergleichen Sie Ihre Liste von Hauptthemen mit denen der anderen Studenten/Studentinnen.

3. Benutzen Sie die Informationen im Interview, um einen Artikel über Herrn Doktor Riegel und seine Firma Haribo zu schreiben. Verwenden Sie viele Temporalausdrücke. Verbinden Sie, wo möglich, den Inhalt des Interviews mit Tatsachen aus dem Lesetext. Vergessen Sie nicht, Ihrem Artikel einen Titel zu geben.

Bevor Sie mit Ihrem Artikel beginnen, sollten Sie sich einige Gedanken über den Aufbau machen. Hier einige Tips:

- Was ist Ihre zentrale Aussage?
- Mit welchen Argumenten können Sie Ihre zentrale Aussage stützen?
- Wie können Sie diese Argumente logisch strukturieren?
- Mit welchen Informationen unterstützen Sie Ihre Argumente?
- Womit fangen Sie an?
- Haben Sie Ihren Artikel in Abschnitte eingeteilt?
- Geben Sie zum Schluß eine gute Zusammenfassung?
- Haben Sie in Ihrem Artikel noch einmal Wortwahl und Grammatik überprüft?

AIDS

Anti-AIDS-Demonstration in Zürich.

A Einstieg ins Thema

An einer deutschen Schule wollten die Schüler einer Klasse wissen, was ihre Mitschüler über AIDS denken. Sie entwickelten einen Fragebogen und füllten ihn in der Klasse aus. Hier sind acht Fragen aus dem Fragebogen. Was sind Ihre Antworten? Besprechen Sie die Ergebnisse.

Frageboden zum Thema AIDS	JA	NEIN	UNENT-SCHIEDEN
1. Hast Du Angst vor AIDS?			
2. Hat AIDS Dein Leben verändert?			
3. Würdest Du, falls Dein Partner/Deine Partnerin es wünscht, einen AIDS-Test machen lassen?			
4. Redest Du, oder würdest Du mit Deinem Partner/Deiner Partnerin über AIDS reden?			
5. Glaubst Du, daß es an unserer Schule AIDS-Infizierte gibt?			
6. Bist Du der Meinung, daß die Schulen mit großer Offenheit über AIDS und den Umgang mit Sexualität aufklären sollten?			
7. Willst Du Dich über AIDS informieren?			
8. Findest Du, daß das Thema „AIDS" zu hochgespielt wird?			

Nützliche Wörter

aufklären *to inform, enlighten*

entwickeln *to develop*

das Ergebnis, -se *result*

der Fragebogen, - oder ⸚ *questionnaire*

hochspielen *to play up, blow up*

die Offenheit *openness*

reden *to talk, speak*	**unentschieden** *undecided*
der Umgang *dealings*	**verändern** *to change*

Einführung in den Lesetext

AIDS ist eine tödliche Krankheit, denn der Virus greift das Immunsystem des Menschen an. In den letzten Jahren sind viele Menschen an AIDS gestorben.

Wie in vielen anderen Ländern gibt es auch in Deutschland AIDS-Kranke. Einer, der in Hamburg wohnte, hat während seiner Krankheit ein Tagebuch geführt. Wir lesen Auszüge aus dem Tagebuch von Werner H.[1] von der Zeit der Diagnose im August 1985 bis zu seinem Tod im Mai 1986.

Bilden Sie kleine Arbeitsgruppen, und beantworten Sie folgende Fragen. Anschließend berichten alle Gruppen im Plenum über ihre Antworten.

1. Was hat der *Einstieg ins Thema* mit der *Einführung in den Lesetext* zu tun? Einigen Sie sich auf zwei oder drei Antworten.
2. Worüber werden Sie in Werner H.s Tagebuch lesen? Welchen Inhalt erwarten Sie? Einigen Sie sich mit Ihrer Gruppe auf zwei Prognosen.

Nützliche Wörter und Ausdrücke

angreifen, griff an, angegriffen *to attack*	**der Inhalt, -e** *content*
anschließend *afterwards*	**die Krankheit, -en** *illness, disease*
der Auszug, ⸚e *excerpt*	**sterben (stirbt), starb, ist gestorben** *to die*
berichten *to report;* **berichten über (+ Akk.)** *to report about something*	**das Tagebuch, ⸚er** *diary;* **ein Tagebuch führen** *to keep a diary*
sich einigen *to agree;* **sich einigen auf (+ Akk.)** *to agree on*	**tödlich** *deadly*
erwarten *to expect*	**der Tod** *death*

---

1. Werner H.: Aus dem Tagebuch eines AIDS-Kranken, in: *Das ist mein Land: 40 Jahre Bundesrepublik* (Hrsg. Horst Heidtmann), Baden-Baden 1988, S. 196–197. .

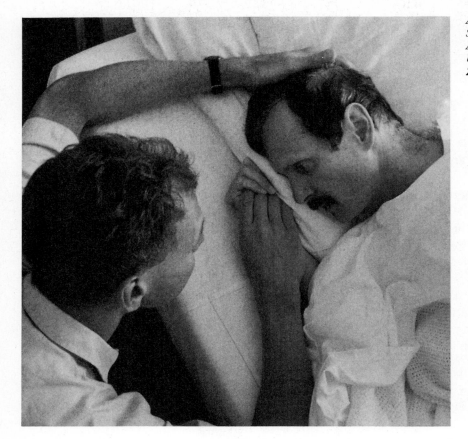

AIDS-Pfarrer Heiko Sobel am Bett eines AIDS-Kranken im Universitätsspital in Zürich.

Vor dem Lesen

C   Assoziationen zum Thema

Schreiben Sie spontan auf, was die folgenden Wörter mit dem Wort „AIDS" zu tun haben. Versuchen Sie dann mit wenigen Sätzen zu sagen warum, und besprechen Sie in einer Gruppe oder mit dem ganzen Kurs die Ergebnisse.

ZUM BEISPIEL

Mensch: _____

Farbe: _____

Tageszeit: _____

Musik: _____

Tier oder Pflanze: _____

▷ D Was wissen Sie schon?

Bereiten Sie sich mit folgenden Fragen und Aufgaben auf den Lesetext vor. Jede Frage hat mehr als eine mögliche Antwort.

1. Nennen Sie einige Gründe, warum Leute Tagebücher führen.
2. Woran denken Sie, wenn Sie das Wort AIDS hören?
3. Nennen Sie einige Schwierigkeiten, die AIDS-Kranke haben.
4. Welche Gedanken und Gefühle vermuten Sie bei Menschen, die erfahren, daß sie HIV-infiziert sind?

Nützliche Wörter

erfahren (erfährt), erfuhr, erfahren *to find out*

der Gedanke, -ns, -n *thought*

das Gefühl, -e *feeling*

der Grund, ̈e *reason*

HIV-infiziert *infected with the HIV virus; HIV-positive*

die Schwierigkeit, -en *difficulty*

vermuten *to expect (to find), to suspect*

E Textüberblick

Man kann einen Text schneller verstehen, wenn man sich schon vor dem Lesen einen Überblick über ihn verschafft. Folgende Fragen dienen dem Überblick. Sehen Sie sich also den Text auf Seite 147–149 flüchtig an, um die folgenden Fragen zu beantworten.

1. Wie viele Eintragungen aus dem Jahr 1985 und wie viele aus dem Jahr 1986 finden Sie?
2. Finden Sie die Eintragungen lang oder kurz? Welche Eintragung ist die längste?
3. Wann hatte der Vater von Werner H. Geburtstag?

4. Wer hat die letzte Eintragung ins Tagebuch geschrieben, und an welchem Tag ist der Kranke gestorben?

5. Wo wurde er geboren, wo ist er gestorben, und wo ist er beerdigt?

Nützliche Wörter

beerdigen *to bury*		**die Eintragung, -en** *entry*	

 F **Wortschatz**

Die Vokabeln und Sätze kommen in dieser Reihenfolge im Lesetext vor.

1. **sterben (stirbt), starb, ist gestorben** *to die;* **sterben an (+ Dat.)** *to die of*

2. **das Heilmittel, -** *remedy, cure*
   Und ich werde bald **sterben** ... an einer Krankheit, für die es kein **Heilmittel** gibt.

3. **der Verlauf, ⸚e** *course*

4. **empfinden, empfand, empfunden** *to feel*
   Ich will diese Zeit nutzen, um den **Verlauf** der Krankheit und das, was ich dabei **empfinden** werde, in diesem Tagebuch zu dokumentieren.

5. **die Krankenschwester, -n** *nurse;* **der Krankenpfleger, -** *male nurse*
   Selbst die **Krankenschwestern** sind mir ausgewichen ...

6. **der Husten** *cough*

7. **untersuchen** *to examine*
   Langsam läßt der quälende **Husten** nach, um dessetwillen ich mich überhaupt hatte **untersuchen lassen.**

8. **der Körper, -** *body*

9. **mit etwas/jemandem fertig werden** *to cope with something/someone*
   Mein **Körper werde** nicht mehr **mit** den Bazillen **fertig,** erklärten mir die Ärzte.

10. **schädigen** *to damage, to harm*
    Mein Immunsystem sei **geschädigt.**

11. **das Medikament, -e** *medicine, drug*

12. **abhängig** *dependent*

    Jetzt bekomme ich **Medikamente,** höllisch schwere
    Geschütze, von denen man **abhängig** werden kann.

13. **der Chef, -s/die Chefin, -nen** *boss, head (of a firm, depart-ment, etc.)*

    Der **Chef** hat mich nach Hause geschickt.

14. **passieren (sein)** *to happen*

    Aber es war ganz in Ordnung, was nun mit mir **passiert.**

15. **verderben (verdirbt), verdarb, verdorben** *to spoil, to ruin*

    Wenn man nur noch so wenig zu leben hat, solle man sich das
    bißchen Zeit nicht mit Arbeit **verderben.**

16. **der Fleck, -e** oder **-en** *spot, mark*

    Habe heute morgen beim Duschen zwei rotviolette, knapp
    markstückgroße **Flecken** auf meiner Brust entdeckt.

17. **die Haut** *skin*

18. **der Krebs** *cancer*

    Das ist das Kaposi-Sarkom, **Hautkrebs ...**

19. **schlapp** *worn-out, listless, run-down*

    Bin zu **schlapp** und sehe schlimm aus.

20. **heulen** *to bawl*

    Ich hab **geheult** wie ein Schloßhund.

21. **das Fieber** *fever*

    Ausgerechnet Silvester klappte ich mit hohem **Fieber** zusam-
    men.

22. **rechnen mit** *to count on; to expect*

23. **vorbei** *over*

    Jeden Tag muß ich jetzt **damit rechnen,** daß es **vorbei** ist.

24. **verrückt** *crazy*

    Ohne den Klinik-Priester wäre ich wohl **verrückt** geworden
    vor Angst.

Stellen Sie in Einzel- oder Partnerarbeit aus dem Wortschatz fünf Wortpaare zusammen. Erklären Sie den Zusammenhang zwischen den beiden Wörtern des jeweiligen Paares.

ZUM BEISPIEL

Wortpaar: *das Fieber, vorbei*

*Wenn man **Fieber** hat, liegt man im Bett. Wenn das Fieber **vorbei** ist, kann man wieder arbeiten.*

▷ **Zweite Wortschatzübung**

Bestimmen Sie die Reihenfolge der Sätze unten, so daß sie eine zusammenhängende Geschichte ergeben. Numerieren Sie die Sätze.

Vergleichen Sie danach Ihre Version mit der von anderen Studenten/Studentinnen, denn verschiedene Reihenfolgen sind möglich. Lesen Sie dabei Ihrem Partner/Ihrer Partnerin Ihre Version vor.

Als ich krank war

_____ a. Zu Hause zu bleiben ist nicht so schlimm, aber ich will mir das Wochenende nicht **verderben**!

_____ b. Sie hat mir ein paar **Medikamente** aufgeschrieben.

_____ c. Der ganze **Körper** tat mir weh.

_____ d. Ich konnte nicht mehr **mit** meiner Arbeit **fertig werden.**

_____ e. Im Nebenzimmer **heulte** ein Kind.

_____ f. Ich ging also zur Ärztin, und sie hat mich **untersucht.**

_____ g. Ich weiß nicht, was mit mir **passiert** ist.

_____ h. Ich habe mit dem **Chef** gesprochen, und er hat mich nach Hause geschickt.

_____ i. Ich hatte **Fieber.**

_____ j. Sie fragte mich, ob ich **Husten** hätte.

_____ k. **Verrückt,** nicht?

_____ l. Die **Krankenschwester** erklärte, daß das Kind zu einer Patientin gehöre.

_____ m. Die Ärztin meinte, daß ich **damit rechnen** sollte, zwei bis drei Tage bleiben zu müssen.

_____ n. Ich war ja so **schlapp**!

Aus dem Tagebuch eines AIDS-Kranken

WERNER H.

Hamburg, den 16.8.1985

Mein Name ist Werner H. Ich wurde in Hameln geboren. Und ich werde bald sterben, wahrscheinlich in Hamburg, an einer Krankheit, für die es kein Heilmittel gibt. Ich habe AIDS. Die Ärzte des Hamburger Tropenkrankenhauses° haben es mir gerade gesagt. Maximal ein Jahr geben sie mir noch. Ich will diese Zeit nutzen, um den Verlauf der Krankheit und das, was ich dabei empfinden werde, in diesem Tagebuch zu dokumentieren. Dazu haben mir die Ärzte geraten°. Ich würde, meinten sie, bald jemanden oder etwas brauchen, dem ich mich anvertrauen° könne. Von meinen Mitmenschen solle ich lieber nichts erwarten. Das habe ich schon gemerkt. Selbst die Krankenschwestern sind mir ausgewichen°, wenn ich über den Flur ging ...

1.9.1985

Langsam läßt der quälende° Husten nach, um dessetwillen ich mich überhaupt hatte untersuchen lassen. Mein Körper werde nicht mehr mit den Bazillen fertig, erklärten mir die Ärzte. Mein Immunsystem sei geschädigt. Jetzt bekomme ich Medikamente, höllisch schwere Geschütze°, von denen man abhängig werden kann. Aber das ist bei mir wohl egal°.

12.9.1985

Komme gerade aus der Firma. Der Chef hat mich nach Hause geschickt. Bin nach einem Hustenanfall zusammengebrochen und hab ihm dann reinen Wein eingeschenkt°. Aber er war ganz in Ordnung, was nun mit mir passiert, und ob man denn wirklich nichts machen kann. Dann meinte er, ich solle mich doch krank schreiben lassen° oder in Rente gehen°. Wenn man nur noch so wenig zu leben

hospital for tropical diseases

advised

confide

sind ausgewichen: avoided

agonizing

höllisch schwere Geschütze: hellishly heavy artillery
das ist bei mir wohl egal: that does not seem to matter in my case

ihm reinen Wein eingeschenkt: "poured him unadulterated wine" = told him the unadulterated truth
solle mich krank schreiben lassen: ought to take a sick leave; in Rente gehen: retire

hat, solle man sich das bißchen Zeit nicht mit Arbeit verderben. Erst mal soll ich jetzt bezahlten Urlaub nehmen, bis auf weiteres°. Klang ja ganz nett, aber ich glaube, er hat Angst, die Kollegen° könnten erfahren, was mit mir los ist.

bis auf weiteres: until further notice
colleagues

9.10.1985

Habe heute morgen beim Duschen° zwei rotviolette, knapp markstückgroße° Flecken auf meiner Brust entdeckt. „Das ist das Kaposi-Sarkom, Hautkrebs, bekommen fast alle Aids-Kranken", sagt mein Hausarzt. „Nicht gerade ermutigend°", erwiderte ich, und er gab zurück: „Wäre es Ihnen lieber, ich würde beschönigende Märchen° erzählen?" Nein, dann doch lieber die Wahrheit.

showering
the size of a One-Mark-coin
encouraging
beschönigende Märchen: *fairy tales that gloss over (the truth)*

24.11.1985

Heute hat mein Vater Geburtstag. Gehe aber nicht hin. Bin zu schlapp und sehe schlimm aus. Ich erschrecke° ja selbst, wenn mir morgens so ein Totenschädel° aus dem Spiegel entgegenblickt°. Auch an der rechten Schläfe° hat sich jetzt ein Kaposi-Sarkom entwickelt.

am startled
skull; looks back
temple

24.12.1985

Heiligabend. Eben waren meine Eltern zu Besuch, außerdem die letzten drei Freunde, die mir geblieben sind. Ich hab geheult wie ein Schloßhund°. Wird wohl mein letztes Weihnachten. Langsam packt mich die Angst.

hab geheult wie ein Schloßhund: *"howled like a watchdog" = bawled like a baby*

6.1.1986

Frohes neues Jahr? Bin eben aus der Klinik zurück. Ausgerechnet° Silvester° klappte ich mit hohem Fieber zusammen: Lungenentzündung°. Pilze° haben sich angesiedelt°, weil mein Immunsystem geschwächt° ist. Kann man nichts machen.

of all times
New Year's Eve
*pneumonia; mycoses; **haben sich angesiedelt:** have established themselves; weakened*

17.2.1986

Mir geht es unheimlich° schlecht. Mein Oberkörper sieht wie ein Streuselkuchen° aus: ein Kaposi neben dem anderen. Einige sind entzündet° und tun verdammt weh. Außerdem habe ich Fieber und bekomme kaum noch Luft. Die verfluchten Pilze ...

incredibly
crumb cake
inflamed

6.3.1986

Habe jemanden von der Aids-Hilfe kennengelernt. Das ist eine Art Selbsthilfe-Verein. Endlich mal einer, der keine Angst hat, sich gleich anzustecken°.

getting infected

1.4.1986

Leider kein Aprilscherz: Bin schon wieder im Krankenhaus. Kann
nicht mal selber aufstehen. Jeden Tag stirbt man ein bißchen mehr.
Verdammt, ich fange tatsächlich an zu heulen ...

17.5.1986

Eine Schwester schreibt das hier für mich. Ich kann es nicht mehr.
Jeden Tag muß ich jetzt damit rechnen, daß es vorbei ist. Ohne den
Klinik-Priester wäre ich wohl verrückt geworden vor Angst. Ich
danke ihm. Rückblickend° kann ich sagen, daß ich noch Glück hatte, *looking back, in retrospect*
weil es so schnell ging. Manche sind jahrelang krepiert°. Und ich ***jahrelang krepiert:*** *taken years to die a wretched death*
hab keine Schmerzen: Morphium. Das spielt nun wirklich keine
Rolle mehr.

Nachtrag

Werner H. starb am 19.5.1986 gegen sieben Uhr an Kreislaufver-
sagen°. Er wurde in seiner Heimatstadt Hameln beigesetzt°. *circulatory failure; buried*

Nach dem Lesen

G Fragen zum Lesetext

Stellen Sie in Zusammenarbeit mit zwei anderen Studenten/Stu-
dentinnen fünf Fragen zum Text zusammen. Vergleichen Sie dann
im Plenum die Fragen Ihrer Gruppe mit denen der anderen Gruppen. Suchen Sie die zehn Fragen heraus, deren Antworten den
Inhalt des Tagebuches von Werner H. am besten wiedergeben.

Nützliche Wörter

der Inhalt, -e *contents*	hervorbringen, brachte hervor, hervorgebracht *to produce, to bring forth*

H Was im Tagebuch steht

Im Tagebuch kann man Persönliches und Privates zum Ausdruck bringen. Welche stark persönlichen Aussagen finden Sie in Werner H.s Tagebucheintragungen? Suchen Sie fünf Beispiele heraus.

Am 17.2.1986: „Mir geht es unheimlich schlecht."

Nützliche Wörter und Ausdrücke

der Ausdruck, ⁻e
expression; **etwas zum
Ausdruck bringen** *to
express something*

die Aussage, -n *statement*

stark *here: highly*

unheimlich *here: incredible*

I Ordnen Sie Textteile.

Ordnen Sie die folgenden Textteile. Bestimmen Sie, ob der jeweilige Teil eher am Anfang, in der Mitte oder am Schluß des Lesetextes steht. Begründen Sie in wenigen Sätzen Ihre Entscheidung. Sehen Sie erst dann im Text nach, wo die Textteile wirklich zu finden sind.

Textteil	Anfang	Mitte	Schluß
Mein Name ist Werner H. Ich wurde in Hameln geboren.	X		

Begründung:
Ich glaube, dieser Textteil steht am Anfang. Es ist logisch, daß der Name und Geburtsort am Anfang stehen. Dann wissen die Leser sofort, wer das Tagebuch führt.

Nützliche Wörter

begründen *to give reasons
for*
die Entscheidung, -en
decision

jeweilig *respective*
**nachsehen (sieht nach), sah
nach, nachgesehen** *to
check*

Textteil	Anfang	Mitte	Schluß
„Wäre es Ihnen lieber, ich würde beschönigende Märchen erzählen?" Nein, dann doch lieber die Wahrheit.			
Endlich mal einer, der keine Angst hat, sich gleich anzustecken.			
Kann nicht mal selber aufstehen. Jeden Tag stirbt man ein bißchen mehr.			
Ich will diese Zeit nutzen, um den Verlauf der Krankheit und das, was ich dabei empfinde, in diesem Tagebuch zu dokumentieren.			
Und ich werde bald sterben, wahrscheinlich in Hamburg, an einer Krankheit, für die es kein Heilmittel gibt.			
Habe heute morgen beim Duschen zwei rotviolette, knapp markstückgroße Flecken auf meiner Brust entdeckt.			

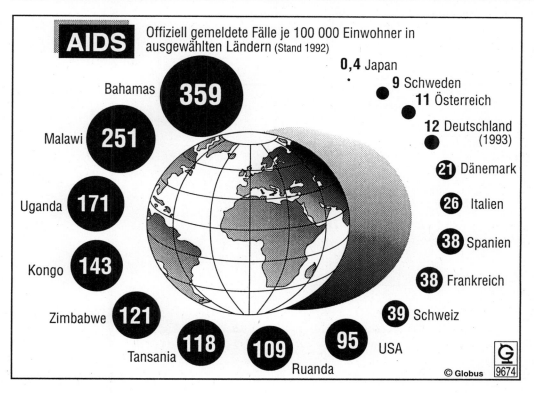

J **Erklären Sie Begriffe.**

Im Text finden Sie die folgenden Begriffe. Ordnen Sie jeden Begriff in die Rubrik *Krankheit, Arbeit* oder *Festtag* ein. Markieren Sie die zutreffende Rubrik mit einem **X.** Erklären Sie dann mit einigen Sätzen den Zusammenhang zwischen dem Begriff, der Rubrik und der AIDS-Krankheit von Werner H.

ZUM BEISPIEL

Begriff	Krankheit	Arbeit	Festtag
der Husten	X		

Erklärung:
Werner H. ging wegen eines quälenden Hustens zum Arzt. Man sagte ihm, daß sein Immunsystem geschwächt ist, und daß er AIDS hat.

Nützliche Wörter

der Festtag, -e *holiday*
die Rubrik, -en *heading, category*

der Zusammenhang, ¨e *connection, interrelation*

Begriff	Krankheit	Arbeit	Festtag
Hautkrebs			
Weihnachten			
Geburtstag			
Chef			
Kreislaufversagen			
Urlaub			
Immunsystem			
Silvester			
Kollegen			

K   Meinungen

Stellen Sie sich vor, man hätte in einer Talk-Show über AIDS disku-
tiert, und während der Diskussion hätten vier Gäste die vier folgenden Äußerungen (a–d) gemacht. Lesen Sie jede Äußerung, und
überlegen Sie sich Ihre Meinung dazu. Schreiben Sie zwei oder drei
Sätze.

   Vergleichen Sie danach in einer kleinen Gruppe Ihre Reaktionen
mit denen der anderen Studenten/Studentinnen. Die Gruppe soll
zu jeder Äußerung eine Liste der verschiedenen Reaktionen zusammenstellen und dann im Plenum darüber berichten.

Äußerungen

a. „Ich finde, AIDS ist eine Krankheit von Homosexuellen,
deshalb brauche ich mich nicht darum zu kümmern. Die
sollen selbst sehen, wie sie sich helfen. Ich habe mit
Homosexuellen und mit AIDS nichts zu tun."

b. „Jeder kann AIDS kriegen. Aber das heißt nicht, daß man jetzt
Panik bekommen sollte. Wenn man sich schützt und ein
bißchen aufpaßt, kann man sich nicht anstecken. Und die
Kranken brauchen unsere Hilfe."

c. „Ich habe Angst um meine Kinder. Wenn sie mit anderen
Kindern spielen, können sie sich vielleicht anstecken. Durch
AIDS haben alle jetzt so viel Angst."

d. „AIDS, das ist doch nicht so schlimm. Ich glaube, das ist alles
übertrieben. Ich kenne keinen, der AIDS hat. Also wenn ich
mit einem Partner ins Bett gehe, kann ich doch sehen, ob der
krank ist oder nicht."

Nützliche Wörter

anstecken *to infect*
aufpassen *to watch out, to pay attention*
die Äußerung, -en *statement*
kriegen *to get*

sich kümmern um *to be concerned about*
schützen *to protect*
übertreiben, übertrieb, übertrieben *to exaggerate*

L Debatte

Folgende Thesen stehen zur Auswahl:

1. AIDS ist eine sehr gefährliche Krankheit. Um die Gesellschaft zu schützen, muß jeder, ob er will oder nicht, zu einem AIDS-Test gehen.

2. Wenn man HIV-infiziert ist, braucht man das nicht zu sagen, wenn man zum ersten Mal mit einer Person ausgeht.

Der Kurs wählt eine dieser beiden Thesen und teilt sich in zwei Gruppen auf. Eine Gruppe soll dafür, eine Gruppe dagegen argumentieren. Bereiten Sie sich darauf vor, in der Debatte die Meinung Ihrer Gruppe mit zwei oder drei Argumenten zu unterstützen. Welche Argumente können Sie finden? Es ist unwichtig, ob Sie wirklich davon überzeugt sind, wichtig ist, daß Sie mitargumentieren.

Vor der Debatte soll die Gruppe festlegen, wer was sagt, denn im ersten Teil der Debatte sollen alle Teilnehmer/Teilnehmerinnen der Gruppen abwechselnd zu Wort kommen. Als zweiter Teil folgt dann eine offene Diskussion.

Nützliche Wörter

Allgemein nützliche Ausdrücke zum Argumentieren finden Sie im Einführungskapitel. Folgende Wörter beziehen sich auf die beiden Thesen.

ehrlich *honest*

die Freiheit *freedom*

gefährlich *dangerous*

die Gesellschaft, -en *society*

die Pflicht, -en *duty*

die Privatsache, -n *private matter*

das Recht, -e *right;* **Recht auf etwas (Akk.)** *right to something*

die Rücksicht, -en *consideration;* **Rücksicht auf jemanden/etwas (Akk.) nehmen** *show consideration for someone/something*

schützen *to protect;* **schützen vor (+ Dat.)** oder **gegen** *to protect against*

zwingen, zwang, gezwungen *to force, to compel*

▷ M Ihre Erfahrung

Von welchem Krankheitserlebnis können Sie erzählen? Berichten Sie von der Erfahrung mit einer Krankheit oder mit einem kranken Menschen, oder von einem Aufenthalt im Krankenhaus. Wo und wann war es? Was ist passiert? Warum erinnern Sie sich daran? Welche Gedanken haben Sie jetzt dazu?

Nützliche Wörter

der Aufenthalt, -e *stay*

der Gedanke, -ns, -n *thought;* Gedanken über (+ Akk.) *thoughts about*

das Krankheitserlebnis, -se *experience with illness*

Eine Spezialklinik in Hamm (Westfalen).

N **Ihre Reaktion**

1. Sammeln Sie aus Fernsehen, Presse oder Literatur Informationen über AIDS. Tragen Sie alles zusammen, was Sie finden können, und erstellen Sie einzeln oder in einer Gruppe ein Informationsblatt auf deutsch mit dem Titel: „Wir informieren über AIDS". Berücksichtigen Sie folgendes:

   • Welche Informationen?

   • Wie viele Seiten?

   • Layout: Wie soll das Blatt aussehen?

   • Organisation: Was kommt wohin?

   • Tabellen und Illustrationen: Wovon?

   Verteilen Sie Kopien von Ihrem fertigen Informationsblatt an alle Studenten/Studentinnen, und einigen Sie sich auf ein gemeinsames Informationsblatt.

2. Erstellen Sie einzeln oder in einer Gruppe ein Informationsblatt auf deutsch mit dem Titel: „Hamburg und Hameln". Benutzen Sie Informationen aus Landkarten, Büchern, Prospekten usw.

Nützliche Wörter

berücksichtigen *to take into account*

erstellen *to draw up*

das Informationsblatt, ¨er *information sheet*

der Prospekt, -e *brochure, pamphlet*

sammeln *to gather*

verteilen *distribute*

zusammentragen (trägt zusammen), trug zusammen, zusammengetragen *to collect*

Die Negation

Die Negation mit *kein*

Wenn vor einem Substantiv in einer positiven Aussage entweder (1) der unbestimmte Artikel **ein** (mit oder ohne Adjektiv) oder (2) gar kein Artikel (mit oder ohne Adjektiv) steht, wird die Aussage mit **kein** negiert. Normalerweise ist in diesen Fällen **nicht** oder **nicht ein** falsch.

1. **Ein** vor dem Substantiv (ohne und mit Adjektiv):

Positiv	Negativ
Das spielt **eine** Rolle.	Das spielt **keine** Rolle.
Das spielt **eine** große Rolle.	Das spielt **keine** große Rolle.

2. Kein Artikel vor dem Substantiv (ohne und mit Adjektiv):

Positiv	Negativ
Ich habe Schmerzen.	Ich habe **keine** Schmerzen.
Ich habe große Schmerzen.	Ich habe **keine** großen Schmerzen.

Die Negation mit *nicht*

Eine positive Aussage wird mit **nicht** negiert, (1) wenn vor dem Substantiv ein anderes Wort als **ein** steht, (2) oder wenn es gar kein Substantiv zum Negieren gibt.

1. Ein anderes Wort als **ein** vor dem Substantiv:

Positiv	Negativ
Sie spielt **meine** Rolle.	Sie spielt **meine** Rolle **nicht**. *oder:* Sie spielt **nicht meine** Rolle (sondern eine andere).
Sie spielt **diese** Rolle.	Sie spielt **diese** Rolle **nicht**. *oder:* Sie spielt **nicht diese** Rolle (sondern eine andere).
Ich habe **immer** Schmerzen.	Ich habe **nicht immer** Schmerzen.

2. Kein Substantiv:

Positiv	Negativ
Es ging ihm **schlecht**.	Es ging ihm **nicht schlecht**.
Sie schreibt es **für ihn**.	Sie schreibt es **nicht für ihn**.
Er konnte **aufstehen**.	Er konnte **nicht aufstehen**.

Die Stellung von *nicht*

1. **Nicht** steht am Ende eines Satzes, dessen Sinn es im allgemeinen negiert (obwohl ein Partizip, Infinitiv oder trennbares Präfix immer die allerletzte Stellung einnimmt):

am Ende eines Satzes:
Zuerst merkte er die Krankheit **nicht**.
Er feierte den Geburtstag seines Vaters **nicht**.
Die anderen Freunde besuchten ihn **nicht**.

aber:
vor dem Partizip:
Die anderen Freunde haben ihn **nicht besucht**.

vor dem Infinitiv:
Die anderen Freunde wollten ihn **nicht besuchen**.

vor dem trennbaren Präfix:
Der Freund kommt **nicht mit**.

2. **Nicht** steht gewöhnlich vor dem spezifischen Satzelement, das es negieren soll, gewöhnlich vor Adverbien, prädikativen Adjektiven, Präpositionen und beim Gebrauch von **sondern**:

> **vor dem Adverb:**
> Die Krankenschwester ist **nicht hier.**
>
> **vor dem prädikativen Adjektiv:**
> Er ist letztes Jahr **nicht krank** gewesen.
>
> **vor der Präposition:**
> Er will **nicht im Krankenhaus** bleiben.
>
> **nicht ... sondern:**
> Der Arzt hat es **nicht mir, sondern ihm** gesagt.

Die Negation mit anderen Negationswörtern

Oft gebrauchte Negationswörter sind: **nichts, nie(mals), niemand** und **nirgendwo**:

Positiv	Negativ
etwas, alles	nichts
immer	nie(mals)
jemand, alle	niemand
irgendwo	nirgendwo

1

Im Lesetext haben Sie einiges über Werner H. erfahren. Stellen Sie nun folgende Fragen an drei Mitstudenten/Mitstudentinnen, um etwas über sie herauszufinden. Die Studenten/Studentinnen sollen Ihre Fragen mit ganzen Sätzen beantworten. Merken Sie sich ihre Antworten (**Ja** oder **Nein**), und erzählen Sie dem ganzen Kurs drei interessante Informationen über jede befragte Person.

A: *Bist Du diesen Monat in ein Rockkonzert gegangen?*
B: *Ja, ich bin in Chicago in ein Rockkonzert gegangen.*

A: *Kennst Du einen sehr berühmten Menschen?*
B: *Nein, ich kenne keinen sehr berühmten Menschen.*

(danach:)

A: *B. ist in Chicago in ein Rockkonzert gegangen. Er/Sie kennt keinen sehr berühmten Menschen und ...*

Fragen	Antworten		
	Student 1	Student 2	Student 3
1. Bist du diesen Monat in ein Rockkonzert gegangen?	ja/nein	ja/nein	ja/nein
2. Kennst du einen sehr berühmten Menschen?	ja/nein	ja/nein	ja/nein
3. Hast du Bekannte oder Freunde in Hamburg?	ja/nein	ja/nein	ja/nein
4. Führst du ein Tagebuch?	ja/nein	ja/nein	ja/nein
5. Warst du in der letzten Zeit krank?	ja/nein	ja/nein	ja/nein
6. Bist du zum Arzt gegangen?	ja/nein	ja/nein	ja/nein
7. Interessierst du dich für Medizin?	ja/nein	ja/nein	ja/nein

2

☐ Setzen Sie **nicht** oder **kein-** ein.

1. Wer HIV-infiziert ist, muß _____ AIDS-krank sein.
2. Zuerst wollte er _____ AIDS-Test machen lassen.
3. Haben die Ärzte die Krankheit _____ erkannt?
4. Hatte Werner H. _____ Angst vor der Zukunft?
5. Die Kollegen sollten _____ erfahren, daß Werner H. AIDS hatte.
6. Nach kurzer Zeit hatte er _____ Freunde mehr.
7. Werner ist _____ zu dem Geburtstag seines Vaters gegangen.
8. Er hatte _____ Spaß mehr am Leben.
9. Er konnte die Schmerzen _____ mehr aushalten.

10. Die Ärzte sagten, Werner würde _____ Jahr mehr leben.
11. Am Schluß konnte er _____ mehr alleine aufstehen.
12. Er hatte _____ Kraft mehr.

Finden Sie mit einem Partner/einer Partnerin im Lesetext alle Sätze mit Negationen, und schreiben Sie sie positiv. Vergleichen Sie dann Ihre Ergebnisse mit denen von einem anderen Studentenpaar.

Stellen Sie anhand des Lesetextes ein Fragequiz mit fünf Fragen zusammen. Jede Frage soll von einem Partner/einer Partnerin mit **Richtig** oder **Falsch** beantwortet werden können. Wenn die Frage mit **Falsch** beantwortet wird, dann soll der Partner/die Partnerin die Aussage verbessern.

ZUM BEISPIEL

A: *Werner H. wurde in Berlin geboren. Richtig oder falsch?*
B: *Falsch. Er wurde nicht in Berlin, sondern in Hameln geboren.*

Der Prospekt *HIV-Übertragung und AIDS-Gefahr* von der Bundeszentrale für gesundheitliche Aufklärung benutzt Illustrationen, um über die Risiken der HIV-Ansteckung zu informieren. Verbinden Sie jede Illustration mit der dazu passenden Situation durch eine Linie. (Es gibt nicht für alle Situationen eine Illustration.) Bestimmen Sie bei allen zehn Situationen, ob ein Ansteckungsrisiko besteht.

Illustration	Situation	Besteht ein/kein Risiko?
a.	1. Küsse	
b.	2. Körperkontakte, Hautkontakte	
	3. Schwangerschaft bei einer infizierten Frau	
c.	4. Familienleben, Gemeinschaftsleben	
	5. Übertragung über die Luft	
d.	6. Essen und Restaurant	
e.	7. Ungeschützter Sexualverkehr zwischen infizierten und nichtinfizierten Partnern	
f.	8. Geschirr, Kleidung, Wäsche	
	9. Schwimmbad, Sauna, Toiletten, Waschräume	
g.	10. Insektenstiche	

Nützliche Wörter

die Ansteckung, -en *infection*

bestehen, bestand, bestanden *to exist*

die Bundeszentrale für gesundheitliche Aufklärung *Federal Office for Health Education*

das Gemeinschaftsleben *community life*

das Geschirr (kein Pl.) *dishes*

der Kuß, -sses, Küsse *kiss*

die Luft, ⸚e (Pl. literarisch) *air*

das Risiko, -s oder Risiken *risk*

die Schwangerschaft, -en *pregnancy*

der Sexualverkehr (kein Pl.) *sexual contact, intercourse*

die Übertragung, -en *transmission*

ungeschützt *unprotected*

Zum Schluß

Die beiden folgenden Texte beantworten Fragen zum Thema AIDS.
Die Texte kommen nicht aus Tagebüchern und sind deshalb nicht in
persönlichem Stil geschrieben wie der Lesetext von Werner H. Der
erste Text ist ein Auszug aus einem Prospekt der Bundeszentrale für
gesundheitliche Aufklärung.[2] Er will durch Fakten informieren. Weil
der zweite Text in einem Buch für Jugendliche erschienen ist[3], und
teilweise aus einem Interview besteht, ist er lockerer als der erste.

   Lesen Sie beide Texte, und bearbeiten Sie die darauf folgenden
Aufgaben.

---

   2. *Was jede/r über HIV und AIDS wissen sollte* (Hrsg.: Bundeszentrale für gesundheitliche Aufklärung), Bonn 1992, S. 1–2

   3. *Das Anti Aids Buch* (Hrsg.: Stefanie Tücking, Kai Böcking), Frankfurt/Main 1990,
S. 16–17; S. 54–58

Text 1:
Was jede/r über HIV und AIDS wissen sollte

Anfang der 80er Jahre wurden auch in Europa die ersten Fälle° der neuen tödlich verlaufenden°, ansteckenden Krankheit AIDS entdeckt. Seitdem nimmt die Zahl der an AIDS Erkrankten ständig zu°, wenn auch weniger schnell als zunächst befürchtet°. Bei einigen
5 Menschen ist dadurch der Eindruck entstanden°, AIDS sei keine Gefahr mehr. Dies ist falsch. In der Bundesrepublik Deutschland sind seit dem ersten Auftreten° von AIDS bis Ende 1991 mehr als 7.500 Menschen an AIDS erkrankt. Die Zahl der HIV-angesteckten Menschen wird auf 60.000 geschätzt°.
10 Selbst wenn sich ab heute jede/r vor Ansteckung schützt, wird die Zahl der Kranken wegen der langen Zeit zwischen Ansteckung und möglichem Ausbruch° der Krankheit AIDS noch für Jahre weiter steigen. [...]
Jede/r muß ausreichend° über diese ansteckende Krankheit infor-
15 miert sein. [...]

cases

tödlich verlaufenden: *that takes a fatal course*

nimmt zu: *is increasing; feared*
ist der Eindruck entstanden: *the impression has been created*

appearance

auf ... geschätzt: *estimated at*

outbreak

sufficiently

Text 2:
Was ist AIDS?

... Aids ist die englische Abkürzung für „Acquired Immune Deficiency Syndrome", was auf deutsch „erworbene Abwehrschwäche" heißt. Aids, soweit sind sich alle einig, ist
– eine Viruserkrankung, bei der das Immunsystem des menschlichen
5 Organismus angegriffen° und zerstört wird;
– eine Krankheit, gegen die es noch keinen Impfstoff° und keine durchschlagenden° Heilmittel gibt;
– eine Krankheit mit einer, wie die Mediziner sagen, „schlechten Prognose", was bedeutet: Sie endet mit dem Tode.
10 Aids ist ansteckend. [...] Anstecken kannst du dich nur, wenn du mit jemandem, der aidsinfiziert ist (genauer: HIV-infiziert) schläfst, ohne ein Kondom zu benutzen, oder wenn du Drogen spritzt° und die Spritze gemeinsam mit jemandem benützt, der infiziert ist.

attacked

vaccine
totally effective

shoot (inject)

Inga und Anete Humpe

15 Inga und Anete, ist euer Song „Careless Love" auch ein Lied über AIDS?

Inga Humpe: „Wir haben ‚Careless Love' ohne jeglichen Bezug° zum Thema Aids geschrieben. Aber das Thema hat uns dann eingeholt°. Der Titel hat ja die Doppelbedeutung ‚sorglose° Liebe' wie
20 auch ‚nachlässige° Liebe'. Darum geht es ja."

Kann man sich denn heutzutage noch völlig sorglos verlieben?

Anete Humpe: „Ich kann mir vorstellen, daß sich zwei junge Leute, wenn sie sich zum ersten Mal verlieben, sogar eine Barriere brechen
25 und sich näherkommen, indem sie über solche Themen sprechen. Denn damit beweisen° sie sich ja schon einmal Vertrauen°. Ich glaube, wenn 16jährige nicht einmal über dieses Thema sprechen können, dann kann es mit der Liebe auch noch gar nicht so weit her° sein. Denn dann ist ja noch ganz viel Angst da. Das wäre das
30 erste, was ich tun würde, wenn ich 16 wäre – zu gucken°: Kann ich überhaupt mit diesem Jungen reden?"

Schutz vor Aids

Wir haben ein zweites Mal – diesmal in einer Disco – eine Gruppe von Jugendlichen gefragt, ob und wie sie sich vor Aids schützen. Hier
35 ihre Antworten:
Barbara, 17 Jahre: „Ich würde gar nicht daran denken, irgend jemanden zu fragen, ob er Aids hat. Es ist selbstverständlich, daß er kein Aids hat. Ich meine, für mich ist das ganz normal."
Meryan, 19 Jahre: „Man sollte den Freund erst einmal kennen,
40 sehr gut kennen. Das ist der beste Schutz, finde ich."
Christiane, 19 Jahre: „Ich denke ähnlich wie sie. Ich habe schon ziemlich schlechte Erfahrungen gemacht. Vor drei Jahren bin ich öfters mal, wie man so schön sagt, in der Disco abgeschleppt° worden. ... Ich würde das heute nie mehr mit mir machen lassen.
45 Ich habe vor, mich jetzt testen zu lassen, nicht nur, um mich selbst zu schützen, sondern auch andere."
Stefan, 20 Jahre: „Ich habe noch nie erklären müssen, warum ich Kondome benutze, weil eigentlich jedes Mädchen relativ gut aufgeklärt° ist. Selbst wenn sie fragen sollte, warum ich das mache, würde
50 ich ihr sagen, das ist ein Schutz für dich und auch für mich. [...]
Werner, 22 Jahre: „Treu° sein, ganz einfach."

connection

hat uns eingeholt: caught up with us; carefree careless

demonstrate; trust

kann es ... her sein: the love can't be that serious take a look

picked up

informed

faithful

▷ Aufgaben

1. Lesen Sie die beiden Texte noch einmal durch, unterstreichen Sie sieben Beispiele der Negation, und stellen Sie fest, warum jeweils **kein** oder **nicht** gebraucht wird.

2. In diesen beiden Texten finden Sie eine Definition der Krankheit AIDS, eine Beschreibung der Situation in Deutschland und die Äußerungen von sieben Jugendlichen. Was halten Sie von ihren Meinungen? Schreiben Sie sechs Reaktionen auf Inga und Anete Humpe, Barbara, Meryan, Christiane, Stefan und Werner. Schreiben Sie jeweils drei oder vier Sätze, und überlegen Sie sich bei jeder Reaktion folgende Fragen:

   - Was scheint der/die Jugendliche von AIDS zu wissen oder nicht zu wissen?

   - Inwiefern kann dieser Gesichtspunkt das AIDS-Problem lösen? Inwiefern vertritt er eine gute Strategie?

   - Was vergißt oder übersieht man, wenn man so denkt? Inwiefern vertritt dieser Gesichtspunkt eine weniger wirksame Strategie?

3. Fassen Sie Ihre Gedanken zum Thema AIDS zum Schluß in einem Aufsatz zusammen. Sie können sich folgende Sachen überlegen:

   - Lesen Sie noch einmal den Fragebogen am Anfang des Kapitels. Würden Sie die Fragen jetzt noch genau so beantworten? Warum oder warum nicht?

   - Wie passen die Erfahrungen von Werner H. in Ihre Gedanken?

   - Welche Meinungen oder Informationen haben Sie in diesem Kapitel und bei den Diskussionen besonders wichtig oder interessant gefunden?

   - Haben Sie irgendwelche persönlichen Erfahrungen gemacht, die in diesem Zusammenhang im Aufsatz eine Rolle spielen?

   - Welche Meinungen haben Sie nun zum Schluß des Kapitels?

   Bevor Sie mit Ihrem Aufsatz beginnen, sollten Sie sich einige Gedanken über den Aufbau machen. Hier einige Tips:

   - Was ist Ihre zentrale Aussage?

- Mit welchen Argumenten können Sie Ihre zentrale Aussage stützen?

- Wie können Sie diese Argumente logisch strukturieren?

- Mit welchen Informationen unterstützen Sie Ihre Argumente?

- Womit fangen Sie an?

- Haben Sie Ihren Aufsatz in Abschnitte eingeteilt?

- Geben Sie zum Schluß eine gute Zusammenfassung?

- Haben Sie in Ihrem Aufsatz noch einmal Wortwahl und Grammatik überprüft?

Kapitel 6

DIE WIEDERVEREINIGUNG

KOMMUNIKATIONSTHEMA
Die Wiedervereinigung Deutschlands

LESETEXT
Jugendliche aus Ost und West berichten

SPRACHLICHE FUNKTION
Gedanken verbinden (Relativpronomen)

Wiederaufbau in der Stadt Wernigerode in der ehemaligen DDR.

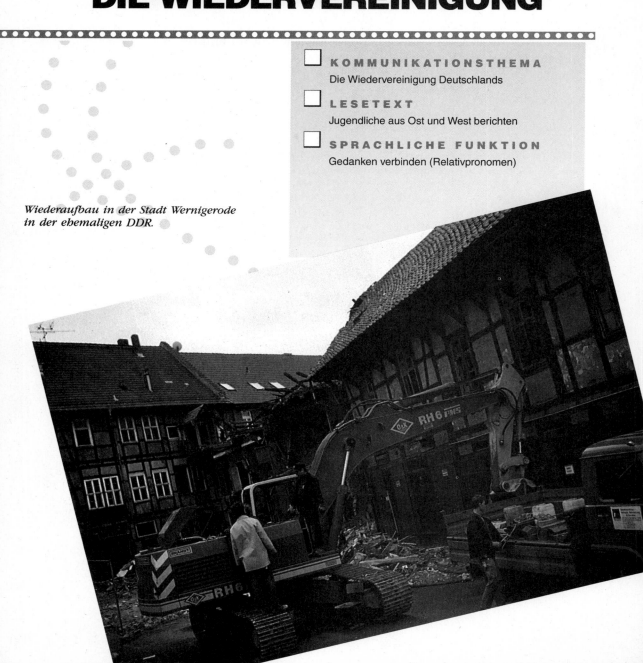

Einleitung

A   Einstieg ins Thema

Sprechen Sie über das Photo. Was sehen Sie? Wo ist das Photo
gemacht worden? Um welches Ereignis handelt es sich?

In der Nacht vom 9. auf den 10. November 1989.

Einführung in den Lesetext

Als am 9. November 1989 die Mauer in Berlin geöffnet wurde, jubelte ganz Deutschland. Die Bürger in der DDR (Deutsche Demokratische Republik - heutiges Ostdeutschland) hatten mit Protestaktionen und Demonstrationen „die Wende" durchgesetzt.

Schon bald sprach man von der Wiedervereinigung der DDR und der Bundesrepublik Deutschland, und am 3. Dezember 1990 war es offiziell soweit, es gab wieder ein Deutschland. Oder? – So einfach war es nicht.

Die Unterschiede im Gesellschaftssystem (Demokratie vs. Sozialismus) und im Wirtschaftssystem (freie Marktwirtschaft vs. Planwirtschaft) haben auch zu Unterschieden in den Menschen geführt: Nach 40 Jahren hatten sich die „Ossis" und „Wessis"[1] auseinandergelebt. Daher brachte die Wiedervereinigung nach der ersten Freude große Probleme mit sich.

Im Lesetext finden Sie die Aussagen von fünf Jugendlichen zum Thema Wiedervereinigung. Vier der jungen Leute, Mark S. und Kerstin N.[2], und Alexandra K. und Sebastian Z.,[3] erzählen in Interviews, wie sie die Wiedervereinigung erlebt haben. Sie erfahren weiterhin etwas über das Leben einer jungen Arbeitslosen in Ostdeutschland.[4]

Überlegen Sie in Zweier- oder Dreiergruppen, was in den Interviews mit den vier Jugendlichen vorkommen könnte. Wovon werden Ihrer Meinung nach die jungen Menschen berichten? Einigen Sie sich in Ihrer Gruppe auf einige mögliche Themen. Anschließend stellen alle Gruppen ihre Ergebnisse vor, und der Kurs stellt eine Liste aller Ergebnisse zusammen.

Nützliche Wörter

auseinanderleben *to drift apart*

die Aussage, -n *statement*

durchsetzen *to carry/push through*

erscheinen, erschien, ist erschienen *to appear*

feiern *to celebrate*

das Gesellschaftssystem, -e *societal structure*

---

1. „Ossi" = Person aus dem Osten; „Wessi" = Person aus dem Westen.

2. Helga Moericke: Wir sind verschieden: *Lebensentwürfe von Schülern aus Ost und West,* Frankfurt 1991, S. 68, 73, 114–115

3. *Brigitte* Nr. 21/1992, S. 140–146

4. *Der Spiegel* Nr. 38/1993, S. 110, 114

jubeln *to cheer, to rejoice*	**der Unterschied, -e** *difference*
der Lebensentwurf, ∵e *sketch of life*	**die Wende, -n** *turn, turning point, change*
die Mauer, -n *wall*	**die Wiedervereinigung, -en** *reunification*
öffnen *to open*	
trennen *to separate*	**die Wirtschaft, -en** *economy*
die Trennung, -en *separation*	

Vor dem Lesen

 C **Was sehen Sie?**

Was sehen Sie auf den beiden Photos auf Seite 172? Was haben sie miteinander zu tun? Was ist ähnlich, was ist verschieden? Wann hat man die Photos gemacht? Was haben diese Bilder mit dem Thema zu tun? Erklären Sie das in drei oder vier Sätzen.

ZUM BEISPIEL

Die Bilder sind von Berlin. Man sieht die Mauer. ... usw.

Nützliche Wörter und Ausdrücke	
der Bau *construction*	**der Hammer, ∵** *hammer*
bauen *to build*	**die Polizei** *police*
der Betonklotz, ∵e *concrete block*	**schlagen (schlägt), schlug, geschlagen** *to hit*
dauern *to last*	**sitzen, saß, gesessen** *to sit*
einreißen, riß ein, eingerissen *to tear down*	**über die Grenze gehen** *to cross the border*
das Gesicht, -er *face*	

(oben) 18. August 1961 in Berlin.

(rechts) Juni 1990 in Berlin.

 D **Was wissen Sie schon?**

Bereiten Sie sich mit folgenden Fragen auf den Lesetext vor. Jede Frage hat mehr als eine mögliche Antwort.

1. Woran denken Sie, wenn Sie von der Wiedervereinigung Deutschlands hören?

2. Was wissen Sie über die ersten Stunden und Tage nach der Öffnung der Berliner Mauer?

3. Welche Reaktionen können entstehen, wenn zwei Gruppen mit unterschiedlichem Lebensstandard aufeinandertreffen?

4. Aus welchen Gründen kann es für einen Jugendlichen schwer sein, eine Arbeitsstelle zu finden?

E **Textüberblick**

Man kann einen Text schneller verstehen, wenn man sich schon vor dem Lesen einen Überblick über ihn verschafft. Folgende Fragen dienen dem Überblick. Sehen Sie sich also den Text auf Seite 178–183 flüchtig an, um die folgenden Fragen zu beantworten.

1. Wie heißen die Jugendlichen, die zitiert werden? Wie alt sind sie?
2. Woran erkennt man, daß die Berichte chronologisch angeordnet sind?
3. Sind alle fünf Berichte in der Ichform?
4. Wer erzählt von dem Tag, an dem die Mauer fiel?
5. Wer kommt aus Ost-Berlin?
6. Wer sagte: „Ich dachte, ich kann was beeinflussen, und wollte deswegen nicht weg aus der DDR"?
7. Wer hat sich den Wunsch erfüllt, auf ein Westberliner Gymnasium zu gehen?
8. Welches Thema behandelt Peggy Schneider?
   a. die Öffnung der Mauer
   b. Arbeit und Beruf

Nützliche Wörter

beeinflussen *to influence*
der Bericht, -e *report*
deswegen *on account of that*

die Entwicklung, -en
development

F **Wortschatz**

Die Vokabeln und Sätze kommen in dieser Reihenfolge im Lesetext vor.

1. **die Mauer, -n** *wall*
   [D]ie **Mauer** fiel.

2. **die Freude, -n** *joy*

3. **die Träne, -n** *tear*
   [S]o viele glückliche Menschen habe ich noch nie gesehen, **Freudentränen,** Wahnsinnsjubel, wildfremde Menschen lagen sich in den Armen.

4. **die Grenze, -n**   *border*
   [Ich] bin extra früh aufgestanden, ... um nachzuschauen, ob die **Grenzen** wirklich noch offen waren.

5. **die Stelle, -n**   *place, spot, point*
   Mit dem Fahrrad bin ich zu den verschiedenen Grenzüber-gangs**stellen** gefahren, ...

6. **ungefähr**   *approximately, about*
   [Die Mauer] war **ungefähr** drei Meter breit, ...

7. **aufbauen**   *to assemble, build up, construct*
   Auf der Mauer ... **bauten** sich gegen Abend Bands **auf** ...

8. **die Struktur, -en**   *structure*

9. **vorhanden**   *in existence, present*
   Einige alte **Strukturen** sind noch **vorhanden**.

10. **das Gefühl, -e**   *feeling*
    Seit der Wende habe ich oft das **Gefühl** vermittelt bekommen, ich sei ein zweitrangiger Mensch.

11. **überzeugen**   *to convince;*   **überzeugt sein von**   *to be convinced of*
    Dabei **bin** ich **überzeugt** davon, daß wir mehr wissen, ...

12. **die Zukunft**   *future*
    Was die allgemeine **Zukunft** für mein Land angeht, sehe ich eher schwarz.

13. **die Chance, -n**   *chance, opportunity*

14. **entwickeln**   *to develop*
    Wir hätten die **Chance** gehabt, etwas Eigenes zu **entwickeln**.

15. **die Bevölkerung, -en**   *population*
    [G]roße Teile der bundesrepublikanischen **Bevölkerung** wollen uns gar nicht.

16. **die Hoffnung, -en**   *hope*
    Vor zwei Jahren, da hatte ich noch furchtbar viele Ideale und **Hoffnungen**.

17. **verändern**   *to change*
    Wir können nichts **verändern**.

18. **komisch** *funny, strange*
Am nächsten Tag haben mich die Wessis gefragt, was ich denn für **komische** Leute kenne, ...

19. **seitdem (Adv.)** *since then*
Seitdem lasse ich solche Experimente.

20. **aufräumen** *to straighten up, tidy up*
Sind die Eltern zur Arbeit entschwunden, ... **räumt** sie die Dreizimmerwohnung **auf.**

21. **gehören (+ Dat.)** *to belong;* **gehören zu** *to belong to, to be amongst*

22. **der/die Jugendliche(r) (wie ein Adj. dekl.)** *young person*
Peggy **gehört zu** den rund 2.400 **Jugendlichen,** die ... noch keine Lehrstelle gefunden haben.

23. **das Amt, ¨er** *office*
[D]as Arbeits**amt** hat kurz vor Beginn des neuen Lehrjahres gerade noch 300 freie Ausbildungsplätze zu vergeben.

24. **der Bewerber, -; die Bewerberin, -nen** *applicant*
320 **Bewerber** beim Bautzener Arbeitsamt wollen Kfz-Mechaniker werden, ...

25. **der Chef, -s/die Chefin, -nen** *boss, head (of a firm, department, etc.)*
[D]er **Chef** und die **Chefin** haben immer über die Ossis gelästert.

Erste Wortschatzübung

Die folgenden Fragen werden unter den Studenten aufgeteilt. Stellen Sie die Ihnen zugeteilten Fragen an einige Mitstudenten/Mitstudentinnen, und notieren Sie sich deren Antworten. Berichten Sie anschließend im Plenum über die Ergebnisse Ihrer Umfrage.

ZUM BEISPIEL

nach der Umfrage:

Sieben Studenten sagten, sie möchten lieber die chinesische Mauer sehen, und vier möchten lieber die Klagemauer in Jerusalem sehen.

Reisen

1. Kennst du einen Jugendlichen/eine Jugendliche in Deutschland?

   a. ja   b. nein

2. Wirst du dieses Jahr die Chance haben, nach Deutschland zu fahren?

   a. ja   b. nein

3. Bist du schon einmal über eine Staatsgrenze gereist?

   a. ja   b. nein

4. Was möchtest du lieber sehen?

   a. die chinesische Mauer   b. die Klagemauer in Jerusalem

Wissen

5. Wie viele Einwohner hat Deutschland?

   a. ungefähr 77 Millionen   b. ungefähr 92 Millionen

6. 1990 vereinigten sich die Bundesrepublik und die DDR zu einem Staat. Wie viele Bundesländer gibt es seitdem?

   a. 12   b. 16

Arbeit

7. Hast du schon einmal bei einem Arbeitsamt eine Arbeitsstelle gesucht?

   a. ja   b. nein

8. Ist es für dich schwer, in den Sommerferien eine Arbeitsstelle zu finden?

   a. ja   b. nein

Zukunft

9. Welches Problem ist deiner Meinung nach größer?

   a. die Bevölkerungsexplosion   b. der Rassismus

10. Möchtest du Chef/Chefin einer großen Firma werden?

    a. ja   b. nein

11. Wie stellst du dir deine persönliche Zukunft vor?

    a. in einer Familie   b. alleine

12. Hoffst du, eines Tages in der Lotterie zu gewinnen?

    a. ja   b. nein

Denken, Fühlen

13. Hat man dich schon einmal von etwas überzeugt, was du zuerst nicht glauben wolltest?

    a. ja   b. nein

14. Wovon läßt du dich eher überzeugen?

 a. dem Gefühl b. dem Verstand

15. Glaubst du, daß du dich in letzter Zeit sehr verändert hast?

 a. ja b. nein

16. Hast du schon einmal in deinem Leben Freudentränen vergossen?

 a. ja b. nein

17. Gehörst du zu den Menschen, die vor Prüfungen besonders nervös werden?

 a. ja b. nein

Interessen, Aktivitäten

18. Interessierst du dich für politische Strukturen?

 a. ja b. nein

19. Was macht dir mehr Freude?

 a. ein guter Film b. ein interessantes Buch

▷ **Zweite Wortschatzübung**

Bestimmen Sie, welche Begriffe aus der linken und rechten Spalte zusammenpassen. Bilden Sie aus jedem Wortpaar einen sinnvollen Satz.

ZUM BEISPIEL

b	1. der Student	a. essen
a	2. trinken	b. die Bibliothek
	usw.	usw.

Der Student geht in die Bibliothek.
Zum Frühstück ißt und trinkt man.

_____	1. komisch	a. aufbauen
_____	2. die Zukunft	b. lachen
_____	3. das Gefühl	c. nächstes Jahr
_____	4. die Struktur	d. die Direktorin
_____	5. die Chefin	e. die Arbeitsstelle
_____	6. die Bevölkerung	f. die Rockmusik
_____	7. der Bewerber/die Bewerberin	g. die Menschen
_____	8. der/die Jugendliche	h. die Freude
_____	9. die Grenze	i. zwei Staaten

Dritte Wortschatzübung

Beantworten Sie die folgenden Fragen mit Vokabeln aus dem Wortschatz. Stellen Sie dann die Fragen einem Partner/einer Partnerin,
und vergleichen Sie die Antworten.

ZUM BEISPIEL

Was kann man sehen?

Man kann eine Mauer sehen.

1. Was kann man aufbauen?

2. Was kann vorhanden sein?

3. Wen kann man überzeugen?

4. Was kann man entwickeln?

5. Was kann man verändern?

6. Zu was kann man gehören?

Lesetext

Jugendliche aus Ost und West berichten

HELGA MOERICKE; *DER SPIEGEL*; *BRIGITTE*

1990

Mark S., 19 Jahre (West-Berlin):

Am 9.11.[1989] war es ... soweit, die Mauer fiel! ... Es war un-
beschreiblich°, so viele glückliche Menschen habe ich noch nie   *indescribable*
5 gesehen, Freudentränen, Wahnsinnsjubel°, wildfremde Menschen   *incredible jubilation*
lagen sich in den Armen. Kistenweise° wurde Sekt° spendiert°,   *by the case; champagne; given (for free)*

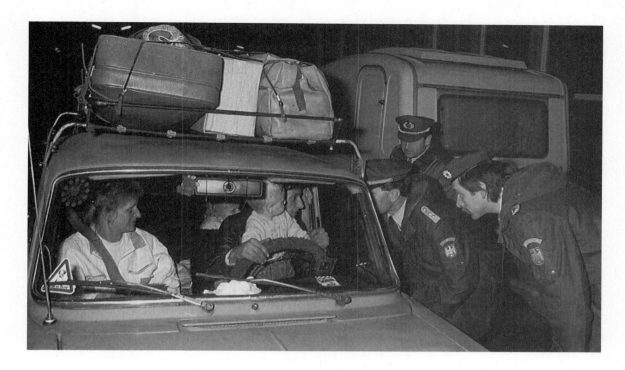

Westberliner Polizisten begrüßen eine ostdeutsche Familie im Trabi.

Trabis[5] wurden mit Sekt begossen, Bananen in die DDR-Autos geworfen. [...]

    Am nächsten Morgen wollte ich eigentlich zur Schule, bin extra
25   früh aufgestanden, weil ich vorher noch [zum Grenzübergang° Born-   *checkpoint*
holmer Straße] mußte, um nachzuschauen, ob die Grenzen wirklich
noch offen waren. Ich konnte nicht zur Schule gehen, die nächsten
beiden Tage mußte ich live dabeisein, wie die Grenzen sich weiter
und weiter öffneten. Mit dem Fahrrad bin ich zu den verschiedenen
30   Grenzübergangsstellen gefahren, überall das große Glück. An vielen
Einzelschicksalen° habe ich teilgenommen; ein Ossi kam auf dem   *the fortune of individuals*
Fahrrad an, er konnte vor Tränen nicht weiterfahren, wollte seit 28
Jahren das erste Mal wieder zu seiner Mutter. [...]

    Auf der Mauer vor dem Brandenburger Tor, sie war ungefähr drei
35   Meter breit, bauten sich gegen Abend Bands auf und musizierten.
Die Menschen haben getanzt, Kerzen° wurden angezündet°. Wenn   *candles; lit*
sich Grenzsoldaten Nelken° anstecken° ließen, klatschten° die Mas-   *carnations; pinned on; ap-*
sen. [...]   *plauded*

---

    5. „Trabi" ist die Abkürzung für „Trabant", ein Kleinwagen, der bis zum 30. April 1991
in der DDR produziert wurde. Der Trabi war **das** Auto für die große Mehrheit der
Ostdeutschen.

Unser Land hat in diesen Tagen Geschichte gemacht, und ich habe
25 die Zeit voll ausgekostet°. [...]   *made the most of*

Das Wiederzusammenwachsen meines Vaterlandes sehe ich, wie
die meisten Deutschen, positiv. Einige alte Strukturen sind noch
vorhanden und brauchen nur zusammengefügt° zu werden.   *joined together*

Kerstin N., 19 Jahre (Ost-Berlin)

30 Seit der Wende habe ich oft das Gefühl vermittelt bekommen°, ich   **habe ich ... bekommen** *people often made me feel second class*
sei ein zweitrangiger° Mensch. Egal, was ich anhabe, egal, wie ich
aussehe, die merken sofort, daß man aus dem Osten kommt, als ob
ich ein Kainsmal° auf der Stirn° trüge. [...]   *sign of Cain; forehead*

Dabei bin ich überzeugt davon, daß wir mehr wissen, mehr kön-
35 nen, daß wir auf unsere Fähigkeiten° vertrauen° könnten. Z.B. ist mir   *abilities; be confident*
bei westlichen Schülern immer wieder das absolute Desinteresse an
Politik aufgefallen°. Ich habe festgestellt, daß sich Ostschüler oft   **ist mir aufgefallen:** *has struck me*
besser in der politischen Landschaft der Bundesrepublik auskennen
als Westschüler. Wie kann man so wenig aufmerksam° mit seiner   **so wenig aufmerksam:** *with so little attention*
40 eigenen Gesellschaft umgehen. [...]

Was die allgemeine Zukunft für mein Land angeht°, sehe ich eher   **was ... angeht:** *as far as ... is concerned*
schwarz. Wir hätten die Chance gehabt, etwas Eigenes zu entwickeln,
wir haben es nicht geschafft. Jetzt sollen wir dem Westen dankbar
sein, doch zumindest große Teile der bundesrepublikanischen
45 Bevölkerung wollen uns gar nicht. Ein Westberliner hat es folgender-
maßen° formuliert: Wenn man euch alle so sieht, hätte man die   *as follows*
Mauer gleich zwei Meter höher bauen sollen.

1992

Alexandra K., 19 Jahre (Abiturientin):

50 Vor zwei Jahren, da hatte ich noch furchtbar viele Ideale und
Hoffnungen. Ich dachte, ich kann was beeinflussen°, und wollte   *influence*
deswegen nicht weg aus der DDR. Aber dann habe ich nach und
nach° nur noch an mich gedacht. [...]   **nach und nach:** *little by little*

Als ich gegen den Golfkrieg[6] demonstriert habe, fühlte ich mich
55 wieder so ohnmächtig°, fast wie bei den Demos° gegen die alte   *powerless; demonstrations*
Regierung. Wir können nichts verändern. [...] Die Wessis haben,
glaube ich, ganz andere Sorgen°. Einmal fragte mich jemand etwas   *worries*
über die früheren Zeiten bei uns. Als ich dann antworten wollte, hat
sich die Frau abgewendet° und über irgendwas anderes gesprochen.   *turned away*

---

6. Januar–März 1991 Krieg einer internationalen Koalition auf der Seite Kuwaits gegen
den Irak.

Freudentränen an einer Grenzüber-gangsstelle.

60 Sicher ist es ein Klischee, wenn man sagt, die sind oberflächlich°, aber irgendwo stimmt es doch. Auf jeden Fall sind sie weniger interessiert und zeigen ihre Schwächen° nicht. Das ist mir unsympathisch°. [...]

°superficial

°weaknesses

Das ist mir unsympatisch.: *I don't like that.*

Sebastian Z., 19 Jahre (Schüler):

65 Ich habe mir meinen wichtigsten Wunsch erfüllt und gehe auf ein Westberliner Gymnasium. [...] Anfangs schlugen mir im Westen jede Menge° Vorurteile° entgegen°. Morgens stand ich vor dem Schrank° und grübelte°: Was ziehe ich um Himmels willen° heute an, damit ich nicht als Ossi auffalle°? Ich habe versucht, mich anzupassen°. [...]

70 Einmal habe ich versucht, meine Freunde aus der Westklasse mit meinen alten Freunden im Osten bekannt zu machen. Die saßen sich dann gegenüber und haben sich schweigend° angestarrt°. Und das war's dann. Am nächsten Tag haben mich die Wessis gefragt, was ich denn für komische Leute kenne, und die Ostler haben gesagt: „Die

75 waren aber arrogant." Seitdem lasse ich solche Experimente. [...]

jede Menge: *loads of prejudices;* **schlugen entgegen:** *confronted; closet; brooded;* **um Himmels willen:** *for heaven's sake; stand out; to fit in*

°silently; stared

1993

Jugendarbeitslosigkeit im Osten: Peggy Schneider, 17 Jahre (Bautzen[7]):

Punkt sechs Uhr in der Früh klingelt bei Peggy Schneider, 17, in der
60 Friedrich-Wolf-Straße 24 in Bautzen der Wecker°. Raus aus dem Bett, Kaffee kochen, Brot, Honig und Marmelade auf den Küchentisch.

°alarm clock

---

7. Stadt im ostdeutschen Bundesland Sachsen

Jeden Morgen richtet° das Mädchen für die Familie das Frühstück.   *prepares*
Sind die Eltern zur Arbeit entschwunden°, spült sie das Geschirr°,   *disappeared; **spült das**
räumt die Dreizimmerwohnung auf. Danach hat sie nichts mehr zu   ***Geschirr:** washes the dishes*
85 tun – bereits am Vormittag ist der Tag für Peggy gelaufen. [...]

    Peggy gehört zu den rund 2.400 Jugendlichen, die im sächsi-   *Saxon; district employment*
schen° Arbeitsamtsbezirk° Bautzen noch keine Lehrstelle° gefunden   *office; trainee/apprentice po-*
haben. Die Chancen für die meisten der Mädchen und Jungen stehen   *sitions*
schlecht – das Arbeitsamt hat kurz vor Beginn des neuen Lehrjahres
90 gerade noch 300 freie Ausbildungsplätze° zu vergeben°. Und die   *vocational training places/po-*
meisten Stellen gehören zu Berufsgruppen, die aufgrund des Struk-   *sitions; allocate*
turwandels° keine Zukunft haben.   *structural changes*

    „Ohne Beruf bist du immer ein Verlierer," meint Peggy. Und Ver-
lierer gibt es im Kreis° Bautzen genug. Im Juli waren knapp° 16   *district; not quite*
95 Prozent der Bevölkerung arbeitslos. Ende des Jahres werden es 20
Prozent sein. [...] Die Jugendlichen trifft der Niedergang° besonders   *decline*
hart. Mehr als jeder dritte ist in diesem Sommer nach Ende der
neunten oder zehnten Klasse ohne Lehrstelle. Die Traumberufe
sind die gleichen wie im Westen: 320 Bewerber beim Bautzener
100 Arbeitsamt wollen Kfz°-Mechaniker werden, 95 Stellen stehen zur   ***Kfz = Kraftfahrzeug:** car*
Verfügung°. 225 Jugendliche favorisieren den Beruf des   ***stehen zur Verfügung:** are*
Bankkaufmanns°, 50 Lehrplätze sind gemeldet°. Im Hotelfach kom-   *available*
men auf 350 Bewerber gar nur 8 Stellen. [...]   *bank employee; registered*

Ein Teil der Schulabgänger° zieht auf der Suche nach der letzten
Chance in Richtung Westdeutschland – und kommt dort vom Regen
in die Traufe°. Bis zu 3.000 sind mit abgebrochener° Lehre° nach
Sachsen zurückgekommen, schätzt° der DGB.°

Peggy hat es auch versucht. In der fränkischen° Schweiz[8] wollte
sie sich zur Hotelfachfrau ausbilden lassen. „Die Arbeit hat mir Spaß
gemacht", erzählt sie, „doch der Chef und die Chefin haben immer
über die Ossis gelästert°." ... Nach zwei Wochen ist sie zurück nach
Bautzen. „Ich gehe unter keinen Umständen° mehr rüber", Peggy
schüttelt den Kopf, „nie wieder."

those leaving school

vom Regen in die Traufe:
"from the frying pan into the fire"; uncompleted; apprenticeship; **DGB (Deutscher Gewerkschaftsbund):** *German Federation of Trade Unions; Frankonian*

made nasty remarks

circumstances

Nach dem Lesen

G Ordnen Sie die Äußerungen den Interpretationen zu.

Unten stehen Gedanken und Tatschen in der Reihenfolge, wie sie
im Lesetext vorkommen. Darunter stehen Interpretationen zu diesen Sätzen. Ordnen Sie jedem Satz eine Interpretation zu, und
vergleichen Sie dann Ihre Ergebnisse mit denen eines Partners/einer Partnerin.

Gedanken und Tatsachen

__f__   1. Am 9. November 1989 war es so weit.

_____   2. Mark hat den Wahnsinnsjubel – viele glückliche Menschen, Freudentränen usw. – gesehen.

_____   3. Bananen wurden in die DDR-Autos geworfen.

_____   4. Er konnte nicht zur Schule gehen.

_____   5. Er wollte seit 28 Jahren das erste Mal wieder zu seiner Mutter.

---

8. Die fränkische Schweiz ist ein Gebiet nördlich von Nürnberg in Bayern.

_____ 6. Wenn sich die Grenzsoldaten Nelken anstecken ließen, klatschten die Massen.

_____ 7. Kerstin hat oft das Gefühl gehabt, sie sei ein zweitrangiger Mensch.

_____ 8. Kerstin ist davon überzeugt, daß die Schüler auf ihre Fähigkeiten vertrauen können.

_____ 9. Kerstin sagte, daß die Menschen in der DDR die Chance hatten, etwas Eigenes zu entwickeln, daß sie es aber nicht geschafft haben.

_____ 10. Kerstin macht die Bemerkung, daß man jetzt von den Ostdeutschen erwartet, dem Westen dankbar zu sein.

_____ 11. Alexandra hat seit 1990 nach und nach nur noch an sich selbst gedacht.

_____ 12. Alexandra meint, irgendwo stimmt das Klischee, daß die Westdeutschen oberflächlich sind.

_____ 13. Sebastian hat versucht, sich anzupassen.

_____ 14. Seitdem läßt Sebastian solche Experimente.

_____ 15. Bereits am Vormittag ist der Tag für Peggy gelaufen.

_____ 16. Der Niedergang trifft die Jugendlichen besonders hart.

_____ 17. Die Schulabgänger aus dem Osten, die im Westen eine Lehrstelle suchen, kommen vom Regen in die Traufe.

Interpretationen

a. Die Menschen aus dem Osten und dem Westen waren glücklich, denn es ist ein Zeichen der Freundlichkeit und des Friedens, wenn sich Polizisten oder Soldaten Blumen anstecken lassen.

b. Sie ist darüber traurig, daß die Menschen in der DDR nach der Wende kein eigenes System aufbauen konnten, denn jetzt ist es dafür zu spät.

c. Tausende von Jugendlichen machen sich keine Hoffnungen auf die Zukunft, denn ohne Lehrstelle gibt es keine Berufsausbildung.

d. Er hat versucht, Kleider zu tragen, die auch westdeutsche Schüler tragen.

e. Es gefällt ihr nicht, daß Westdeutsche Dankbarkeit von den Ostdeutschen erwarten, denn die Ostdeutschen werden von den Westdeutschen wie zweitrangige Menschen behandelt.

f. Vor November 1989 gab es in der DDR immer mehr Diskussionen, Demonstrationen und Proteste gegen das System.

g. Ein Sohn, der in der DDR gelebt hat, konnte endlich seine Mutter, die im Westen lebte, wiedersehen.

h. Lehrstellen sind im Westen noch schwieriger zu finden als im Osten.

i. Er macht seine neuen Freunde im Westen nicht mehr mit seinen alten Freunden im Osten bekannt.

j. Er stand vor der geöffneten Mauer in West-Berlin.

k. Bananen waren in der DDR ein Luxus, daher wollten die Westdeutschen den Ostdeutschen eine Freude machen und schenkten ihnen an der Grenze Bananen.

l. Die Westdeutschen denken, daß sie besser als die Ostdeutschen sind.

m. Da sie keine Lehrstelle hat, hat sie tagsüber nichts zu tun.

n. Sie ist immer weniger davon überzeugt, daß sie durch ihr politisches Engagement etwas beeinflussen oder verändern kann. Sie hat immer weniger Ideale und Hoffnungen.

o. Er wußte, daß er zur Schule gehen sollte, aber er wollte das historische Ereignis miterleben.

p. Eine Frau aus dem Westen reagierte oberflächlich, denn sie interessierte sich gar nicht für die Antworten der ostdeutschen Schülerin.

q. Viele ostdeutsche Jugendliche meinen, sie könnten nicht so viel wie die westdeutschen Schüler, aber das stimmt nicht. Die Ost-Schüler brauchen nun nur mehr Selbstvertrauen.

▷ H Erklären Sie Begriffe.

Im Text finden Sie folgende Begriffe. Erklären Sie in wenigen Sätzen, in welchem Zusammenhang die Begriffe im Text benutzt werden.

ZUM BEISPIEL

die Mauer

Die Berliner Mauer ist am 9.11.1989 gefallen. Mark S. war damals dabei und hat den Wahnsinnsjubel gesehen. Er meint, Deutschland hat in den Tagen Geschichte gemacht.

1. der Wahnsinnsjubel
2. die DDR
3. die Hoffnung
4. Vorurteile
5. die Lehrstelle

⊳ ▪ I ▪ Wer kommt woher?

Wie kann man nur aus den Äußerungen der Jugendlichen (nicht aus den Überschriften mit den Namen) feststellen, ob sie aus dem Osten oder aus dem Westen kommen? 1) Tragen Sie in die Tabelle ein, woher die Jugendlichen kommen. 2) Tragen Sie die Nummern der Zeilen ein, in denen man das lesen kann. 3) Begründen Sie Ihre Entscheidung, indem Sie die Zeilen interpretieren.

Jugendliche(r)	Ost/West?	Zeilen	Begründung
Mark			
Kerstin			
Alexandra			
Sebastian			
Peggy			

J Zuweisung von Überschriften

Der Text besteht aus fünf Teilen. Weisen Sie zusammen mit einem Partner/einer Partnerin jedem Teil eine Überschrift zu. Vergleichen Sie dann im Plenum Ihre Überschriften mit denen der anderen Paare, und einigen Sie sich auf die Überschrift, die am besten paßt.

1. Mark: _____

2. Kerstin: _____

3. Alexandra: _____

4. Sebastian: _____

5. Peggy: _____

> **K** **Wirkung der Texte**

Wie haben die Äußerungen der Jugendlichen auf Sie gewirkt? Ordnen Sie den fünf Textteilen die Adjektive aus der folgenden Liste zu, die Ihrer Meinung nach am meisten zutreffen. Mehrere Zuweisungen sind möglich. Begründen Sie Ihre Wahl.

Adjektive

optimistisch	pessimistisch
inspirierend	deprimierend
ermutigend	enttäuschend
hoffnungsvoll	hoffnungslos
befriedigend	frustrierend
lustig	traurig
normal	schockierend

ZUM BEISPIEL

Ich fand die Äußerung von [Kerstin] frustrierend, denn [sie] sagte ... Ich habe immer gedacht, ...

Vergleichen Sie Ihre Ergebnisse danach in kleinen Arbeitsgruppen. Ein Gruppensprecher/Eine Gruppensprecherin berichtet anschließend im Plenum über die unterschiedlichen Reaktionen in der Gruppe.

Nützliche Wörter

befriedigend *satisfying, gratifying*
deprimierend *depressing*

enttäuschend *disappointing*
ermutigend *encouraging*

L **Rollenspiel**

Stellen Sie sich vor, Mark S. und Kerstin N. würden sich heute treffen. Entwickeln Sie in Partnerarbeit einen Dialog zwischen den beiden Jugendlichen. Schreiben Sie insgesamt fünf Äußerungen für Mark und fünf für Kerstin. Tragen Sie danach Ihren Dialog dem Kurs vor.

M Debatte

Folgende Thesen stehen zur Auswahl.

1. Es wäre besser gewesen, die DDR hätte mit einem neuen politischen System souverän weiterexistiert, und wäre nicht mit dem Westen vereinigt worden.

2. Wenn die jüngere Generation keine Vorurteile der Erwachsenen übernehmen würde, könnten unterschiedliche Menschengruppen gut miteinander auskommen.

Der Kurs wählt eine dieser beiden Thesen und teilt sich in zwei Gruppen auf. Eine Gruppe soll dafür, die andere dagegen argumentieren. Bereiten Sie sich darauf vor, in der Debatte die Meinung Ihrer Gruppe mit zwei oder drei Argumenten zu unterstützen. Welche Argumente können Sie finden? Es ist unwichtig, ob Sie wirklich davon überzeugt sind, wichtig ist, daß Sie mitargumentieren.

Vor der Debatte soll die Gruppe festlegen, wer was sagt, denn im ersten Teil der Debatte sollen alle Teilnehmer/Teilnehmerinnen der Gruppen abwechselnd zu Wort kommen. Als zweiter Teil folgt dann eine offene Diskussion.

Nützliche Wörter und Ausdrücke

Allgemein nützliche Ausdrücke zum Argumentieren finden Sie im *Einführungskapitel.* Folgende Wörter und Ausdrücke beziehen sich auf die beiden Thesen.

aufkaufen *to buy up*

auskommen, kam aus, ist ausgekommen mit jemandem *to get along with someone*

bestimmen *to determine, to decide*

der/die Erwachsene (wie ein Adj. dekl.) *adult*

friedlich *peaceful(ly)*

die Gelegenheit, -en *opportunity*

die Selbstbestimmung *self-determination*

das Selbstbewußtsein *self-confidence*

die Schuld (kein Pl.) *blame, guilt;* **die Schuld an etwas (Dat.) haben** *to be at fault for something*

übernehmen (übernimmt), übernahm, übernommen *to take over*

unsicher *insecure*

unterschiedlich *different*

das Vorurteil, -e *prejudice*

die Wirtschaftslage, -n *economic situation*

N **Ihre Erfahrung**

Erinnern die Äußerungen der fünf Jugendlichen Sie an ein Erlebnis aus Ihrem eigenen Leben? Haben Sie schon einmal eine ähnliche Erfahrung gemacht, eine plötzliche Veränderung im Leben erfahren? Vielleicht ist für Sie einmal ein Traum in Erfüllung gegangen? Oder hat Sie schon einmal etwas desillusioniert, von dem Sie anfangs begeistert waren? Haben Sie unter dem Vorurteil anderer Menschen gelitten? Oder haben Sie vielleicht schon mal den östlichen Teil Deutschlands besucht? Erzählen Sie bitte von einer Ihrer Erfahrungen.

Nützliche Wörter und Ausdrücke

ähnlich *similar*

anfangs *initially*

begeistert *enthusiastic*

die Erfahrung, -en *experience;* **die Erfahrung machen** *to have the experience*

die Erfüllung (kein Pl.) *fulfillment;* **in Erfüllung gehen** *to come true*

das Erlebnis, -se *experience*

leiden, litt, gelitten an/unter (+ Dat.) *to suffer from*

plötzlich *sudden(ly)*

der Traum, ⸚e *dream*

die Veränderung, -en *change, alteration*

 O **Ihre Reaktion**

1. Wählen Sie einen der Jugendlichen aus dem Lesetext. Lesen Sie seine/ihre Aussagen noch einmal durch, und schreiben Sie an ihn/sie einen Brief. Was wollen Sie von ihm/ihr noch wissen, was nicht in dem Text steht? So könnten Sie anfangen:

ZUM BEISPIEL

> Liebe(r) ——— ,
> *ich habe über Deine Erfahrungen mit der deutschen Wiedervereinigung gelesen. ...*

2. Im Text werden viele Bilder beschrieben: Bananen im Auto, ein Frühstückstisch usw. Schaffen Sie in Gruppenarbeit eine große Collage, mit unterschiedlichen Bildern zum Thema Wiedervereinigung. Ihre Collage kann aus unterschiedlichen Farben, Formen und Materialien bestehen. Lassen Sie Ihrer Phantasie freien Lauf!

Gedanken verbinden (Relativpronomen)

1. Das Relativpronomen bezieht sich auf ein Substantiv oder ein Pronomen im Hauptsatz:

Substantiv Relativpronomen
↓   ↓

Der Mann fuhr zu seiner **Mutter, die** er seit 28 Jahren nicht gesehen hatte.

2. Das Relativpronomen verbindet Gedanken; es verbindet Sätze. Der Satz mit dem Relativpronomen ist der Nebensatz, und sein Verb kommt ans Ende des Nebensatzes.

Ohne Relativpronomen (zwei Hauptsätze)

Der Mann fuhr zu seiner **Mutter.**
Er **hatte** seine **Mutter** seit 28 Jahren nicht gesehen.

Mit Relativpronomen (Hauptsatz mit Nebensatz)

Der Mann fuhr zu seiner **Mutter, die** er seit 28 Jahren nicht gesehen **hatte.**

3. Die Relativpronomen

	Singular			Plural
	MASKULIN	FEMININ	NEUTRUM	
Nom.:	der	die	das	die
Akk.:	den	die	das	die
Dat.:	dem	der	dem	denen
Gen.:	dessen	deren	dessen	deren

Genus (Mask., Fem., Neut.) und Numerus (Sing., Pl.) des Substantivs und seines Relativpronomens sind gleich. Der Kasus des Relativpronomens (Nom., Akk., Dat., Gen.) wird von seiner Funktion im Nebensatz bestimmt.

Singular (Maskulinum)	
Nom.:	Sie fuhr zu ihrem **Vater, der** im Westen lebte.
Akk.:	Sie fuhr zu ihrem **Vater, den** sie lange nicht gesehen hatte.
Dat.:	Sie fuhr zu ihrem **Vater, dem** sie sofort Blumen überreichte.
Gen.:	Sie fuhr zu ihrem **Vater, dessen** Hoffnung immer war, seine Tochter wiederzusehen.

Plural	
Nom.:	Sie fuhr zu ihren **Kindern, die** im Westen lebten.
Akk.:	Sie fuhr zu ihren **Kindern, die** sie lange nicht gesehen hatte.
Dat.:	Sie fuhr zu ihren **Kindern, denen** sie sofort Blumen überreichte.
Gen.:	Sie fuhr zu ihren **Kindern, deren** Hoffnung immer war, ihre Mutter wiederzusehen.

1

❑ Ergänzen Sie mit dem Relativpronomen.

1. Die Szene, _____ Mark vor der Mauer sah, war unbeschreiblich!

2. Das große Glück, _____ er überall fand, war unbeschreiblich!

3. Wildfremde Menschen, _____ an dem Wahnsinnsjubel teilnahmen, lagen sich in den Armen.

4. Der Mann, _____ aus Ost-Berlin kam, konnte vor Tränen nicht weiterfahren.

5. Mark ist der Schüler, mit _____ der Ossi gesprochen hat.

6. Kerstin, _____ Heimat Ost-Berlin ist, kennt einige Westschüler.

7. Alexandra ist die Abiturientin, an _____ eine Frau aus dem Westen eine Frage stellte, ohne auf die Antwort zu warten.

8. Alexandra, _____ Hoffnungen enttäuscht wurden, hat immer mehr nur an sich gedacht.

9. Sebastian, _____ aus Ost-Berlin kam, ging auf ein Gymnasium, _____ in West-Berlin liegt.

10. Seine neuen Freunde, mit _____ er aufs Gymnasium ging, fanden seine alten Freunde komisch.

11. Seine alten Freunde, _____ die Wessis kennenlernten, fanden diese arrogant.

12. Peggy Schneider, für _____ es noch keine Lehrstelle gibt, richtet jeden Morgen das Frühstück.

13. Die meisten Lehrstellen gehören zu Berufsgruppen, _____ keine Zukunft haben.

14. Wer will einen Beruf, _____ keine Zukunft hat?

2

Bilden Sie in Einzel- oder Partnerarbeit aus jedem Satzpaar eine Frage und eine Antwort mit Relativpronomen. Die Informationen, die Sie für die Antworten brauchen, finden Sie im Lesetext.

ZUM BEISPIEL

Wo stand die Mauer? Sie ist am 9.11.1989 gefallen.

A: *Wo stand die Mauer, die am 9.11.1989 gefallen ist?*
B: *Die Mauer, die am 9.11.1989 gefallen ist, stand in Berlin.*

Relativpronomen im Nominativ

1. Wie heißt der Schüler? Er kommt aus West-Berlin.

2. Wie heißt der Wagen? Er wurde in der DDR produziert.

3. Wie heißt der Schüler? Er hat sich seinen Wunsch erfüllt.

4. Wie heißt die Schülerin? Sie kommt aus Ost-Berlin.

5. Wie heißt das Tor? Es steht in der Mitte von Berlin.

6. Wie heißt das Mädchen? Das Mädchen konnte keine Lehrstelle finden.

7. Wo bauten sich die Bands auf? Sie musizierten am Abend.

8. Was ließen sich die Soldaten anstecken? Sie dienten an der Grenze.

Relativpronomen im Akkusativ

9. Wann war der Jubel? Mark hat den Jubel erlebt.

10. Wann klingelt der Wecker? Peggy hört den Wecker jeden Morgen.

11. In welcher Stadt ist die Schule? Mark besucht die Schule.

12. Wie heißt das Tor? Man sieht es in der Mitte von Berlin.

13. In welcher Stadt ist das Arbeitsamt? Peggy kennt es.

14. Wo musizierten die Bands? Mark hat die Bands gehört.

Relativpronomen im Dativ

15. Wen wollte der Ossi besuchen? Mark hat mit ihm gesprochen.

16. War die Frau „Ossi" oder „Wessi"? Alexandra hat von ihr erzählt.

17. Wie heißt das 17jährige Mädchen? Wir haben von dem Mädchen gelesen.

18. Woran haben die Westschüler kein Interesse? Kerstin geht mit den Westschülern in die Schule.

19. Was können viele Jugendliche nicht finden? Wir haben von den Jugendlichen gelesen.

Relativpronomen im Genitiv

20. Woher kam der Schüler? Sein wichtigster Wunsch ging in Erfüllung.

21. Woher kam der Radfahrer? Seine Mutter lebte im Westen.

22. Woher kam die Schülerin? Ihre Mitschüler hatten kein Interesse an Politik.

23. Was richtet Peggy Schneider? Ihre Eltern gehen jeden Morgen zur Arbeit.

24. Wohin ging Peggy Schneider zurück? Ihr Chef hatte über sie gelästert.

25. Was suchen viele Schulabgänger? Ihre Heimat ist im Osten.

Wählen Sie eins der angegebenen Satzelemente, und bilden Sie einen Satz nach dem vorgegebenen Muster. Der Satz soll Ihre persönliche Meinung ausdrücken, die Sie auch begründen sollen. Vergleichen Sie in Kleingruppen Ihre Antworten. Jede Gruppe wählt zwei bis drei Sätze, die sie besonders interessant findet, und stellt sie dem Kurs vor.

ZUM BEISPIEL

die Speise / das Getränk

_____, _____ ich am liebsten mag, ist _____, denn ...

Die Speise, die ich am liebsten mag, ist Pizza, denn sie schmeckt, und ich kann sie im Restaurant bestellen und schnell mit nach Hause nehmen.

1. der junge Mann (Mark oder Sebastian) / die junge Frau (Kerstin, Alexandra oder Peggy)
_____, mit _____ ich am liebsten sprechen möchte, ist _____, denn ...

2. das Gebiet in Deutschland / die deutsche Stadt
_____, _____ mich am meisten interessiert, ist _____, denn ...

3. das Problem / die Situation / der Plan
_____, _____ ich sehr kompliziert finde, ist _____, denn ...

4. ein Freund / eine Freundin
_____, mit _____ ich viel Zeit verbringe, ist _____, denn ...

5. ein Konzert / ein Buch / ein Film / eine Fernsehsendung
_____, _____ mir sehr gefallen hat, war _____, denn ...

4

Schreiben Sie alleine oder in Partnerarbeit zu jedem Photo in diesem Kapitel einen Satz, der aus einem Hauptsatz und einem Nebensatz mit Relativpronomen besteht. Tragen Sie im Plenum alle Ergebnisse zusammen, und schreiben Sie zu jedem Photo eine Bildunterschrift. Erstellen Sie im Kurs eine Liste mit allen Bildunterschriften.

Zum Schluß

Im Jahre 1993 gab es eine Umfrage des Emnid-Instituts über die Einstellung der West- und Ostdeutschen zueinander. 2.000 Westdeutsche und 1.000 Ostdeutsche äußerten ihre Meinungen, und *Der Spiegel* berichtete darüber. Lesen Sie folgende Auszüge aus dem Artikel[9], und bearbeiten Sie die darauf folgenden Aufgaben.

Erst vereint, nun entzweit°

divided

[...] Wer aus den neuen in die alten Bundesländer geht, wechselt° noch immer aus einer ziemlich° kaputten in eine ziemlich intakte Welt. Und grundverschieden° sind in den beiden Teilen Deutschlands auch die Meinungen, die Stimmungen und – nach
5 weitverbreiteter Ansicht° – die Menschen.

here: crosses
rather
fundamentally different

weitverbreiteter Ansicht: widely held view

Zum drittenmal hat Emnid jetzt erforscht°, was die Deutschen vereint, und was sie trennt°. [...] Die neue, dritte Umfrage macht deutlich, daß sich die Gegensätze verstärkt°, und in jüngster Zeit sogar gefährlich zugespitzt° haben. [...]

investigated
separates
intensified
gefährlich zugespitzt: become dangerously critical

10 Die „allgemeine wirtschaftliche Lage" in Ost und West unterscheidet sich noch immer wie Tag und Nacht. Im Westen wird sie nur von wenigen, im Osten von den meisten als schlecht bezeichnet° [...] Zwischen 40 und 50 Prozent liegt die Zahl derer, die ihren Arbeitsplatz verloren oder aufgegeben haben. [...] Für die meisten
15 Ostdeutschen, die keine Arbeit haben, wird es keine Rückkehr in die Berufswelt geben. Lediglich° 12 Prozent sind „sicher", daß sie wieder einen Platz finden werden [...]

characterized

merely

In dieser Welt des Umbruchs° und der Ungewißheit°, in der noch immer mehr untergeht als neu entsteht, hat sich unter den Ostdeut-
20 schen eine depressive Stimmung verbreitet ... Mehr als ein Drittel der erwachsenen Bevölkerung in der Ex-DDR hat das Gefühl, „in dieser Gesellschaft nicht mehr gebraucht zu werden"; 36 Prozent, das sind viereinhalb Millionen Menschen. [...]

upheaval; uncertainty

Andere Emnid-Daten bestätigen° diesen Befund°. Von Jahr zu Jahr
25 ist nach der Wende der Anteil° derer gestiegen, die „Angst vor der

confirm; finding
portion

---

9. *Der Spiegel* Nr. 3/1993, S. 52–53, 56.

Zukunft" haben, von 33 Prozent im Herbst 1990 auf 37 Prozent Mitte 1991 und nun auf 45 Prozent.

Die Freude über die Vereinigung ist in Ost und West weithin der Sorge über deren Folgen gewichen°. Und auch darüber, daß die Entwicklung „schlechter als erwartet" verlaufen sei, sind sich Mehrheiten in beiden Teilen der Bundesrepublik einig.

given way

Auf 69 Prozent im Westen und 79 Prozent im Osten ist die Zahl derer gestiegen, die dem Statement zustimmen: „Erst nach der Vereinigung ist deutlich geworden, wie verschieden Ost- und Westdeutsche eigentlich sind." [...] Seit die Deutschen vereint sind, haben sie sich derart° auseinandergelebt, daß es eine neue Spaltung° und eine neue Mauer gibt, diesmal in den Köpfen.

in such a way; division

▷ **Aufgaben**

1. Unterstreichen Sie alle Sätze mit Relativpronomen. Stellen Sie den Kasus (Nom., Akk., Dat. oder Gen.) und Numerus (Sing. oder Pl.) des Pronomens fest, und nennen Sie das Wort, auf das es sich bezieht.

2. Sie haben gelesen, was das Emnid-Institut in seiner Umfrage herausgefunden hat, allerdings nicht, welche Fragen gestellt worden sind. Formulieren Sie mindestens fünf dieser Fragen.

3. Betrachten Sie noch einmal das Photo vom 9. November 1989 am Anfang dieses Kapitels. Was kann oder sollte man heute aus der historischen Distanz über dieses Ereignis sagen? Schreiben Sie einen Aufsatz darüber. Denken Sie über folgende Punkte nach:

   • Meinungen über die Mauer und über das Leben in der DDR vor November 1989

   • die Stimmungen und Hoffnungen zur Zeit der Wende

   • Entwicklungen seit der Wende

   • Zahlen und Fakten

   • das, was Sie in letzter Zeit in den Nachrichten oder in Diskussionen über Deutschland gehört haben

   • Ihre persönliche Meinung

Bevor Sie mit Ihrem Aufsatz beginnen, sollten Sie sich einige Gedanken über den Aufbau machen. Hier einige Tips:

- Was ist Ihre zentrale Aussage?

- Mit welchen Argumenten können Sie Ihre zentrale Aussage stützen?

- Wie können Sie diese Argumente logisch strukturieren?

- Mit welchen Informationen unterstützen Sie Ihre Argumente?

- Womit fangen Sie an?

- Haben Sie Ihren Aufsatz in Abschnitte eingeteilt?

- Geben Sie am Schluß eine gute Zusammenfassung?

- Haben Sie in Ihrem Aufsatz noch einmal Wortwahl und Grammatik überprüft?

Kapitel 7

ALS ARZT IN AFRIKA

☐ **KOMMUNIKATIONSTHEMA**
Deutsche in Entwicklungsländern

☐ **LESETEXT**
Eine verirrte Kuh findet allein zur Herde zurück

☐ **SPRACHLICHE FUNKTION**
Fragen stellen

Einleitung

A Einstieg ins Thema

Stellen Sie sich vor, Sie arbeiten in einer Zeitschriftenredaktion. Sie sollen eine Seite zum Thema „Entwicklungshilfe" entwerfen. Denken Sie in Gruppen über Inhalt und Form nach. Sie könnten z.B. über Umwelt, Politik, Kultur oder Menschen berichten. Denken Sie auch an Entwicklungsländer, über die in letzter Zeit in den Medien berichtet wird.

Einigen Sie sich in der Gruppe auf drei Themen, und formulieren Sie dazu die Schlagzeilen. Wählen Sie dann zwei passende Photos.

Schreiben Sie die Schlagzeilen und eine kurze Beschreibung der Photos in das folgende Layout. Beschreiben Sie dann im Plenum Ihre Zeitschriftenseite.

Nützliche Wörter

die Beschreibung, -en
description

sich einigen auf (+ Akk.) *to agree on*

die Entwicklungshilfe, -n
aid to developing country

entwerfen (entwirft), entwarf, entworfen *to design, draft, lay out*

der Inhalt, -e *content*

die Schlagzeile, -n *headline*

die Umwelt *environment*

wählen *to choose*

die Zeitschriftenredaktion, -en *magazine editorial department*

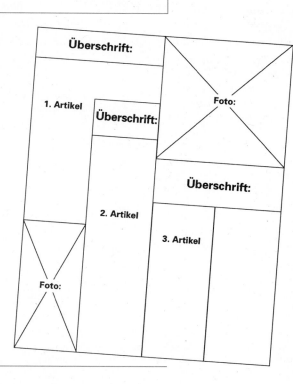

B   Einführung in den Lesetext

Es gibt in Deutschland mehrere Organisationen, die Helfer in Länder wie Indien, Simbabwe oder Brasilien schicken. Der Deutsche Entwicklungsdienst (DED), hat seit seiner Gründung im Jahre 1963 fast 10.000 freiwillige Entwicklungshelfer in mehr als 40 Ländern eingesetzt.

Einer dieser Helfer ist der Arzt Walter Spellmeyer, der im nordwestafrikanischen Land Burkina Faso in einem Krankenhaus gearbeitet hat. Sie lesen ein Interview, das er in Burkina Faso mit sechs afrikanischen Mitarbeitern geführt hat. Im Interview fragt er seine Mitarbeiter nach ihren Erfahrungen mit der Entwicklungshilfe.[1]

Stellen Sie sich vor, Sie sind Walter Spellmeyer. Überlegen Sie sich gemeinsam mit einem Partner/einer Partnerin, welche Fragen Sie an die afrikanischen Mitarbeiter stellen würden. Einigen Sie sich auf zwei Fragen. Anschließend soll jede Gruppe über ihre Fragen berichten.

Nützliche Wörter

anschließend *afterwards*

sich einigen auf (+ Akk.) *to agree on*

einsetzen *to place*

der Entwicklungsdienst *Agency for Developing Countries* (**die Entwicklung:** *development;* **der Dienst:** *service*)

die Erfahrung, -en *experience*

freiwillig *voluntary*

die Gründung, -en *founding*

die Herde, -n *herd*

die Kuh, ̈e *cow*

sich überlegen *to think about*

verirrt- *lost*

---

1. Walter Spellmeyer: Eine verirrte Kuh findet allein zur Herde zurück, in: *Deutscher Entwicklungsdienst: Fachheft Gesundheitswesen*, Berlin o.J. (nach 1990), S. 26–27

Vor dem Lesen

▷ **C** **Was sehen Sie?**

Beschreiben Sie diesen Cartoon. Was hat er mit dem Thema zu tun?
Erklären Sie das in drei oder vier Sätzen.

ZUM BEISPIEL

Zwei Menschen sitzen auf einer Insel ... usw.

Nützliche Wörter			
die Insel, -n	*island*	**die Palme, -n**	*palm (tree)*
das Meer, -e	*sea*	**der Zaun, ∸e**	*fence*

Bereiten Sie sich mit folgenden Fragen und Aufgaben auf den Lesetext vor. Jede Frage hat mehr als eine mögliche Antwort.

1. Viele Menschen kennen das afrikanische Land Burkina Faso nicht. Was können Sie aber schon von dieser Landkarte über Burkina Faso erfahren?

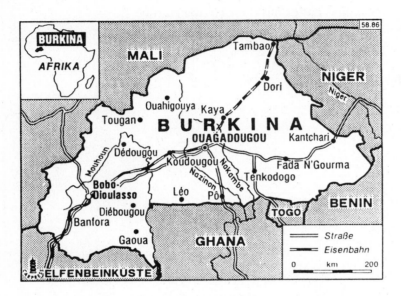

2. Hier finden Sie weitere Informationen zu Burkina Faso. Vergleichen Sie dieses Land mit Deutschland. Nennen Sie mindestens fünf Gemeinsamkeiten oder Unterschiede.

Burkina Faso

Burkina Faso (bis 1984 Obervolta) im Westen Afrikas zählt zu den ärmsten Ländern der Welt. Es ist 275.000 Quadratkilometer groß (Deutschland: 357.000) und hat 9,2 Millionen Einwohner (Deutschland: 79 Millionen). Über 90 Prozent der Menschen leben von der Landwirtschaft. Der Norden des Landes liegt in der Sahelzone am Rande der Sahara-Wüste, die sich immer mehr nach Süden vorschiebt. Desertifikation ist demnach auch das größte Problem des Landes. Nur im Süden lohnt sich eigentlich die Landwirtschaft. Baumwolle und Zuckerrohr werden angebaut, meist für den Export. Das Brutto-Sozialprodukt pro Kopf liegt bei 528 DM (Deutschland: über 41.000 DM).

Gemeinsamkeiten	Unterschiede

3. Nennen Sie einige Probleme, die ein Entwicklungshelfer/eine Entwicklungshelferin in einem Land der „Dritten Welt" haben könnte.

4. Welche Berufsgruppen werden in den Entwicklungsländern besonders gebraucht?

Nützliche Wörter

anbauen *to grow, cultivate*

die Baumwolle *cotton*

die Berufsgruppe, -n *professional group*

demnach *consequently*

die Gemeinsamkeit, -en *common feature*

die Landwirtschaft *farming, agriculture*

sich lohnen *to be worthwhile*

der Rand, ¨er *edge*

der Unterschied, -e *difference*

vergleichen, verglich, verglichen *to compare*

vorschieben, schob vor, vorgeschoben *to push forward*

die Wüste, -n *desert*

zählen zu *to belong to, rank among*

das Zuckerrohr *sugar cane*

 E   **Textüberblick**

Man kann einen Text schneller verstehen, wenn man sich schon vor dem Lesen einen Überblick darüber verschafft. Folgende Fragen dienen dem Überblick. Sehen Sie sich also den Text auf Seite 209–212 flüchtig an, um die folgenden Fragen zu beantworten.

1. Welche Funktion hat der erste Absatz im Lesetext?

2. Bei seiner ersten Frage beginnt Herr Spellmeyer – wie man das oft macht – mit einer Erklärung. Was ist die eigentliche Frage?

3. Welche besondere Strategie verwendet der Gesprächspartner/die Gesprächspartnerin bei der Antwort auf die zweite Frage?

4. Ein Mitarbeiter zitiert das burkinische Sprichwort „Eine verirrte Kuh findet allein zur Herde zurück." Steht dieses Sprichwort am Anfang, in der Mitte oder am Ende des Interviews?

5. In der einen Hälfte des Interviews stellt Spellmeyer Fragen über die Europäer, in der anderen Hälfte Fragen über die Hilfe. Sind die Fragen über die Europäer in der ersten oder zweiten Hälfte?

6. Zweimal stellt Herr Spellmeyer fast die gleiche Frage. Wie heißt diese Frage?

7. Wo findet man den Satz „Die Zukunft kennen wir nicht."?

Nützliche Wörter

eigentlich *actual*

erkennen, erkannte, erkannt *to recognize*

die Erklärung, -en *explanation*

gleich *same*

die Hälfte, -n *half*

das Sprichwort, ¨er *proverb*

verirrt- *lost*

verwenden *to use*

die Zukunft *future*

F Wortschatz

Die Vokabeln und Sätze kommen in dieser Reihenfolge im Lesetext vor.

1. **das Krankenhaus, ¨er** *hospital*
   In der Sahelzone im Norden Burkina Fasos ist der Arzt Walter Spellmeyer im Distrikt**krankenhaus** von Dori tätig.

2. **der Mitarbeiter, -/die Mitarbeiterin, -nen** *co-worker, colleague*

3. **der Pfleger, -/die Pflegerin, -nen** *(male) nurse*
   Mit seinen burkinischen **Mitarbeitern:** der Operations**pflegerin** Helène Diasso ... und den Stations**pflegern** Dera und Amadou Dicko führte er das folgende Gespräch.

4. **zusammenarbeiten** *to cooperate, to work together*
   Wir **arbeiten** nun schon eine Weile **zusammen.**

5. **der Europäer, -/die Europäerin, -nen** *European*
   Zum Teil kannten Sie schon andere **Europäer** vor mir.

6. **schwierig** *difficult*
   Was ist Ihrer Meinung nach für den Europäer hier **schwierig**?

7. **beurteilen** *to judge, to assess*
   [D]as können wir nicht so gut **beurteilen** wie Sie.

8. **das Vertrauen** *confidence, trust*
   Wir erwarten, ... daß er **Vertrauen** hat ...

9. **zufrieden** *satisfied, content*
   Eigentlich bin ich sehr **zufrieden.**

10. **die Pünktlichkeit** *punctuality*
    Es mangelt an System und Ordnung, an vorausschauender
    Planung, auch an **Pünktlichkeit.**

11. **kritisieren** *to criticize*
    Kritisiert er zuviel?

12. **wahrscheinlich** *probably*
    Wir Europäer fürchten **wahrscheinlich,** an Autorität zu ver-
    lieren ...

13. **der Brauch, ⁼e** *custom*
    Wir wissen, daß sie andere **Bräuche** haben.

14. **zusammenbrechen (bricht), brach zusammen, ist zusam-
    mengebrochen** *to collapse, to break down*
    Es würde sofort alles **zusammenbrechen.**

15. **weitergehen, ging weiter, ist weitergegangen** *to con-
    tinue, to go on*
    Wie sollte es also **weitergehen**?

16. **das Mittel, -** *means*
    Sie sollen dort unterstützen, wo unsere **Mittel** nicht ausreichen.

17. **die Hilfe, -n** *help*

18. **aufhören** *to stop, cease*
    Wir müssen uns immer bewußt sein, daß die **Hilfe** einmal auf-
    hört.

19. **unabhängig** *independent*

20. **wirtschaftlich** *economic*
    Die Kolonialzeit ist vorbei, das Land ist politisch **unabhängig,**
    aber die **wirtschaftliche** Abhängigkeit ist größer denn je.

21. **das Selbstbewußtsein** *self-confidence*

22. **auf jemanden/etwas (Akk.) angewiesen sein** *to be dependent on someone/something*
Was bedeutet es für Ihr **Selbstbewußtsein, auf** Hilfe **angewiesen** zu **sein?**

23. **ausbeuten** *to exploit*
[D]ie Europäer [haben] den afrikanischen Kontinent jahrhundertelang **ausgebeutet ...**

24. **notwendig** *necessary*
Aber die Hilfe ist **notwendig.**

25. **die Schulden (Pl.)** *debts*
Wir haben riesige **Schulden.**

26. **die Zukunft (kein Pl.)** *future*
Die **Zukunft** kennen wir nicht.

Erste Wortschatzübung

Jede der folgenden Wortgruppen erscheint in einem Satz weiter unten. Finden Sie in Gruppenarbeit heraus, welche Wortgruppe in welchem Satz vorkommt.

Teilen Sie den Kurs in zwei Gruppen auf: eine Gruppe erhält die Liste mit den Wörtern, die andere Gruppe erhält die Liste mit den Sätzen. In der Gruppe wird die Liste aufgeteilt.

Gehen Sie frei im Raum herum, und suchen Sie die passende Wortgruppe zu Ihrem Satz, bzw. den passenden Satz zu Ihrer Wortgruppe. Die Wörter können in verschiedenen Formen, z.B. im Plural, vorkommen. Die folgenden Redewendungen können Ihnen behilflich sein:

Hast Du den Satz mit diesen Wörtern: ... ?

Hast Du die Wörter zu diesem Satz: ... ?

Wie, bitte? – Noch einmal, bitte!

Nein, das paßt (die passen) nicht.

Gut, die Wörter passen zu meinem Satz!

Gut, der Satz paßt zu meinen Wörtern!

Schreiben Sie die Namen der Studenten auf, die das passende Material haben. Wenn alle Studenten fertig sind, liest jedes Studentenpaar die Wortgruppe und den passenden Satz dazu vor.

20 Wortgruppen

- die Hilfe / weitergehen / beurteilen
- die Mitarbeiter / das Vertrauen
- das Mittel / zusammenbrechen
- notwendig / das Krankenhaus
- schwierig / die Schulden
- der Mitarbeiter / kritisieren / das Krankenhaus
- ausbeuten / der Europäer
- wahrscheinlich / die Zukunft / die Hilfe / notwendig
- das Selbstbewußtsein / auf jemanden oder etwas angewiesen sein
- schwierig / der Pfleger
- die Pünktlichkeit / zufrieden
- schwierig / der Brauch
- das Mittel / die Schulden
- das Vertrauen / der Europäer
- der Pfleger / beurteilen / das Krankenhaus
- wirtschaftlich / unabhängig
- wahrscheinlich / die Schulden / zufrieden
- der Pfleger / das Krankenhaus / auf jemanden oder etwas angewiesen sein
- das Selbstbewußtsein / unabhängig
- die Mitarbeiterinnen / die Pünktlichkeit

20 Sätze

- Es ist oft schwierig, fremde Bräuche zu verstehen.
- Ich kann nicht gut beurteilen, wie lange die Hilfe weitergehen soll.
- Mit Ihrer Pünktlichkeit bin ich sehr zufrieden.
- Ist es schwierig, gute Pfleger und Pflegerinnen zu finden?
- Man kann ein starkes Selbstbewußtsein entwickeln, wenn man unabhängig ist.
- Wie beurteilen Sie die Qualität der Pfleger in diesem Krankenhaus?
- Es ist jetzt notwendig, mit der Planung des neuen Krankenhauses anzufangen!
- Wahrscheinlich kann niemand mit hohen Schulden zufrieden sein.
- Das Leben kann schwierig sein, wenn man hohe Schulden hat.
- Wenn die Mittel nicht ausreichen, kann man seine Schulden nicht bezahlen.
- Ohne ausreichende Mittel bricht das ganze System zusammen.
- Die Mitarbeiter in diesem Krankenhaus kritisieren einander nicht.

- Haben die Europäer diese Menschen ausgebeutet?
- Viele Länder möchten wirtschaftlich unabhängig werden.
- Ich bin auf die Pfleger im Krankenhaus angewiesen.
- Die Mitarbeiter haben kein Vertrauen zu ihm.
- Sie liebt die Pünktlichkeit, aber ihre Mitarbeiterinnen kommen immer zu spät.
- Ohne ein starkes Selbstbewußtsein ist man immer auf andere Menschen angewiesen.
- Diese Menschen haben wenig Vertrauen zu den Europäern.
- Wahrscheinlich wird die Hilfe auch in Zukunft notwendig sein.

ded
Deutscher
Entwicklungsdienst

Auskünfte erhalten Sie in

Berlin: **Deutscher Entwicklungsdienst,**
gemeinnützige GmbH
Postfach 22 00 35,
Kladower Damm 299,
14089 Berlin
Telefon: (030) 3 65 09-0

Interessentenanfragen (Durchwahl)
-128 (Gesundheit; Schule; Kfz)
-129 (Bau; Wirtschaft; Gemeinwesen)
-151 (Handwerk; Ingenieure, außer Bau-)
-252 (Land- und Forstwirtschaft)

Bonn: **DED-Beratungsbüro,**
Postfach 30 02 64,
Hans-Böckler-Str. 5,
53225 Bonn (Beuel)
Telefon: (02 28) 40 01-403

Stand: August 1991

▶ **Zweite Wortschatzübung**

Schreiben Sie in Einzel- oder Partnerarbeit eine Zeitungs- oder Radiowerbung für den Deutschen Entwicklungsdienst (DED). Das Ziel ist, neue Helferinnen und Helfer für den Dienst in Entwicklungsländern zu finden. Verwenden Sie in etwa sechs bis zehn Sätzen möglichst viele Vokabeln aus dem Wortschatz.

ZUM BEISPIEL

Der DED sucht Entwicklungshelferinnen und Entwicklungshelfer. Wir brauchen viele Mitarbeiter. usw.

Lesetext

Eine verirrte Kuh findet allein zur Herde zurück

WALTER SPELLMEYER

In der Sahelzone im Norden Burkina Fasos ist der Arzt Walter Spellmeyer im Distriktkrankenhaus von Dori tätig°. Mit seinen burkinischen Mitarbeitern: der Operationspflegerin Helène Diasso, dem Operationspfleger Jean-Pierre Guibla, den Anästhe-
5 *siepflegern Albert Kobie und Joseph Yameogo und den Stationspflegern Dera und Amadou Dicko führte er das folgende Gespräch (**F** = Frage; **A** = Antwort).*

    F: Wir arbeiten nun schon eine Weile zusammen. Zum Teil kannten Sie schon andere Europäer vor mir. Schön, daß wir heute
10 einmal über unsere Erfahrungen miteinander und über die „Entwicklungshilfe" allgemein sprechen können. Fangen wir mit dem Alltag an! Was ist Ihrer Meinung nach für den Europäer hier schwierig?

    A: Das ist nicht einfach zu sagen, das können wir nicht so gut beurteilen wie Sie. Es kommt ganz auf den betreffenden° Menschen

ist tätig: works

in question

Dorf im Norden des afrikanischen Landes Burkina Faso.

15 an. Wir erwarten, daß der Europäer sich bemüht°, uns zu verstehen,   *endeavors*
daß er Vertrauen hat und uns als gleichwertig° behandelt.   *equal*

   F: Sie möchten keine konkrete Kritik üben?

   A: Sprechen wir doch lieber umgekehrt° über Ihre Eindrücke. Wie   *the other way around*
schätzen Sie denn unsere Arbeit ein°?   **schätzen ein:** *assess*

20   **F:** Eigentlich bin ich sehr zufrieden. Ich war überrascht über die
fachliche° Kompetenz und über den guten Einsatz°. Aber mit der   *professional; commitment*
Zeit empfinde ich auch manches als störend°. Es mangelt an° System   *bothersome;* **es mangelt an:**
und Ordnung, an vorausschauender Planung, auch an Pünktlichkeit.   *there is a lack of*
Urlaub und Dienstbefreiung werden um Wochen überzogen°. Man   *overrun*
25 findet sich oft zu schnell mit den Unvollkommenheiten° ab°.   *imperfections;* **findet sich ab:**
   resigns

   A: Beispielsweise die Pünktlichkeit: Es hat bei uns Tradition, es
damit nicht so genau zu nehmen°. Alle, auch unsere Vorgesetzten°,   **es damit nicht so genau zu**
akzeptieren das. Nur die Europäer haben ihr Problem damit. Für uns   **nehmen:** *not to take it too*
ist es schwer, morgens pünktlich zu sein, wenn 18 Personen die   *seriously; superiors*
30 Waschzelle° belagern°. Es gibt keinen Bus und nur selten eine Mit-   *wash cubicle; besiege*

210   IMPULSE

fahrgelegenheit°, um von unserem Wohnort Ouagadougou (300 Kilometer von Dori entfernt) hierherzukommen. Wir haben auch familiäre Verpflichtungen°, die wir viel ernster nehmen als die Europäer. Für uns wäre es unmöglich, so zu handeln wie neulich ein

35 europäischer Arzt in Ouagadougou: Er flog nach Paris, um einen Patienten zu begleiten°. Er war nach zwei Tagen wieder im Dienst, ohne seinen kranken Vater in seiner Heimat besucht zu haben. Das wäre für uns undenkbar.

F: Was belastet° Sie in der täglichen Arbeit mit einem Europäer?
40 Kritisiert er zuviel?

A: Er kritisiert sofort, und er kritisiert oft in Gegenwart anderer. Das ist verletzend°.

F: Wir Europäer fürchten wahrscheinlich, an Autorität zu verlieren, wenn wir Nachlässigkeiten° kommentarlos hinnehmen°, vielleicht,
45 weil es dann immer schwieriger würde, Schwächen° zu korrigieren?

A: Bei uns gehört es sich, zwei- oder dreimal nichts zu sagen. Wir haben ein Sprichwort: eine verirrte Kuh findet allein zur Herde zurück. [...]

F: Die Arbeit mit einem europäischen Partner ist für Sie also nicht
50 immer leicht. Würden Sie lieber mit Landsleuten arbeiten?

A: Das kommt ganz darauf an°. Wir haben auch mit Landsleuten Probleme gehabt. Wir arbeiten gerne mit den Europäern. Wir wissen, daß sie andere Bräuche haben.

F: Wie würde es hier in Dori ohne Hilfe mit Personal und Geld-
55 mitteln aussehen?

A: Es würde sofort alles zusammenbrechen. Die Leute würden sagen: Als die Europäer da waren, gab es Medikamente, gab es immer einen Arzt. Wir würden manches zu hören bekommen.

F: Wie sollte es also weitergehen?

60 **A:** Die Helfer dürfen nicht alles allein machen. Sie sollen dort unterstützen°, wo unsere Mittel nicht ausreichen°, wir müssen die Verantwortung behalten. Wir müssen uns immer bewußt sein, daß die Hilfe einmal aufhört.

F: Nicht nur der Betrieb° würde zusammenbrechen. Der gesamte
65 Gesundheitsdienst ist noch viel stärker subventioniert°, er wird zu drei Viertel von außen finanziert. Die Kolonialzeit ist vorbei, das Land ist politisch unabhängig, aber die wirtschaftliche Abhängigkeit ist größer denn je. Was bedeutet es für Ihr Selbstbewußtsein, auf Hilfe angewiesen zu sein?

70 **A:** Wir machen nicht die Rechnung auf°: Weil die Europäer den afrikanischen Kontinent jahrhundertelang ausgebeutet und Sklaven verschleppt° haben, haben wir jetzt einen Anspruch° auf Hilfe.

ride, lift

obligations

accompany

puts a strain on

hurtful

carelessness; accept

weaknesses

***Das kommt ganz darauf an.:** That all depends.*

*support; **nicht ausreichen:** do not suffice*

business

subsidized

***Wir machen die Rechnung nicht auf:** We don't add things up this way*

carried off (kidnapped); right

Aber die Hilfe ist notwendig. Wir nehmen sie auch ohne ein Gefühl der Erniedrigung°. Die Erfolge° sind unsere ebenso wie die der Geber.

75

F: Ist die Hilfe denn wirksam?

A: Sie kommt nicht immer allen zugute. Man könnte sie besser verteilen°. Im Gesundheitsdienst geht es jedoch voran. Wir haben nicht mehr die großen Epidemien wie Masern und Cholera, die wir früher erlebt haben.

80

F: Glauben Sie, daß die Hilfe aus schlechtem Gewissen oder reiner Uneigennützigkeit° gegeben wird?

A: Es ist klar, daß auch die Geber ihre Interessen haben. Sie knüpfen wirtschaftliche Beziehungen° und verkaufen uns ihre Produkte. Wir haben riesige° Schulden.

85

F: Geht die Ausbeutung Afrikas heute noch weiter?

A: Ja. Auf der einen Seite hilft man uns, auf der anderen bringt man uns um°. Die Côte d'Ivoire und Ghana bekommen nichts mehr für ihren Kaffee und Kakao.

90

F: Wie soll das alles weitergehen?

A: Die Frage nach einer Rückzahlung der Schulden braucht man gar nicht erst zu stellen. Wir haben keine Chance, die notwendigen Einnahmen zu erzielen°. Würde man es versuchen, es würde unausdenkbar hart werden. Aber die Zusammenarbeit muß weitergehen.

95

Die Zukunft kennen wir nicht.

humiliation; successes

distribute

unselfishness

knüpfen wirtschaftliche Beziehungen: take up economic relations; gigantic

bringt ... um: is killing

to attain

Die Krankenschwestern des DED behandeln ein Kind in Dori.

▷ G Die thematische Struktur des Gesprächs

Das Gespräch schneidet verschiedene Themen an. Von welcher
Zeile bis zu welcher spricht man über folgendes?

Zeile		Zeile	
__1__	bis	_____	Einleitung
_____	bis	_____	Die Erfahrungen der Europäer und Afrikaner miteinander
_____	bis	_____	Die Europäer kritisieren zu oft
_____	bis	_____	Landsleute statt Europäer als Mitarbeiter?
_____	bis	_____	Ohne Europäer geht es nicht, aber ohne uns auch nicht
_____	bis	_____	Die Wirksamkeit der Hilfe
_____	bis	__95__	Die Interessen der Geber und die Schulden, die wir nicht zurückzahlen können

▷ H Ordnen Sie das Gespräch.

Ordnen Sie den Fragen die richtigen Antworten zu. Als Resultat
erhalten Sie eine verkürzte Version des Gesprächs.

Fragen

1. _____ Was ist für den Europäer hier schwierig?

2. _____ Sie möchten keine konkrete Kritik üben?

3. _____ Die Mitarbeiter finden sich zu schnell mit den Unvollkommenheiten ab, nicht wahr?

4. _____ Kritisiert der Europäer zuviel?

5. _____ Wie würde es hier in Dori ohne Entwicklungshilfe aussehen?

6. _____ Was bedeutet es für Ihr Selbstbewußtsein, auf Hilfe angewiesen zu sein?

7. _____ Ist die Hilfe denn wirksam?

8. _____ Glauben Sie, daß die Hilfe aus reiner Uneigennützigkeit oder aus schlechtem Gewissen gegeben wird?

9. _____ Geht die Ausbeutung Afrikas heute noch weiter?

10. _____ Wie soll das alles weitergehen?

Antworten

a. Nicht immer. Man könnte die Hilfe besser verteilen.

b. Ja. Auf der einen Seite hilft man uns, auf der anderen bringt man uns um.

c. Ja, er kritisiert sofort und in Gegenwart anderer. Wir tun das nicht. Wir glauben, eine verirrte Kuh findet allein zur Herde zurück.

d. Nein, denn das, was die Europäer Unvollkommenheiten nennen, nennen wir oft Tradition.

e. Es würde sofort alles zusammenbrechen.

f. Sprechen wir doch lieber umgekehrt über Ihre Eindrücke.

g. Wir nehmen sie ohne ein Gefühl der Erniedrigung.

h. Das können wir nicht so gut beurteilen wie Sie.

i. Die Zusammenarbeit muß weitergehen.

j. Es ist klar, daß die Geber ihre Interessen haben.

▷ **I** **Überlegen Sie Fragen.**

1. In der *Einführung in den Lesetext* haben Sie zwei Fragen formuliert, die Sie an die Afrikaner stellen würden. Hat Walter Spellmeyer Ihre Fragen gestellt?

2. Lesen Sie Walter Spellmeyers Fragen noch einmal, und suchen Sie die vier aus, die Sie für die ergiebigsten halten. Welche besonders

informativen oder interessanten Antworten haben die burkinischen Mitarbeiter auf diese Fragen gegeben? Begründen Sie Ihre Wahl.

Setzen Sie sich danach mit einem Partner/einer Partnerin zusammen, und vergleichen Sie Ihre Auswahl. Meinen Sie, daß Sie die vier besten Fragen ausgesucht haben oder Ihr Partner/Ihre Partnerin? Stellen Sie eine gemeinsame Liste von vier Fragen auf. Vergleichen Sie dann Ihr Ergebnis mit denen der anderen Partnergruppen.

Nützliche Wörter und Ausdrücke

die Auswahl (kein Pl.) *selection;* **eine Auswahl treffen** *to make a selection*

begründen *to give reasons for*

die Entscheidung, -en *decision*

das Ergebnis, -se *result*

ergiebig *productive*

gemeinsam *common, mutual*

nötig *necessary*

die Wahl, -en *choice*

 J **Erklären Sie Begriffe.**

Beim Lesen des Textes finden Sie die folgenden Begriffe. Erklären Sie in wenigen Sätzen, was jeder Begriff mit dem Gespräch zu tun hat, das Walter Spellmeyer mit seinen Kollegen in Burkina Faso geführt hat.

ZUM BEISPIEL

die Europäer

Die Europäer arbeiteten mit burkinischen Mitarbeitern zusammen. Walter Spellmeyer stellt Fragen über ihre gemeinsamen Erfahrungen.

1. das Krankenhaus

2. die Pünktlichkeit

3. die Kritik

4. die Entwicklungshilfe

5. die Ausbeutung

6. die Schulden

Erklären Sie die Überschrift.

Welcher Zusammenhang besteht zwischen dem Gespräch und dem Sprichwort aus Burkina Faso „Eine verirrte Kuh findet allein zur Herde zurück"? Erklären Sie das in wenigen Sätzen.

Nützliche Wörter

bestehen, bestand,
   bestanden *to exist*
die Beziehung, -en
   connection, relation

das Sprichwort, ⸚er *proverb*
der Zusammenhang, ⸚e
   connection

Nach uns die Sintflut?
Den Armen Gerechtigkeit!
Brot für die Welt
Postgiro Köln 500 500 500

L **Debatte**

Folgende Thesen stehen zur Auswahl:

1. Man sollte jede Entwicklungshilfe an die Länder der „Dritten Welt" stoppen, damit diese Länder lernen, sich selbst zu helfen und unabhängig werden.

2. Wir sollten es durch finanzielle Unterstützung ermöglichen, daß mehr Studenten aus Entwicklungsländern an unseren Universitäten studieren können.

 Der Kurs wählt eine dieser beiden Thesen und teilt sich in zwei Gruppen auf. Eine Gruppe soll dafür, eine Gruppe dagegen argumentieren. Bereiten Sie sich darauf vor, in der Debatte die Meinung Ihrer Gruppe mit zwei oder drei Argumenten zu unterstützen. Welche Argumente können Sie finden? Es ist unwichtig, ob Sie wirklich davon überzeugt sind, wichtig ist, daß Sie mitargumentieren.

Vor der Debatte soll die Gruppe festlegen, wer was sagt, denn im ersten Teil der Debatte sollen alle Teilnehmer/Teilnehmerinnen der Gruppen abwechselnd zu Wort kommen. Als zweiter Teil folgt dann eine offene Diskussion.

Nützliche Wörter und Ausdrücke

Allgemein nützliche Ausdrücke zum Argumentieren finden Sie im *Einführungskapitel.* Folgende Wörter und Ausdrücke beziehen sich auf die beiden Thesen.

ausbilden *to train*

damit (Konj.) *so that*

der Fachmann, die Fachleute *expert*

die Initiative *initiative;* **die Initiative ergreifen** *to take the initiative;* **die Initiative, -n** *initiative (undertaking)*

reduzieren *to reduce*

die Übergangsperiode, -n *period of transition*

die Unterstützung (kein Pl.) *support, assistance*

die Verantwortlichkeit (kein Pl.) *responsibility*

sich verlassen (verläßt), verließ, verlassen + auf (Akk.) *to depend on, to rely on*

die Verständigung (kein Pl.) *agreement, understanding;* **internationale Verständigung** *international understanding*

die Zusammenarbeit (kein Pl.) *cooperation*

  Ihre Erfahrung

Wann waren Sie schon einmal auf die Hilfe anderer Menschen angewiesen? Warum war die Hilfe nötig? Wer hat Ihnen geholfen: Freunde oder Fremde? Haben Sie das als Selbstverständlichkeit erlebt, oder war es Ihnen eher peinlich? Erzählen Sie davon.

Nützliche Wörter

der/die Fremde (wie ein Adj. dekl.) *stranger*

peinlich *embarrassing, awkward*

die Selbstverständlichkeit, -en *a matter of course, something only natural*

  Ihre Reaktion

1. Was wissen Sie über Burkina Faso?

Der Kurs teilt sich in Gruppen. Jede Gruppe entwickelt aus dem Material in diesem Kapitel zehn Fragen zum Thema Burkina Faso.

Jede Gruppe trägt die eigenen Fragen als Quiz vor. Die anderen Gruppen müssen die Fragen schnell beantworten. Für eine richtige Antwort gibt es einen Pluspunkt, für eine falsche einen Minuspunkt. Welche Gruppe weiß am meisten über Burkina Faso?

2. Schreiben Sie einen Brief.

Schreiben Sie allein, als Gruppe oder mit dem ganzen Kurs einen Brief an den Deutschen Entwicklungsdienst (DED), worin Sie den DED um Informationen bitten. Sie könnten um einen allgemeinen Prospekt über die Tätigkeit des DED bitten, oder vielleicht haben Sie eine spezielle Frage über Burkina Faso, Afrika, Lateinamerika usw. Erklären Sie, wie Sie dazu gekommen sind, den Brief zu schreiben. Schreiben Sie an die folgende Adresse: Deutscher Entwicklungsdienst, Kladower Damm 299, 14089 Berlin. Diese Briefform können Sie verwenden:

```
Ihr Name                        Ort, den 25.3.1996
Hausnummer und Straße
Ort, Bundesstaat, Zip Code
Land


Deutscher Entwicklungsdienst
Kladower Damm 299
14089 Berlin
Deutschland




Sehr geehrte Damen und Herren,




(Brieftext)




Mit freundlichen Grüßen


(Unterschrift)
(Ihr Name)
```

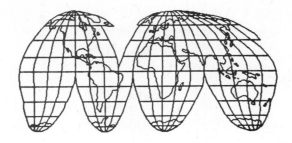

Sprachliche Funktion

Fragen stellen

Man kann Fragen direkt formulieren.

1. **Ja/Nein**-Fragen (Erststellung des Verbes):

   Geht die Ausbeutung Afrikas heute noch weiter?
   Ist die Hilfe denn wirksam?

2. Fragen mit **W**-Fragewörtern:

   a. **Was**

   Was wird nur alleinstehend gebraucht.

   Was hast du gelesen?
   aber:
   Welches Buch hast du gelesen?

   b. **Was für (ein-)**

   Singular: **was für ein** (Vorsicht! Endungen bei **ein**-)

Nom.	**Was für eine** Entwicklung ist das?
Akk.	**Was für einen** Mitarbeiter hast du?

   Plural: **was für**

Nom.	**Was für** Entwicklungen sind das?
Akk.	**Was für** Mitarbeiter hast du?

c. Welche(r,s)

	Singular			Plural
	MASKULIN	FEMININ	NEUTRUM	
Nom.	welcher	welche	welches	welche
Akk.	welchen	welche	welches	welche
Dat.	welchem	welcher	welchem	welchen
Gen.	—	—	—	—

Nom. Mask.	**Welcher** Arzt arbeitet in Burkina Faso?
Akk. Mask.	**Welchen** Arzt kennst du?
Dat. Mask.	Mit **welchem** Arzt arbeitet deine Freundin?

d. Wer

Nom.	wer	**Wer** ist das?
Akk.	wen	**Wen** kritisiert der Europäer?
Dat.	wem	Mit **wem** spricht der Arzt?
Gen.	wessen	**Wessen** Hilfe brauchen die Menschen?

e. Wo, wohin, woher?

wo (die Lage von etwas; kein Kommen oder Gehen)

    wo ist Burkina Faso? In Afrika?

wohin (Richtung vom Sprechenden weg)

    wohin geht sie? Nach Burkina Faso?

woher (Richtung auf den Sprechenden zu)

    woher kommt sie? Aus Burkina Faso?

f. Wo(r) + Präposition (= Präposition + **was**)

woran	Woran denkt die Pflegerin?
worauf	Worauf wartet die Pflegerin?
woraus	Woraus entwickelte sich das Problem?
wofür	Wofür interessierst du dich?
worin	Worin liegt der Unterschied?
womit	Womit kann ich Ihnen helfen?
worüber	Worüber haben die burkinischen Mitarbeiter gesprochen?
wovon	Wovon haben die burkinischen Mitarbeiter erzählt?

Auch **wobei, wodurch, wogegen, wonach, worum, wozu** usw.

g. **Wann, seit wann, bis wann?**

> **Wann** bekommt das Land Entwicklungshilfe? Nächstes Jahr?
> **Seit wann** bekommt das Land Entwicklungshilfe? Seit 1985?
> **Bis wann** soll das Land Entwicklungshilfe bekommen? Bis 1998?

h. **Wie?**
   Wie macht man das?

i. **Warum?**
   Warum kritisiert er uns?

Man kann Fragen auch indirekt formulieren.

Bei der indirekten Frage:

1. Die Frage selbst wird zum Nebensatz (Vorsicht! Endstellung des Verbes).

2. Der Nebensatz wird entweder mit dem **W-Fragewort** oder mit **ob** eingeleitet.

Direkt:	Maria: „Wie soll das alles weitergehen?"
Indirekt:	Maria fragte uns, wie das alles weitergehen soll.

Direkt:	Meine Frage ist: „Warum geht die Ausbeutung Afrikas heute noch weiter?"
Indirekt:	Ich möchte wissen, **warum die Ausbeutung Afrikas heute noch weitergeht.**

Direkt:	„Arbeitet Herr Spellmeyer immer noch in Burkina Faso?"
Indirekt:	Sie fragte mich, **ob Herr Spellmeyer immer noch in Burkina Faso arbeitet.**

Man kann auch durch die Intonation Fragen bilden.

a. **Grammatisch keine Frage – am Ende des Satzes senkt sich die Stimme (_____):**

Sie möchten keine konkrete Kritik üben.

Sie will Entwicklungshelferin werden.

b. Frage durch Intonation – am Ende des Satzes wird die Stimme höher (____↗):

_____ ↗

Sie möchten keine konkrekte Kritik üben?

_____ ↗

Sie will Entwicklungshelferin werden?

1

☐ Formulieren Sie Fragen mit den Fragewörtern in Klammern.

ZUM BEISPIEL

Burkina Faso liegt in Afrika. (wo)
Wo liegt Burkina Faso?

1. Der Arzt Walter Spellmeyer kommt aus Deutschland. (woher)
2. Er lebt seit 1988 in Burkina Faso. (seit wann)
3. Er ist im Distriktkrankenhaus von Dori tätig. (in welchem)
4. Walter Spellmeyer spricht mit seinen afrikanischen Kollegen. (mit wem)
5. Die Europäer kritisieren die Unpünktlichkeit. (was)
6. Der Mitarbeiter spricht von den harten Lebensbedingungen. (wovon)
7. Herr Spellmeyer fragt nach der Angleichung der Bräuche. (wonach)
8. Der deutsche Arzt in Ouagadougou hat sich sehr seltsam verhalten. (wie)
9. Die Mitarbeiter haben auch mit Landsleuten Probleme gehabt. (mit wem)
10. Sie haben früher Epidemien wie Masern und Cholera erlebt. (was für)
11. Andere afrikanische Länder bekommen nichts für ihren Kaffee und Kakao. (wofür)
12. Vor ihnen liegt eine ungewisse Zukunft. (was für eine)

☐ Folgende Antworten beziehen sich auf die Broschüre, die Sie auf Seite 223 sehen:

13. Man bekommt die Informationen vom Bundesministerium für wirtschaftliche Zusammenarbeit. (woher)

14. Man bekommt Informationen zur Entwicklungspolitik. (welche)
15. Ja, man kann Filme bekommen. (Kann ...?)

2

○ Stellen Sie Ihrem Partner/Ihrer Partnerin insgesamt sechs Fragen
○ (drei **W**-Fragen und drei **Ja/Nein**-Fragen), die er/sie aus dem Le-
○ setext heraus beantworten kann.

ZUM BEISPIEL

Sie: *Wo arbeitet Herr Spellmeyer?*

Partner(in): *Er arbeitet im Krankenhaus in Dori.*

3

○ Überlegen Sie sich mit einem Partner/einer Partnerin oder in
○ Kleingruppenarbeit fünf indirekte Fragen, die Sie Herrn Spellmeyer
○ stellen möchten. Vergleichen Sie dann im Plenum alle Fragen der
○ Gruppen.

ZUM BEISPIEL

1. *Wir möchten wissen, wo er wohnt.*

2. *Wir möchten ihn fragen, ob er oft solche Gespräche
führt.* usw.

4

○ Denken Sie sich zu den Antworten die passenden Fragen aus. Bei
○ den meisten Sätzen sind mehrere Fragen möglich.

> Antwort: Zum Teil kannten die Landsleute schon andere
> Europäer.
>
> Frage: *Wen kannten die Landsleute schon?*

1. Ich fühle mich manchmal einsam, so weit weg von zu Hause.

2. Seit drei Jahren lebe ich jetzt hier.

3. Ich weiß nicht, wie das alles weitergehen soll.

4. Mit der Entwicklungshilfe unterstützt man das ganze Gesundheitswesen.

5. Nein, es würde sofort alles zusammenbrechen.

6. Geld haben wir genug, wir brauchen mehr Personal.

7. Nein, mit der Sprache habe ich keine Probleme.

8. Weil wir bis zu 300 Kilometer vom Arbeitsplatz entfernt
wohnen.

9. Ich finde, Sie arbeiten gut. Ich bin sehr zufrieden.

10. Er sprach mit sechs Mitarbeitern.

5

○ Herr Spellmeyer lebt und arbeitet in einem fremden Land. Wer von
○ Ihnen war auch schon in einem fremden Land, vielleicht sogar in
○ einem Entwicklungsland? Bilden Sie Kleingruppen, die diese Stu-
○ denten fünf Minuten lang interviewen. Jede Gruppe berichtet dann
○ im Plenum über ihre Fragen und Antworten und gibt die Fragen
○ als *indirekte* Fragen wieder.

> *Wir haben Elisabeth gefragt, in welchem Land sie war.*
> *Sie sagte uns, sie war in ... usw.*

Wählen Sie eins der beiden Fotos aus, und schreiben Sie dazu fünf Fragen auf. Tauschen Sie die Fragen untereinander aus, und versuchen Sie, die Fragen Ihres Mitstudenten/Ihrer Mitstudentin so gut es geht zu beantworten.

Die Versuchsfarm Djibo ist ein Beispiel der Zusammenarbeit mit dem DED.

Burkinische Lehrlinge in einem Programm des DED.

Zum Schluß

▷ Aufgaben

1. Zu Beginn des Kapitels haben Sie in *Einstieg ins Thema* (Übung A) die Schlagzeilen zu drei Artikeln entworfen. Schlagen Sie diese Übung nach, und bearbeiten Sie folgende Aufgaben.

   a. Wählen Sie eine Überschrift aus, und schreiben Sie dazu den Artikel. Suchen Sie in Zeitungen usw. die nötigen Informationen. Versuchen Sie, in Ihrem Artikel möglichst mit Fragen zu arbeiten. Stellen Sie direkte oder indirekte rhetorische Fragen, die Sie dann selbst beantworten.

   b. Gestalten Sie jetzt noch einmal die Zeitschriftenseite. Arbeiten Sie in Dreiergruppen zusammen, damit in jeder Gruppe drei Artikel vertreten sind. Verteilen Sie dann Ihre Zeitschriftenseite an die anderen Studenten.

2. Fassen Sie jetzt zum Schluß Ihre Gedanken zum Thema Entwicklungshilfe in einem Aufsatz zusammen. Überlegen Sie sich folgende Fragen:

   • Wo und warum ist Entwicklungshilfe nötig?

   • Welche Probleme gibt es bei der Entwicklungshilfe?

   • Erzählen Sie von einem Beispiel der Entwicklungshilfe.

   • Haben Sie Erfahrungen mit Hilfe für die „Dritte Welt" gemacht?

   • Welche Statistiken oder Informationen können Sie zur heutigen Situation in der Dritten Welt und der Entwicklungshilfe anführen?

   • Was finden Sie besonders wichtig oder interessant?

   • Welche Meinung haben Sie nun zum Schluß des Kapitels?

   Bevor Sie mit Ihrem Aufsatz beginnen, sollten Sie sich einige Gedanken über den Aufbau machen. Hier einige Tips:

   • Was ist Ihre zentrale Aussage?

   • Mit welchen Argumenten können Sie Ihre zentrale Aussage stützen?

- Wie können Sie diese Argumente logisch strukturieren?
- Mit welchen Informationen unterstützen Sie Ihre Argumente?
- Womit fangen Sie an?
- Haben Sie Ihren Aufsatz in Abschnitte eingeteilt?
- Geben Sie am Schluß eine gute Zusammenfassung?
- Haben Sie in Ihrem Aufsatz noch einmal Wortwahl und Grammatik überprüft?

Kapitel 8

MIT DER BAHN DURCH EUROPA

☐ **KOMMUNIKATIONSTHEMA**
Junge Leute reisen international

☐ **LESETEXT**
Billig-Touren mit der Bahn quer durch Europa

☐ **SPRACHLICHE FUNKTION**
Richtung oder Lage ausdrücken (Präpositionen
mit dem Dativ und Akkusativ)

Jugendliche auf dem Hauptbahnhof,
Frankfurt am Main.

Einleitung

A   Einstieg ins Thema

Planen Sie eine Europareise! Stellen Sie sich vor, Sie haben drei Wochen Zeit und wollen Europa kennenlernen. Wohin wollen Sie reisen? Welche Länder wollen Sie sehen? Warum? Wie reisen Sie? Welche Route fahren Sie? Nehmen Sie die Europakarte auf der Innenseite des Buchdeckels zu Hilfe.

B   Einführung in den Lesetext

In Europa fahren viele junge Leute mit der Bahn in Urlaub. Mit der Bahn fährt man schnell, bequem und zu günstigen Preisen. In kurzer Zeit kann man quer durch Europa reisen, neue Länder besuchen, andere Kulturen erleben, schöne Landschaften entdecken.

Bei der Planung der Urlaubsreisen mit der Bahn ist es hilfreich herauszufinden, welche Fahrkarten man kaufen sollte, mit welchen Zügen man am besten fährt, wo man übernachten kann usw. Solche Tips finden wir im Artikel von Dominic Nicolas, „Billig-Touren mit der Bahn quer durch Europa".[1] Nicolas ist ein junger Mann, der diese Reiseerfahrung selbst gemacht hat. Sein Artikel ist an Studenten und junge Reisende gerichtet.

Beantworten Sie zunächst die folgenden Fragen alleine. Setzen Sie sich anschließend mit zwei Partnern/Partnerinnen zusammen, und teilen Sie einander Ihre Antworten mit. Einer/Eine berichtet danach im Plenum über die Antworten Ihrer Gruppe.

1. Bist du schon einmal in Europa mit der Bahn gereist?
2. Schätz 'mal, wieviel Dollar eine Fahrkarte kostet, mit der man einen Monat lang mit der Bahn durch Europa reisen kann.
3. Drei Fragen bei der Reiseplanung sind:
   a. Welche Karten sollte man kaufen?

---

1. In: Brigitte Stolz-Dacol (Hrsg.), *Informationsbuch für deutsche Schüler und Studenten: Update,* Wiesbaden 1990, S. 141–144

b. Mit welchen Zügen fährt man am besten?

c. Wo kann man übernachten?

Was ist eine vierte wichtige Frage?

4. Mit der Bahn fährt man schnell, bequem und zu günstigen Preisen.
Was ist ein weiterer Vorteil?

ZUM BEISPIEL

Im Plenum: *John und Karen sind schon mit dem Zug in
Europa gereist, aber Alex noch nie. John schätzt,
die Karte kostet ... usw.*

Nützliche Wörter und Ausdrücke

die Bahn, -en   *railroad;*
  mit der Bahn   *by train*

benutzen   *to use*

bequem   *comfortable*

billig   *inexpensive, cheap*

entdecken   *to discover*

erleben   *to experience*

**erscheinen, erschien, ist
  erschienen**   *to appear*

günstig   *reasonable*

Hrsg. *Abk. für*
  Herausgeber(-in)   *editor*

die Landschaft, -en   *scenery,
  landscape*

quer durch   *right through*

die Reiseerfahrung, -en
  travel experience

richten   *to direct;*   **richten
  an**   *to direct at/to*

schätzen   *to estimate*

übernachten   *to stay
  overnight*

der Urlaub, -e *vacation;*   **in
  Urlaub fahren**   *to go on
  vacation*

der Vorteil, -e   *advantage*

der Zug, ̈e   *train*

Vor dem Lesen

   Was sehen Sie?

Was hat das Bild auf Seite 231 mit dem Thema zu tun? Erklären Sie
das in drei oder vier Sätzen.

Das ist ein Bahnsteig in Dänemark.

Nützliche Wörter

abfahren (fährt ab), fuhr ab, ist abgefahren *to depart*

die Abfahrt, -en *departure*

ankommen, kam an, ist angekommen *to arrive*

die Ankunft, ⸚e *arrival*

der Bahnsteig, -e *platform*

das Fenster, - *window*

das Gepäck (kein Pl.) *luggage, baggage*

das Gleis, -e *track*

der/die Jugendliche (wie ein Adj. dekl.) *young person*

die Leute (Pl.) *people*

der/die Reisende (wie ein Adj. dekl.) *passenger, traveler*

der Rucksack, ⸚e *backpack*

das Schild, -er *sign*

der Wagen, - *car*

warten *to wait*

D   Was wissen Sie schon?

Bereiten Sie sich mit folgenden Fragen auf den Lesetext vor. Lesen Sie die Fragen, und kreuzen Sie bei jeder Frage die Antwort an, die Ihre Urlaubspläne am besten beschreibt. Stellen Sie die Fragen dann an Ihren Partner/Ihre Partnerin, und notieren Sie sich die Antworten. Ihr Partner/Ihre Partnerin stellt die Fragen auch an Sie. Erzählen Sie anschließend im Plenum, wo Ihr Partner/Ihre Partnerin Urlaub macht, und welche Pläne er/sie hat.

ZUM BEISPIEL

> *Mein Partner/Meine Partnerin macht Urlaub in Spanien. Er/Sie will sich erholen. Er/Sie will allein in Urlaub fahren. Er/Sie ... usw.*

1. Warum machst du diese Urlaubsreise?

Sie	Partner/ Partnerin	
		andere Länder und Leute sehen
		Verwandte/Freunde besuchen
		in der Natur sein
		die Arbeit/das Studium vergessen
		sich erholen

2. Mit wem fährst du in Urlaub?

Sie	Partner/ Partnerin	
		mit der Familie
		mit meiner Schwester/meinem Bruder
		allein
		mit einem Freund/einer Freundin
		in einer Gruppe von 3–4 Freunden/Freundinnen

3. Welche Wünsche hast du?

Sie	Partner/Partnerin	
		billig reisen
		vieles sehen
		andere Jugendliche überall treffen
		an einem Urlaubsort bleiben
		ein elegantes Hotel mit Schwimmbad, Sauna und Fitneßgeräten

4. Welche Vorbereitungen mußt du treffen?

Sie	Partner/Partnerin	
		die Reiseroute planen
		einen Rucksack kaufen
		Bahnfahrkarten kaufen
		Sprachführer kaufen
		Freunde finden, die mitreisen wollen

5. Was nimmst du mit?

Sie	Partner/ Partnerin	
		Schlafsack
		Paß
		Landkarten
		Bücher
		Skier

Nützliche Wörter und Ausdrücke

billig *inexpensive, cheap*

sich erholen *to recover, to relax*

das Gerät, -e *piece of equipment*

die Gruppe, -n *group*

der Paß, Pässe *passport*

der Sprachführer, - *language guidebook*

treffen (trifft), traf, getroffen *to meet*

der Urlaubsort, -e *vacation spot/place*

Urlaub machen *to vacation, to be on vacation*

der/die Verwandte (wie ein Adj. dekl.) *relative*

die Vorbereitung, -en *preparation;* **Vorbereitungen treffen** *to make preparations*

der Wunsch, ⁓e *wish*

▷ **E** **Textüberblick**

Man kann einen Text schneller verstehen, wenn man sich schon vor dem Lesen einen Überblick darüber verschafft. Folgende Fragen dienen dem Überblick. Sehen Sie sich also den Text auf Seite 238–241 flüchtig an, um die folgenden Fragen zu beantworten.

1. Im zweiten Absatz beginnt Dominic Nicolas damit, seine Leser über das Inter-Rail-Ticket zu informieren. Wie alt muß man sein, wenn man das Ticket kaufen will?

    a. noch nicht 19 Jahre alt

    b. noch nicht 26 Jahre alt

2. Von welchem Ticket spricht Nicolas im Abschnitt „Viel Zeit, Europa einmal gründlich kennenzulernen"?

    a. vom Inter-Rail+Schiff-Ticket

    b. vom Inter-Rail+Auto-Ticket

    c. vom Inter-Rail+Flugzeug-Ticket

3. Wieviel kostet bei Nachtfahrten ein Platz im Liegewagen?

    a. zwischen 10 und 20 Mark.

    b. zwischen 20 und 30 Mark.

4. Von welchem Land spricht Nicolas im Abschnitt „Besondere Strecken"?

    a. Frankreich

    b. Spanien

    c. Deutschland

5. Wo finden Sie den Satz: „Ihr übernachtet am besten auf Campingplätzen oder in Jugendherbergen"?

6. Wo finden Sie den Satz: „Abschließend wünsche ich jedem, der auf diese Weise seinen Urlaub einmal anders ‚erleben' möchte, viel Spaß mit Inter-Rail"?

Nützliche Wörter

der Absatz, ⸚e *paragraph*	**gründlich** *thorough*
abschließend *in conclusion*	**die Jugendherberge, -n** *youth hostel*
der Abschnitt, -e *section*	
besonder- *special*	**der Liegewagen, -** *Pullman car; couchette car*
der Campingplatz, ⸚e *campground*	**die Strecke, -n** *route, distance, "stretch"*

Die Vokabeln und Sätze kommen in dieser Reihenfolge im Lesetext vor.

1. **die Möglichkeit, -en** *possibility*

2. **der Alltag (kein Pl.)** *everyday routine/life*
Es gibt viele **Möglichkeiten,** der Monotonie des **Alltags** zu entfliehen.

3. **das Angebot, -e** *offer*
Dazu gehören ohne Frage auch einige **Angebote** der Bahn.

4. **der Vorteil, -e** *advantage*

5. **der Nachteil, -e** *disadvantage*
Hier werden die **Vor-** und **Nachteile** aus eigener Erfahrung beschrieben ...

6. **genau** *exact(ly) precise(ly)*

7. **zur Verfügung** *at (one's) disposal, available*

8. **gründlich** *thorough(ly)*
Genau einen Monat hat der Bahn-Traveller hier **zur Verfügung,** Europa einmal **gründlich** kennenzulernen.

9. **nutzen** *to make use of*
Nutzt dieses Angebot, bevor ihr 26 Jahre werdet.

10. **bieten, bot, geboten** *to offer*

11. **europäisch** *European*
Das Ticket kostet in seiner Grundausstattung 420 Mark und **bietet** dafür einiges: Zwischen Finnland und der Türkei habt ihr in 21 **europäischen** Ländern und in Marokko freie Fahrt in der zweiten Klasse.

12. **sich lohnen** *to be worthwhile, to be worth it*
Das **lohnt sich** doch allemal!

13. **toll** *crazy, wild, fantastic*
[E]in **tolles** Angebot, mit der Fähre nach Mallorca zu gondeln.

14. **das Ziel, -e** *destination, aim, objective*
Interessiert ihr euch nur für 1 oder 2 **Ziele,** könnt ihr das anders billiger haben.

15. **der Bahnhof, ⁻e** *railroad station*
[Ihr] könnt euch ... im **Bahnhof** einen Platz im Liegewagen reservieren lassen.

16. **außerdem** *besides*

17. **der Zug, ⁻e** *train*

18. **verbringen, verbrachte, verbracht**   *to spend (time)*
Außerdem bringt ihr euch durch die Reservierung um den Reiz des Risikos, die Nacht eventuell im überfüllten Gang oder im Postabteil des **Zuges verbringen** zu müssen ...

19. **das Ausland (kein Pl.)**   *foreign countries, abroad*

20. **die Benutzung (kein Pl.)**   *use*
Im **Ausland** ... ist die **Benutzung** der Intercity-Züge ... überwiegend kostenlos.

21. **der Aufpreis, -e**   *extra charge*
In den Bahnhöfen gibt's Tafeln mit den wenigen Zügen, für die ein **Aufpreis** verlangt wird.

22. **erreichen**   *to reach*
Bei diesem Tempo **erreicht** ihr von Paris aus in 2 Stunden Lyon.

23. **die Ausnahme, -n**   *exception*
Die Nachtfahrt sollte die **Ausnahme** sein.

24. **übernachten**   *to stay overnight, to spend the night*
Ihr **übernachtet** am besten auf Campingplätzen oder in Jugendherbergen.

25. **ungefähr**   *approximate, rough*
In großen Bögen ... legt [ihr] eine **ungefähre** Route fest.

Erste Wortschatzübung

Stellen Sie sich vor, Sie und Ihr Partner/Ihre Partnerin arbeiten bei einer Reisegesellschaft und haben die Aufgabe, sich Slogans für die Reisegesellschaft auszudenken. Schreiben Sie möglichst viele kurze Slogans. Benutzen Sie so viele Vokabeln aus dem Wortschatz wie möglich.

ZUM BEISPIEL

Reisen Sie ins Ausland!

Zweite Wortschatzübung

Arbeiten Sie allein oder mit einem Partner/einer Partnerin zusammen. Stellen Sie aus dem Wortschatz sinnvolle Wortpaare oder Wortgruppen von drei Wörtern zusammen. Verwenden Sie dabei

jede Vokabel nur einmal. Verwenden Sie jedes Wortpaar/jede Wortgruppe in einem Satz.

Wortpaar: *erreichen, das Ziel*
Erklärung: *Man kann ein Ziel erreichen.*

Wortgruppe: *genau, gründlich, außerdem*
Erklärung: *Ich weiß es genau und habe es gründlich er-
forscht; außerdem steht es in dieser Zeitschrift.*

Lesetext

Billig-Touren mit der Bahn quer durch Europa

DOMINIC NICOLAS

[...] Es gibt viele Möglichkeiten, der Monotonie des Alltags zu ent-
fliehen°. Dazu gehören ohne Frage auch einige Angebote der Bahn. | escape
Aber keine Angst. Dies soll beileibe° kein Loblied° auf die Deutsche | by no means; hymn of praise
Bundesbahn² werden. Hier werden die Vor- und Nachteile aus
5 eigener Erfahrung beschrieben, denn ich bin selbst billig per Bahn
kreuz und quer° durch Europa gerollt. | kreuz und quer: all over
    Inzwischen (fast) überall bekannt ist das Inter-Rail-Ticket. Genau
einen Monat hat der Bahn-Traveller hier zur Verfügung, Europa einmal gründlich kennenzulernen. Nutzt dieses Angebot, bevor ihr 26
10 Jahre werdet. Die Bundesbahn verkauft die Tickets nämlich nur an
Leute, die noch nicht 26 Jahre alt sind.

---

2. Vor der Wiedervereinigung am 3. Oktober 1990 hieß die Bahn in der Bundesrepublik *Deutsche Bundesbahn* und in der DDR *Reichsbahn.* Bis 1994 gehörte die Bahn dem
Staat. Seit 1994 trägt sie den neuen Namen *Deutsche Bahn* A.G.°, und sie wird privatisiert. | A.G.: Aktiengesellschaft joint-stock company
Dieser Text wurde schon vor der Namensänderung geschrieben.

Das Hochseefährschiff „Deutschland".

Das Ticket kostet in seiner Grundausstattung° 420 Mark und bietet dafür einiges°: Zwischen Finnland und der Türkei habt ihr in 21 europäischen Ländern und in Marokko freie Fahrt° in der zweiten
15 Klasse. In dem Land, wo ihr eure Europa-Tour startet – [es] richtet sich nach° Wohnort und Staatsangehörigkeit° –, erhaltet° ihr allerdings° eine 50prozentige Ermäßigung°. Das heißt natürlich nichts anderes als: auf dem schnellsten Wege aus dem eigenen Land heraus.

Viel Zeit, Europa einmal gründlich kennenzulernen

20 Das Inter-Rail-Angebot bietet noch „Inter-Rail+Schiff" und seit Mai 1989 auch „Inter-Rail-Flexi". Hier stehen dem Ticketinhaber° zusätzlich° noch einige wichtige europäische Fährverbindungen° zur Verfügung, zum Beispiel zwischen Brindisi (Italien) und Patras (Griechenland) oder Barcelona und Mallorca. Der Preis erhöht sich°
25 auf – angemessene° – 500 Mark. „Inter-Rail+Schiff", das „große" internationale Ticket, ist optimal für alle, die nach Griechenland, England, Skandinavien reisen wollen.

Wenn ihr dieses Angebot gerne nutzen möchtet, aber schon genau wißt, daß ihr euch an höchstens 10 Tagen im Monat fortbewegen°
30 werdet (zum Beispiel für An- und Abreise), so ist „Inter-Rail-Flexi" genau das Richtige für euch. „Inter-Rail-Flexi" entspricht° dem Angebot von „Inter-Rail+Schiff", ihr bezahlt aber einen Hunderter weniger (400 Mark). Das lohnt sich doch allemal°! [...]

basic plan

a number of things

habt ihr ... freie Fahrt *you are free to travel*

es richtet sich nach: *it depends on; nationality; receive; though; reduction, discount*

ticket owner

additionally; ferry connections

erhöht sich: *increases*

commensurate

move on

corresponds to

anyway

Mit der Fähre nach Mallorca

35 Zugegeben°: ein tolles Angebot, mit der Fähre nach Mallorca zu
gondeln°. Bevor ihr aber zu schnell zum Ticket greift°, solltet ihr die
verschiedenen Bahn-Angebote sorgfältig vergleichen°. Viele Reisen
ins Ausland lassen sich nämlich günstiger mit normalen Fahrschei-
nen° zurücklegen°. Es lohnt sich also, die Angebote vorher einge-
40 hend° zu prüfen, denn ihr spart bare Mark°. [...]

Inter-Rail lohnt sich nur, wenn ihr möglichst viel von Europa
sehen wollt. Interessiert ihr euch nur für 1 oder 2 Ziele, könnt ihr
das anders billiger haben. Das Tolle am Inter-Railen ist übrigens°, daß
man mit anderen „Inter-Railern" in Kontakt kommt (Erkennungs-
45 zeichen°: Rucksack). [...]

Im folgenden noch einige Tips und Informationen aus erster
Hand:

granted

here: to travel; grab

compare

*tickets; **Reisen lassen sich zurücklegen:** trips can be taken; in detail; **bare Mark:** cash*

by the way

sign by which you recognize them

Nachtfahrten

Reisen mit der Bahn sind nicht unbedingt° das, was man/frau³ mit
50 dem Begriff° Bequemlichkeit schlechthin° verbindet. Wenn ihr aber
Wert darauf legt°, könnt ihr euch rechtzeitig im Bahnhof einen Platz
im Liegewagen° reservieren lassen. Das kostet zwischen 20 und 30
Mark, ist aber nur unwesentlich° gemütlicher als eine Nacht im
normalen Abteil°. Außerdem bringt ihr euch durch die Reservierung
55 um° den Reiz des Risikos°, die Nacht eventuell im überfüllten Gang°
oder im Postabteil des Zuges verbringen zu müssen. [...]

necessarily

concept; per se

***Wert darauf legt:** attach importance to Pullman/couchette car*

negligibly

compartment

***bringt ihr euch um ...:** you deprive yourselves of ..., i.e., you avoid ...; risk of; corridor*

InterCity

Im Ausland, beispielsweise in Frankreich, ist die Benutzung der Intercity-Züge – im Gegensatz zu Bundesbahnstrecken – über-
60 wiegend° kostenlos. In den Bahnhöfen gibt's Tafeln mit den wenigen
Zügen, für die ein Aufpreis verlangt° wird.

predominantly

required

Besondere Strecken

In Frankreich solltet ihr es euch nicht nehmen lassen°, den
„Höchstgeschwindigkeitszug"° TGV zu benutzen. Ihr zahlt einen
65 geringen° Aufpreis von circa 8 Mark und könnt dafür das tolle Gefühl
auskosten°, im Flugzeug 40 cm über dem Boden zu fliegen. Bei
diesem Tempo erreicht ihr von Paris aus in 2 Stunden Lyon. Ebenso

***solltet ... lassen:** shouldn't miss the opportunity high-speed train*

modest

enjoy to the fullest

---

3. So wie man oft *er/sie* schreibt, will Nicolas mit *man/frau* neutral bleiben: man =
männlich; frau = weiblich.

InterCity-Züge am Bahnhof Zoologischer Garten, Berlin.

schnell seid ihr wieder zurück. Ideal für einen verregneten Vormittag in Paris.

70   In einigen Gegenden verkehren° kleine Privatbahnen. So zum Beispiel in den Alpen zwischen Chamonix (Frankreich) und der Schweiz. Diese Gebirgsbahnen bewältigen° enorme Steigungen° und fahren so traumhaft schöne Strecken, daß ihr den Aufpreis nicht bereuen° werdet.

run

cope with; inclines

regret

75 Übernachtung

Die Nachtfahrt sollte die Ausnahme sein. Ihr übernachtet am besten auf Campingplätzen oder in Jugendherbergen. Beide haben aber den Nachteil, daß sie selten in Bahnhofsnähe und – vor allem im Ausland und in den Hauptreisezeiten – schnell ausgebucht sind. Bis circa
80   17.00 Uhr solltet ihr daher spätestens am Ziel angekommen sein. Ansonsten° bleibt, wenn ihr es euch leisten° könnt, nur ein Hotel, der Bahnhof oder – soweit vorhanden° – der Strand°. Dort trefft ihr zumeist auch andere – zu spät gekommene „Leidensgenossen°".

otherwise; afford

available; beach

fellow sufferers

Reiseplanung

85   Zu Hause besorgt ihr euch eine Europakarte und einen Filzstift°. In großen Bögen° beschriftet ihr nun die Karte und legt so eine ungefähre Route fest. Einige Tage „Luft" für unvorhergesehene Zwischenfälle°, wie zum Beispiel Krankheit, müssen eingeplant werden. Die einzelnen Züge sucht ihr vor Ort° im Auslandskursbuch° der Deut-
90   schen Bundesbahn (circa 15 Mark) heraus. [...]

Abschließend° wünsche ich jedem, der auf diese Weise° seinen Urlaub einmal anders „erleben" möchte, viel Spaß mit Inter-Rail.

felt tip pen

arcs

incidents

vor Ort: *on the spot; international timetable*

in conclusion; way

Nach dem Lesen

⊳ **G**　**Zuweisung von Überschriften**

Dominic Nicolas hat den ersten drei Absätzen im Text keine Überschrift gegeben. Hier finden Sie fünf Überschriften zu den drei
Absätzen. Schreiben Sie die Absatznummer 1, 2 und 3 vor die
passende Überschrift.

_____　Freie Fahrt in 21 Ländern

_____　Schöne Strecken in der Schweiz

_____　Warum man Urlaub macht

_____　Das Angebot des Inter-Rail-Tickets

_____　Mit der Bahn aus dem Alltag heraus

Wie heißen die sieben anderen Überschriften, die Nicolas im Text
benutzt?

4. _____

5. _____

6. _____

7. _____

8. _____

9. _____

10. _____

⊳ **H**　**Wichtige Informationen**

Verbinden Sie die Satzelemente links durch Linien mit den Satzele-
menten rechts. Suchen Sie dann die fünf Sätze heraus, die Ihrer
Meinung nach die wichtigeren Informationen enthalten.

　Setzen Sie sich danach mit einem Partner/einer Partnerin zusammen, vergleichen Sie Ihre zehn Sätze, und einigen Sie sich auf die
fünf besten.

1. Dies ist kein Loblied

2. Die Bundesbahn verkauft die Tickets

3. Ihr habt freie Fahrt

4. Das Inter-Rail-Flexi-Ticket ist das Richtige

5. Viele Reisen ins Ausland

6. Das Tolle am Inter-Railen ist,

7. Ein Platz im Liegewagen

8. Im Ausland ist die Benutzung der Intercity-Züge

9. In einigen Gegenden

10. Ihr übernachtet am besten

a. mit anderen Inter-Railern in Kontakt zu kommen.

b. in 21 europäischen Ländern.

c. überwiegend kostenlos.

d. verkehren kleine Privatbahnen.

e. auf die Deutsche Bundesbahn.

f. ist gemütlicher als eine Nacht im normalen Abteil.

g. auf Campingplätzen oder in Jugendherbergen.

h. an Leute, die noch nicht 26 Jahre sind.

i. sind günstiger mit normalen Fahrscheinen.

j. wenn ihr euch an höchstens 10 Tagen im Monat fortbewegt.

▷ ☐ I   Erklären Sie Begriffe.

Im Text finden Sie die folgenden Begriffe. Erklären Sie in wenigen Sätzen den Zusammenhang zwischen den einzelnen Begriffen und Dominic Nicolas' Informationen über das Inter-Rail-Ticket.

ZUM BEISPIEL

Begriff: kleine Privatbahnen

Erklärung: *Man kann besondere Strecken mit kleinen Privatbahnen fahren. Man muß einen Aufpreis zahlen. In den Alpen fährt eine solche Privatbahn zwischen Chamonix und der Schweiz.*

1. der Alltag

2. die Deutsche Bahn

3. Europa

4. „Inter-Rail+Schiff"

5. der Rucksack

6. der Liegewagen

7. der Höchstgeschwindigkeitszug

8. die Jugendherberge

J **Reiseplanung**

Planen Sie mit einem Partner/einer Partnerin eine Urlaubsreise in Europa mit der Bahn. Sie wollen sich beide ein Inter-Rail-Ticket kaufen und haben den Artikel von Dominic Nicolas gelesen, weil Sie gerne wissen möchten, was er Ihnen rät. Überlegen Sie sich seine Empfehlungen, und entscheiden Sie, was Sie tun wollen.

Erzählen Sie danach im Plenum von Ihren Urlaubsplänen. Anschließend soll der ganze Kurs entscheiden, welche Pläne am interessantesten sind.

Hier sind einige Entscheidungen, die Sie treffen müssen, aufgelistet.

- Fahren Sie an höchstens zehn Tagen im Monat oder mehr? Welches Ticket kaufen Sie – das Inter-Rail-Ticket in seiner Grundausstattung, das Inter-Rail+Schiff oder das Inter-Rail-Flexi? Wieviel Geld geben Sie dafür aus?
- Wohin reisen Sie? Wofür interessieren Sie sich? Haben Sie nur wenige Reiseziele, oder wollen Sie ganz Europa bereisen?
- Machen Sie Nachtfahrten? Haben Sie vor, einen Platz im Liegewagen zu reservieren?
- Fahren Sie in Deutschland mit Intercity Zügen (mit Aufpreis)?
- Fahren Sie in Frankreich mit dem TGV?
- Fahren Sie mit Gebirgsbahnen?
- Wo wollen Sie übernachten – auf Campingplätzen, in Jugendherbergen, Hotels, Bahnhöfen oder am Strand?
- Kaufen Sie sich das Auslandskursbuch der Deutschen Bahn? Legen Sie auf einer Europakarte eine ungefähre Route fest?

K **Rollenspiel**

Ein Student/Eine Studentin in Deutschland will möglichst viel von Europa sehen. Er/Sie hat schon von dem Inter-Rail-Ticket gehört, weiß aber nicht, wie teuer es ist, bis zu welchem Alter man es kaufen darf, in welche Länder man mit dem Ticket reisen darf, wie lange es gilt usw. Also fragt er/sie einen Bahnbeamten am Informationsschalter.

Formulieren Sie spontan im Plenum möglichst viele Fragen für den Dialog. Entwickeln Sie dann in Partnerarbeit einen Dialog, und spielen Sie ihn vor.

Wie kann ich Ihnen helfen?	*How can I help you?*
Entschuldigung, könnten Sie mir bitte sagen, ...?	*Excuse me, could you please tell me . . . ?*
Wissen Sie zufällig, ...?	*Do you know by chance . . . ?/ Do you happen to know . . . ?*
Ich hab' mal eine Frage.	*I have a question.*

L Debatte

Folgende Thesen stehen zur Auswahl:

1. Quer durch Europa mit dem Auto ist besser als mit der Bahn.

2. Es ist besser, im Urlaub an einem Ort zu bleiben, damit man die Gegend und die Menschen gründlich kennenlernen kann, als mit einem Inter-Rail-Ticket überall herumzufahren.

Der Kurs wählt eine dieser beiden Thesen und teilt sich in zwei Gruppen auf. Eine Gruppe soll dafür, eine Gruppe dagegen argumentieren. Bereiten Sie sich darauf vor, in der Debatte die Meinung Ihrer Gruppe mit zwei oder drei Argumenten zu unterstützen. Welche Argumente können Sie finden? Es ist unwichtig, ob Sie wirklich davon überzeugt sind, wichtig ist, daß Sie mitargumentieren.

Vor der Debatte soll die Gruppe festlegen, wer was sagt, denn im ersten Teil der Debatte sollen alle Teilnehmer/Teilnehmerinnen der Gruppen abwechselnd zu Wort kommen. Als zweiter Teil folgt dann eine offene Diskussion.

Nützliche Wörter und Ausdrücke

Allgemein nützliche Ausdrücke zum Argumentieren finden Sie im *Einführungskapitel*. Folgende Wörter und Ausdrücke beziehen sich auf die beiden Thesen.

auf jemanden/etwas (Akk.) angewiesen sein *to be dependent on someone/something*

sich entspannen *to relax*

gefährlich *dangerous*

der Seitenweg, -e *side road, byway*

der Streß, -sse *stress;* **im Streß sein** *to be under stress*

oberflächlich *superficial*

umweltfreundlich *environmentally safe*

unabhängig *independent*

sich (Dat.) Zeit lassen *to take (one's) time*

▷ M Ihre Erfahrung

Erzählen Sie von einem Urlaub, den Sie gemacht haben. Wann und wie sind Sie gereist und mit wem? Haben Sie vielleicht ein attraktives Angebot genutzt? Wo und wie haben Sie die Zeit verbracht? Waren Sie im Urlaub aktiv oder nicht? Haben Sie wenig oder viel Geld ausgeben müssen? Welche Erfahrungen waren positiv, welche negativ? Haben Sie sich gut erholt? Was haben Sie erlebt?

N Ihre Reaktion

1. Entwerfen Sie allein oder mit Partnern/Partnerinnen zusammen ein Poster, das Werbung für das Inter-Rail-Ticket macht. Lassen Sie Ihrer Phantasie freien Lauf, und machen Sie das Poster so attraktiv wie möglich. Hängen Sie die Poster, wenn möglich, im Klassenzimmer auf.

2. Planen Sie allein oder mit Partnern/Partnerinnen zusammen eine Europareise. Schreiben Sie die Reisepläne auf. Einige Aspekte sind:

   - Wer reist mit?

   - Wo beginnt die Reise?

   - Wohin reisen Sie (in welche Länder)?

   - Was wollen Sie sehen und tun?

   - Wo wollen Sie sich aufhalten und wie lange?

   - Was wollen Sie mitnehmen?

Vorpommern

. . . ursprünglich, schön

Prospekte und Informationen
Regionaler Fremdenverkehrsverband
Vorpommern e.V.
Geschäftsstelle
Bahnhofstraße 72 · 17438 Wolgast
Tel.: 03/836/600206
Fax: 03/836/600239

Richtung oder Lage ausdrücken (Präpositionen mit dem Dativ und Akkusativ)

Mit Präpositionen drückt man das Verhältnis zwischen Dingen aus.

> Man kann einen Platz **in** dem (im) Liegewagen reservieren.

> (Hier wird das Verhältnis zwischen *Platz* und *Liegewagen* ausgedrückt.)

> Wir lesen **über** die Bundesbahn.

> (Hier wird das Verhältnis zwischen *lesen* und *Bundesbahn* ausgedrückt.)

Neun Präpositionen werden mit dem Akkusativ (wenn das Verb *die Richtung, die Bewegung* ausdrückt) und mit dem Dativ (wenn das Verb *die Lage, die Position* ausdrückt) verbunden:

an	**über**
auf	**unter**
hinter	**vor**
in	**zwischen**
neben	

1. Richtung – wohin? (Akkusativ):

> Ich lege den Rucksack **auf den** Tisch.
> Maria ist **in den** Bahnhof gegangen.

Beachten Sie: **in das = ins, an das = ans**

> Wir reisen **ins** Ausland.

2. Lage – wo? (Dativ):

> Der Rucksack liegt **auf dem** Tisch.
> Mein Paß ist **in meinem** Rucksack.

Merken Sie sich: **in dem = im, an dem = am**

> Meine Freundin ist **im** Ausland.

Eine Übersicht der vier Fälle

Mit dem bestimmten Artikel

	Singular			Plural
	MASKULIN	**FEMININ**	**NEUTRUM**	
Nom.:	der Mann	die Frau	das Kind	die Leute
Akk.:	den Mann	die Frau	das Kind	die Leute
Dat.:	dem Mann(e)*	der Frau	dem Kind(e)*	den Leuten**
Gen.:	des Mannes	der Frau	des Kindes	der Leute

Mit dem unbestimmten Artikel

	Singular			Plural
	MASKULIN	**FEMININ**	**NEUTRUM**	
Nom.:	ein Mann	eine Frau	ein Kind	meine Freunde
Akk.:	einen Mann	eine Frau	ein Kind	meine Freunde
Dat.:	einem Mann(e)*	einer Frau	einem Kind(e)*	meinen Freunden**
Gen.:	eines Mannes	einer Frau	eines Kindes	meiner Freunde

1

☐ Wo oder wohin? Ergänzen Sie die Sätze.

ZUM BEISPIEL

(läuft / sitzt) Der Junge _sitzt_ im Auto.

1. (warten / fahren) Meine Freunde _____ schon eine halbe Stunde am Bahnhof.
2. (fährt / steht) Der Zug _____ schon im Bahnhof.
3. (reisen / bleiben) Wir _____ an die Ostsee.

---

* Bei einsilbigen Wörtern im Maskulinum und Neutrum bildet man den Dativ mit oder ohne **e** am Ende: **mit dem Mann** oder **dem Manne**, aber **mit dem Rucksack.**

** Im Plural gehört beim Dativ ein **-n** an das Ende aller Wörter (außer bei den Wörtern, die schon auf **-n** oder auf **-s** enden): **mit den Leuten**, aber **mit den Frauen** und **mit den Autos.**

4. (gehen / schlafen) Ich werde im Liegewagen _____.

5. (gesteckt / gefunden) Ich habe mein Inter-Rail-Ticket in meine Jackentasche _____.

6. (gehen / übernachten) Wollen wir auf einem Campingplatz _____?

7. (kommen bald / sind schon) Wir _____ in der Hauptreisezeit.

8. (reisen / liegen) Viele Leute _____ gern in die Sonne.

2

Akkusativ oder Dativ? Stellen Sie sich vor, Sie fahren morgen in Urlaub. Unten ist ein Bild von Ihrem Zimmer. Erklären Sie, wo Ihre Sachen sind, oder was Sie mit den Sachen tun oder getan haben. Siehe Seite 250 für nützliche Verben und Sachen.

ZUM BEISPIEL

Ich habe meinen Schlafsack auf die Couch gelegt.

Einige Sachen sind:

das Inter-Rail-Ticket	der Paß
die Jacke	der Rucksack
der Jugendherbergsführer	der Schlafsack
die Kleider	das Zelt
die Landkarte	

Einige nützliche Verben sind:

Mit dem Akkusativ	**Mit dem Dativ**
legen	liegen
stecken	sein
stellen	stehen

3

Stellen Sie die Frage an einen Partner/eine Partnerin. Dieser/Diese wählt die Antwort, die ihm/ihr gefällt.

ZUM BEISPIEL

Sie: Wohin möchtest du reisen?

Partner/Partnerin: in (die Schweiz / die Türkei / die Slowakei)

Partner/Partnerin: *Ich möchte in die Türkei reisen.*

1. Sie: Wann machst du Urlaub?
   Partner/Partnerin: in (der Sommer / der Winter)
2. Sie: Wo möchtest du Urlaub machen?
   Partner/Partnerin: in (die Heimat / das Ausland / die Karibik / die Berge)
3. Sie: Wohin möchtest du fahren?
   Partner/Partnerin: an (der See / das Meer / der Rhein / die Nordsee)
4. Sie: Wo möchtest du lieber Tourist/Touristin sein?
   Partner/Partnerin: in (die Großstädte / die Alpen / die Vereinigten Staaten)
5. Sie: Wohin tust du deine Kleidung?
   Partner/Partnerin: in (der Rucksack / der Koffer)
6. Sie: Du fährst mit der Bahn. Welche Plätze reservierst du?
   Partner/Partnerin: in (die erste Klasse / die zweite Klasse)

7. Sie: Welche Plätze reservierst du für die Nachtfahrt?
   Partner/Partnerin: in (der Liegewagen / das normale Abteil)

8. Sie: Wo möchtest du lieber übernachten?
   Partner/Partnerin: in (ein Hotel / eine Jugendherberge / ein Gasthof)

9. Sie: In was für ein Restaurant möchtest du gehen?
   Partner/Partnerin: in (ein italienisches Restaurant / ein chinesisches Restaurant / ein französisches Restaurant)

10. Sie: Wann kommst du wieder nach Hause?
    Partner/Partnerin: an (der Monatsanfang / das Monatsende)

  4

Führen Sie vor dem Kurs zwei Handlungen auf, die den Gebrauch der Dativ-Akkusativ-Präpositionen illustrieren. Bringen Sie die nötigen Gegenstände für Ihre Beispiele mit. Siehe Seite 252 für nützliche Verben.

ZUM BEISPIEL

Gegenstand: Hut

Ich trage einen Hut auf dem Kopf.

Gegenstand: Hund

Ich habe meinen Hund mit in den Kurs gebracht.

Einige nützliche Verben sind:

Mit dem Akkusativ	Mit dem Dativ
bringen	bleiben
gehen	lassen
kommen	liegen
legen	sein
sich setzen	sitzen
stellen	stehen

5

Suchen Sie in dem folgenden Text aus der Broschüre „Inter Rail –
das Mega-Ticket" zwei Beispiele einer Dativ-Akkusativ-Präposition
mit dem Akkusativ und vier Beispiele mit dem Dativ.

ZUM BEISPIEL

Mit dem Dativ: *Europa in der Tasche.*

Reisen mit der Bahn ——

Inter Rail –
das Mega-Ticket.

Europa in der Tasche.

Mega-in: das Inter Rail-Ticket der Deutschen Bahnen.
Damit stecken Sie Europa in die Tasche. Und Inter
Rail-Europa ist ganz schön groß. 23 Länder stehen
Ihnen offen. Plus Marokko. Plus Türkei. Entdecken
Sie die grenzenlosen Möglichkeiten von Inter Rail
schon mal vorab. Mit dem Finger auf der umseitig
abgedruckten Karte.[4]

Hinter Inter Rail stehen alle beteiligten Eisenbahnen.
Das Angebot ist speziell auf junge Leute zugeschnitten. Es ist die preiswerteste Art, sicher kreuz und
quer durch Europa zu kommen. Und Ticket-Besitzer
fahren auch mit ergänzenden Verkehrsmitteln unschlagbar günstig. In Bussen oder auf Fährschiffen
zum Beispiel. Lesen Sie selbst, wie eine kleine Karte
die große Schienenwelt erschließt – und was Sie im
einzelnen davon haben.

---

4. Nicht in *Impulse.*

6

Sehen Sie sich das folgende Bildmaterial an, und beantworten Sie die dazugehörigen Fragen.

Ein Fahrschein

1. Auf welcher Strecke ist der/die Reisende mit diesem Fahrschein gefahren?
2. Was bedeuten links oben in der Ecke die Buchstaben *DB*?
3. An welchem Tag ist der/die Reisende mit diesem Fahrschein gefahren?

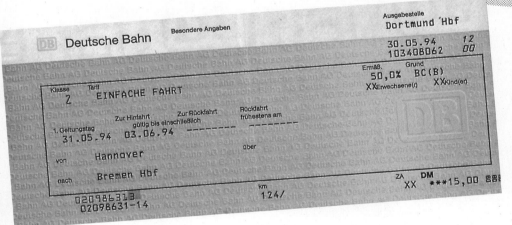

Eine Checkliste für Inter-Railer

4. Wo – es gibt zwei Möglichkeiten – kann der Inter-Railer übernachten, der diese Sachen auf der Checkliste hat?
5. Welche Sachen, die auf der Checkliste stehen, haben Sie schon?
6. Wo findet man die Abfahrts- und Ankunftszeiten der Züge?
7. Wo findet man eine Liste von Jugendherbergen?
8. Wohin tut man die Kleider, die Medikamente, das Kursbuch, den Jugendherbergsführer usw.?
9. Wohin legt man eine Isomatte?

Checkliste für Inter-Railer

- Rucksack: strapazierfähig; mit Rückengestänge; nicht mehr als 15 kg einpacken
- Kleinstzelt: für eine Person und möglichst klein
- Jugendherbergsausweis: gibt es bei jeder Jugendherberge und kostet 15 Mark
- Auslandskursbuch
- Auslands-Jugendherbergsführer (kostet zwischen 8 und 10 Mark)
- Medikamente: das, was wirklich nötig ist, also vor allem gegen Magen- und Darmkrankheiten
- Schlafsack
- Isomatte
- Auslandskrankenschein

Im Büro

10. Wohin hat sich die Frau gesetzt?
11. Wohin hat sie die Blumen gestellt?
12. Wohin hat man das Telefon gestellt?
13. Wo hängt der Kalendar?

Im Büro.

Am Tisch

14. Wählen Sie vier Dinge aus (z.B. der Baum, die Tür, das Fenster, die Leute, der Stuhl, der Sonnenschirm, der Tisch, die Treppe), und beschreiben Sie, wo sie sind.

Im Gartencafé.

Mit der Bahn

15. Wo sitzen diese Leute?
16. Wo hat sie den Computer, und wo hat er das Kursbuch?
17. Warum die Überschrift „Erste Klasse"?

Zum Schluß

Sabine Schröder, Journalistin, soll einen Artikel über das Inter-Rail-Ticket schreiben. Die Deutsche Bahn will in ihrer eigenen Zeitschrift diesen Artikel veröffentlichen. Es soll also ein positiver Bericht werden. Sabine geht zum Hamburger Hauptbahnhof und fragt einige
5 junge Rucksackreisende. Hier sind die Antworten.

Meinungen zum Inter-Rail-Ticket

Sabine Schröder: *Sie waren mit einem Inter-Rail-Ticket unterwegs. Warum gerade Inter-Rail?*

Jens M. (20 Jahre): Ich habe gerade mein Abitur gemacht, da wollte ich jetzt erst 'mal 'was von Europa sehen. Ich habe noch kein
10 Auto, also war das Inter-Rail-Ticket für mich die optimale Lösung. Ich bin zuerst durch Skandinavien gereist und von da aus dann 'runter bis Portugal gefahren. Geschlafen habe ich meistens im Zug, so spart man das Hotel.

Susanne K. (19 Jahre): Ich bin mit meiner Freundin in den Süden
15 gefahren. Spanien, Frankreich, Italien und Griechenland. Wir haben eine Menge gesehen in diesen vier Wochen. Wir haben auf Campingplätzen übernachtet, im Zelt. Das Inter-Rail-Ticket war die billigste Lösung. Meine Freundin hat zwar ein Auto, aber in Südeuropa ist das Benzin so teuer.

20 **Rainer S. (25 Jahre):** Ich werde im Dezember 26 Jahre alt, da wollte ich das Inter-Rail-Ticket doch auch noch einmal nutzen. Ich bin in den Norden gefahren. Von Dänemark über Schweden und Norwegen nach Finnland. Es war traumhaft. Übernachtet habe ich in kleinen Pensionen. Das Zugfahren war zwar billig, aber das Leben
25 in diesen Ländern ist doch sehr teuer. Jetzt muß ich erst 'mal arbeiten gehen.

Maria F. (23 Jahre): Ich reise gern spontan, ohne genaue Pläne. Ich schmeiße einfach alles was ich brauche in meinen Rucksack, nehme mein Zelt und los geht's. Da ist das Inter-Rail-Ticket genau das Richtige. Manchmal gehe ich einfach zum Bahnhof, gucke wohin
30 der nächste Zug fährt, und das ist dann mein Reiseziel. So wird der Urlaub oft überraschend schön.

Lisa P. (22 Jahre): Ich liebe es, mit dem Zug zu fahren. Und mit einem Inter-Rail-Ticket in der Tasche kann ich das voll genießen. In Frankreich bin ich mit dem TGV gefahren. Das war toll, so schnell
35 war ich noch nie im Süden.

Peter Sch. (24 Jahre): Vergangenes Jahr bin ich mit dem Fahrrad durch die Niederlande gefahren. Das war auch toll, aber dieses Jahr wollte ich mehr von Europa sehen. Deshalb habe ich mir das Inter-Rail-Ticket gekauft. Und dann bin ich sogar bis Afrika gekommen, bis
40 Marokko. Es war das erste Mal, daß ich auf einem anderen Kontinent Urlaub gemacht habe. Als ich auf die Fähre gegangen bin, war ich doch sehr nervös. Aber während der Fahrt hatten wir sehr viel Spaß auf dem Schiff.

Aufgaben

1. Finden Sie in den Interviews Dativ-Akkusativ-Präpositionen. Überlegen Sie, warum jeweils Akkusativ oder Dativ verwendet wird.

2. Welchen konkreten Grund haben die Reisenden, das Inter-Rail-Ticket zu kaufen?

3. Wie könnte der Artikel aussehen, den Sabine Schröder für die Deutsche Bahn schreiben soll? Schreiben Sie ihn doch einfach selbst! Berücksichtigen Sie folgende Punkte:

   • die Hauptidee Ihres Artikels

   • welche Leute das Inter-Rail-Ticket benutzen

   • Zahlen und Fakten für den Leser

   • Vorteile des Inter-Rail-Tickets für junge Leute

   • begeisterte Jugendliche; ihre Erfahrungen (Zitate)

Bevor Sie mit Ihrem Artikel beginnen, sollten Sie sich einige Gedanken über den Aufbau machen. Hier einige Tips:

- Was ist Ihre zentrale Aussage?
- Mit welchen Argumenten können Sie Ihre zentrale Aussage stützen?
- Wie können Sie diese Argumente logisch strukturieren?
- Mit welchen Informationen unterstützen Sie Ihre Argumente?
- Womit fangen Sie an?
- Haben Sie Ihren Artikel in Abschnitte eingeteilt?
- Geben Sie zum Schluß eine gute Zusammenfassung?
- Haben Sie in Ihrem Artikel noch einmal Wortwahl und Grammatik überprüft?

Kapitel 9

AMERIKAS INDIANER

KOMMUNIKATIONSTHEMA
Das deutsche Indianerbild

LESETEXT
Winnetou und die anderen

SPRACHLICHE FUNKTION
Das Objekt des Geschehens betonen (Das Passiv)

E 21142 E

kosmos

Das Naturmagazin

Heft 7/Juli 1988

DM 7,–   sfr 7,–   öS 56,–

Aufruf
**Umweltreporter
gesucht**

Heraldik
**Wo die Löwen
Flügel tragen**

Rheuma
**Bürgerkrieg
der Körperzellen**

nktheft:
er USA

A Einstieg ins Thema

Was sehen Sie auf den Illustrationen unten? Was fällt Ihnen auf?
Welche Fragen haben Sie? Welche Schlüsse können Sie ziehen?

① Indianer-Schmuck
aus Arizona
Navajo-Handarbeit
**kostenlos
Katalog
anfordern!**
Western Store
Paul Hundertmark
Waldörfer Str. 287b
22047 Hamburg

Wild-West-Spezial ②

Wild-West-Spezial
Ein Indianer des Blackfeet-Stammes
im US-Bundesstaat Montana. Heute
sind die Ureinwohner Amerikas voll-
wertige US-Bürger, die ihre Tracht
nur noch für Feste und Touristen anziehen. Doch das Land, in dem sie
leben, hat nichts von seiner wilden,
urtümlichen Schönheit
verloren.
Foto: Werner Lieber   S. 8 – 61

**Auf der Spur
der Indianer**

DIE WELT ENTDECKEN   Ravensburger ③

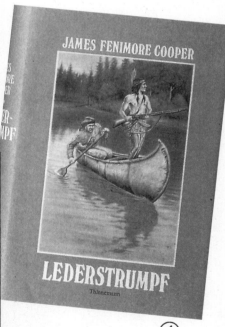

JAMES FENIMORE COOPER

LEDERSTRUMPF
Thienemann

④

Nützliche Wörter

aktuell *up-to-date*

anfordern *to request*

sich entscheiden, entschied, entschieden *to decide*

das Geheimnis, -se *secret*

der Häuptling, -e *chief*

der Lederstrumpf *leatherstocking*

der Schmuck (kein Pl.) *jewelry*

der Sieger, -/die Siegerin, -nen *victor*

die Spur, -en *track(s), trail*

der Stamm, ˫e *tribe*

die Tracht, -en *dress, costume*

der Ureinwohner, - /die Ureinwohnerin, -nen *native / original inhabitant*

urtümlich *unspoiled*

vollwertig *full*

die Wahl, -en *choice*

B   Einführung in den Lesetext

Das Leben der Indianer interessiert viele Deutsche, und wenn diese in den USA Urlaub machen, ist das Indianergebiet im Westen ein beliebtes Reiseziel. Wie ist das Bild eines Deutschen von den Indianern?

Eine Antwort auf diese Frage gibt uns der Journalist und Autor Dieter Kronzucker, der sechs Jahre lang Korrespondent für das Zweite Deutsche Fernsehen (ZDF) in den USA war. Er reiste durch die Vereinigten Staaten und schickte seine „Bilder aus Amerika"[1] nach Deutschland.

Kronzucker besuchte unter anderem Reservate im Westen, unterhielt sich mit Indianern und lernte ihre Geschichte kennen. Einer seiner Fernsehberichte hieß „Winnetou[2] und die anderen".[3] Sie lesen hier einen Auszug aus dem Fernsehskript.

Denken Sie sich alleine drei Fragen über die *Einführung in den Lesetext* aus. Stellen Sie Ihre Fragen anschließend an einen Gesprächspartner/eine Gesprächspartnerin, und beantworten Sie dann die Fragen Ihres Partners/Ihrer Partnerin.

---

1. Vgl. erstes Kapitel.

2. Name einer Indianerfigur in den Romanen von Karl May

3. Dieter Kronzucker: *Unser Amerika*, Reinbek bei Hamburg 1989, S. 235–244

A: *Wo ist der Text „Winnetou und die anderen" erschienen?*
B: *Er ist in dem Buch „Unser Amerika" von Dieter Kronzucker erschienen.*

Nützliche Wörter

andere(r, -s) *other;* **die anderen** *the others;* **unter anderem** *among other things*

besuchen *to visit*

das Bild, -er *picture, image*

der Fernsehbericht, -e *television report*

die Geschichte (kein Pl.) *history;* **die Geschichte, -n** *story*

das Indianergebiet, -e *Native American territory*

das Reiseziel, -e *travel destination*

der Roman, -e *novel*

schicken *to send*

sich unterhalten (unterhält), unterhielt, unterhalten *to converse*

der Urlaub *vacation;* **Urlaub machen** *to vacation*

C   **Was sehen Sie?**

Wer fliegt schon Standard, wenn er ohne große Mehrkosten Klasse haben kann: Lufthansa-Special nach USA.

Nordamerika bedeutet für immer mehr Reisende Urlaubsvergnügen mit unbegrenzten Möglichkeiten. Und der Weg dorthin wird immer attraktiver. Nicht zuletzt deshalb, weil wir Sie jetzt preiswert über den Atlantik bringen.

Ihr Reisebüro mit Lufthansa-Agentur informiert Sie über die 11 Zielorte und Bedingungen dieses limitierten Sonderangebots. Das Beste an Lufthansa-Special: Sie fliegen preiswert - und bekommen doch alle Qualitäten, die

Lufthansa zu einer der renommiertesten Fluggesellschaften gemacht haben. Das gilt für den Service und unsere Zuverlässigkeit. Genießen Sie all das - Sie werden erleben: Lufthansa-Special heißt extra günstig und trotzdem Extra-Klasse.

⊘ **Lufthansa**

Was für eine Werbung ist das? Was hat das Bild auf Seite 262 mit dem Thema zu tun? Erklären Sie das in drei oder vier Sätzen.

ZUM BEISPIEL

Auf dem Bild sehe ich einen Indianer.

Nützliche Wörter

die Anzeige, -n
advertisement

die Feder, -n   *feather*

die Fluggesellschaft, -en
airline company

der Indianer, - / die
Indianerin, -nen   *Native American*

verbinden, verband,
verbunden   *to connect*

vergleichen, verglich,
verglichen   *to compare*

Vor dem Lesen

D   **Was wissen Sie schon?**

Bereiten Sie sich mit folgenden Fragen auf den Lesetext vor. Jede Frage hat mehr als eine mögliche Antwort.

1. Woran denken Sie, wenn Sie an die Ureinwohner Nordamerikas denken?
2. Was gehört zum romantischen Indianerbild?
3. Was gehört nicht zum romantischen Indianerbild?
4. Welche Literatur über die Ureinwohner Nordamerikas kennen Sie?
5. Was führte zu den Kämpfen zwischen den Indianern und den Einwanderern aus Europa?

der Einwanderer, - *immigrant*

führen *to lead*

gehören + zu *to belong to, be a part of*

das Indianerbild *image of the Native American*

der Kampf, ⁻e *fight, struggle*

▷ **E** **Textüberblick**

Man kann einen Text schneller verstehen, wenn man sich schon vor dem Lesen einen Überblick über ihn verschafft. Folgende Fragen dienen dem Überblick. Sehen Sie sich also den Text auf Seite 267–270 flüchtig an, um die folgenden Fragen zu beantworten.

1. Der Titel heißt: „Winnetou und die anderen". Wer sind Ihrer Meinung nach „die anderen"?

2. Finden Sie am Anfang der Absätze Wörter wie „vorher", „dann", „danach", „später", so daß Sie den Eindruck bekommen, daß Kronzucker chronologisch erzählt?

3. Im zweiten Absatz zitiert Dieter Kronzucker die Worte eines Deutschen über die Indianer. Wie heißt er?

4. In welchen beiden Absätzen spricht Kronzucker von Indianerliteratur?

5. Im sechsten Absatz erzählt Kronzucker von den **Herrenhutern,** einer protestantischen Gruppe. Arbeiteten diese Menschen mit den Indianern zusammen, oder kämpften sie gegen sie?

6. Von welchem berühmten Indianer erzählt Kronzucker im achten und neunten Absatz?

   a. Geronimo

   b. Cochise

   c. Seattle

7. Wie viele Reservate gibt es nach Kronzuckers Angaben in den USA?

   a. 19

   b. weniger als 125

   c. mehr als 272

Dieter Kronzucker.

berühmt *famous*	**zitieren** *to quote*
der Eindruck, ⸚e *impression*	**zusammenarbeiten** *to cooperate, work together*
kämpfen *to fight*	
das Reservat, -e *reservation*	

F   Wortschatz

Die Vokabeln und Sätze kommen in dieser Reihenfolge im Lesetext vor.

1. **staunen**   *to be astonished, amazed;* **staunen über (+ Akk.)** *to be astonished at/about*

2. **das Volk, ⸚er**   *(a) people*

3. **der Indianer, -/die Indianerin, -nen**   *Native American*
   [Europa **staunte**] ... **über** ein **Volk** ohne Christentum, ohne bekannte Mythologie, ohne „Zivilisation" – die **Indianer.** ...

4. **ermorden**   *to murder*
   Doch auch weil sie so anders waren, wurden sie **ermordet,** zu Hunderttausenden.

5. **berühmt**   *famous*
   Johann Gottlieb Seume ... hat nach seiner Rückkehr ein Gedicht geschrieben mit einer **berühmt** gewordenen Passage.

6. **der Häuptling, -e**   *chief*
   Er läßt einen **Häuptling** ... sagen: „Wir Wilde sind doch bessere Menschen."

7. **entwickeln**   *to develop*
   [W]ir Deutsche ... haben eine tiefsitzende Indianerromantik **entwickelt.**

8. **schaffen, schuf, geschaffen**   *to create*
   ‚Tecumseh' von Fritz Steuben und ‚Auf dem Kriegspfad' von Sophie Wörishöffer haben Jugendidole **geschaffen.**

9. **besonders**   *particularly, (e)specially*

10. **prägen**   *to leave its mark on, to shape*
    Das Indianerschicksal hat unser Amerikabild ganz **besonders** **geprägt.**

11. **das Recht, -e** *right, justice*
Gar mancher Ideologe bezieht aus dieser Anteilnahme das moralische **Recht,** sich über die „Indianermörder" in Washington zu entrüsten ...

12. **historisch** *historical*

13. **die Wahrheit, -en** *truth*

14. **der Frieden, -** *peace*

15. **der Kampf, ∵e** *fight, struggle*
Zur **historischen Wahrheit** gehört auch, daß die deutschen Einwanderer in ihrer Mehrheit eher den **Frieden** als den **Kampf** mit den Ureinwohnern gesucht hatten.

16. **gründen** *to found*

17. **der Ort, -e** *place*
Sie **gründeten** Anfang des 18. Jahrhunderts **Orte** wie Bethlehem und Nazareth ...

18. **der Stamm, ∵e** *tribe*
[E]r [betreute] Indianer vom **Stamme** der Delawaren ...

19. **jedoch** *however*
Die Herrenhuter konnten **jedoch** nicht verhindern, daß die friedfertigen Delawaren immer mehr dezimiert ... wurden.

20. **ursprünglich** *original(ly), initial(ly)*
Ursprünglich [wurde das „Indian Territory"] von Komantschen und Kiowa besiedelt ...

21. **der Liebhaber, -/die Liebhaberin, -nen** *lover, enthusiast*

22. **der Roman, -e** *novel*
Ein Cochise-Besuchszentrum in den Drachenbergen zieht heute besonders die **Liebhaber** der **Romane** von Karl May an.

23. **tapfer** *courageous*
Nino ... schilderte seinen Großvater als jenen **tapferen,** weisen und stattlichen roten Mann ...

24. **verlieren, verlor, verloren** *to lose*
Am Ende hätten beide, Apachen und Deutsche, doch verloren ...

25. **sich erholen** *to recover;* **sich erholen von** *to recover from*
Erholen werden **sich** die Indianer der USA **von** [ihrer] historischen Erfahrung jedoch nie wieder.

Erste Wortschatzübung

Alle Studenten erzählen zusammen eine Geschichte! Der erste Student/Die erste Studentin liefert den ersten Satz, der/die zweite den zweiten Satz usw. Erzählen Sie mit!

Jeder neue Satz muß mindestens eine Vokabel enthalten, die noch nicht gebraucht wurde. Am besten läuft die Geschichte immer weiter, bis alle 25 Vokabeln benutzt worden sind.

Zweite Wortschatzübung

Bilden Sie in Partner- oder Kleingruppenarbeit fünf verschiedene Sätze, die Vokabeln aus dem Wortschatz enhalten. Versuchen Sie mindestens zwei oder drei neue Vokabeln in jeden Satz einzubauen.

Vergleichen Sie Ihre Sätze mit denen der anderen Gruppen, und stellen Sie im Plenum eine Sammlung von Sätzen zusammen, die möglichst viele Vokabeln – am besten alle 25 – verwendet haben.

Lesetext

Winnetou und die anderen

DIETER KRONZUCKER

Amerika – ... jahrhundertelang [staunte Europa] über diese ganz anderen Menschen, über ein Volk ohne Christentum, ohne bekannte Mythologie, ohne „Zivilisation" – die Indianer, die schönen faszinierenden Wilden°. Doch auch weil sie so anders waren, wurden sie ermordet, zu° Hunderttausenden. [...]

Johann Gottlieb Seume, der 1781 als junger Mann hessischen Werbern° in die Hände fiel und zwangsrekrutiert° wurde für den Kolonialkrieg in Amerika, hat nach seiner Rückkehr° ein Gedicht°

savages

(here:) by the

recruiters; forcibly recruited

return; poem

Pierre Brice als Winnetou in den Karl-May-Spielen.

geschrieben mit einer berühmt gewordenen Passage. Er läßt einen

10 Häuptling gegenüber° dem weißen Eroberer° sagen: „Wir Wilde sind   *to; conqueror*
doch bessere Menschen.“

Fast alle Völker der Alten Welt haben eine Indianerliteratur. Winnetou[4] findet bei den Franzosen eine Entsprechung° in „Natchez“   *equivalent*
und „Massasoit“, bei den Spaniern spielte der „hombre colorado“

15 eine große Rolle. ‚Der letzte Mohikaner‘ von Fenimore Cooper war
im England des 19. Jahrhunderts ein Bestseller. Aber von allen Ein-
wanderervölkern der Neuen Welt haben wir Deutsche uns am
meisten hervorgetan° im Mitgefühl° für die amerikanischen Urein-   *distinguished; sympathy*
wohner°, haben eine tiefsitzende Indianerromantik° entwickelt.   *native inhabitants; romanti-*
                                                                   cism about Native Ameri-
                                                                   cans
20 ‚Winnetou‘ von Karl May wurde 50 Millionen mal verkauft.
‚Tecumseh‘ von Fritz Steuben und ‚Auf dem Kriegspfad‘° von Sophie   *war-path*
Wörishöffer haben Jugendidole geschaffen. [...] Federschmuck°   *feather adornment*
und Friedenspfeife bestimmen° das Indianerbild. Die „Roten“ spre-   *define, determine*

---

4. Apachenhäuptling in den Indianererzählungen des sehr populären deutschen
Schriftstellers Karl May (1842–1912)

chen auch Babysprache: Uff und Hough, „kleiner Bruder" und „großer Adler°" sind der Wortschatz. Prominente lassen sich in Amerika zum Spaß Indianerputz° überziehen°, von Adenauer[5] bis Heino[6]. Der edle° Wilde ist bei uns weit verbreitet° und doch zu kurz gekommen°.

Das Indianerschicksal hat unser Amerikabild ganz besonders geprägt. Gar mancher° Ideologe bezieht° aus dieser Anteilnahme° das moralische Recht, sich über die „Indianermörder" in Washington zu entrüsten°, wenn es um das „Aufrechnen"° der Verbrechen° unserer eigenen Vergangenheit geht°.

Das Unrecht an den Indianern ist eine historische Wahrheit. [...] Zur historischen Wahrheit gehört auch, daß die deutschen Einwanderer in ihrer Mehrheit° eher den Frieden als den Kampf mit den Ureinwohnern gesucht hatten. Die Geschichte der Herrenhuter[7], entstanden° aus den „Mährischen Brüdern", mag dafür ein Beispiel sein. Sie gründeten Anfang des 18. Jahrhunderts Orte wie Bethlehem und Nazareth und arbeiteten mit den Indianern im Bundesstaat Pennsylvania zusammen. Bruder David Zeisberger ging zu den Irokesen in Onandaga, erforschte° 1772 als einer der ersten Weißen das Ohio-Tal, schuf Siedlungen° wie Gnadenhütten, Pilgerruh und Schönbrunn, wo er Indianer vom Stamme der Delawaren betreute°. Er erfand für sie ein Alphabet und ein Buchstabierbuch°, das 1776 in Philadelphia gedruckt° wurde. Die Herrenhuter konnten jedoch nicht verhindern, daß die friedfertigen° Delawaren immer mehr dezimiert und ihre Reste in Richtung Oklahoma verschleppt° wurden.

Berühmt geworden ist auch die Verhandlungskunst° der Pioniere Konrad Weiser und Friedrich Post, die jenseits° des Mississippi Verträge mit den Indianern abschlossen°. Und da ist jener Baron Ottfried Hans von Mäusebach, der in Amerika seinen Adelstitel ablegte°. Als John Meusebach schloß er 1847 bereits einen Friedensvertrag mit den Komantschen, der nie gebrochen wurde und den Deutschen in Texas eine ungestörte° Entwicklung brachte. [...]

Ursprünglich von Komantschen und Kiowa besiedelt°, wurde das „Indian Territory" im Herzen Amerikas zum Sammelbecken° für die Vertriebenen° von über 50 Stämmen. [...] Die letzten Ankömmlinge° im „Indian Territory" waren die Apachen vom Stamme der

---

eagle

Native American finery; put on

noble; spread

ist zu kurz gekommen: has come off badly

gar mancher: many a; draws; sympathy

sich zu entrüsten: to be filled with indignation; offsetting; crimes; es geht (um): it is a matter (of)

majority

arisen

explored

settlements

looked after

spelling book

printed

peaceful

carried off

negotiation skill

on the other side

Verträge abschlossen: concluded treaties

shed

undisturbed

settled

gathering place

exiles; arrivals

---

5. Konrad Adenauer, Kanzler der Bundesrepublik 1949–1963

6. Beliebter deutscher Sänger

7. Protestantische Gruppe, die aus Mähren *(Moravia)* emigrierte, auf englisch also „*Moravians*"

Chiricáhua. Sie hatten unter Cochise bis 1872 in den Drachenber-
gen° an der mexikanischen Grenze ausgehalten. In vielen erfolgreichen Gefechten° mit der US-Kavallerie bewies° Cochise seine
Talente als großer Feldherr°.

65   Ein Cochise-Besuchszentrum in den Drachenbergen zieht heute
besonders die Liebhaber der Romane von Karl May an. 1981 führte
noch ein Enkel des berühmten Apachen-Häuptlings eine Besucher-
gruppe aus Deutschland zur Gedenkstätte° der letzten Schlacht°.
[Der Enkel] Nino ... schilderte° seinen Großvater als jenen tap-
70   feren, weisen und stattlichen° roten Mann, der in der Romanfigur
Winnetou weiterlebt. Ninos Vorliebe° für Deutsche erklärt er auch
mit dem Widerstand°, „den beide Nationen den Yankees geleistet°
haben". Am Ende aber hätten beide, Apachen und Deutsche, doch
verloren. [...]

75   Tatsächlich haben die weißen Amerikaner erst spät begriffen°, daß
die Stämme der Indianer einander oft genauso feindselig°
gegenüberstanden wie die Stämme Europas. Heute allerdings halten
die etwa 1,5 Millionen Indianer Amerikas miteinander friedlichen
Kontakt. [...] Die indianischen Ureinwohner leben in über 272
80   Reservaten verteilt° im ganzen Land. In einem Prozeß der Anpas-
sung° an Recht und Moral der Weißen versuchen sie, ihre Eigen-
ständigkeit° zu erhalten° oder wiederzugewinnen. [...] Erholen
werden sich die Indianer der USA von [ihrer] historischen Erfahrung
jedoch nie wieder. Sie sind Amerikas erste Verlierer. Und nur wenige
85   Stämme sind imstande°, Fürsprecher° und Delegierte ihrer eigenen
Wahl hervorzubringen, die es verstehen, aus der Demutshaltung° der
Indianergeschichte auszubrechen.

Dragon Mountains

battles; proved

commander

memorial; battle

portrayed

imposing

special liking

resistance; offered

comprehended

hostile

distributed

adaptation

autonomy; maintain

capable; advocates

submissive attitude

Nach dem Lesen

G **Zuweisung von Überschriften**

Der Text besteht aus zehn Absätzen. Entscheiden Sie, welche Überschrift zu welchem Absatz gehört.

Absatz	Überschrift
1. _____	a. Indianerliteratur in vielen Ländern
2. _____	b. Die Ideologen und das Indianerschicksal
3. _____	c. Die vertriebenen Apachen
4. _____	d. Sie waren ganz anders
5. _____	e. Friedliche Arbeit der Herrenhuter
6. _____	f. Die Indianerromantik in Deutschland
7. _____	g. Im Cochise-Besuchszentrum
8. _____	h. Verträge mit den Deutschen
9. _____	i. Johann Seumes Mitgefühl
10. _____	j. Die heutige Situation

H **Was gehört zusammen?**

Ordnen Sie den Wörtern in der linken Spalte passende Begriffe und Ausdrücke aus der rechten Spalte zu. Wenden Sie jedes Paar in einem oder in zwei Sätzen an.

ZUM BEISPIEL

Seume   Gedicht

*Johann Gottlieb **Seume** war als Soldat in Amerika. Nach seiner Rückkehr schrieb er ein **Gedicht** über die Indianer.*

1. Gedicht

2. Bruder David Zeisberger

3. Karl May

4. Indianerputz

5. Cochise-Besuchszentrum

6. John Meusebach

a. Prominente

b. „Wir Wilde sind doch bessere Menschen"

c. ein Alphabet und Buch-stabierbuch

d. Nino

e. Friedensvertrag

f. Winnetou

 I **Suchen Sie Informationen.**

Suchen Sie in Einzelarbeit die Textstellen zu folgenden Fragen, und geben Sie an, in welchen Zeilen Sie die entsprechenden Informationen finden. Geben Sie dann die Informationen kurz in Ihren eigenen Worten wieder.

Vergleichen Sie Ihre Antworten mit denen eines Partners/einer Partnerin, und einigen Sie sich auf die beste Wiedergabe der Informationen aus den Textstellen.

ZUM BEISPIEL

Zeilen

Welche Textstelle beschreibt die europäische Reaktion auf die Indianer?   *1-5*

Europa staunte über die Indianer. Die Indianer waren ganz andere Menschen. Die Europäer glaubten, daß die Indianer keine Zivilisation hatten. Sie ermordeten die Indianer.

1. Wo finden wir Informationen über Johann Gottlieb Seume? _____

2. Welche Zeilen geben uns Beispiele dafür, wie sehr sich die Deutschen für die Indianer interessieren? _____

3. Welche Textstelle gibt Auskunft darüber, daß die Deutschen eher Frieden als Krieg mit den Indianern suchten? _____

4. Welche Textstelle gibt Auskunft über deutsche Touristen in der Gegend, wo die Indianer leben? _____

5. Welche Zeilen sagen etwas über die Situation der heutigen Indianer aus? _____

▷ J   Die Leitgedanken

Normalerweise gehört zu jedem Absatz ein Leitgedanke, d.h. eine „zentrale Idee". Oft tendiert der Autor/die Autorin dazu, Absätze entweder mit den Leitgedanken zu beginnen oder zu schließen. Welche Tendenz finden Sie bei Dieter Kronzucker?

Stellen Sie in Einzelarbeit alle ersten Sätze der Absätze zusammen, so daß sie einen eigenen Absatz bilden. Stellen Sie dann alle letzten Sätze zusammen, und vergleichen Sie die Ergebnisse. Entscheiden Sie, in welcher Gruppe Sie die meisten Leitgedanken finden. Vergleichen Sie dann Ihr Ergebnis mit einem Partner/einer Partnerin. Haben Sie dieselbe Entscheidung getroffen? Warum oder warum nicht?

K   Wichtige Gesichtspunkte

Suchen Sie drei der wichtigsten Gesichtspunkte heraus, die Kronzucker Ihrer Meinung nach im Lesetext vertritt.

Nachdem alle Studenten Ihre Auswahl getroffen haben, spielen Sie ein Rollenspiel: Einige Studenten/Studentinnen spielen die Rolle des Reporters/der Reporterin und interviewen drei weitere Studenten/Studentinnen zum Thema „Amerikas Indianer". Welche Gesichtspunkte von Kronzucker halten die Studenten für wichtig und warum? Nach dem Interview stellen die Reporter einen Bericht über die Meinungen der Studenten zusammen.

L   Ihre Meinung

Bereiten Sie in Partner- oder Kleingruppenarbeit Antworten auf die folgenden Fragen vor. Einigen Sie sich auf jeweils eine Antwort, und begründen Sie die Meinung Ihrer Gruppe in zwei oder drei Sätzen.

1. Warum interessieren sich die Deutschen Ihrer Meinung nach so sehr für die Indianer?

2. Interessieren sich die Menschen in den USA für etwas in Deutschland, so wie die Deutschen sich für die amerikanischen Indianer interessieren? Haben die Amerikaner eine „Deutschlandromantik" entwickelt?

M   Debatte

Folgende Thesen stehen zur Auswahl:

1. Kronzucker ist den weißen Einwanderern und USA-Bürgern gegenüber wegen ihrer Behandlung der Indianer nicht kritisch genug eingestellt.

2. Von Fernsehsendungen und von Fernsehjournalisten wie Dieter Kronzucker kann man kein richtiges Bild von einem Volk wie zum Beispiel den Indianern bekommen.

Der Kurs wählt eine dieser beiden Thesen und teilt sich in zwei Gruppen auf. Eine Gruppe soll dafür, die andere dagegen argumentieren. Bereiten Sie sich darauf vor, in der Debatte die Meinung Ihrer Gruppe mit zwei oder drei Argumenten zu unterstützen. Welche Argumente können Sie finden? Es ist unwichtig, ob Sie wirklich davon überzeugt sind, wichtig ist, daß Sie mitargumentieren.

Vor der Debatte soll die Gruppe festlegen, wer was sagt, denn im ersten Teil der Debatte sollen alle Teilnehmer/Teilnehmerinnen der Gruppen abwechselnd zu Wort kommen. Als zweiter Teil folgt dann eine offene Diskussion.

Nützliche Wörter und Ausdrücke

Allgemein nützliche Ausdrücke für das Argumentieren finden Sie im *Einführungskapitel.* Folgende Wörter und Ausdrücke beziehen sich auf die beiden Thesen:

der Eindruck, ¨e *impression*	**persönlich** *personal*
idealisieren *to idealize*	**übertreiben, übertrieb,**
das Mitleid *compassion,*	**übertrieben** *to exaggerate*
sympathy; **Mitleid mit**	**verharmlosen** *to belittle,*
jemandem haben *to feel*	*make light of*
compassion for someone	**der Völkermord, -e** *genocide*
oberflächlich *superficial*	**die Wirklichkeit, -en** *reality*
objektiv *objective*	

  Ihre Erfahrung

Welche Kenntnisse haben Sie über das Zusammenleben von Indianern und Nicht-Indianern? Was wissen Sie über die Geschichte und Kultur der Indianer? Haben Sie persönliche Erfahrungen? Erzählen Sie davon.

  Ihre Reaktion

1. Bereiten Sie in einer Gruppe eine kurze Fernsehsendung in deutscher Sprache über Indianer in den USA vor. Planen Sie den Inhalt, schreiben Sie den deutschen Text, verwenden Sie interessante visuelle Materialien, nehmen Sie das Video auf, und organisieren Sie das Videomaterial, bevor Sie das Ergebnis vorführen.

   Wenn Sie in Kleingruppen arbeiten, kann jede Gruppe ein anderes Thema aussuchen und bearbeiten. Die Fernsehsendung besteht dann aus den Einzelberichten der verschiedenen Arbeitsgruppen.

2. Stellen Sie sich vor, Sie haben einen Freund/eine Freundin in Deutschland, der/die gerne Wildwestfilme über Cowboys und Indianer sieht. Er/Sie schreibt Ihnen und stellt einige Fragen, denn er/sie interessiert sich für die Geschichte der amerikanischen Ureinwohner. Sie schreiben zurück. Ihr Brief könnte so beginnen:

   Liebe/Lieber _____,
   *aus Deinem letzten Brief ist klar zu lesen, daß Du Dich
   für die Ureinwohner Nordamerikas interessierst. Ich versuche also, etwas über sie zu erzählen ...*

Das Objekt des Geschehens betonen (Das Passiv)

Im Aktiv kann man den Träger des Geschehens betonen:

Die Weißen ermordeten die Indianer.

Im Passiv kann man das Objekt des Geschehens betonen:

Die Indianer wurden (von den Weißen) ermordet.

Die Konjugation (im Indikativ)

Präsens *(I am [being] seen, etc.)*

ich	werde	
du	wirst	
er/sie/es	wird	gesehen
wir	werden	
ihr	werdet	
Sie/sie	werden	

Präteritum *(I was [being] seen, etc.)*

ich	wurde	
du	wurdest	
er/sie/es	wurde	gesehen
wir	wurden	
ihr	wurdet	
Sie/sie	wurden	

Perfekt *(I have been / was seen, etc.)*

ich	bin	
du	bist	
er/sie/es	ist	gesehen worden
wir	sind	
ihr	seid	
Sie/sie	sind	

Plusquamperfekt *(I had been seen, etc.)*

ich	war	
du	warst	
er/sie/es	war	gesehen worden
wir	waren	
ihr	wart	
Sie/sie	waren	

1. Futur *(I will be seen, etc.)*

ich	werde	
du	wirst	
er/sie/es	wird	gesehen werden
wir	werden	
ihr	werdet	
Sie/sie	werden	

2. Futur *(I will have been seen, etc.)*

ich	werde	
du	wirst	
er/sie/es	wird	gesehen worden sein
wir	werden	
ihr	werdet	
Sie/sie	werden	

Der Agens

Der Agens erscheint im Passiv als **von + Subjekt des Aktivsatzes.**

> **Aktiv:** Kronzucker beschreibt das Leben der Indianer.
>
> **Passiv:** Das Leben der Indianer wird **von Kronzucker** beschrieben.

1

Beantworten Sie die Fragen durch Gebrauch von Sätzen im Passiv. Formulieren Sie Ihren Antwortsatz, wenn es geht, mit dem Agens.

ZUM BEISPIEL

> A: Welche Literatur liest man im Kurs?
>
> B: Indianerliteratur ...
>
> B: *Indianerliteratur wird im Kurs gelesen.*

Präsens

1. A: Wessen Schicksal bespricht Kronzucker?
   B: Das Indianerschicksal ...

2. A: Welches Gedicht zitiert Kronzucker?
   B: Ein Gedicht von Johann Gottlieb Seume ...

3. A: Welche Einwanderer nennt er?
   B: Deutsche Einwanderer ...

4. A: Welche Indianerromane liest man gern?
   B: Karl Mays Indianerromane ...

5. A: Welchen Roman kauft man am meisten?
   B: Der Roman „Winnetou" ...

6. A: Welches Besuchszentrum besuchen die Deutschen oft?
   B: Das Cochise-Besuchszentrum ...

7. A: Wo pflegt man die alten Indianertraditionen?
   B: In den Reservaten ...

Präteritum

8. A: Wie viele Indianer ermordete man?
   B: Hunderttausende Indianer ...

9. A: Man zwangsrekrutierte welchen jungen Mann?
   B: Johann Gottlieb Seume ...

10. A: Welchen Roman hat man 50 Millionen mal verkauft?
    B: *Winnetou* von Karl May ...

11. A: Welche Städte gründeten die Herrenhuter?
    B: Bethlehem und Nazareth ...

12. A: David Zeisberger schuf welche Siedlungen?
    B: Einige Siedlungen im Ohio-Tal ...

13. A: Was erfand David Zeisberger?
    B: Ein Alphabet für die Delawaren ...

14. A: Was druckte man 1776 in Philadelphia?
    B: Ein Buchstabierbuch für die Delawaren ...

2

Bilden Sie durch Gebrauch von **werden** den Passivsatz.

ZUM BEISPIEL

(Präteritum) das Buch / im ersten Semester / lesen

Das Buch wurde im ersten Semester gelesen.

1. (Präsens) In Radebeul bei Dresden / das Karl-May-Museum / von vielen Karl-May-Liebhabern / besuchen

2. (Präteritum) Die Gegenstände im Museum / von Karl May selbst / sammeln

3. (Präteritum) Im Jahre 1992 / Karl Mays 150. Geburtstag / feiern

4. (Präsens) Indianergeschichten / von deutschen Kindern / gern lesen

5. (Präsens) Auf Karnevalpartys / oft Indianerkostüme / von den Kindern / tragen

6. (Perfekt) In den letzten Jahren / immer mehr / über das Unrecht gegen die Indianer / schreiben

7. (Perfekt) In den letzten Jahren / das Indianerbild / etwas / ändern

8. (Präteritum) Dieter Kronzuckers „Bilder aus Amerika" / im deutschen Fernsehen / senden

9. (Perfekt) Unser Lesetext / von ihm / schreiben

10. (Perfekt) Der Text / vor kurzem / von uns / lesen

11. (1. Futur) Was / als Nächstes / lesen ?

3

Formulieren Sie in Partnerarbeit fünf Fragen aus dem Bereich der Geschichte. Verwenden Sie dabei Passivkonstruktionen. Stellen Sie die Fragen an Ihre Mitstudenten/Mitstudentinnen. Wer kann die meisten Fragen beantworten?

ZUM BEISPIEL

A: *In welchem Land wurden die ersten Olympischen Spiele veranstaltet?*
B: *Sie wurden in Griechenland veranstaltet.*

4

Beantworten Sie die Fragen zu den Illustrationen durch Gebrauch von Sätzen im Passiv. Gebrauchen Sie die angegebene Zeitform.

ZUM BEISPIEL

Wann öffnet man in den Sommermonaten das Karl-May-Museum? (Präsens)

Das Museum wird um 9.00 Uhr geöffnet.

Anzeige

Ein Besuch – Ein Erlebnis

Karl·May·Museum

Karl-May-Straße 5
01436 Radebeul, PF 010267
geöffnet: Nov. bis Febr. 10 - 16°°, März bis Okt. 9 - 18°°
Montag geschlossen

Persönl. Führungen nach Vereinbarung

Gastronomie im Museumsbereich

1. Wie viele Romane hat Karl May geschrieben? (Perfekt)

KARL MAY - GESAMMELTE WERKE - DIE ECHTEN GRÜNEN BÄNDE

1 Durch die Wüste	26 Der Löwe der Blutrache	51 Schloß Rodriganda
2 Durchs wilde Kurdistan	27 Bei den Trümmern von Babylon	52 Die Pyramide des Sonnengottes
3 Von Bagdad nach Stambul	28 Im Reiche des silbernen Löwen	53 Benito Juarez
4 In den Schluchten des Balkan	29 Das versteinerte Gebet	54 Trapper Geierschnabel
5 Durch das Land der Skipetaren	30 Und Friede auf Erden	55 Der sterbende Kaiser
6 Der Schut	31 Ardistan	56 Der Weg nach Waterloo
7 Winnetou I	32 Der Mir von Dschinnistan	57 Das Geheimnis des Marabut
8 Winnetou II	33 Winnetous Erben	58 Der Spion von Ortry
9 Winnetou III	34 „ICH"	59 Die Herren von Greifenklau
10 Sand des Verderbens	35 Unter Geiern	60 Allah il Allah!
11 Am Stillen Ozean	36 Der Schatz im Silbersee	61 Der Derwisch
12 Am Rio de la Plata	37 Der Ölprinz	62 Im Tal des Todes
13 In den Kordilleren	38 Halbblut	63 Zobeljäger und Kosak
14 Old Surehand I	39 Das Vermächtnis des Inka	64 Das Buschgespenst
15 Old Surehand II	40 Der blaurote Methusalem	65 Der Fremde aus Indien
16 Menschenjäger	41 Die Sklavenkarawane	66 Der Peitschenmüller
17 Der Mahdi	42 Der alte Dessauer	67 Der Silberbauer
18 Im Sudan	43 Aus dunklem Tann	68 Der Wurzelsepp
19 Kapitän Kaiman	44 Der Waldschwarze	69 Ritter und Rebellen
20 Die Felsenburg	45 Zepter und Hammer	70 Der Waldläufer
21 Krüger Bei	46 Die Juweleninsel	71 Old Firehand
22 Satan und Ischariot	47 Professor Vitzliputzli	72 Schacht und Hütte
23 Auf fremden Pfaden	48 Das Zauberwasser	73 Der Habicht
24 Weihnacht	49 Lichte Höhen	74 Der verlorene Sohn
25 Am Jenseits	50 In Mekka	

KARL-MAY-VERLAG Ⓜ **8600 BAMBERG** ①

2. Wo führt man alljährlich die Karl-May-Spiele auf? (Präsens)
   Wann führt man die Karl-May-Spiele auf? (Präsens)

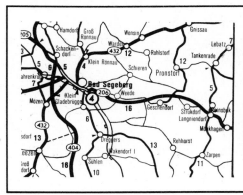

④ Bad Segeberg

Karl-May-Spiele: Im Juli und
August finden alljährlich seit
1952 im Freilichttheater am Kalk-
berg (zu erreichen über → Lübek-
ker Straße) die Karl-May-Spiele
vor rund 100 000 Zuschauern pro
Saison statt.
Kalkberghöhle: In unmittelbarer
Nachbarschaft der Freilichtbühne
liegt die nördlichste Schauhöhle
Deutschlands (800 m Wege).

②

3. In wie viele Sprachen hat man Karl Mays Werke übersetzt? (Perfekt)

Warum Karl May
noch immer einer
der meistgelesenen
deutschen
Autoren ist.

Von Ehrhardt Heinold

Über 50 Millionen Bände Gesamtauflage – Übersetzungen in 25 Sprachen –
zahlreiche Verfilmungen – alljährliche Festspiele – der Karl-May-Boom
geht munter ins zweite Jahrhundert, und ein Ende ist nicht abzusehen. Karl
May, nicht nur einer der erfolgreichsten, sondern auch einer der umstrit-
tensten deutschen Schriftsteller, setzt noch immer die Phantasie von Millionen Lesern in Bewegung. Was ist das Geheimnis seines Erfolges?

Sieg! Sieg! Ich sehe alles rosenrot! Der am   aber die jahrelangen juristischen Querelen,
30. März 1912 mit diesen Worten starb,   die Pressekampagnen und Prozesse hatten

③

4. Welchen Roman liest man hier? (Präsens)

5. Welches Buch haben Dieter Kronzucker und Klaus Emmerich geschrieben? (Perfekt)

⑤

6. Welchen Film wird man um 19.30 senden? (1.Futur)
   Welchen Film hat man um 19.00 Uhr gesendet? (Perfekt)

⑥

DO 22 . März

11.03 ARD / ZDF
Wie klaut man einen Renoir? Gaunerkomö-
die, USA 87. ▶ **89 Min.**

19.00 Bayern 3
Flucht vor dem Tode
Western, USA 1951. Mit
A. Murphy. ▶ **73 Min.**

19.30 Südwest 3
Die Schlacht am Apa-chenpaß Western, USA
1952. ▶ **82 Min.**

20.00 West 3
Der große Bluff We-stern, USA 1939. Mit M.
Dietrich. ▶ **91 Min.**

Bilden Sie aus den Satzteilen drei vollständige Passivsätze im Präteritum. Erzählen Sie dann die kleine Geschichte, indem Sie die drei Sätze den Zeichnungen zuordnen.

ZUM BEISPIEL

In der Deutschstunde

ein Diktat, schreiben / eine Pause, machen / der Text, lesen

_____ _____ _____

_____ _____ _____

_____ _____ _____

_____ _____ _____

Indianerschicksal

1. Reservate, schaffen / das Land, übernehmen / die Indianer, ermorden

_____ _____ _____

_____ _____ _____

_____ _____ _____

_____ _____ _____

Seume kommt nach Amerika

2. er, verschleppen / Johann Seume, zwangsrekrutieren / er, nach Amerika, bringen

_____   _____   _____
_____   _____   _____
_____   _____   _____
_____   _____   _____

Deutsche Indianergeschichten

3. Karl Mays *Winnetou,* 50 Millionen mal, verkaufen / viele Indianergeschichten, schreiben / eine Indianerromantik, entwickeln

_____   _____   _____
_____   _____   _____
_____   _____   _____
_____   _____   _____

Herrenhuter und Indianer

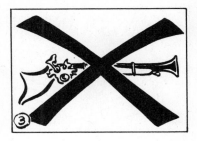

4. Bethlehem und Nazareth, die Herrenhuter, gründen / sie, nicht ermorden / die Indianer, sie, respektvoll behandeln

_____   _____   _____

_____   _____   _____

_____   _____   _____

_____   _____   _____

Ein Alphabet für die Delawaren

5. das Buch, 1776 in Philadelphia, drucken / ein Alphabet für die Delawaren, Zeisberger, erfinden / ein Buchstabierbuch, er, schreiben

_____   _____   _____

_____   _____   _____

_____   _____   _____

_____   _____   _____

Das Schicksal der Delawaren

6. sie, immer mehr dezimieren / die Delawaren, andere Weiße, mißhandeln / die Restlichen, nach Oklahoma, verschleppen

_____   _____   _____

_____   _____   _____

_____   _____   _____

_____   _____   _____

Zum Schluß

Irmgard Wagner berichtet in der Zeitung _Bonner General-Anzeiger_ über die Zusammenarbeit zwischen Sioux Indianern und Heinrich Weltzien, Direktor des Bonner Universitäts-Instituts für Pflanzenkrankheiten.[8] Lesen Sie den Bericht, und machen Sie die darauf folgenden Aufgaben.

Die Indianer standen vor einem Rätsel

Der Hilferuf kam aus dem US-Bundesstaat South Dakota: Der Stamm der Oglala Sioux Indianer hatte Probleme mit dem organischen Anbau° von Gemüse und Heilpflanzen°. Aber er wußte, wo der Fachmann° zu finden war. Professor Heinrich Weltzien, Direktor des

growing; medicinal plants

expert

8. In: _Kulturchronik_, Nr. 3, 1991, Bonn: Inter Nationes

Bonner Universitäts-Instituts für Pflanzenkrankheiten, eilte vor Ort° *eilte vor Ort: rushed to the spot*

5 und half den Indianern. [...] Weltzien nutzte gemeinsam mit seiner Frau Marianne Weltzien, eine erfahrene Pflanzenpathologin, eine Kongreßreise° in die USA zu einem Abstecher° in das Sioux-Reservat. *trip to a conference; side trip* Seine Reise wurde von der Deutschen Forschungsgemeinschaft° *Research Association* unterstützt.

10 Der Bonner Wissenschaftler° fand einen Siedlungsraum° vor, der *scientist; settlement area* von großen weiten Steppen und den sogenannten „bad lands", un- zugänglichem und unfruchtbarem Gelände°, geprägt ist. [...] Erst *unzugänglichem ... Gelände: inaccessible and barren terrain* vor wenigen Jahren begannen die Indianer das Steppenland zu bearbeiten. Ein mutiger° Schritt°, so erklärte Weltzien, denn in ihrer *courageous; step*

15 langen Stammesgeschichte hatten sich die Oglala nie mit Ackerbau° *agriculture* beschäftigt°. [...] „Was jetzt nach drei Jahren Anbauzeit die In- *occupied* dianer verzweifeln ließ°, ist vornehmlich° die mangelnde° Nährstoff- *die Indianer ... ließ: caused the Native Americans to despair; principally; insufficient; return of nutrients* rückführung°", sagte Weltzien nach seiner Rückkehr aus South Dakota ...

20 Also half er den Indianern bei der Einführung der Kompostwirt- schaft. [...] [E]in Modellgarten wurde angelegt°, und die Oglala *planted* wurden in der Komposttechnik unterrichtet°. Weltzien will auch die *instructed* Anbautechniken verbessern und die traditionellen Nutz- und Heilpflanzen sammeln°, die in Vergessenheit geraten sind°. Der Bon- *collect; in Vergessenheit ... sind: have been forgotten*

25 ner hat weiterführende Pläne: Mit Unterstützung des Deutschen Akademischen Austauschdienstes° wird er ab 1991 im Oglala-Col- *Exchange Service* lege, der einzigen weiterführenden Bildungseinrichtung° im Reser- *educational institution* vat, Kurse im organischen Gartenbau anbieten°. „Dabei darf es nicht *offer* nur um technische Aspekte gehen°. Die indianische Tradition des *um ... gehen: be a matter of*

30 ganzheitlichen Naturverständnisses muß mit einbezogen° werden. *included* Die Oglala-Gartenbauer müssen sich ihr altes Wissen wieder nutzbar machen", meint der Bonner Agrarwissenschaftler.

Aufgaben

1. **Passiv.** Suchen Sie im Text vier Beispiele für das Passiv (eins mit einem Modalverb).

2. **Passiv.** Beantworten Sie die folgenden Fragen im Passiv.

ZUM BEISPIEL

Perfekt: Wer hat den Artikel geschrieben? (Irmgard Wagner)
Der Artikel ist von Irmgard Wagner geschrieben worden.

1. Präteritum: Wie bauten die Indianer Gemüse und Heilpflanzen an? (organisch)

2. Perfekt: Haben die Oglala einen Fachmann gefunden? (Ja, ...)

3. Perfekt: Was hat den Siedlungsraum geprägt? (große weite Steppen und die „bad lands")

4. Perfekt: Welche Art Wirtschaft hat Weltzien eingeführt? (die Kompostwirtschaft)

5. 1. Futur: Welche Techniken wird man verbessern? (die Anbautechniken)

6. 1. Futur: Welche Pflanzen wird man sammeln? (traditionelle Nutz- und Heilpflanzen)

3. Was paßt zusammen?

1. Oglala	a. weite Steppen und die „bad lands"
2. das Pine Ridge Reservat	b. Wissenschaftler
3. die Universität Bonn	c. Sioux Indianer
4. das Oglala-College	d. Bundesstaat
5. South Dakota	e. Stipendien und Programme für Studierende aus vielen Ländern
6. die Deutsche Forschungsgemeinschaft	f. Institut für Pflanzenkrankheiten
7. der Deutsche Akademische Austauschdienst	g. Kurse im organischen Gartenbau

4. Ein Bericht.

Irmgard Wagners Bericht vermittelt Ihnen einen tieferen Einblick in das Bild der Deutschen von den Indianern. Wie würden Sie dieses Bild definieren? Bereiten Sie einen Bericht darüber vor. Wenn alle Berichte fertig sind, vergleichen Sie in Gruppenarbeit Ihre Meinungen mit denen der anderen Studenten/Studentinnen. Denken Sie für Ihren Bericht über folgende Fragen nach.

1. Welches Bild von den Indianern vermitteln Irmgard Wagner, Heinrich Weltzien, Dieter Kronzucker und das Bildmaterial in diesem Kapitel?

2. Welche Ähnlichkeiten oder Unterschiede finden Sie in den Berichten von Kronzucker und Wagner?

3. Welche Anschauungen finden Sie in den Illustrationen in diesem Kapitel?

4. Finden Sie bei Irmgard Wagner eine tiefe Indianerromantik?

5. Vergleichen Sie das Indianerbild der Deutschen mit Ihren eigenen Vorstellungen.

Kapitel 10

SHALOM NAOMI?

KOMMUNIKATIONSTHEMA

Trauer und Hoffnung

LESETEXT

Shalom Naomi? Brief an ein Kind

SPRACHLICHE FUNKTION

Logische Verhältnisse ausdrücken
(Unterordnende Konjunktionen)

Eine Krankenschwester hält das neugeborene Kind hoch.

A   Einstieg ins Thema

Sprechen Sie über die Beziehung zwischen Großeltern und Enkelkindern. Wie können Großeltern ihre Liebe zu den Enkelkindern zeigen? Stellen Sie spontan eine Liste auf, in der Sie mehrere Möglichkeiten anführen.

So zeigen Großeltern Liebe für ihre Enkelkinder

Ruth Herzog ist Jüdin. Sie hat die Judenverfolgung im Nazideutschland überlebt. Ein großer Teil ihrer Verwandten und Freunde wurde zwischen 1933 und 1945 ermordet, und auch sie hat in dieser Zeit sehr gelitten.

Als 1979 ihr erstes Enkelkind geboren wird, geht die glückliche Großmutter ins Krankenhaus, stellt sich ans Fenster der Wochenstation und betrachtet gerührt ihre Enkeltochter Naomi. Was soll – was kann man diesem kleinen Baby sagen?

So setzt sich Frau Herzog hin und schreibt einen Brief, den Naomi viele Jahre später bekommen soll, wenn sie alt genug ist, ihn zu verstehen. Was als kurzer Brief anfing, wurde dann ein langes Buch[1], aus dem Sie hier Auszüge lesen.

Beantworten Sie gemeinsam mit einem Partner/einer Partnerin die folgenden Fragen. Teilen Sie anschließend dem ganzen Kurs Ihre Antworten mit.

1. Was hat der *Einstieg ins Thema* mit der *Einführung in den Lesetext* zu tun?

2. Warum schreibt Ruth Herzog einen Brief an ihre Enkeltochter?

Nützliche Wörter und Ausdrücke

anfangen (fängt an), fing an, angefangen *to begin*

der Auszug, ⁀e *excerpt*

bekommen, bekam, bekommen *to receive*

betrachten *to look at*

das Enkelkind, -er *grandchild*

ermorden *to murder*

gerührt *moved*

sich hinsetzen *to sit down*

der Jude, -n/die Jüdin, -nen *Jew*

die Judenverfolgung, -en *persecution of the Jews*

leiden, litt, gelitten *to suffer*

der Teil, -e *part;* **ein großer Teil** *a great number*

überleben *to survive*

der/die Verwandte (wie ein Adj. dekl.) *relative*

die Wochenstation, -en *maternity ward*

---

1. Ruth Herzog: *Shalom Naomi? Brief an ein Kind,* Frankfurt/Main 1982, S. 5, 15, 18–19, 179–180

Vor dem Lesen

C Was wissen Sie schon?

Bereiten Sie sich mit folgenden Fragen auf den Lesetext vor. Jede Frage hat mehr als eine mögliche Antwort.

1. Nennen Sie einige typische Gedanken oder Gefühle einer Mutter, die zum ersten Mal Großmutter wird.
2. Was kann geschehen, wenn ein Kind das Spielzeug will, womit ein anderes Kind gerade spielt?
3. Was wissen Sie über das Wort „Shalom"?
4. An was denken Sie, wenn Sie das Wort „Antisemitismus" hören?
5. Wie oder wo haben Sie schon über Juden in Deutschland gehört? Was haben Sie gehört?

D Textüberblick

Man kann einen Text schneller verstehen, wenn man sich schon vor dem Lesen einen Überblick über ihn verschafft. Folgende Fragen dienen dem Überblick. Sehen Sie sich also den ganzen Text auf Seite 296–299 flüchtig an, um folgende Fragen zu beantworten.

1. Was erfährt man aus dem Titel?
2. Wo sieht man schon, daß Ruth Herzog in der Ichform erzählt?
3. In welchem Absatz erzählt Frau Herzog von ihrem Besuch auf der Wochenstation? Im zweiten oder vierten?
4. Im fünften Absatz beginnt Frau Herzog mit einer Geschichte aus ihrer Kindheit. Im wievielten Absatz steht der Schluß der Geschichte?
5. Im neunten Absatz erklärt Frau Herzog, wo sie den Brief schreibt. Wo ist sie?
6. Wer stellte die Frage: „Mein Gott, mein Gott, warum hast du mich verlassen"? Ruth Herzog oder ihr Vater?

Die Vokabeln und Sätze kommen in dieser Reihenfolge im Lesetext vor.

1. **trotzdem**   *nevertheless*
   Trotzdem lebe ich noch.

2. **das Wunder, -**   *miracle*
   Mir kommt das auch heute noch wie ein **Wunder** vor ...

3. **schreien, schrie, geschrieen**   *to cry, scream, shout*
   Das Kleine **schrie** aus Leibeskräften.

4. **der Frieden (kein Pl.)**   *peace*
   Schließlich sagte ich leise: „Shalom Naomi."– **Frieden.**

5. **verlassen (verläßt), verließ, verlassen**   *to leave (= to go away from)*
   Ich ... **verließ** nachdenklich die Klinik ...

6. **plötzlich**   *sudden(ly)*

7. **frieren, fror, (haben) gefroren**   *to be/feel very cold (freezing);* **aber: das Wasser ist gefroren**   *the water has frozen*
   Plötzlich fror ich mitten im Sommer.

8. **die Geburt, -en**   *birth*
   Die **Geburt** des Kindes Naomi erschien mir wie ein Wunder ...

9. **ermorden**   *to murder, assassinate*
   [E]ine nie geklärte Zahl von Zigeunern [wurde] sinnlos **ermordet ...**

10. **inzwischen**   *(in the) meantime, meanwhile*

11. **die Erde**   *earth*
    Haben die Menschen **inzwischen** gelernt, daß du ein Recht auf Leben hast, du und alle Kinder auf dieser **Erde ...?**

12. **die Bedeutung, -en**   *meaning, significance*
    Als ich etwa fünf Jahre alt war, begann ich damit, tagaus, tagein nach der **Bedeutung** irgendwelcher Fremdwörter zu fragen ...

13. **rechtzeitig**   *early enough, in time*
    Ich bekam die Antwort gerade noch **rechtzeitig.**

14. **die Gerechtigkeit (kein Pl.)**   *justice*
    Es geht ihnen dabei nicht um **Gerechtigkeit ...**

15. **das Spielzeug, -e**   *toy*

16. **stehlen (stiehlt), stahl, gestohlen**   *to steal*
    Auf dem Spielplatz hatte mir ein älteres Kind ein **Spielzeug**
    fortgenommen und behauptete dann, ich hätte es von ihm
    gestohlen.

17. **zurückkehren (sein)**   *to return, come back*
    [W]iederum **kehrt** die quälende Frage zu mir **zurück:** Warum
    bin ich am Leben geblieben, warum gerade ich?

18. **der Schmerz, -es, -en**   *pain*
    „Eli, Eli, lama asabthani?" fragte mein Vater im Jahre 1945, als
    ihn die Trauer und der **Schmerz** um seine Lieben über-
    mannte ...

19. **nachdenken, dachte nach, nachgedacht**   *to ponder, to*
    think; **nachdenken über (+ Akk.)**   *to think about*
    Seither habe ich oft dar**über nachgedacht** ...

20. **die Schwäche, -n**   *weakness*
    Du sollst ihre **Schwächen** rechtzeitig erkennen.

21. **die Welt, -en**   *world*

22. **quälen**   *to torment, torture*
    Deine **Welt** sollte eine **Welt** sein, ... in der die Menschen einan-
    der leben helfen, anstatt einander zu **quälen** ...

23. **die Hoffnung, -en**   *hope;* **Hoffnung auf (+ Akk.)**   *hope in*
    something or someone
    [F]ür mich bist Du die **Hoffnung.**

Erste Wortschatzübung

Ordnen Sie die Vokabeln aus dem *Wortschatz* den folgenden drei
Rubriken zu:

1. Wörter, die Ihnen positiv vorkommen
2. Wörter, die Ihnen negativ vorkommen
3. Wörter, die Ihnen neutral – also weder positiv noch negativ –
   vorkommen

Vergleichen Sie Ihre Wortgruppen mit denen eines Partners/einer
Partnerin. Welche Vokabeln haben Sie und Ihr Partner/Ihre Partnerin unterschiedlichen Kategorien zugeordnet? Erklären Sie einander Ihre Gründe.

Positiv	Negativ	Neutral
das Wunder	schreien	trotzdem

Zweite Wortschatzübung

Folgende Fragen werden unter den Studenten aufgeteilt. Stellen Sie die Ihnen zugeteilten Frage(n) an einen Mitstudenten/eine Mitstudentin, und notieren Sie sich die Antworten. Berichten Sie anschließend im Plenum darüber.

1. Haben dir deine Eltern als Kind einmal etwas verboten, was du dann trotzdem getan hast? Nenne ein Beispiel.
2. Hast du schon einmal etwas erlebt, was dir wie ein Wunder vorkam? Nenne ein Beispiel.
3. Wann und wo hast du schon einmal jemanden schreien hören?
4. Kennst du eine Persönlichkeit, die besonders viel für den Frieden in der Welt getan hat?
5. Hast du schon einmal etwas verlassen müssen, was dir viel bedeutet hat, z.B. ein Land, eine Stadt, Familie, Freunde usw.? Erzähl davon.
6. Wann bist du schon einmal plötzlich in der Nacht aufgewacht?
7. Wann hast du schon einmal gefroren?
8. Hast du schon einmal eine Geburt gesehen?
9. Kennst du einen Politiker/eine Politikerin, der/die ermordet wurde?
10. Hast du als Kind gerne Briefe geschrieben? Hat sich das inzwischen geändert?
11. Weißt du, wie viele Menschen ungefähr auf der Erde leben?
12. Was bedeutet das Wort ‚Shalom'?
13. Was hast du schon einmal nicht rechtzeitig bekommen?
14. Welche Ungerechtigkeit hast du persönlich schon erlebt?

15. Mit welchem Spielzeug hast du als Kind gerne gespielt?

16. Was ist dir schon einmal gestohlen worden?

17. Willst du nach dem Studium zu deinen Eltern zurückkehren oder dir eine eigene Wohnung suchen?

18. Wann hast du zum letzten Mal Schmerzen gehabt?

19. Worüber hast du schon ziemlich viel nachgedacht?

20. Hast du eine Schwäche für etwas?

21. Hat irgendwas oder irgendjemand dich schon einmal gequält?

22. Glaubst du, daß es Hoffnung für den Weltfrieden gibt?

Lesetext

Shalom Naomi? Brief an ein Kind

R U T H H E R Z O G

Links trug ich einst° auf der Brust einen gelben, sechszackigen° Judenstern mit dem schwarzen Aufdruck° „Jude". Trotzdem lebe ich noch. Mir kommt das auch heute noch wie ein Wunder vor, denn es verstößt einfach gegen die Regeln°, nicht zu sterben, wenn man so
5 viele Jahre Todeskandidat ist – wie ein Seiltänzer° über einem Abgrund°.

An einem Sommerabend des Jahres 1979 aber stand ich nun vor einer großen Glasscheibe° in der Wochenstation eines deutschen Krankenhauses und sah das neugeborene Kind an, das von einer
10 jungen Frau im weißen Kittel° hinter der Scheibe hochgehoben° wurde. Das Kleine schrie aus Leibeskräften°. Minutenlang betrachtete° ich es mit tiefem Ernst. Schließlich sagte ich leise: „Shalom Naomi." – Frieden ... Ich sah durch die Glasscheibe zu, wie das Kind Naomi wieder gebettet wurde, und verließ nachdenklich die Klinik:
15 Naomi ist mein erstes Enkelkind.

once; six-pointed

imprint

verstößt gegen die Regeln: *goes against the rules*
tightrope walker

abyss

pane of glass

coat; lifted up

aus Leibeskräften: *with all his/her might*
looked at

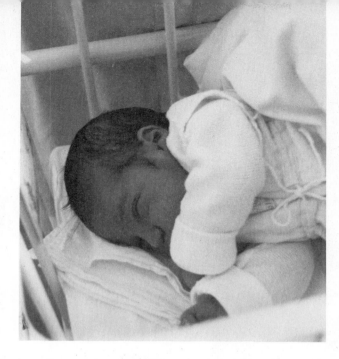

In der Wochenstation.

„Shalom Naomi? Friede für Naomi?" fragte ich mich. „Wie wird es dir im Leben ergehen°? Was halten die Menschen für dich bereit?" Plötzlich fror ich mitten im Sommer. Die Geburt des Kindes Naomi erschien mir wie ein Wunder, und ich wußte schon, daß sie mir
20 immer so erscheinen würde.

Ich habe erlebt, wie während der Hitler-Zeit sechs Millionen Juden und eine nie geklärte° Zahl von Zigeunern° sinnlos ermordet wurden. Mein Enkelkind Naomi aber ist das Kind einer Jüdin und eines Zigeuners. ... Shalom Naomi? Haben die Menschen inzwischen
25 gelernt, daß du ein Recht auf Leben hast, du und alle Kinder auf dieser Erde ohne Unterschied° ihrer Hautfarbe°, ihrer Nationalität oder ihrer Religion? Shalom Naomi? Wird es für dich den Frieden geben? [...]

Ich denke oft an meinen Vater, den ich sehr geliebt habe. [...] Ich
30 war ungemein° wißbegierig°. Als ich etwa fünf Jahre alt war, begann ich damit, tagaus, tagein nach der Bedeutung irgendwelcher° Fremdwörter zu fragen, weil Sprachliches mich schon frühzeitig besonders interessierte. Eines Tages hörte ich meine Eltern mehrmals das Wort „Antisemitismus" benutzen, doch als ich den
35 Vater nach der Bedeutung des Wortes fragte, wurde er schweigsam°. Nach Kinderart° ließ ich nicht locker° und wollte Antwort haben. Ich bekam die Antwort gerade noch rechtzeitig. „Manche Leute mögen uns Juden nicht", sagte mein Vater. „Sie sagen Dinge über uns, die nicht wahr sind. Es geht ihnen dabei nicht um Gerechtigkeit,

wird es dir ergehen: will you fare

clarified; gypsies

ohne Unterschied: without regard to; skin color

extraordinarily; eager to learn
whatever

silent
nach Kinderart: in the way children are; ließ ... locker: I did not let up, I insisted

Tausende von jüdischen Familien mußten ihre Heimat verlassen.

40   aber man muß trotzdem versuchen, sich dagegen zu wehren°. Leute,   *defend*
die uns Juden nicht mögen, nennt man Antisemiten." – „Ich will jetzt
lieber wieder mit dem Teddybär spielen." – „Das ist auch besser für
dich, mein Kind." – „Werde ich noch lernen, was Antisemitismus ist,
Papi?" – „Früh genug, Ruth." Wenige Tage später lernte ich es.

45   Auf dem Spielplatz hatte mir ein älteres Kind ein Spielzeug fort-
genommen° und behauptete° dann, ich hätte es von ihm gestohlen.   *taken away; claimed*
Dabei rief das große Mädchen immerfort°: „Ihr Juden habt Jesus   *the whole time*
ermordet. Jesusmörder, Jesusmörder!"

    Plötzlich stand der Vater des Mädchens hoch aufgereckt° vor mir,   ***hoch aufgereckt:** stretched tall*
50 und als ich darauf bestand°, daß nicht ich dem anderen Kind, son-   *insisted*
dern das andere Kind mir das Spielzeug fortgenommen hatte, hielt
er mich fest und schlug blindlings° auf mich ein°. „Verdammter   *blindly;* ***schlug auf mich ein:** struck out at me*
Judenbalg°!" schrie er wütend°. „Ihr seid alle Judenschweine!" Ich   *Jewish brat; furiously*
spuckte einen ausgeschlagenen° Milchzahn° aus° und lief weinend   *knocked out; baby tooth;* ***spuckte aus:** spit out*
55 und blutverschmiert° nach Hause.   *covered with blood*

    „Ist das Antisemitismus?" fragte ich den Vater, als er abends nach
Hause kam. Der Vater hielt mich auf den Knien und strich° über   *stroked*

mein Haar. Seine Stimme war belegt°, als er knapp° und traurig °husky; tersely
antwortete: „Ja ...“ Es war das Jahr 1927, und keiner konnte ahnen°, °foresee
60 daß meiner ersten bewußten Begegnung° mit dem Antisemitismus °encounter
eines Tages die Hölle° der Judenverfolgungen° im Dritten Reich °hell; Jewish persecution
folgte. [...]

Ich bin allein in meiner kleinen Ein-Zimmer-Wohnung. Mit
geschlossenen° Augen denke ich an die Millionen Toten, die der °closed
65 Holocaust gefordert° hat, und wiederum kehrt die quälende Frage °claimed
zu mir zurück: Warum bin ich am Leben geblieben, warum gerade
ich? Aber dann, Naomi, denke ich an Dich, und ich denke an alle
Kinder, die jetzt geboren und im Jahre 2000 einundzwanzig Jahre
alt sein werden, so wie Du. Wird es für euch den Frieden geben?

70 „Eli, Eli, lama asabthani?“[2] fragte mein Vater im Jahre 1945, als ihn
die Trauer° und der Schmerz um seine Lieben übermannte°: „Mein °grief; overcame
Gott, mein Gott, warum hast du mich verlassen?“ Seither habe ich
oft darüber nachgedacht, ob es überhaupt° einen Gott gibt, doch °at all
wenn es ihn gibt, Naomi, wenn es ihn wirklich gibt, dann hört Gott
75 auf alle Namen, die wir Menschen ihm geben. Wenn es ihn gibt, dann
versteht Gott alle Sprachen – nicht nur Latein und nicht nur Deutsch
und nicht nur Hebräisch. Weil Du ihm zum Bilde geschaffen° bist, **ihm zum Bilde geschaffen:**
sollst auch Du versuchen, die Menschen und ihre Sprachen zu *created in his image*
verstehen, und Du sollst ihre Schwächen rechtzeitig erkennen°. Im- °recognize
80 mer sollst Du auf der Hut° vor diesen Schwächen sein: Du sollst **auf der Hut:** *on guard*
nicht vergessen, Naomi, nie sollst Du vergessen – daß am Anfang
Auschwitz war. [...]

... [D]eine Welt sollte eine Welt sein, in der alle Menschen friedlich
zusammenleben und die Güter° der Erde miteinander teilen. Deine °goods
85 Welt sollte eine Welt sein, in der es keine Aufrüstung° und keinen °arming
Krieg mehr gibt, in der die Menschen einander leben helfen, anstatt
einander zu quälen und bis in die Gaskammern° von Auschwitz zu °gas chambers
treiben°. [...] °drive

Ich weiß nicht, was für ein Mensch Du einmal sein wirst, Naomi,
90 doch für mich bist Du die Hoffnung; das Versprechen° des Lebens °promise
bist Du, an dessen Wiege° ich stehen darf. Für meine Augen, die °cradle
Grauen° und Tod gesehen haben, bist Du das rote Leuchten der °horror
Morgendämmerung°, die nach langer Nacht hinter den Wolken° am **Leuchten der Morgendäm-**
Horizont aufsteigt°. **merung:** *glow of dawn;*
clouds; rises

---

2. Aramäisch, auf deutsch = „Mein Gott, mein Gott; warum hast du mich verlassen?“
Die Worte wurden von Jesus am Kreuz gesprochen (Matthäus 27, 46).

Nach dem Lesen

> **F** **Fragen zum Textverständnis**

Sie sehen hier zwei Fragen zu dem Brief von Ruth Herzog. Formulieren Sie allein vier weitere Fragen über den Lesetext. Stellen Sie danach alle Fragen an einen Mitstudenten/eine Mitstudentin.

1. Was kommt Frau Herzog wie ein Wunder vor?

2. Was sah sie hinter der Glasscheibe der Wochenstation?

> **G** **Was steht im Text?**

Wählen Sie zwei der vier Kategorien, und geben Sie zu jeder Kategorie vier Beispiele aus dem Brief. Stellen Sie danach mit zwei Studenten/Studentinnen eine gemeinsame Liste von Kategorien zusammen, und tragen Sie das Ergebnis dem Plenum vor.

Gefühle	Orte	Personen	Zeit
Hoffnung	Wochen- station	Vater	später

H   Szenen im Text

Wählen Sie die Szene im Text, die den tiefsten Eindruck auf Sie gemacht hat:

- Im Krankenhaus
- Kindergespräche mit dem Vater
- Auf dem Spielplatz
- Allein in der Wohnung

Stellen Sie danach zwei Studenten/Studentinnen die folgenden Fragen. (1) Welche Szene hast du gewählt? (2) Wann und wo passiert die Szene? (3) Welche Personen sind beteiligt? (4) Wovon handelt die Szene? Zum Schluß teilen einige Studenten die Antworten ihrer Befragten dem Plenum mit.

▷ I   Formulieren Sie Überschriften.

Arbeiten Sie mit einem Partner/einer Partnerin zusammen, und geben Sie jedem der acht folgenden Textabschnitte (siehe Zeilenangaben) eine Überschrift. Vergleichen Sie danach Ihre Überschriften mit denen eines anderen Paares, und einigen Sie sich auf die beste Lösung.

Zeilen der Abschnitte	Überschrift
1–6	_____
7–15	_____
16–28	_____
29–44	_____
45–62	_____
63–69	_____
70–82	_____
83–94	_____

J   Erklären Sie Begriffe.

Im Text finden Sie folgende Begriffe. Erklären Sie in wenigen Sätzen, in welchem Zusammenhang der jeweilige Begriff mit Ruth Herzogs Brief an Naomi steht.

ZUM BEISPIEL

Begriff: das Kleine

Erklärung: *Das Kleine ist das neugeborene Kind. Es ist das Enkelkind von Ruth Herzog. Es heißt Naomi.*

1. das Wunder
2. das Krankenhaus
3. der Zigeuner
4. der Vater
5. das Spielzeug
6. Gott
7. die Hoffnung

K   Wichtige Sätze im Text

Unterstreichen Sie im Text fünf Sätze, die Ihrer Meinung nach für das, was Ruth Herzog ihrer Enkeltochter sagen will, besonders wichtig sind. Vergleichen Sie Ihre fünf Sätze mit denen eines Partners/einer Partnerin. Einigen Sie sich auf die besten fünf Sätze, und begründen Sie Ihre Wahl.

L   Ihre Meinung

Beantworten Sie in Kleingruppenarbeit folgende Fragen. Jede Antwort soll aus drei oder vier Sätzen bestehen. Vergleichen Sie anschließend Ihre Antworten mit den Antworten der anderen Gruppen.

1. Warum schreibt Ruth Herzog den Brief?
2. Wie alt soll Naomi sein, wenn sie den Brief von ihrer Großmutter liest? Warum?
3. Warum denkt Ruth Herzog so sehr an ihren Vater?

Debatte

Folgende Thesen stehen zur Auswahl:

1. Großeltern sollten ihren Enkelkindern keinen Rat geben, außer wenn die Enkelkinder darum fragen.
2. Es wird immer Vorurteile geben, und man kann nichts dagegen machen.

Der Kurs wählt eine dieser beiden Thesen und teilt sich in zwei Gruppen auf. Eine Gruppe soll dafür, die andere dagegen argumentieren. Bereiten Sie sich darauf vor, in der Debatte die Meinung Ihrer Gruppe mit zwei oder drei Argumenten zu unterstützen. Welche Argumente können Sie finden? Es ist unwichtig, ob Sie wirklich davon überzeugt sind, wichtig ist, daß Sie mitargumentieren.

Vor der Debatte soll die Gruppe festlegen, wer was sagt, denn im ersten Teil der Debatte sollen alle Teilnehmer/Teilnehmerinnen der Gruppen abwechselnd zu Wort kommen. Als zweiter Teil folgt dann eine offene Diskussion.

Nützliche Wörter und Ausdrücke

Allgemein nützliche Ausdrücke für das Argumentieren finden Sie im *Einführungskapitel.* Folgende Wörter und Ausdrücke beziehen sich auf die beiden Thesen.

sich abfinden mit *to resign oneself to, to put up with*

für jemanden nur das Beste wollen *to want only the best for someone*

aus eigenen Fehlern lernen *to learn from one's own mistakes*

die Lebenserfahrung *life experience*

die Minderheit, -en *minority*

der Ratschlag, ⸚e *piece of advice;* **einen Rat geben** oder **Ratschläge erteilen** *to give advice*

die Veränderung, -en *change*

das Verständnis *understanding;* **Verständnis haben für** *to have understanding for*

das Vorurteil, -e *prejudice;* **Vorurteile abbauen** *to reduce prejudices*

▷ N Ihre Erfahrung

1. Was wissen Sie über das Leben Ihrer Großeltern? Haben Ihre Großeltern Ihnen Geschichten aus ihrem Leben erzählt? Berichten Sie über das, was sie wissen.

2. Frau Herzog erzählt von einem Kindheitserlebnis, bei dem sie erfahren hat, was Antisemitismus bedeutet. Erzählen Sie von einem Erlebnis aus Ihrer Kindheit, bei dem Sie etwas Wichtiges gelernt haben.

▷ O Ihre Reaktion

1. Stellen Sie im Kurs eine Anthologie zum Thema „Kindheit" zusammen. Wählen Sie eine Textsorte (z.B. Gedicht, Kurzgeschichte, Brief, Interview), und schreiben Sie. Zum Schluß sammelt ein „Redaktionsteam" die Texte ein, fotokopiert sie, heftet sie zusammen und verteilt sie an alle Studenten/Studentinnen. Besprechen Sie, je nach Interesse, einige Texte im Kurs.

2. Stellen Sie sich vor, Sie sind soeben Großvater/Großmutter (Onkel/Tante) geworden. Schreiben Sie wie Frau Herzog einen Brief an das Baby. Ihr Brief kann so beginnen:

Liebe/Lieber —————,
ich habe gerade von Deiner Geburt erfahren! Du weißt nicht, wie froh ich darüber bin! Jetzt bist Du noch ganz klein, aber eines Tages kannst Du lesen, was ich Dir jetzt von ganzem Herzen wünsche ...

Logische Verhältnisse ausdrücken (Unterordnende Konjunktionen)

Im Lesetext kommen folgende unterordnende Konjunktionen vor:

als *when, as*	**weil** *because*
daß *that*	**wenn** *if, when(ever)*
ob *whether*	**wie** *how*

Einige andere sind:

bevor *before*	**obwohl** *although*
bis *until*	**während** *while*
da *since, because*	**wann, was, wo, warum,**
damit *so that*	**welch- usw. (Frage-**
ehe *before*	**wörter)** *when, what,*
indem *by –ing*	*where, why, which, etc.*
nachdem *after*	*(interrogatives)*

Unterschied von *als, wenn* und *wann*

Als bezieht sich auf ein einmaliges Ereignis oder einen einmaligen Zustand in der Vergangenheit.

> **Als** Naomi den Brief bekam, hat sie sich gefreut.

Wenn bezieht sich auf ein einmaliges Ereignis oder einen einmaligen Zustand in der Gegenwart oder der Zukunft.

> **Wenn** Naomi den Brief bekommt, wird sie sich freuen.

Wenn bezieht sich auf Situationen, die sich immer wiederholen.

> (Immer) **wenn** Naomi einen Brief bekommt, freut sie sich.

Wann ist ein Fragewort mit Bezug auf die Zeit.

> **Wann** bekommt Naomi den Brief?

Unterordnende Konjunktionen verbinden Sätze und drücken logische Verhältnisse zwischen diesen Sätzen aus. Vorsicht! Sie bewirken die Endstellung des Verbes in den Nebensätzen, die sie einleiten.

Ohne Konjunktion (zwei Hauptsätze):

a. Ruth Herzog war allein in ihrem Zimmer. Sie schrieb den Brief.

b. Sie sah ihre Enkeltochter. Sie war glücklich.

Mit unterordnender Konjunktion (Hauptsatz + Nebensatz):

a. Ruth Herzog war allein in ihrem Zimmer, **als** sie den Brief **schrieb.**

b. **Als** sie ihre Enkeltochter **sah**, war sie glücklich.

1

Formulieren Sie beide Sätze in einen Satz um, indem Sie die unterordnende Konjunktion gebrauchen.

ZUM BEISPIEL

(nachdem) Ich ging ins Bett. Ich hatte meine Aufgaben gemacht.

Ich ging ins Bett, nachdem ich meine Aufgaben gemacht hatte.

1. (wenn) Ruth Herzog sagte, es ist nicht leicht. Man ist viele Jahre Todeskandidat.

2. (daß) Ruth Herzog hat darüber geschrieben. Es ist nicht leicht.

3. (wie) Ruth Herzog sah durch die Glasscheibe hindurch zu. Naomi wurde gebettet.

4. (daß) Sie wußte schon. Naomi würde ihr immer wie ein Wunder erscheinen.

5. (daß) Haben die Menschen gelernt? Alle Kinder haben ein Recht auf das Leben.

6. (als) Sie begann sich für Sprachliches zu interessieren. Sie war fünf Jahre alt.

7. (ob) Sie dachte darüber nach. Es gibt einen Gott.

8. (weil) Ruth Herzog ist sehr froh. Naomi ist für sie die Hoffnung.

9. (nachdem) Sie schrieb den Brief. Sie war in der Klinik gewesen.

10. (während) Sie schrieb den Brief. Sie saß in ihrer Ein-Zimmer-Wohnung.

11. (wenn) Was wird Naomi denken? Sie liest den Brief.

◻ Welche unterordnende Konjunktion paßt?

ZUM BEISPIEL

_____ das Kind geboren worden war, ist Ruth Herzog zum Krankenhaus gegangen. (ob / nachdem)

Nachdem _das Kind geboren worden war, ist Ruth Herzog zum Krankenhaus gegangen._

1. Es kommt ihr wie ein Wunder vor, _____ sie noch lebt. (daß / bis)

2. _____ eine junge Frau das Kleine hochhielt, schrie es aus Leibeskräften. (während / daß)

3. _____ Frau Herzog sehr froh ist, hat sie auch Angst vor der Zukunft. (bevor / obwohl)

4. _____ sie die Wochenstation verläßt, sieht sie ihre Enkelin noch einmal an. (daß / ehe)

5. Ich bin sicher, _____ sie auch ihre Tochter besucht hat. (daß / als)

6. Frau Herzog war zum Krankenhaus gegangen, _____ sie ihre Enkeltochter sehen wollte. (weil / bis)

7. _____ sie morgen zur Klinik geht, will sie Blumen mitbringen. (warum / wenn)

8. _____ Frau Herzog ihre Enkelin besucht hatte, schrieb sie ihr einen langen Brief. (ob / nachdem)

9. _____ die Großmutter den Brief im Jahre 1982 schrieb, sollte Naomi ihn erst später lesen. (obwohl / weil)

10. Naomi muß einige Jahre warten, _____ sie den Brief lesen darf. (indem / bis)

3

◻ Welche unterordnende Konjunktion ist richtig: **als, wenn** oder **wann**?

als = when, at the time (in the past)
wenn = if, when(ever)
wann = when, at what time?

Ruth Herzog sah ihre Enkelin, __als__ sie im Krankenhaus war.

Wann *war sie im Krankenhaus?*

1. Ich weiß nicht, _____ ich zum letzten Mal im Krankenhaus war.

2. _____ meine Freundin vor zwei Jahren krank war, habe ich sie in der Klinik besucht.

3. _____ meine Mutter jemanden im Krankenhaus besucht, bringt sie immer Blumen mit.

4. _____ man in der Großstadt wohnen will, muß man oft in einem Hochhaus wohnen.

5. _____ hat man diese Wohnhäuser gebaut?

6. _____ ich zwei Jahre lang in Frankfurt arbeitete, wohnte ich in einer Ein-Zimmer-Wohnung.

7. Ich ging sehr gerne zum Spielplatz, _____ ich klein war.

8. _____ die Kinder draußen spielen wollen, sollten sie zum Spielplatz gehen.

9. _____ müssen die Kinder nach Hause?

10. Ich schreibe dir wieder, _____ ich noch 'mal Zeit habe.

4

Einigen Sie sich mit einem Partner/einer Partnerin auf fünf Dinge, die Sie in diesem Kapitel erfahren haben. Berichten Sie in fünf Sätzen darüber. Beginnen Sie jeden Satz mit **Wir wissen, daß ...,** oder **Wir haben erfahren, daß ...**

ZUM BEISPIEL

Wir haben erfahren, daß Ruth Herzogs Enkeltochter Naomi heißt.

5

Arbeiten Sie mit einem Partner/einer Partnerin. Stellen Sie sich abwechselnd jeweils eine der folgenden Fragen. Antworten Sie mit **Ja** oder **Nein**, und begründen Sie Ihre Entscheidung. Benutzen Sie hierfür die Konjunktion **weil**.

A: Möchtest du Ruth Herzog kennenlernen?

B: *Ja, ich möchte sie kennenlernen, weil ich mit ihr sprechen möchte.*

1. Warst du schon einmal in einem Krankenhaus?

2. Warst du in letzter Zeit auf einem Spielplatz?

3. Hast du deine Großeltern oft gesehen?

4. Möchtest du Ruth Herzog kennenlernen?

5. Schreibst du oft Briefe?

6. Hast du Ruth Herzogs Brief interessant gefunden?

7. Hast du schon einmal über deine Kindheit geschrieben?

8. Glaubst du, daß Intoleranz immer noch ein Problem ist?

6

Bereiten Sie Antworten auf die folgenden Fragen vor, und stellen Sie sich die Fragen abwechselnd in Partnerarbeit. Machen Sie in jeder Antwort Gebrauch von einer passenden unterordnenden Konjunktion. Berichten Sie dann im Plenum über Ihre Antworten.

ZUM BEISPIEL

A: Wann möchten Sie Großvater/Großmutter werden?

B: *Ich möchte Großvater/Großmutter werden, wenn ich viel älter bin.*

1. Wann möchten Sie nach Deutschland reisen?

2. Was wissen Sie über Ruth Herzog?

3. Was möchten Sie außerdem noch über Ruth Herzog wissen?

4. Wann haben Sie etwas über Antisemitismus gelernt?

5. Warum haben manche Leute Angst vor der Zukunft?

6. Welche Vorstellung haben Sie von der Zukunft?

7. Was ist für Sie schwer zu verstehen?

Zum Schluß

Mit folgenden Worten schließt Ruth Herzog ihr Buch *Shalom Naomi? Brief an ein Kind.* Lesen Sie den Textausschnitt, und bearbeiten Sie die darauf folgenden Aufgaben.

An den Leser

Wahrscheinlich, lieber Leser, hättest Du niemals von meiner Existenz erfahren, wenn ich mich nicht entschlossen° hätte, meinen Brief an mein Enkelkind Naomi der Öffentlichkeit zugänglich° zu machen. Vielleicht bist Du ein junger Mensch, so jung, daß Du Dich
5 an die Zeit nicht erinnerst, in der ich zur Vergasung° bestimmt war, damit Naomi nie gezeugt° werden könne. Vielleicht bist Du auch noch ein Kind und wirst, wie sie, meinen Brief erst in vielen Jahren lesen. Vielleicht aber bist Du so alt wie ich – zwischen fünfzig und sechzig oder älter. Dann wirst Du Dich beim Lesen meines Briefes
10 an Naomi an jene Zeit zurückerinnert haben und mit Trauer im Herzen der vergeblichen° Hilfeschreie der Millionen gedenken°, die durch die Willkür° ihrer Mitmenschen in Hoffnungslosigkeit und Verzweiflung° zu Tode gebracht wurden. [...]

Alles, was ich in meinem Brief an mein Enkelkind Naomi schrieb,
15 ist wahr. Nur die Namen der Menschen habe ich geändert, die der Lebenden und die der Toten. Auch der Name Ruth Herzog ist nicht mein richtiger Name, doch beim Lesen meines Briefes an Naomi wirst Du sicherlich verstanden haben, daß ich Erfahrungen gemacht habe, die es mir leider nicht erlauben°, den Menschen in allen
20 Dingen zu vertrauen°. [...]

Der Brief an Naomi, den Du gelesen hast, ist mein geistiges Vermächtnis° an mein Enkelkind. Er ist also ein Geschenk, und an diesem Geschenk sollst Du teilhaben: Als ich mich entschloß, den Brief der Öffentlichkeit zugänglich zu machen, wollte ich damit
25 meinen Beitrag liefern° zum Bau° einer neuen Welt für unsere Kinder, einer Welt des Friedens für Naomi. [...] Komm bitte auch Du und baue mit an einer neuen Welt, denn dazu ist es nie zu früh, und es ist auch noch nicht zu spät dazu.

decided

der Öffentlichkeit zugänglich: available to the public

gassing

fathered

futile; recall

despotism

despair

permit

trust

geistiges Vermächtnis: spiritual and intellectual legacy

meinen Beitrag liefern: provide my contribution; building

*Großmutter und
Enkelkind.*

Aufgaben

1. Unterstreichen Sie alle Sätze mit unterordnenden Konjunktionen.

2. In diesem Schlußwort nennt Ruth Herzog verschiedene Menschen und Gruppen. Wer sind sie? Stellen Sie eine Liste dieser Personen auf.

3. Sie wußten schon, daß Ruth Herzog den Brief an ihre Enkeltochter Naomi geschrieben hat. Sie erfahren im Schlußwort aber noch mehr: Erstens ist der Brief an alle Leser gerichtet, zweitens ist Ruth Herzog nicht der richtige Name der Autorin.

    Wählen Sie eins der folgenden Themen, und schreiben Sie einen Aufsatz.

    a. Man sieht den Lesetext mit anderen Augen, wenn man erfährt, daß der Brief nicht nur an Naomi, sondern an alle Leser gerichtet ist.

    b. Diskutieren Sie über die Entscheidung der Autorin, nicht ihren richtigen Namen zu benutzen.

Bevor Sie mit Ihrem Aufsatz beginnen, sollten Sie sich einige Gedanken über den Aufbau machen. Hier einige Tips:

- Was ist Ihre zentrale Aussage?
- Mit welchen Argumenten können Sie Ihre zentrale Aussage stützen?
- Wie können Sie diese Argumente logisch strukturieren?
- Mit welchen Informationen unterstützen Sie Ihre Argumente?
- Womit fangen Sie an?
- Haben Sie Ihren Aufsatz in Abschnitte eingeteilt?
- Geben Sie zum Schluß eine gute Zusammenfassung?
- Haben Sie in Ihrem Aufsatz noch einmal Wortwahl und Grammatik überprüft?

Kapitel 11

BASKETBALL IM ROLLSTUHL

KOMMUNIKATIONSTHEMA
Mit einer Behinderung leben

LESETEXT
Deutsche Sportlerinnen im Rollstuhl:
Vize-Europameister im Basketball

SPRACHLICHE FUNKTION
Irreales, Wunschvorstellungen, Vermutungen
ausdrücken (Der Konjunktiv II und die **würde** +
Infinitiv-Konstruktion)

*Spielerinnen in der deutschen
Nationalmannschaft für
Rollstuhl-Basketball.*

Einleitung

A Einstieg ins Thema

Was sehen Sie auf den Photos? Was bedeutet das Zeichen? Wo kommt dieses Zeichen überall vor? Wo haben Sie das Zeichen schon gesehen?

Zeichen mit dem Rollstuhlfahrersymbol.

B Einführung in den Lesetext

Überall auf der Welt gibt es Menschen mit Behinderungen. Wie für so viele, spielt der Sport auch für sie eine sehr wichtige Rolle. Bei Menschen, die wegen ihrer Behinderung auf einen Rollstuhl angewiesen sind, ist vor allem Rollstuhl-Basketball sehr beliebt.

Der Lesetext ist ein Interview mit drei deutschen Basketballspielerinnen: Corinna Robitschko, Claudia Bodmann und Anja Happel. Diese Frauen spielen in der deutschen Nationalmannschaft für Rollstuhl-Basketball, die 1993 Vize-Europameister wurde. Im Interview erzählen sie von ihrer internationalen Erfahrung als Spitzensportlerinnen.

Das Interview mit den drei Frauen wurde in Köln von den *Impulse*-Autoren geführt.

Bilden Sie Gruppen von je drei Gesprächspartnern/Gesprächspartnerinnen. Alle Partner/Partnerinnen äußern ihre Meinung zu den folgenden Fragen. Danach berichtet jeweils einer/eine im Plenum über die Meinungen in der Gruppe.

1. Welche Information in *Einführung in den Lesetext* ist als Vorbereitung für den Lesetext besonders nützlich?
2. Was erwarten Sie von dem Interview mit den Basketballspielerinnen?
3. Welche Frage möchten Sie den Frauen stellen?

Nützliche Wörter und Ausdrücke

auf etwas/jemanden angewiesen sein *to be dependent on something/someone*

behindert *disabled, handicapped*

die Behinderung, -en *disability, handicap*

die Erfahrung, -en *experience*

je *each;* **von je drei** *of three each*

jeweils *respectively*

die Mannschaft, -en *team*

der Rollstuhl, ⁓e *wheelchair*

der Spitzensportler, -/die Spitzensportlerin, -nen *top athlete*

überall *everywhere*

der Vize-Europameister, -/die Vize-Europameisterin, -nen *Second Place European Champion*

C **Sie lernen die Sportlerinnen kennen**

Stellen Sie einem Mitstudenten/einer Mitstudentin die drei Frauen vor. Benutzen Sie hierzu die unten stehenden Kurzdaten. Erklären Sie mit vier oder fünf Sätzen, wer die Frauen sind. Teilen Sie danach Ihr Ergebnis den anderen Studenten/Studentinnen mit.

ZUM BEISPIEL

Die drei Frauen in diesem Interview heißen Claudia Bodmann, Corinna Robitschko und Anja Happel. Sie sind Spitzensportlerinnen. Claudia ist ... usw.

Claudia Bodmann (links), Corinna Robitschko (Mitte) und Anja Happel (rechts).

Kurzdaten

Claudia Bodmann, 30 Jahre, Lehrerin für Körperbehinderte in Leverkusen, spielt im TV Donrath (bei Köln), hatte mit 18 Jahren einen Autounfall, seitdem querschnittsgelähmt, im Rollstuhl.

Corinna Robitschko, 31 Jahre, studiert in Köln an der Sporthochschule Sportpublizistik, spielt im TV Donrath, seit 1989 in der Nationalmannschaft, Kapitänin, Motorradunfall mit 18 Jahren, kann kürzere Zeit auch ohne Rollstuhl auskommen.

Anja Happel, 21 Jahre, Schülerin, spielt im BSV Kaufbeuren, Aktivensprecherin, mit 16 Jahren Mopedunfall, seitdem im Rollstuhl.

Nützliche Wörter und Ausdrücke

die Aktivensprecherin, -nen *speaker for the active athletes*

auskommen, kam aus, ist ausgekommen *to manage, to get by*

BSV (Behinderten-Sportverein) *sports club for the disabled*

das Interview führen *to hold the interview*

der/die Körperbehinderte (wie ein Adj. dekl.) *physically disabled*

die Kurzdaten (Pl.) *brief data*

querschnittsgelähmt *paraplegic, paralyzed from* *the waist down* **TV (Turnverein)** *sports club* **der Unfall, ˈe** *accident*	**vergleichen, verglich,** **verglichen** *to compare* **vorstellen** *to introduce* **die Vorstellung, -en** *introduction*

Vor dem Lesen

 D **Was wissen Sie schon?**

Bereiten Sie sich mit folgenden Fragen auf den Lesetext vor. Jede Frage hat mehr als eine mögliche Antwort.

1. Warum treiben Menschen Sport?
2. Welche Unterschiede gibt es zwischen Männersport und Frauensport?
3. Wie ist der Zusammenhang zwischen Medien und Sport?
4. Woran denken Sie, wenn Sie das Wort „behindert" hören?
5. Wie reagieren nichtbehinderte Menschen oft auf Behinderte?

▶ **E** **Textüberblick**

Man kann einen Text schneller verstehen, wenn man sich schon vor dem Lesen einen Überblick über ihn verschafft. Folgende Fragen dienen dem Überblick. Sehen Sie sich also den Text auf Seite 321–325 flüchtig an, um die folgenden Fragen zu beantworten.

1. Was weiß man schon, wenn man den Titel des Interviews liest?
2. Wie viele Fragen werden im Interview gestellt?
3. Beantworten alle drei Frauen alle Fragen?
4. Beginnt das Interview mit einer Frage über persönliche Daten (woher die Frauen kommen, wie alt sie sind usw.)?

5. Findet man in den Fragen Wörter wie **vorher, dann, danach, später,** so daß man erwarten könnte, daß die Frauen chronologisch erzählen?

6. Die siebte Frage heißt: „... welche Erfahrungen habt ihr in anderen Ländern als Behinderte gemacht?" Welche Sportlerin erzählt von England, Frankreich, Kanada und den USA, und welche von Barcelona und Berlin?

7. Welches Thema wird in der letzten Frage behandelt?

   a. Rollstuhl-Basketball

   b. Wie Nichtbehinderte auf Behinderte reagieren

   c. Das tägliche Leben der Frauen

F   Wortschatz

Die Vokabeln und Sätze kommen in dieser Reihenfolge im Lesetext vor.

1. **der Rollstuhl, ⸚e**   *wheelchair*
   Basketball im **Rollstuhl.**

2. **behindert**   *disabled, handicapped*

3. **der Meister, -/die Meisterin, -nen**   *champion, master*
   Die nicht**behinderten** Männer im deutschen Basketball sind gerade völlig überraschend Europa**meister** geworden ...

4. **der Jubel**   *jubilation, rejoicing, celebrating*
   Ihr seid mit eurer Mannschaft gerade Vize-Europameister geworden, gab es da auch einen solchen **Jubel**?

5. **der Erfolg, -e**   *success*
   Hättet ihr es gern gesehen, wenn euer **Erfolg** auch so gefeiert worden wäre?

6. **beachten**   *to notice, to pay attention to*
   Na klar, das freut doch jeden, wenn Erfolg auch **beachtet** wird.

7. **fördern**   *to support, to encourage*
   [Der Behindertensport] wird nicht genug **gefördert,** ...

8. **sich verändern**   *to change*
   Doch es hat **sich** schon einiges **verändert,** wenn auch noch vieles besser werden könnte.

9. **eigentlich** *actual(ly), real(ly)*
   Wir sind ja **eigentlich** doppelt benachteiligt.

10. **die Medien (Pl.)** *media*
    Männersport ist in den deutschen **Medien** immer noch wichtiger als Frauensport.

11. **sich ändern** *to change*
    Aber ich glaube schon, daß **sich** langfristig etwas **ändern** wird.

12. **der/die Behinderte (wie ein Adj. dekl.)** *disabled, handicapped person*
    Doch da müßten wir **Behinderte** selbst auch etwas für tun.

13. **die Angst, ̈e** *fear, anxiety;* **Angst vor (+ Dat.)** *fear of*
    [U]nd man verliert die **Angst vor** dem Rollstuhl.

14. **körperlich** *physical(ly)*

15. **selbständig** *independent(ly)*
    Und man bleibt **körperlich** fit und gewinnt mehr Möglichkeiten, sich **selbständig** zu bewegen.

16. **die Leistung, -en** *performance, achievement*
    Wieso werden dritt- oder gar viertklassige **Leistungen** nichtbehinderter Sportler immer noch mehr beachtet als Spitzen**leistungen** von Behinderten?

17. **berichten** *to report;* **berichten über (+ Akk.)** *to report about*
    Das liegt natürlich an der Reaktion der Medien, die **darüber** nicht **berichten.**

18. **begeistert** *enthusiastic;* **begeistert von** *enthusiastic about*
    Denn wenn Nichtbehinderte zu unseren Spielen kommen, sind sie jedesmal **begeistert.**

19. **es handelt sich um** *it is about, it is a question/matter of, it involves*
    Sie vergessen ganz, daß **es sich um** Behinderte **handelt.**

20. **die Erfahrung, -en** *experience*
    [W]elche **Erfahrung** habt ihr in anderen Ländern als Behinderte gemacht?

21. **der Unfall, ̈e** *accident*
    Ich hatte mit 16 einen Moped**unfall,** ...

22. **das Unglück**   *misfortune, accident*

23. **schlimm**   *bad*

Die erste Phase nach dem **Unglück** war eigentlich gar nicht so **schlimm.**

24. **die Grenze, -n**   *limit, boundary, border*

Eigentlich müßte sich jeder Mensch seiner **Grenzen** bewußt sein, ...

25. **sich verhalten (verhält), verhielt, verhalten**   *to act, to behave*

[W]ie sollten **sich** die Nichtbehinderten **verhalten**?

Erste Wortschatzübung

Bilden Sie Gruppen von je drei oder vier Personen. Jede Gruppe bekommt etwa drei oder vier unterschiedliche Vokabeln. Schreiben Sie pro Vokabel einen Satz. Ersetzen Sie dann in einem Satz die Vokabel durch eine Wortsilhouette. (Die Wortsilhouette ist die Form eines Wortes durch die Höhe bzw. Tiefe der Buchstaben dargestellt.)

ZUM BEISPIEL

die Vokabel: körperlich

der Satz: *Mein Bruder ist* körperlich *behindert.*

die Wortsilhouette:

der Satz mit Wortsilhouette: *Mein Bruder ist* ⬚⬚⬚ *behindert.*

Schreiben Sie Ihren Satz mit der Wortsilhouette an die Tafel, und alle anderen versuchen, die so dargestellte Vokabel zu erraten.

Zweite Wortschatzübung

Bilden Sie Gruppen von je drei oder vier Personen, und beantworten Sie die folgenden Fragen. Jede Gruppe einigt sich auf jeweils eine Antwort. Alle Gruppen sollen anschließend ihre Antworten auflisten und miteinander vergleichen.

ZUM BEISPIEL

Frage: Welches Unternehmen hatte in letzter Zeit großen **Erfolg**?

Eine Antwort: *Die Firma Blockbuster Video hatte großen Erfolg.*

1. Wo möchten Sie im Moment **eigentlich** sein?

2. Welche verschiedenen **Medien** kennen Sie?

3. Was, glauben Sie, wird **sich** niemals **ändern**?

4. Wovor haben Menschen **Angst**?

5. Wie **verhalten sich** Menschen, die **Angst** haben?

6. Was gehört für Sie dazu, **selbständig** zu sein?

7. Kennen Sie einen Menschen, der eine erstklassige **Leistung** erbracht hat?

8. Wovon sind Sie **begeistert**?

9. Wo kann man einen **Unfall** haben?

10. Von welchem **Unglück** haben Sie in letzter Zeit gehört?

Lesetext

Deutsche Sportlerinnen im Rollstuhl: Vize-Europameister im Basketball

IMPULSE-AUTOREN

Interview mit Claudia Bodmann, Corinna Robitschko und Anja Happel

Impulse: Die nichtbehinderten Männer im deutschen Basketball sind gerade völlig überraschend Europameister geworden und kräftig bejubelt° worden. Ihr[1] seid mit eurer Mannschaft gerade Vize-Europameister geworden, gab es da auch einen solchen Jubel?

cheered

---

1. Da die Interviewer die Sportlerinnen schon länger persönlich kennen, benutzen sie im Interview die du-Form.

Eine Rollstuhlfahrerin in der Stadt.

Corinna: Der öffentliche Jubel war nicht sehr groß. Es hat ja kaum jemand gemerkt, daß wir so gut gespielt haben.

Anja: Unser Jubel war dafür um so größer.

Impulse: Hättet ihr es gern gesehen, wenn euer Erfolg auch so gefeiert° worden wäre?

°celebrated

Corinna: Na klar, das freut doch jeden, wenn Erfolg auch beachtet wird.

Impulse: Was könnten die Gründe dafür sein, daß Behindertensport hier in Deutschland so wenig beachtet wird?

Claudia: Er wird nicht genug gefördert, es gibt zu wenig Geld für uns. Doch es hat sich schon einiges verändert, wenn auch noch vieles besser werden könnte.

Anja: Der Sport selbst hat sich ja auch verändert, er ist attraktiver geworden. Zum Beispiel beim Basketball. Die Rollstühle sind besser geworden, schneller, sportlicher. Das macht dann auch das Spiel
20 schneller und besser. Hätten wir noch die alten Modelle, könnten wir nicht so gut spielen.

Impulse: Was würdet ihr tun, um Behindertensport in Deutschland populärer zu machen?

Corinna: Unser Sport müßte professioneller werden. Wir müßten
25 mehr an die Öffentlichkeit° gehen, mit Pressekonferenzen und so. *public*
Wir sind ja eigentlich doppelt benachteiligt°. Männersport ist in den *at a disadvantage*
deutschen Medien immer noch wichtiger als Frauensport. Da sind
wir dann als behinderte Frauen natürlich ganz schlecht dran°. *ganz schlecht dran: in a really bad position*

Claudia: Aber ich glaube schon, daß sich langfristig° etwas än- *in the long run*
30 dern wird. Doch da müßten wir Behinderte selbst auch etwas für
tun. Wenn wir aktiver wären, wenn wir mehr auf die Straße gingen,
dann würden wir auch mehr beachtet. Wir müßten mehr selbst
initiieren. Aber da hat sich ja schon viel geändert, und es wird sich
noch mehr tun.

35 **Impulse:** Was bedeutet der Sport für euch persönlich?

Corinna: Für mich hat der Sport einen sehr hohen Stellenwert°. *degree of value, status, impor-*
Ich könnte mir ein Leben ohne Sport gar nicht vorstellen. Ich *tance*
komme aus einer Sportlerfamilie.

Anja: Für mich ist der Sport auch sehr wichtig. Er ist ein Stück
40 Selbstbestätigung°, und man verliert die Angst vor dem Rollstuhl. *self-affirmation*

Claudia: Und man bleibt körperlich fit und gewinnt mehr
Möglichkeiten, sich selbständig zu bewegen°. *move*

Impulse: Wieso werden dritt- oder gar viertklassige Leistungen
nichtbehinderter Sportler immer noch mehr beachtet als Spitzen-
45 leistungen° von Behinderten? *first-rate performances*

Claudia: Das liegt natürlich an der Reaktion der Medien, die
darüber nicht berichten. Wenn man mehr zeigen würde, würden die
Leute auch sehen, wie toll und spannend° Behindertensport sein *exciting*
kann, genau wie der der „Fußgänger"°. Zum Beispiel wird es auf der *pedestrians*
50 Leichtathletik°-Weltmeisterschaft in Stuttgart einen Demonstrations- *track-and-field*
lauf im Rollstuhlschnellfahren geben. Ich bin gespannt, ob das Fernsehen das zeigen wird.

Corinna: Wie Claudia eben schon gesagt hat, das wird sich än-
dern, man wird in Zukunft nicht mehr an uns vorbeikommen°. Denn *an uns vorbeikommen: be able to avoid us*
55 wenn Nichtbehinderte zu unseren Spielen kommen, sind sie jedes-
mal begeistert. Sie vergessen ganz, daß es sich um Behinderte
handelt. Neuerdings° gibt es ja auch schon gemischte Rollstuhl- *recently*
Basketballteams. „Fußgänger" und Behinderte spielen gemeinsam,

weil es einfach Spaß macht. Vielleicht würde das Fernsehen dann
eher davon berichten, weil man nicht mehr unterscheiden könnte,
wer behindert ist und wer nicht. Dann ist es einfach nur noch Sport.

Anja: Aber im Moment ist es doch noch frustrierend. Wir haben
vor unserer Europameisterschaft die Fernsehsender° alle angerufen. _television stations_
Keine Reaktion. Nur in Berlin selbst gab es ein Echo, aber außerhalb° _outside_
war nichts zu sehen oder zu hören. Ein privater Fernsehsender hatte
erst zugesagt°, hatte dann aber keinen Sendeplatz mehr. Wegen _reacted positively_
Wimbleton.

Impulse: Durch euren Sport wart ihr oft im Ausland; welche
Erfahrungen habt ihr in anderen Ländern als Behinderte gemacht?

Corinna: Eigentlich nur positive. Vor allem die Paralympics in
Barcelona waren ein tolles Ereignis°. Die Leute in Südeuropa sind _event_
so begeistert mitgegangen, das war in Berlin schon anders, die
Deutschen sind ja eher reserviert.

Claudia: In England und Frankreich spielen wir meistens vor
mehr Publikum als in Deutschland. Doch die besten Erfahrungen
macht man in den USA und Kanada. Hier ist Behindertensport viel
populärer als bei uns. Da gibt es auch viel mehr Geld. Da ist ja auch
die gesamte Situation für Behinderte besser, es gibt dort eine viel
stärkere Lobby. So ein Anti-Diskriminierungsgesetz° könnten wir hier _anti-discrimination law_
auch gut gebrauchen. Zum Beispiel wäre da so etwas wie in Berlin
nicht möglich. Wir waren in Hotels untergebracht°, in denen die _put up_
Badezimmer nicht für Behinderte geeignet° waren. _suited_

Impulse: Könnt ihr ein bißchen von eurer Lebensgeschichte
erzählen? Welche Erfahrungen habt ihr als Rollstuhlfahrerinnen gemacht?

Anja: Ich hatte mit 16 einen Mopedunfall, bin in einer Kurve mit
einem Auto zusammengestoßen°. Seitdem bin ich auf den Rollstuhl _collided_
angewiesen°. _dependent_

Corinna: Ich hatte auch einen Motorradunfall, mit 18, ich bin
aber nicht selbst gefahren. Die erste Phase nach dem Unglück war
eigentlich gar nicht so schlimm. Die Familie, Freunde, alle haben mir
sehr geholfen. Die schlimme Zeit kam eigentlich erst später. Da
mußte ich die neue Situation dann verarbeiten°. _work through, process_

Claudia: Ich hatte mit 18 einen Autounfall. Was hat sich verändert? Eigentlich müßte sich jeder Mensch seiner Grenzen bewußt° _aware_
sein, doch nach einem solchen Unglück erfährt man dann sehr
plötzlich diese Grenzen. Das war die schlimmste Erfahrung, dieses
Eingeschränktsein°. Genau da hat mir dann der Sport sehr geholfen. _being restricted/limited_
Ich konnte so meine Grenzen wieder erweitern°. _expand_

100   **Impulse:** Nichtbehinderte reagieren ja oft unsicher im Umgang°   *contact*
mit Behinderten. Was würdet ihr euch wünschen – wie sollten sich
die Nichtbehinderten verhalten?

Corinna: Ganz normal, vor allem sollte man uns nicht dauernd°   *constantly*
so bevormunden°. Sehr oft glauben die Leute, wir seien nicht   *treat like a child*
105   selbständig.

Anja: Viele haben einfach Angst. Wir haben es ja noch relativ gut,
aber Menschen, denen man nicht so genau ansieht°, wie schwer sie   ***denen ... ansieht:** of whom*
behindert sind, werden nicht angesprochen°. Spastiker zum Beispiel.   *you can't tell quite by look-*
Man hat, glaube ich, Angst vor der Reaktion, ob es sich nicht auch   *ing at; spoken to*
110   um einen geistig° Behinderten handelt. Da würde dann die Kommu-   *mentally*
nikation um einiges schwerer fallen°.   ***um einiges schwerer fallen:***
    be quite a bit more difficult

Claudia: Viele Leute entdecken aber auch so etwas wie übertrie-   *exaggerated, excessive; obliga-*
bene° Fürsorgepflicht°. Die meinen dann, oft ohne einen zu fragen,   *tion to provide care*
einfach zugreifen° und helfen zu müssen. Doch wenn sie uns ernst   *to step/jump in*
115   nehmen würden, sollten sie uns vorher wenigstens fragen. Doch,
eins steht fest, uns drei geht es eigentlich ja noch relativ gut. Da darf
man nicht vergessen, wie schlecht es so vielen anderen geht.

G Zuweisung von Themen

Arbeiten Sie allein oder mit einem Partner/einer Partnerin. Welches
Thema gehört zu welcher Frage des Interviewers?

Fragen

	Themen
_____ 1. Zeile 1–4	a. So wenig Beachtung
_____ 2. Zeile 8–9	b. Erfahrungen im Ausland
_____ 3. Zeile 12–13	c. Persönliche Bedeutung des Sports
_____ 4. Zeile 22–23	
_____ 5. Zeile 35	d. Das Verhalten der Nicht-behinderten
_____ 6. Zeile 43–45	e. Als die Frauen Vize-Europa-meister wurden
_____ 7. Zeile 68–69	f. Lebensgeschichten der Frauen
_____ 8. Zeile 83–85	g. Größere Popularität
_____ 9. Zeile 100–102	h. Die ungleiche Beachtung
	i. Größeren Jubel gewünscht

H Was paßt zusammen?

Arbeiten Sie allein oder mit einem Partner/einer Partnerin. Welche
Sätze gehören zusammen?

1. Der Sport verändert sich.
2. Die Sportlerinnen sind doppelt benachteiligt.
3. Der Sport ist sehr wichtig.
4. Die Leichtathletik-Weltmeisterschaft findet in Stuttgart statt.
5. Es gibt neuerdings gemischte Rollstuhl-Basketballteams.
6. Die Sportlerinnen haben alle Fernsehsender angerufen.

7. Die Paralympics in Barcelona waren ein tolles Ereignis.

8. Die besten Erfahrungen macht man in den USA und Kanada.

9. Die Frau hatte einen Unfall.

10. Viele Nichtbehinderte haben Angst vor Behinderten.

_____ a. Die Leute in Südeuropa sind begeistert mitgegangen.

_____ b. In diesen Ländern ist Behindertensport viel populärer als bei uns.

_____ c. Nur in Berlin gab es ein Echo.

_____ d. Die Rollstühle sind besser geworden.

_____ e. Die Nichtbehinderten sollen sich ganz normal verhalten.

_____ f. „Fußgänger" und Behinderte spielen gemeinsam.

_____ g. Sie sind als behinderte Frauen schlecht dran.

_____ h. Seitdem ist sie auf den Rollstuhl angewiesen.

_____ i. Es wird einen Demonstrationslauf im Rollstuhlschnell-fahren geben.

_____ j. Er ist ein Stück Selbstbestätigung.

I Wer macht welche Äußerung?

Arbeiten Sie allein oder mit einem Partner/einer Partnerin. Ordnen Sie jede Äußerung der richtigen Sportlerin zu, und erklären Sie in wenigen Sätzen, was sie damit sagen will.

ZUM BEISPIEL

Äußerung: Es hat ja kaum jemand gemerkt, daß wir so gut gespielt haben.

Antwort: *Corinna. Sie spricht über die unterschiedlichen Reaktionen auf den Erfolg der nichtbehinderten Männer und der behinderten Frauen. Die Behindertenmannschaft ist Vize-Europameister geworden, aber der öffentliche Jubel war nicht sehr groß.*

1. Hätten wir noch die alten Modelle, könnten wir nicht so gut spielen.

2. Und man bleibt körperlich fit und gewinnt mehr Möglichkeiten, sich selbständig zu bewegen.

3. Wenn man mehr zeigen würde, würden Leute auch sehen, wie toll und spannend Behindertensport sein kann, genau wie der der „Fußgänger".

4. Dann ist es einfach nur noch Sport.

5. Ein privater Fernsehsender hatte erst zugesagt, hatte dann aber keinen Sendeplatz mehr.

6. ... es gibt dort eine viel stärkere Lobby.

J   Wichtige Sätze im Text

Unterstreichen Sie im Text fünf Sätze, von denen Sie glauben, daß sie den Sportlerinnen sehr wichtig sind. Vergleichen Sie Ihre fünf Sätze mit denen eines Partners/einer Partnerin. Einigen Sie sich auf fünf Sätze, und begründen Sie Ihre Wahl.

K   Beschreibung einer Sportlerin

Beschreiben Sie eine der Sportlerinnen. Benutzen Sie hierfür die Kurzdaten auf Seite 316 und die Äußerungen der Sportlerinnen im Interview.

L   Ihre Frage

In *Einführung in den Lesetext* dachten Sie sich Fragen aus, die Sie den Sportlerinnen gern stellen wollten. Jetzt interviewt jeweils ein Student/eine Studentin zwei oder drei Mitstudenten/Mitstudentinnen zu den folgenden Fragen.

1. Welche Frage wolltest du am Anfang stellen?

2. Wurde deine Frage oder eine ähnliche im Interview gestellt?

Danach teilen die Interviewer/Interviewerinnen dem Kurs ihre Ergebnisse mit. Die Fragen, die im Lesetext nicht gestellt wurden, versucht der Kurs gemeinsam zu beantworten.

M   Debatte

Folgende Thesen stehen zur Auswahl:

1. Die Fernsehsender sollten viel mehr über Behindertensport berichten und Spiele live übertragen.
2. Körperbehinderte und lernbehinderte Schüler sollen in normalen Schulen gemeinsam mit nichtbehinderten Schülern unterrichtet werden.

Der Kurs wählt eine dieser beiden Thesen und teilt sich in zwei Gruppen auf. Eine Gruppe soll dafür, die andere dagegen argumentieren. Bereiten Sie sich darauf vor, in der Debatte die Meinung Ihrer Gruppe mit zwei oder drei Argumenten zu unterstützen. Welche Argumente können Sie finden? Es ist unwichtig, ob Sie wirklich davon überzeugt sind, wichtig ist, daß Sie mitargumentieren.

   Vor der Debatte soll die Gruppe festlegen, wer was sagt, denn im ersten Teil der Debatte sollen alle Teilnehmer/Teilnehmerinnen der Gruppen abwechselnd zu Wort kommen. Als zweiter Teil folgt dann eine offene Diskussion.

Nützliche Wörter und Ausdrücke

Allgemein nützliche Ausdrücke für das Argumentieren finden Sie im *Einführungskapitel*. Folgende Wörter und Ausdrücke beziehen sich auf die beiden Thesen.

die Gleichberechtigung
   equality (of rights)

langsam   *slow(ly)*

die Sonderschule, -n   *school for children with special needs*

spannend   *exciting*

etwas live übertragen   *to broadcast something live*

überfordern   *to overtax*

unterrichten   *to teach*

voneinander lernen   *to learn from each other*

die Werbung (kein Pl.)
   advertising

der Zuschauer, -/die Zuschauerin, -nen
   spectator

Welche Erfahrung haben Sie mit Behinderten oder mit einer Behinderung gemacht? Haben Sie schon einmal einen Wettbewerb im Behindertensport gesehen, oder selbst daran teilgenommen? Berichten Sie über Ihre Erfahrung.

O   **Ihre Reaktion**

1. Stellen Sie als Gruppenprojekt einen Bericht über Behinderte an Ihrer Universität oder in Ihrer Stadt zusammen. Strukturieren Sie das Projekt, und unterteilen Sie es in konkrete Arbeitsaufträge. Bilden Sie Kleingruppen, die die einzelnen Aufträge übernehmen.

Themenvorschläge

- Inwiefern sind die Einrichtungen an der Universität oder in Ihrer Stadt behindertengerecht?

- Gibt es Aktivitäten, wie z.B. Sport für Behinderte? Was wissen die Sportdozenten an Ihrer Universität über Behindertensport?

- Gibt es spezifische Programme für Behinderte? Welche Studenten/Studentinnen arbeiten mit Behinderten? Was können sie berichten?

- Machen Sie eine kleine Umfrage unter Ihren Mitstudenten/Mitstudentinnen zum Thema Behinderte?

- Was steht im Anti-Diskriminierungsgesetz der USA (*American Disabilities Act*)?

- Wer an der Universität oder in der Stadt vertritt offiziell die Interessen der Behinderten? Befragen Sie diese Person zu ihren Erfahrungen.

- Gibt es an der Universität bestimmte Kurse, in denen auch das Thema Behinderte eine Rolle spielt?

2. Was möchten Sie noch über Behinderte in Deutschland wissen? Sammeln Sie zunächst alle Ihre Fragen. Schreiben Sie mit einer Gruppe oder mit dem ganzen Kurs einen Brief an die Bundesarbeitsgemeinschaft Hilfe für Behinderte. Erklären Sie, warum Sie den Brief schreiben, und bitten Sie um die gewünschten Informationen. Sie können folgende Briefform verwenden.

```
Ihr Name                          Ort, den 19.12.1995
Hausnummer und Straße
Ort, Bundesstaat, Zip Code
Land


Bundesarbeitsgemeinschaft
  Hilfe für Behinderte
Kirchfeldstr. 149
40215 Düsseldorf
Deutschland



Sehr geehrte Damen und Herren,



(Brieftext)



Mit freundlichen Grüßen


(Unterschrift)
(Ihr Name)
```

Sprachliche Funktion

Irreales, Wunschvorstellungen, Vermutungen ausdrücken (Der Konjunktiv II und die *würde* + Infinitiv-Konstruktion)

Mit dem Konjunktiv II kann man Irreales, z.B. irreale Aussagen, Wunschvorstellungen und Vermutungen ausdrücken. Der Konjunktiv I wird fast nur noch für die indirekte Rede benutzt.

Irreale Aussagen

Wenn die Sportlerinnen keine modernen Rollstühle **hätten**, **könnten** sie nicht so gut spielen.

Wunschvorstellungen

Ich **hätte** gern mehr Zeit, Sport zu treiben.

Vermutungen

Ich glaube, es **wäre** besser, wenn wir mehr **trainieren würden.**

Die Konjunktiv II-Form setzt sich zusammen aus der Präteritum-Form des Verbs (bei schwachen Verben = Infinitivstamm + **t**; bei starken Verben = Präteritum-Stamm) und den Endungen **-e, -est, -en, -et, -en.** Starke Verben mit **a, o** oder **u** im Stamm haben im Konjunktiv einen Umlaut.

		SCHWACH	STARK	STARK
Infinitiv:		sagen	gehen	kommen
Präteritum:	ich	sagte	ging	kam
Konjunktiv II:	ich	sagte	ginge	käme
	du	sagtest	gingest	kämest
	er/sie/es	sagte	ginge	käme
	wir	sagten	gingen	kämen
	ihr	sagtet	ginget	kämet
	sie/Sie	sagten	gingen	kämen

Unregelmäßige Verben

INFINITIV	PRÄTERITUM	KONJUNKTIV II
brennen	brannte	er/sie brennte
bringen	brachte	er/sie brächte
denken	dachte	er/sie dächte
kennen	kannte	er/sie kennte
nennen	nannte	er/sie nennte
rennen	rannte	er/sie rennte
wissen	wußte	er/sie wüßte
und:		
senden	sendete/sandte	er/sie sendete
wenden	wendete/wandte	er/sie wendete

Bei allen schwachen Verben ist die Konjunktiv II-Form identisch mit dem Präteritum im Indikativ. In diesem Fall wird der Konjunktiv mit der Konstruktion **würde** + Infinitiv umschrieben.

Indikativ: So etwas sagte ich nicht.

Konjunktiv: Wenn ich du **wäre, würde** ich so etwas nicht **sagen.** (*Nicht:* Wenn ich du wäre, sagte ich so etwas nicht.)

Auch bei den starken Verben setzt sich die Umschreibung mit **würde** + Infinitiv in der gesprochenen Sprache immer mehr durch, obwohl die folgenden Verben wichtige Ausnahmen sind:

	haben	sein	werden	müssen (und alle anderen Modalverben)	wissen
ich	hätte	wäre	würde	müßte	wüßte
du	hättest	wärest	würdest	müßtest	wüßtest
er/sie/es	hätte	wäre	würde	müßte	wüßte
wir	hätten	wären	würden	müßten	wüßten
ihr	hättet	wäret	würdet	müßtet	wüßtet
sie/Sie	hätten	wären	würden	müßten	wüßten

Man sollte allerdings vermeiden, zwei **würde** + Infinitiv-Konstruktionen in einem Satzgefüge zu benutzen.

> Wenn du noch **weiterspielen würdest, bliebe** ich noch **hier.** (*Nicht:* Wenn du noch **weiterspielen würdest, würde** ich **hierbleiben.**)

Im Konjunktiv II gibt es nur zwei Zeitformen: Gegenwart und Vergangenheit. Die Gegenwart wird mit der jeweiligen Konjunktiv II-Form ausgedrückt. Die Vergangenheit wird mit der Konjunktiv II-Form von **sein** und **haben** + Partizip ausgedrückt.

Gegenwart: Wenn ich die Antwort **wüßte, würde** ich sie **sagen.**

Vergangenheit: Wenn ich die Antwort **gewußt hätte, hätte ich sie gesagt.**

▷ ☐ 1 ☐

○ Unterstreichen Sie im Interview zehn Sätze mit dem Konjunktiv II
○ oder der **würde** + Infinitiv-Konstruktion.

ZUM BEISPIEL

> *Doch wenn sie uns **ernst nehmen würden, sollten** sie uns vorher wenigstens **fragen.***

☐ 2 ☐

○ Setzen Sie den Konjunktiv II oder die **würde** + Infinitiv-Konstruk-
○ tion in die folgenden Sätze ein.

ZUM BEISPIEL

> Wenn ich mehr über Behinderte _wüßte_ (wissen),
> _würde_ ich sie besser _verstehen_ (verstehen).

1. Wenn ich Sportjournalist/Sportjournalistin _____ (sein), _____ ich _____ (versuchen), mehr Behindertensport zu senden.

2. Wenn du einmal ein Spiel _____ _____ (sehen), _____ (sein) du begeistert.

3. Wenn wir mehr an die Öffentlichkeit _____ (gehen), _____ (sein) Behindertensport in Deutschland viel populärer.

4. Glaubt ihr, wenn ihr nicht behindert _____ (sein), daß das Fernsehen mehr über euren Frauensport _____ _____ (berichten)?

5. Wenn mehr „Fußgänger" bei uns _____ _____ (mitspielen), _____ (sein) für die Zuschauer kein Unterschied mehr zwischen Behindertensport und Nichtbehindertensport.

6. Wie _____ du dich in so einem „gemischten" Sport _____ (verhalten)?

7. Wenn ich _____ (können), _____ ich den Behindertensport _____ (fördern).

8. Wenn ich Angst _____ (haben), _____ ich es dir _____ (sagen).

9. Wenn du _____ (mitkommen), _____ du ein gutes Spiel _____ (sehen).

10. Jeder Mensch _____ (sollen) sich seiner Grenzen bewußt sein.

3

◻ Was paßt zusammen?

1. Ein Erfolg   _____ a. körperlich fit bleiben
2. Die Medien   _____ b. bestimmt begeistert.
3. Eine Journalistin würde   _____ c. wäre schlimm.
4. Viele Leute wüßten dann gerne,   _____ d. wäre schön.
5. Wir müßten   _____ e. wann das nächste Spiel ist.
6. Krank werden   _____ f. würden darüber berichten.
7. Das Publikum wäre   _____ g. uns Fragen stellen.

4

◻ Stellen Sie die folgenden Fragen an drei bis vier Studenten, notieren Sie ihre Antworten, und berichten Sie im Plenum darüber.

ZUM BEISPIEL

Anja, Phil und Kathy wären alle lieber Tennisspieler als Basketballspieler; Anja hätte lieber Eintrittskarten für die Sportveranstaltung, aber Phil und Kathy hätten lieber die Konzertkarten usw.

1. Wärst du lieber Basketballspieler/Basketballspielerin oder Tennisspieler/Tennispielerin?

2. Hättest du lieber Eintrittskarten für eine Sportveranstaltung oder für ein Rock-Konzert?

3. Welches Instrument würdest du lieber spielen: Gitarre oder Klavier?

4. Wo würdest du lieber arbeiten; in einem Altersheim oder in einem Kinderheim?

5. Was würdest du jetzt lieber tun; in der Sonne liegen oder die nächste Übung machen?

5

Geben Sie den folgenden Text im Konjunktiv wieder. Benutzen Sie die **würde** + Infinitiv-Konstruktion oder, wenn er paßt, den Konjunktiv II.

Fangen Sie so an:
Wenn ich Zeit hätte, würde ich mir nächsten Sonntag ...

Ich sehe mir nächsten Sonntag das Turnier der Rollstuhl-Basketball-spielerinnen an. Dafür stehe ich sehr früh auf und fahre mit dem Zug von Köln nach Frankfurt. Vorher frage ich meinen Freund, ob er auch Lust hat, das Spiel zu sehen. Dann kaufe ich zwei Eintrittskarten und schaue mir alle Spiele an. Abends bleiben wir dann noch etwas in Frankfurt und gehen durch die Stadt. Wir können aber nicht zu lange in Frankfurt bleiben, da wir am Montag wieder früh arbeiten müssen.

6

Schreiben Sie fünf Fragen auf, die alle dem Muster „Was würdest du machen, wenn ...?" folgen. Stellen Sie dann Ihrem Partner/Ihrer Partnerin diese Fragen, und notieren Sie die Antworten. Berichten Sie darüber im Plenum.

ZUM BEISPIEL

A: *Was würdest du machen, wenn du jetzt Ferien hättest?*
B: *Ich würde nach Hause fahren.*

◻ Bilden Sie **wenn ... dann**-Konstruktionen.

ZUM BEISPIEL

mehr Geld bekommen / besser trainieren können / wir

Wenn wir mehr Geld bekommen würden, dann könnten wir besser trainieren.

1. an die Öffentlichkeit gehen / populärer sein / wir
2. nicht Basketball spielen / keinen Spaß am Leben haben / ich
3. keinen Sport treiben / nicht körperlich fit bleiben können / ich
4. in Kanada leben / mehr Rechte als Rollstuhlfahrer haben / du
5. keine Angst haben / den Behinderten öfter ansprechen / die Leute

Zum Schluß

Der folgende Text steht in einem Prospekt für eine Sonderschule für Geistigbehinderte in Köln-Sülz. Lesen Sie diese Beschreibung der Schule, und bearbeiten Sie die darauf folgenden Aufgaben.

Informationen über eine Sonderschule

Wußten Sie schon, daß hier täglich von 8.00 Uhr bis 15.00 Uhr fast 150 Schüler von 35 Lehrern unterrichtet werden?

Wußten Sie schon, daß geistige Behinderung in jeder Familie vorkommen kann? [...]

Die Schülerschaft.
Mit sechs Jahren kommen die Kinder, wie überall, in die Schule. Aber sie dürfen bleiben, bis sie 25 Jahre alt sind. Unsere Schüler werden mit Bussen gebracht. [...]

Die Sonderschule für Geistigbehinderte in Köln-Sülz.

Schulorganisation.

Es gibt keine Jahrgangsklassen wie 1., 2., 3. Schuljahr. Die Schüler besuchen je nach Entwicklungsstand° und Leistungsfähigkeit° verschiedene Schulstufen. *developmental level; capability*

Sie fangen an in der Vorstufe, gehen weiter über die Unter-, Mittel-, und Oberstufe, bis zur Werkstufe.

Was lernen die Schüler?

Die Schüler lernen, wenn möglich, auch Lesen und Schreiben. Doch zunächst ist für die meisten ein basales Lernen notwendig; d.h. sie lernen, was sie mit ihren Händen und Füßen, mit ihrem Körper alles tun können. Sie lernen sich selber kennen. Dann lernen sie ihre Umwelt kennen. Alles Wichtige in ihrem Zimmer, in der Wohnung, auf der Straße, in ihrer Stadt usw.

Sie lernen, sich mit sich selber und in der Umwelt zurechtzufinden, damit sie möglichst selbständig und unabhängig werden. Sie lernen, die Mitmenschen zu beachten, auf sie einzugehen, mit ihnen zusammenzuleben und -zuarbeiten. Sie lernen spielen können, arbeiten können, leben können.

Es ist ein umfangreiches° und vielseitiges Programm. Lehr- und Lernmittel sind selten und teuer, weil die Auflagen° zu klein sind. Die Stadt hat nur wenig Geld für Unterrichtsmittel°, so daß wir auch hier größtenteils auf uns selbst gestellt sind. *extensive* / *number of copies* / *instructional material*

Ursachen° der geistigen Behinderung:

Die Ursachen für eine geistige Behinderung sind vielfältig°. Geistige Behinderung ist keine ansteckende° Krankheit. Vererbung° ist äußerst selten. Die meisten Behinderungen entstehen° in der Schwangerschaft°, während der Geburt oder nach der Geburt durch Infektionen, Krankheiten, Unfälle und menschliches Versagen°. Kleinere oder größere Bereiche° des Gehirns° sind dann nicht leistungsfähig. Die Folge sind geistige und oft auch körperliche Schädigungen° unterschiedlicher Schwere°. Wir haben Schüler mit leichteren Behinderungen, die viel leisten und auch ein wenig schreiben, rechnen und lesen können, und Schüler mit schweren Behinderungen, die ständiger° intensiver Zuwendung° und Hilfe bedürfen.

causes

diverse

contagious; (transmission by) heredity
come about, arise

pregnancy

menschliches Versagen: human error
areas; brain

damages; severity

constant; attention

▷ Aufgaben

Schreiben Sie einen Aufsatz mit dem Titel „Die Welt der Behinderten". Beziehen Sie sich auf diesen Text über die Sonderschule, auf das Interview mit den Sportlerinnen und auf eigene Erfahrungen. Benutzen Sie in einigen Sätzen den Konjunktiv II.

Bevor Sie mit Ihrem Aufsatz beginnen, sollten Sie sich einige Gedanken über den Aufbau machen. Hier einige Tips:

• Was ist Ihre zentrale Aussage?

• Mit welchen Argumenten können Sie Ihre zentrale Aussage stützen?

• Wie können Sie diese Argumente logisch strukturieren?

• Mit welchen Informationen unterstützen Sie Ihre Argumente?

• Womit fangen Sie an?

• Haben Sie Ihren Aufsatz in Abschnitte eingeteilt?

• Geben Sie zum Schluß eine gute Zusammenfassung?

• Haben Sie in Ihrem Aufsatz noch einmal Wortwahl und Grammatik überprüft?

Kapitel 12

DENKSPIELE

KOMMUNIKATIONSTHEMA
Überall populär – Denkspiele

LESETEXT
Denkspiele

SPRACHLICHE FUNKTION
Haltung des Subjekts zur Handlung ausdrücken
(Modalverben)

Doris Brenneisen, „Eisenhammerschläge".

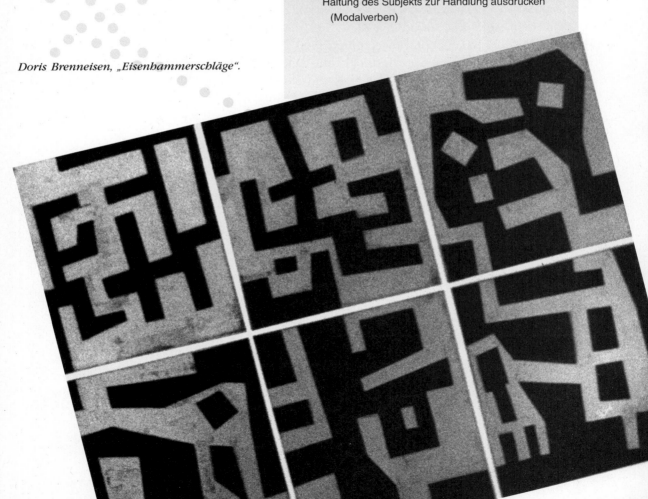

Einleitung

A Einstieg ins Thema

Schreiben Sie alle Wörter an die Tafel, die Ihnen zu dem Wort „spielen" einfallen. Ordnen Sie die Wörter in sinnvolle Kategorien, d.h. Wortfelder, ein.

spielen

B Einführung in den Lesetext

Homo sapiens – lateinisch für „der wissende Mensch"; homo ludens – der spielende Mensch. Der deutsche Dichter Friedrich von Schiller bemerkte 1795: „Der Mensch ist nur da ganz Mensch, wo er spielt." Das Denkspiel, eine allgemein beliebte Freizeitbeschäftigung, steht im Mittelpunkt dieses Kapitels.

Wie in vielen anderen Ländern der Welt, kann man auch in Deutschland Rätsel, Scherzfragen und andere Denkspiele bei jung und alt hören oder in Zeitungen, Zeitschriften und Büchern lesen. Versuchen Sie selbst, die Rätsel[1] im Lesetext zu lösen.

▪ Überlegen Sie sich gemeinsam mit einem Gesprächspartner/einer Gesprächspartnerin drei oder vier Antworten auf die Frage: Was wissen Sie noch nicht über die Denkspiele im Lesetext? Teilen Sie anschließend den anderen Studenten/Studentinnen Ihre Antworten im Plenum mit.

Nützliche Wörter

beliebt *popular*

bemerken *to remark, to notice*

das Denkspiel, -e *mental game*

der Dichter, -/die Dichterin, -nen *poet*

erscheinen, erschien, ist erschienen *to appear*

die Freizeitbeschäftigung, -en *leisure activity*

lösen *to solve*

das Rätsel, - *riddle, puzzle*

die Scherzfrage -n *riddle, trick question*

Vor dem Lesen

 C   **Was wissen Sie schon?**

▪ Bereiten Sie sich mit folgenden Fragen auf den Lesetext vor. Jede Frage hat mehr als eine mögliche Antwort.

1. Was fällt Ihnen zum Stichwort Denkspiele ein?
2. Warum machen viele Menschen gerne Denkspiele? Nennen Sie einige Gründe.

---

1. Die Rätsel erschienen in Karl Heinz Paraquin (Hrsg.): *Denkspiele,* Ravensburg 1990; Helga Gebert: *Das große Rätselbuch,* Weinheim & Basel 1986; *Rätsel-Kaiser,* Nr. 16, Sonderheft der *Freizeit-Revue.*

3. Was braucht man, um verschiedene Arten von Denkspielen zu spielen?

4. Was bedeutet es, wenn man über jemanden sagt „Er ist mir ein Rätsel"?

5. Was macht man, wenn man ein Rätsel nicht leicht lösen kann?

Nützliche Wörter

brauchen *to need*

einfallen (fällt ein), fiel ein, ist eingefallen (jemandem) *to occur (to someone);* **Was fällt Ihnen ein?** *What occurs to you?*

der Grund, ⁻e *reason*

leicht *easy*

raten (rät), riet, geraten *to guess*

das Stichwort, ⁻er *cue word*

verschieden *different*

 D ## Textüberblick

Man kann einen Text schneller verstehen, wenn man sich schon vor dem Lesen einen Überblick über ihn verschafft. Folgende Fragen dienen dem Überblick. Sehen Sie sich also den Text auf Seite 346-351 flüchtig an, um die folgenden Fragen zu beantworten.

1. Wie heißen die Rätselgruppen im Text, und wie viele Rätsel gibt es insgesamt?

2. Sehen Sie hier ein Kreuzworträtsel?

3. In welchem Rätsel kommen Hans und Petra vor?

4. Welches Rätsel hat mit Bahnfahrten zu tun?

5. Welches Rätsel hat mit einer Bootsfahrt zu tun?

6. Welches Rätsel hat den längsten Text?

7. Ist das letzte Rätsel ein Versrätsel oder ein Suchbildrätsel?

E ## Wortschatz

Die Vokabeln und Sätze kommen in dieser Reihenfolge im Lesetext vor.

1. **wegstreichen, strich weg, weggestrichen** *to strike (out)*

2. **übrig** *remaining, other*

3. **betragen (beträgt), betrug, betragen**   *to amount to*
   Streichen Sie von den neun Zahlen sechs **weg,** so daß die
   übrigen zusammen zwanzig **betragen.**

4. **der Strich, -e**   *line*
   Zu diesen drei **Strichen** sollen noch sechs gemacht werden.

5. **die Mark,** offiziell: **Deutsche Mark (kein Pl.)**   *Mark (Germany's monetary unit)*

6. **gleich**   *equal, the same*
   „Wenn du mir eine **Mark** gibst, haben wir beide **gleich** viel
   im Portemonnaie."

7. **in Richtung**   *in the direction of*
   Der IC-Zug verläßt Frankfurt **in Richtung** Köln.

8. **entfernt**   *away*
   Welcher Zug ist von Köln weiter **entfernt,** wenn sie sich treffen?

9. **absetzen**   *to take off, to remove*

10. **die Linie, -n**   *line*
    Um diese Punkte zu verbinden, benötigt man, ohne das Schreibgerät **abzusetzen,** nur vier gerade **Linien.**

11. **eine Linie ziehen (zog, gezogen)**   *to draw a line*
    Wie **zieht** man die **Linien?**

12. **teilen**   *to divide*
    Das quadratische Feld ist in zwei gleich große Felder zu **teilen.**

13. **umlegen**   *to move*

14. **die Spitze, -n**   *tip, point*

15. **nach oben**   *upwards*
    Wie viele Steine muß man in dieser Figur **umlegen,** damit die
    Pyramide nicht mehr auf dem Kopf steht, sondern mit der
    Spitze nach oben zeigt?

16. **umstellen**   *to rearrange*
    Wie kann man die acht Gläser so **umstellen,** daß links alle
    vollen, rechts alle leeren Gläser stehen?

17. **das Holz, ⁻er**   *wood, piece of wood/lumber*

18. **das Quadrat, -e**   *square*
    Zwölf **Hölzer** bilden fünf **Quadrate.**

19. **die Veränderung, -en** *change*

Wie macht man diese **Veränderungen**?

20. **der Kaufmann, ⁻er** *businessman;* **die Kauffrau, -en** *business woman;* **die Kaufleute** *business people*

Drei **Kaufleute** wollten mit einem Boot den Fluß **überqueren**.

21. **überqueren** *to cross*

22. **der Räuber, -** *robber*

Da stürzten drei **Räuber** hervor.

23. **das Ufer, -** *(river) bank*

Die Räuber hofften, die Kaufleute am anderen **Ufer** einzeln ausrauben zu können.

Wortschatzübung

Bilden Sie Dreier-Gruppen. Jede Gruppe wählt ein beliebiges Wort aus dem Wortschatz und baut dazu ein sinnvolles Wortfeld auf. Benutzen Sie so viele Vokabeln aus dem Wortschatz wie möglich.

Zeichnen Sie das Wortfeld auf ein Blatt Papier, so daß Ihre Gruppe das Bild im Plenum zeigen und erklären kann.

ZUM BEISPIEL

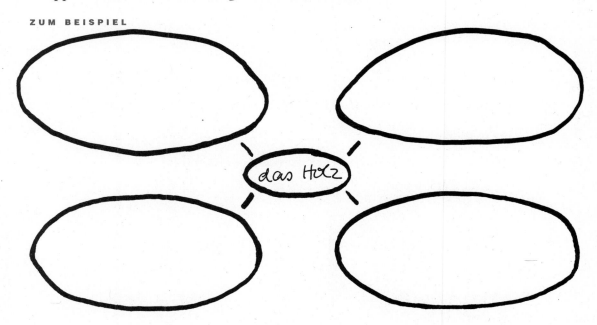

Denkspiele

KARL HEINZ PARAQUIN, HELGA GEBERT UND ANDERE

Lesen Sie alle Denkspiele gründlich durch, und lösen Sie sie.

Zahlenrätsel

1. Die Summe° beträgt zwanzig

sum

Streichen Sie von den neun Zahlen sechs weg, so daß die übrigen zusammen zwanzig betragen.

$$1 \quad 1 \quad 1$$
$$7 \quad 7 \quad 7$$
$$9 \quad 9 \quad 9$$

2. Sechs wird elf

Zu diesen drei Strichen sollen noch sechs gemacht werden, und dann sollen es elf sein.

3. Eine Frage des Geldes

Hans und Petra haben beide ein bißchen Geld. Hans sagt: „Wenn du mir eine Mark gibst, haben wir beide gleich viel im Portemonnaie°."

wallet, purse

Petra meint dagegen°: „Gib du mir eine Mark, dann habe ich doppelt° so viel wie du." Wieviel Geld haben beide im Portemonnaie?   *on the other hand*   *twice*

4. Frankfurt – Köln

Der IC-Zug verläßt Frankfurt in Richtung Köln mit einer Geschwindigkeit° von 120 km/h zur gleichen Zeit, als in Köln der D-Zug 493 in Richtung Frankfurt mit einer Geschwindigkeit von 90 km/h abfährt. Die ganze Strecke° beträgt 224 km. Welcher Zug ist von Köln weiter entfernt, wenn sie sich treffen?   *speed*   *distance*

5. Neun Punkte, vier Linien

Um diese neun Punkte zu verbinden, benötigt° man, ohne das Schreibgerät° abzusetzen, nur vier gerade Linien. Wie zieht man die Linien?   *needs*   *writing utensil*

6. Ein Feld wird zwei

Das quadratische° Feld ist in zwei gleich große Felder zu teilen, so *square* daß jedes Feld wieder genauso lang und breit wie das quadratische Feld ist.

7. Der Kaktus, der Pilz und die Erdbeere

Das Rechteck ist mit drei Linien in vier Felder zu unterteilen, und zwar so, daß in jedem Feld eine Erdbeere, ein Kaktus und ein Pilz steht.

Versrätsel

8. Wer ist er?

Er bleibt den ganzen Tag im Bett,
doch schläft er nie,
und wer ihn besuchen will,
findet nie den gleichen vor.

9. Wer bin ich?

Keines Vaters Sohn,
keiner Mutter Sohn,
und doch ein Menschenkind.

10. Wer bin ich?

Des Morgens auf vieren,
des Mittags auf zweien,
des Abends auf dreien.

Legespiele

11. Eine Pyramide

Wie viele Steine muß man in dieser Figur umlegen, damit die Pyramide nicht mehr auf dem Kopf steht, sondern mit der Spitze nach oben zeigt?

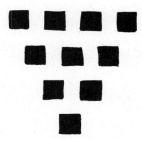

12. Die acht Gläser

Wie kann man die acht Gläser so umstellen, daß links alle vollen, rechts alle leeren Gläser stehen, wenn man nur zwei Gläser anfassen° und am Schluß keine Lücke° in der Reihe bleiben darf?

touch; gap

13. Streichhölzer umlegen

Zwölf Hölzer bilden fünf Quadrate: ein großes, vier kleine. Wie macht man die folgenden Veränderungen?

a) Zwei Hölzer wegnehmen, zwei Quadrate bleiben.

b) Drei Hölzer so umlegen, daß alle zwölf Hölzer drei Quadrate bilden.

Denkrätsel

14. Die verzwickte° Überfahrt

Drei Kaufleute wollten mit einem Boot den Fluß überqueren. Da stürzten drei Räuber hervor° und machten sich – weil sie auch über den Fluß mußten – über das Boot her°. „Fahren wir doch gemeinsam", schlug ein Kaufmann in letzter Verzweiflung° vor. Die Räuber tuschelten° miteinander, dann willigten sie ein°, weil sie hofften, die Kaufleute am anderen Ufer einzeln ausrauben zu können.

Die Kaufleute, auch nicht gerade auf den Kopf gefallen, teilten die Überfahrten so geschickt° ein°, daß die Räuber nie in der Überzahl° waren: weder im Boot, noch an beiden Ufern.

Wie hatten die Kaufleute die Fahrten eingeteilt, wenn das Boot nur zwei Personen aufnehmen konnte?

15. Für scharfe° Augen

sharp, keen

Die rechte Zeichnung der Karnevalsfeier unterscheidet sich° durch fünf Veränderungen von der linken. Suchen Sie die fünf Unterschiede.

unterscheidet sich: differs

Nützliche Wörter

der Ausschnitt, -e *cut-out*	**der Knopf, ⸚e** *button*
das Band, ⸚er *ribbon, band*	**der Mund, ⸚er** *mouth*
der/das Bonbon, -s *candy*	**die Nase, -n** *nose*
der Chinese, -n, -n/die Chinesin, -nen *Chinese man/woman*	**der Polizist, -en, -en/die Polizistin, -nen** *policeman/policewoman*
der Clown, -s *clown*	**der Regenschirm, -e** *umbrella*
das Haar, -e *hair*	**der Schnurrbart, ⸚e** *moustache*
der Handschuh, -e *glove*	**der Stern, -e** *star*
der Hut, ⸚e *hat*	
die Jacke, -n *jacket*	

F Fragen über die Rätsel

Die folgenden Wörter beziehen sich in chronologischer Reihenfolge auf die fünfzehn Rätsel. Formulieren Sie in Partnerarbeit aus
den Wörtern Fragen und Antworten zu den Rätseln.

ZUM BEISPIEL

    1. was / man / wegstreichen / sollen

    A: *Was soll man wegstreichen?*
    B: *Von neun Zahlen soll man sechs wegstreichen.*

2. wie viele Striche / zu den drei Strichen / man / machen / sollen
3. wieviel Geld / Hans / von Petra / haben / wollen
4. welche Städte / die beiden Züge / um die gleiche Zeit / verlassen
5. was / mit vier geraden Linien / man / verbinden / sollen
6. wie / man / das quadratische Feld / teilen / sollen
7. wie / man / das Rechteck / teilen / sollen
8. wie / man / den Fluß / nie / vorfinden // wenn / besuchen / wollen / man / ihn
9. was / dieses Menschenkind / sein (Verb) / nicht
10. wie / gehen / er / am Morgen
11. wie / die Steine der Pyramide / man / umlegen / sollen
12. wie viele / Gläser / man / anfassen / sollen
13. was / zwölf Hölzer / bilden
14. warum / die Räuber / in die Überfahrt / einwilligen
15. wie / die rechte Zeichnung / von der linken / sich unterscheiden

▷ G Was gehört zusammen?

Verbinden Sie jede Illustration durch eine Linie mit dem richtigen
Satz. Erklären Sie danach, zu welchem Denkspiel im Lesetext jede
Illustration paßt.

Eine Linie verbindet zwei Punkte.

Diese Illustration paßt zum fünften Rätsel: Neun Punkte, vier Linien. Dort muß man neun Punkte mit vier Linien verbinden.

A.

B.

C.

D.

E.

F.

G.

H.

I.

J.

K.

L.

M.

N.

(Zwei der folgenden Antworten passen nicht.)

1. Die ganze Strecke beträgt 224 km.

2. Man teilt das Feld.

3. Das ist ein Menschenkind.

4. Das ist eine Erdbeere.

5. Die Spitze ist oben.

6. Er bleibt im Bett.

7. Mit dem Schreibgerät zieht man Linien.

8. Im Portemonnaie hat man Geld.

9. Man macht noch einen vierten Strich.

10. Es konnte nur zwei Personen aufnehmen.

11. Man legt drei Hölzer um.

12. Er will uns ausrauben.

13. Das Hemd hat drei Knöpfe.

14. So bildet man ein Quadrat.

15. Die Räuber sitzen am Ufer.

16. Diese Gläser sind leer.

H   Erklären Sie die Lösung.

Geben Sie Ihrem Partner/Ihrer Partnerin drei Rätsel aus dem Lesetext. Er/Sie soll erklären, wie man die Rätsel löst, und zeigen (wo möglich), wie man es macht, z.B. Hölzer umlegt oder Linien zieht. (Die Lösungen finden Sie im Anhang B.)

Nützliche Ausdrücke

Also, ...   *So, . . .*

Du bist an der Reihe.   *It's your turn.*

Erstens, zweitens, drittens   *First, second(ly), third(ly)*

Im Gegenteil.   *On the contrary.*

Ja, weiter.   *Yeah, go on.*

Na, gut.   *Well, okay.*

So ein Pech!   *Just my/our luck!*

So geht das (nicht).   *This/That is (not) how it's done.*

So gesehen ...   *Looked at in this/that way . . .*

Wie bitte?   *Excuse me?*

Wie macht man das?   *How do you do that?*

I   Ihre Meinung

Was halten Sie von der folgenden Interpretation von Denkspielen, die Karl Heinz Paraquin im Vorwort zu *Denkspiele* gibt?

Denkspiele sind „Denkprobleme, für deren Lösung kein Spezialwissen vorausgesetzt wird. Was anfangs verzwickt scheint, ist es nicht. Gesunder Menschenverstand, gradliniges Denken und ein bißchen Probieren führen zum Ziel. Mitunter wird eine verwirrende Aufgabe sofort klar, wenn Du die Fakten aufgliederst und dann Teil für Teil angehst."

Berichten Sie von einem Rätsel, und wie Sie es gelöst haben. Wie haben Sie das gemacht? Erklären Sie Schritt für Schritt. Was haben Sie verstanden oder nicht verstanden? Haben Sie die Aufgabe zuerst verwirrend gefunden? Was hat Sie zum Ziel geführt? Gesunder Menschenverstand? Gradliniges Denken? Ein bißchen Probieren? Haben Sie die Fakten aufgegliedert, und sind Sie dann Teil für Teil darangegangen?

Nützliche Wörter

angehen, ging an, ist angegangen *to tackle (a job)*

aufgliedern *to break down, divide*

gradlinig *straight*

der Menschenverstand *human understanding;* **gesunder Menschenverstand** *common sense*

mitunter *from time to time*

probieren *to try*

Teil für Teil *piece by piece*

verwirrend *confusing*

verzwickt *tricky*

voraussetzen *to presuppose*

das Ziel, -e *goal*

J   Ihre Erfahrung

Welche Erfahrungen haben Sie mit Denkspielen gemacht? Erinnern Sie sich an ein bestimmtes Erlebnis? Kennen Sie jemanden, der ein großer Liebhaber von Rätseln ist? Vielleicht gefallen Ihnen Rätsel nicht so sehr, aber Sie entspannen sich durch einen anderen Denksport wie das Lesen oder Kartenspielen. Berichten Sie über Ihre Erfahrungen.

K   Ihre Reaktion

Bringen Sie ein Denkspiel mit in die Deutschstunde, und lassen Sie es von Ihren Mitstudenten/Mitstudentinnen lösen. Danach stellt der Kurs alle mitgebrachten Denkspiele zusammen, photokopiert und verteilt sie.

Weiß am Zug

Haltung des Subjekts zur Handlung ausdrücken (Modalverben)

Die Bedeutungen der Modalverben

dürfen   *may, to be allowed to, to be permitted to*
Das darfst du tun. *You may do that.*

können   *can, to be able*
Das kannst du tun. *You can do that.*

mögen   *to like to; may*
Das magst du nicht. *You don't like that.*

müssen   *must, to have to*
Das mußt du tun. *You must do that.*

sollen   *to be supposed to, are to*
Das sollst du tun. *You are supposed to do that.*

wollen   *to want to, to intend to*
Das willst du tun. *You want to do that.*

Die Konjugation der Modalverben im Präsens

	dürfen	können	mögen	müssen	sollen	wollen
ich	darf	kann	mag	muß	soll	will
du	darfst	kannst	magst	mußt	sollst	willst
er/sie/es	darf	kann	mag	muß	soll	will
wir	dürfen	können	mögen	müssen	sollen	wollen
ihr	dürft	könnt	mögt	müßt	sollt	wollt
sie/Sie	dürfen	können	mögen	müssen	sollen	wollen

Stammformen und Konjugation im Imperfekt

durft- konnt- mocht- mußt- sollt- wollt-

	dürfen
ich	durfte
du	durftest
er/sie/es	durfte
wir	durften
ihr	durftet
sie/Sie	durften

Modalverben im Perfekt: *haben* + Partizip des Modalverbs

Verb	**Partizip**
dürfen	gedurft
können	gekonnt
mögen	gemocht
müssen	gemußt
sollen	gesollt
wollen	gewollt

Oft kommen die Partizipien aber nicht vor, denn in Verbindung mit einem anderen Verb erscheint das Modalverb in der Infinitiv-Form:

Ich habe es **gedurft.**
aber:
Ich habe es machen **dürfen.**

Wir haben es nicht **gewollt.**
aber:
Wir haben es nicht machen **wollen.**

1

Bilden Sie in Partnerarbeit aus den angegebenen Wörtern die Fragen und Antworten.

ZUM BEISPIEL

du / das Quadrat / richtig / können / teilen

A: *Kannst du das Quadrat richtig teilen?*
B: *Ja, ich kann das Quadrat richtig teilen.*

1. man / sechs Zahlen / dürfen / wegstreichen
   A: ...
   B: Ja, man ...

2. man / sechs Zahlen / können / wegstreichen
   A: ...
   B: Ja, man ...

3. du / sechs Zahlen / wollen / wegstreichen
   A: ...
   B: Ja, ich ...

4. wir / das Rätsel / müssen / lösen
   A: ...
   B: Ja, wir ...

5. ihr / die Fragen / sollen / beantworten
   A: ...
   B: Ja, wir ...

6. sie (*they*) / die Lösung / wollen / finden
   A: ...
   B: Ja, sie ...

7. du / die Lösung / können / finden
   A: ...
   B: Ja, ich ...

8. du / zwei Hölzer / dürfen / umlegen
   A: ...
   B: Ja, ich ...

9. ich / zwei Hölzer / dürfen / umlegen
   A: ...
   B: Ja, du ...

2

◻ Machen Sie *Übung 1* noch einmal, diesmal im Präteritum.

ZUM BEISPIEL

du / das Quadrat / richtig / können / teilen

> A: *Konntest du das Quadrat richtig teilen?*
> B: *Ja, ich konnte das Quadrat richtig teilen.*

3

◻ Formen Sie den Imperativsatz in einen Satz mit **sollen** um.

ZUM BEISPIEL

mit *Sie*

> Streichen Sie sechs Zahlen weg!
> *Sie **sollen** sechs Zahlen **wegstreichen**.*

mit *du*

> Fass' nicht mehr als zwei Gläser an!
> *Du **sollst** nicht mehr als zwei Gläser **anfassen**.*

mit *ihr*

> Gebt mir das Geld!
> *Ihr **sollt** mir das Geld **geben**.*

mit *Sie*

1. Fassen Sie nur zwei Gläser an!
2. Legen Sie die Steine um!
3. Bilden Sie aus drei Dreiecken vier Dreiecke!
4. Bringen Sie alle Räuber und Kaufleute über den Fluß!
5. Verbinden Sie die neun Punkte mit vier geraden Linien!

mit *du*

6. Teile das Rechteck in zwei Felder ein!
7. Löse jetzt die Rätsel!
8. Nimm nur zwei Hölzer weg!

9. Stelle nur zwei Gläser um!

10. Mach' sechs Striche!

mit *ihr*

11. Lest die Denkspiele gründlich durch!

12. Findet so schnell wie möglich die Lösungen!

13. Legt die Steine um!

14. Nehmt nur zwei Hölzer weg!

15. Bringt morgen ein neues Rätsel mit!

4

Wählen Sie eins der Denkspiele, und erklären Sie, wie man das Problem löst. Schreiben Sie mindestens vier Sätze, und verwenden Sie so viele Modalverben wie möglich. Folgende Fragen könnten Sie z.B. bei Ihrer Erklärung beantworten:

Was will man tun/wissen?

Was soll man tun? Was soll man nicht tun?

Was muß/soll man verwenden, um das Rätsel zu lösen?

Wie soll/muß man Schritt für Schritt vorgehen?

Was darf man bei der Lösung tun/nicht tun?

5

Stellen Sie mit einem Partner/einer Partnerin einen kleinen Fragebogen mit drei Fragen zusammen, die man mit **Ja** oder **Nein** beantwortet. Verwenden Sie in jeder Frage ein anderes Modalverb. Ihre Fragen können die Denkspiele, den Alltag, das Studium usw. behandeln.

Stellen Sie dann Ihre Fragen an zwei bis drei andere Studenten/Studentinnen, und notieren Sie sich die Ergebnisse. Berichten Sie zum Schluß im Plenum über Ihre Umfrage.

	Ja	Nein
ZUM BEISPIEL: Haben Sie alle Denkspiele lösen können?		
1.		
2.		
3.		

6

☐ Formulieren Sie zu jedem Photo einen Satz mit einem Modalverb.

 Nachts im Wald

ZUM BEISPIEL

ZUM BEISPIEL

Ich kann die Bäume gar nicht sehen. (oder)
Kannst du die Bäume sehen?

1. Der Kölner Dom

2. Fußgängerzone in Frankfurt am Main

3. Studenten und Studentinnen vor der Universität Heidelberg

4. Ein Schüler lernt Englisch (unten)

5. ICE im Rheintal bei Oberwesel

6. Ein Stahlwerk in der Stadt Duisburg (rechts)

7. Menschen vor und auf der Berliner Mauer vor dem Brandenburger Tor

8. Schiffe auf dem Rhein

9. Der Christkindlmarkt in Nürnberg

10. Die Berliner Philharmoniker in der Philharmonie

11. Eine Autobahnbrücke

12. Der Stundenplan eines Schülers/einer Schülerin

Zeit	Montag	Dienstag	Mittwoch	Donnerstag	Freitag	Samstag
7⁵⁵–8⁴⁰	Französisch	Musik	Geschichte	Mathe	Mathe	Erde
8⁴⁵–9³⁰	Physik	Religion	Chemie	Erde	Geschichte	Deutsch
9⁵⁰–10³⁵	Deutsch	Englisch	Französisch	Physik	Französisch	Kunst
10⁵⁰–11³⁵	Englisch	Mathe	Englisch	Sozialkunde	Englisch	Kunst
11⁴⁰–12²⁵	Mathe	Französisch	Deutsch	Sport	Chemie	/
12³⁰–13¹⁵	Sport	Deutsch	/	Religion	/	/

13. Die U-Bahn am Schlesischen Tor in Berlin

14. Fußgängerzone
in der Stadt Göttin-
gen

Zum Schluß

○ Machen Sie eine Kopie des folgenden, leeren Musters, bevor Sie
○ mit dieser Aufgabe anfangen. Erstellen Sie dann in Partnerarbeit ein
○ Kreuzworträtsel. Verwenden Sie das Muster im Buch und min-
○ destens sechs Vokabeln aus dem Wortschatz. Die Hinweise für den
○ Spieler/die Spielerin müssen auf deutsch sein.
○ Übertragen Sie Ihr Kreuzworträtsel (Zahlen, schwarze Felder,
○ Hinweise) auf Ihre Musterkopie, und lassen Sie Ihr Rätsel dann von
○ den Mitstudenten/Mitstudentinnen lösen.

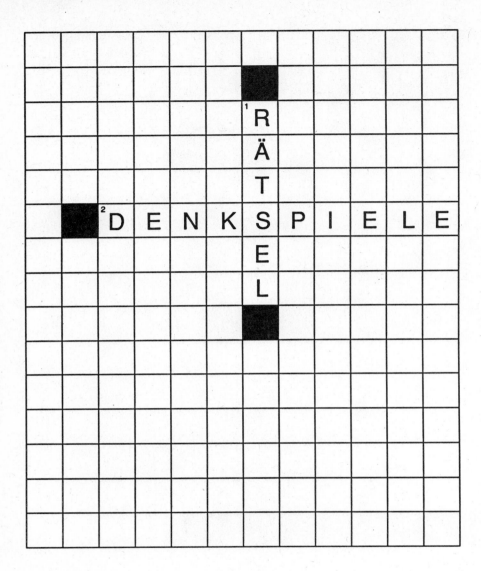

Waagerecht
2. Titel von *Kapitel 12*

Senkrecht
1. Aufgabe für scharfe Denker

Anhang A
Grammatik-Tabellen

1. Personalpronomen

Nominativ:	ich	du	er	sie	es	wir	ihr	sie	Sie
Akkusativ:	mich	dich	ihn	sie	es	uns	euch	sie	Sie
Dativ:	mir	dir	ihm	ihr	ihm	uns	euch	ihnen	Ihnen

2. Reflexivpronomen

	ich	du	er/sie/es	wir	ihr	sie	Sie
Akkusativ:	mich	dich	sich	uns	euch	sich	sich
Dativ:	mir	dir	sich	uns	euch	sich	sich

3. Interrogativpronomen

Nominativ:	wer?	was?
Akkusativ:	wen?	was?
Dativ:	wem?	
Genitiv:	wessen?	

4. Relativpronomen und Demonstrativpronomen

	Singular			Plural
	MASKULIN	FEMININ	NEUTRUM	
Nominativ:	der	die	das	die
Akkusativ:	den	die	das	die
Dativ:	dem	der	dem	denen
Genitiv:	dessen	deren	dessen	deren

5. Der bestimmte Artikel

	Singular			Plural
	MASKULIN	FEMININ	NEUTRUM	
Nominativ:	der	die	das	die
Akkusativ:	den	die	das	die
Dativ:	dem	der	dem	den
Genitiv:	des	der	des	der

6. Der-Wörter (*dieser, jeder, mancher, solcher, welcher*)

	Singular			Plural
	MASKULIN	FEMININ	NEUTRUM	
Nominativ:	dieser	diese	dieses	diese
Akkusativ:	diesen	diese	dieses	diese
Dativ:	diesem	dieser	diesem	diesen
Genitiv:	dieses	dieser	dieses	dieser

7. Der unbestimmte Artikel und *ein*-Wörter (*kein* und die Possessivpronomen *mein, dein, sein, ihr, unser, euer, ihr, Ihr*)

	Singular			Plural
	MASKULIN	FEMININ	NEUTRUM	
Nominativ:	ein	eine	ein	keine
Akkusativ:	einen	eine	ein	keine
Dativ:	einem	einer	einem	keinen
Genitiv:	eines	einer	eines	keiner

8. Substantive: die Bildung der Pluralform

Kategorie	Singular	Plural	Pluralbezeichnung
1. Maskulina und Neutra mit den Endungen **-el, -en, -er, -chen** oder **-lein,** und zwei Feminina: **Mutter, Tochter**	das Zimmer der Vater die Mutter	die Zimmer die Väter die Mütter	- (keine Änderung) ¨ (Umlaut)
2. größtenteils einsilbige Maskulina	der Tisch der Stuhl	die Tische die Stühle	-e ¨e
3. größtenteils einsilbige Neutra. Stammvokal **e** oder **i** kann im Plural keinen Umlaut haben. Stammvokal **a, o,** oder **u** kann im Plural Umlaut haben.	das Bild das Buch	die Bilder die Bücher	-er ¨er
4. größtenteils Feminina	die Uhr die Lampe die Freundin	die Uhren die Lampen die Freundinnen	-en -n -nen
5. größtenteils Fremdwörter	das Radio	die Radios	-s

9. *N*-Substantive (*n*-Maskulina)

	Singular	Plural
Nominativ:	der Herr	die Herren
Akkusativ:	den Herrn	die Herren
Dativ:	dem Herrn	den Herren
Genitiv:	des Herrn	der Herren

Andere **n**-Substantive: **der Journalist, der Jude, der Junge, der Kamerad, der Kollege, der Komponist, der Mensch, der Nachbar, der Neffe, der Patient, der Polizist, der Präsident, der Soldat, der Student, der Tourist, der Zeuge.** Einige **n**-Substantive bilden den Genitiv mit **-ns: der Name > des Namens; der Gedanke > des Gedankens; der Glaube > des Glaubens.**

10.   **Adjektivendungen vor Substantiven**

Singular

	MASKULIN	FEMININ	NEUTRUM
Nom.:	*der Wein* deutsch**er** Wein der deutsch**e** Wein ein deutsch**er** Wein	*die Limonade* kalt**e** Limonade die kalt**e** Limonade eine kalt**e** Limonade	*das Bier* hell**es** Bier das hell**e** Bier ein hell**es** Bier
Akk.:	*den Wein* deutsch**en** Wein den deutsch**en** Wein einen deutsch**en** Wein		
Dat.:	*dem Wein* deutsch**em** Wein dem deutsch**en** Wein einem deutsch**en** Wein	*der Limonade* kalt**er** Limonade der kalt**en** Limonade einer kalt**en** Limonade	*dem Bier* hell**em** Bier dem hell**en** Bier einem hell**en** Bier
Gen.:	*des Weines* deutsch**en** Weines des deutsch**en** Weines eines deutsch**en** Weines	*der Limonade* kalt**er** Limonade der kalt**en** Limonade einer kalt**en** Limonade	*des Bieres* hell**en** Bieres des hell**en** Bieres eines hell**en** Bieres

Plural

Nom.: **Akk.:**	*die Getränke* gut**e** Getränke die gut**en** Getränke unsere gut**en** Getränke
Dat.:	*den Getränken* gut**en** Getränken den gut**en** Getränken unseren gut**en** Getränken
Gen.:	*der Getränke* gut**er** Getränke der gut**en** Getränke unserer gut**en** Getränke

11. **Adjektivendungen nach Pronomen**

    a. Nach den Indefinitpronomen *ein paar, einige, manche* (Pl.), *mehrere, viele, wenige*

	Plural
Nominativ:	einige junge, deutsche Kinder
Akkusativ:	einige junge, deutsche Kinder
Dativ:	einigen jungen, deutschen Kindern
Genitiv:	einiger junger, deutscher Kinder

    b. Nach *alle*
    (Demonstrativ- und Possessivpronomen werden mit den gleichen Endungen wie *alle* dekliniert. Andere Adjektive enden mit *-en.*)

	Plural
Nominativ:	alle diese (meine) guten Freunde
Akkusativ:	alle diese (meine) guten Freunde
Dativ:	allen diesen (meinen) guten Freunden
Genitiv:	aller dieser (meiner) guten Freunde

12. **Substantive, die wie Adjektive dekliniert werden**

    a. Nach einem *der*-Wort

	Singular			**Plural**
	MASKULIN	**FEMININ**	**NEUTRUM**	
Nominativ:	der Deutsche	die Deutsche	das Gute	die Deutschen
Akkusativ:	den Deutschen	die Deutsche	das Gute	die Deutschen
Dativ:	dem Deutschen	der Deutschen	dem Guten	den Deutschen
Genitiv:	des Deutschen	der Deutschen	des Guten	der Deutschen

b. Nach einem *ein*-Wort

	Singular			Plural
	MASKULIN	**FEMININ**	**NEUTRUM**	
Nominativ:	ein Deutsch**er**	eine Deutsch**e**	ein Gut**es**	keine Deutsch**en**
Akkusativ:	einen Deutsch**en**	eine Deutsch**e**	ein Gut**es**	keine Deutsch**en**
Dativ:	einem Deutsch**en**	einer Deutsch**en**	einem Gut**en**	keinen Deutsch**en**
Genitiv:	eines Deutsch**en**	einer Deutsch**en**	eines Gut**en**	keiner Deutsch**en**

Einige andere Substantive, die wie Adjektive dekliniert werden, sind: **der/die Angestellte, Arbeitslose, Auszubildende, Bekannte, Berufstätige, Erwachsene, Fremde, Jugendliche, Reisende, Tote, Verliebte** und **Verwandte.** Beachten Sie: **der Beamte** aber **die Beamtin.**

13.   Vergleichsformen der unregelmäßigen Adjektive und Adverbien

POSITIV	KOMPARATIV	SUPERLATIV
bald	eher	ehest-, am ehesten
gern	lieber	liebst-, am liebsten
gut	besser	best-, am besten
hoch	höher	höchst-, am höchsten
nah	näher	nächst-, am nächsten
viel	mehr	meist-, am meisten

14.   Präpositionen

MIT AKKUSATIV	MIT DATIV	MIT AKKUSATIV ODER DATIV	MIT GENITIV
bis	aus	an	(an)statt
durch	außer	auf	außerhalb
entlang	bei	hinter	diesseits
für	entgegen	in	innerhalb
gegen	gegenüber	neben	jenseits
ohne	mit	über	oberhalb
um	nach	unter	trotz
wider	seit	vor	unterhalb
	von	zwischen	während
	zu		wegen

15.   **Dativverben**

antworten	gehorchen	passen
befehlen	gehören	passieren [ist]
begegnen [ist]	gelingen	raten
danken	genügen	schaden
dienen	geschehen [ist]	schmecken
einfallen [ist]	glauben	trauen
erlauben	gratulieren	verzeihen
fehlen	helfen	weh tun
folgen [ist]	leid tun	zuhören
gefallen	nützen	zusehen

Die Verben **glauben, erlauben** und **verzeihen** können auch mit einem unpersönlichen Akkusativobjekt stehen: **ich glaube es, ich erlaube es.**

16.   **Verben im Präsens**

	lernen[1]	arbeiten[2]	tanzen[3]	geben[4]
ich	lerne	arbeite	tanze	gebe
du	lern**st**	arbeit**est**	tanz**t**	g**i**bst
er/sie/es	lern**t**	arbeit**et**	tanz**t**	g**i**bt
wir	lern**en**	arbeiten	tanzen	geben
ihr	lern**t**	arbeit**et**	tanz**t**	gebt
sie	lern**en**	arbeiten	tanzen	geben
Sie	lern**en**	arbeiten	tanzen	geben
du-Imperativ	lern(e)	arbeite	tanz(e)	g**i**b

	lesen[5]	fahren[6]	laufen[7]	auf·stehen[8]
ich	lese	fahre	laufe	stehe ... auf
du	l**ie**st	f**ä**hrst	l**äu**fst	stehst ... auf
er/sie/es	l**ie**st	f**ä**hrt	l**äu**ft	steht ... auf
wir	lesen	fahren	laufen	stehen ... auf
ihr	lest	fahrt	lauft	steht ... auf
sie	lesen	fahren	laufen	stehen ... auf
Sie	lesen	fahren	laufen	stehen ... auf
du-Imperativ	**lies**	fahr(e)	lauf(e)	steh(e) ... auf

(Notes to table on next page)

1. Diese Endungen werden bei allen Verben außer den Modalverben und **wissen, werden** und **sein** benutzt.

2. Wenn der Verbstamm mit **-d** oder **-t** endet, werden die **-st** und **-t** Endungen mit **e** ergänzt. Wenn der Verbstamm mit **-m** oder **-n** endet, und wenn ein anderer Konsonant vor dem **-m** oder **-n** steht, werden die **-st** und **-t** Endungen mit einem **e** ergänzt, z.B. **atmen > du atmest, er/sie atmet, ihr atmet.** *Ausnahme:* Wenn der Verbstamm mit **-m** oder **-n** endet und **-l** oder **-r** vor dem **-m** oder **-n** stehen, werden die **-st** und **-t** Endungen nicht mit **e** ergänzt, z.B. **lernen > du lernst, er/sie lernt, ihr lernt.**

3. Die **-st** Endung der du-Form wird zu **-t** wenn der Verbstamm in einem Zischlaut (**-s, -ss, -ß, -z** oder **-tz**) endet. Die du-, er/sie/es- und ihr-Formen sind dann identisch.

4. Bei einigen starken Verben ändert sich der Stammvokal von **e** zu **i** in den du- und er/sie/es-Formen und dem du-Imperativ.

5. Bei einigen starken Verben ändert sich der Stammvokal von **e** zu **ie** in den du- und er/sie/es-Formen und dem du-Imperativ. Der Stammvokal der starken Verben **gehen, heben** und **stehen** ändert sich nicht.

6. Bei einigen starken Verben ändert sich der Stammvokal von **a** zu **ä** in den du- und er/sie/es-Formen.

7. Bei einigen starken Verben ändert sich der Stammvokal von **au** zu **äu** in den du- und er/sie/es-Formen.

8. Im Präsens stehen trennbare Präfixe am Ende des Satzes.

17. *Haben, sein, werden* im Präsens

ich	habe	bin	werde
du	hast	bist	wirst
er/sie/es	hat	ist	wird
wir	haben	sind	werden
ihr	habt	seid	werdet
sie	haben	sind	werden
Sie	haben	sind	werden

18. Imperativ von *sein*

	IMPERATIV
du	sei
ihr	seid
Sie	seien Sie

19. **Präteritum**

	SCHWACHE VERBEN		STARKE VERBEN	UNREGELMÄSSIGE VERBEN
	lernen[1]	arbeiten[2]	geben[3]	nennen[4]
ich	lernte	arbeitete	gab	nannte
du	lerntest	arbeitetest	gabst	nanntest
er/sie/es	lernte	arbeitete	gab	nannte
wir	lernten	arbeiteten	gaben	nannten
ihr	lerntet	arbeitetet	gabt	nanntet
sie	lernten	arbeiteten	gaben	nannten
Sie	lernten	arbeiteten	gaben	nannten

1. Bei schwachen Verben wird die Form mit einem **-t** + Endungen gebildet.

2. Bei schwachen Verben, deren Stamm mit **-d** oder **-t** endet, wird die Form mit **-et** + Endungen gebildet. Bei schwachen Verben, deren Stamm mit einem Konsonanten (außer **l** oder **r**) + **-m** oder **-n** endet, wird die Form mit **-et** + Endungen gebildet, z.B. **regnen > es regnete.**

3. Bei starken Verben wird die Form mit einer Änderung im Stammvokal + Endungen gebildet.

4. Bei unregelmäßigen Verben wird die Form mit einer Änderung im Stammvokal + **-t** + Endungen gebildet.

20. **Die Modalverben: Präsens, Präteritum und Partizip**

		dürfen	können	mögen	(möchte)
	ich	darf	kann	mag	(möchte)
	du	darfst	kannst	magst	(möchtest)
	er/sie/es	darf	kann	mag	(möchte)
	wir	dürfen	können	mögen	(möchten)
	ihr	dürft	könnt	mögt	(möchtet)
	sie	dürfen	können	mögen	(möchten)
	Sie	dürfen	können	mögen	(möchten)
Präteritum		durfte	konnte	mochte	
Partizip		gedurft	gekonnt	gemocht	
Partizip mit Doppelinfinitiv		dürfen	können	mögen	

(Table continued on next page)

	müssen	sollen	wollen
ich	muß	soll	will
du	mußt	sollst	willst
er/sie/es	muß	soll	will
wir	müssen	sollen	wollen
ihr	müßt	sollt	wollt
sie	müssen	sollen	wollen
Sie	müssen	sollen	wollen
Präteritum	mußte	sollte	wollte
Partizip	gemußt	gesollt	gewollt
Partizip mit Doppelinfinitiv	müssen	sollen	wollen

21. **Konjugationen: starke Verben** *sehen (haben)* **und** *gehen (sein)*

    a. Indikativ

	PRÄSENS		PRÄTERITUM	
ich	sehe	gehe	sah	ging
du	siehst	gehst	sahst	gingst
er/sie/es	sieht	geht	sah	ging
wir	sehen	gehen	sahen	gingen
ihr	seht	geht	saht	gingt
sie	sehen	gehen	sahen	gingen
Sie	sehen	gehen	sahen	gingen

	PERFEKT				PLUSQUAMPERFEKT			
ich	habe		bin		hatte		war	
du	hast		bist		hattest		warst	
er/sie/es	hat		ist		hatte		war	
wir	haben	gesehen	sind	gegangen	hatten	gesehen	waren	gegangen
ihr	habt		seid		hattet		wart	
sie	haben		sind		hatten		waren	
Sie	haben		sind		hatten		waren	

FUTUR					
ich	werde		werde		
du	wirst		wirst		
er/sie/es	wird		wird		
wir	werden	} sehen	werden	} gehen	
ihr	werdet		werdet		
sie	werden		werden		
Sie	werden		werden		

b. Imperativ

	IMPERATIV	
du	sieh(e)	geh(e)
ihr	seht	geht
Sie	sehen Sie	gehen Sie

c. Konjunktiv

Gegenwart

	KONJUNKTIV II		KONJUNKTIV I	
ich	sähe	ginge	sehe	gehe
du	sähest	gingest	sehest	gehest
er/sie/es	sähe	ginge	sehe	gehe
wir	sähen	gingen	sehen	gehen
ihr	sähet	ginget	sehet	gehet
sie	sähen	gingen	sehen	gehen
Sie	sähen	gingen	sehen	gehen

Vergangenheit

	KONJUNKTIV II			KONJUNKTIV I		
ich	hätte		wäre	habe		sei
du	hättest		wärest	habest		seiest
er/sie/es	hätte		wäre	habe		sei
wir	hätten	gesehen	wären	gegangen haben	gesehen	seien	gegangen
ihr	hättet		wäret	habet		seiet
sie	hätten		wären	haben		seien
Sie	hätten		wären	haben		seien

Futur

	KONJUNKTIV II				KONJUNKTIV I			
ich	würde		würde		werde		werde	
du	würdest		würdest		werdest		werdest	
er/sie/es	würde		würde		werde		werde	
wir	würden	sehen	würden	gehen	werden	sehen	werden	gehen
ihr	würdet		würdet		werdet		werdet	
sie	würden		würden		werden		werden	
Sie	würden		würden		werden		werden	

d. Passiv

	PRÄSENS		PRÄTERITUM	
ich	werde		wurde	
du	wirst		wurdest	
er/sie/es	wird		wurde	
wir	werden	gesehen	wurden	gesehen
ihr	werdet		wurdet	
sie	werden		wurden	
Sie	werden		wurden	

	PERFEKT		PLUSQUAMPERFEKT	
ich	bin		war	
du	bist		warst	
er/sie/es	ist		war	
wir	sind	gesehen worden	waren	gesehen worden
ihr	seid		wart	
sie	sind		waren	
Sie	sind		waren	

	FUTUR	
ich	werde	
du	wirst	
er/sie/es	wird	
wir	werden	gesehen werden
ihr	werdet	
sie	werden	
Sie	werden	

22. Liste der unregelmäßigen Verben

In der folgenden Liste sind häufig gebrauchte starke und unregelmäßige Verben. Zusammengesetzte Verben mit trennbarem Präfix (**aufstehen, hinausgehen**) werden nicht angeführt, weil die Grundformen schon bei denselben Verben ohne Präfix (**stehen, gehen**) zu finden sind. Verben mit untrennbarem Präfix (**beweisen**) erscheinen nur, wenn das Grundverb (**weisen**) nicht erscheint. Siehe für weitere englische Bedeutungen eines Verbes das Wörterverzeichnis am Ende des Buches.

INFINITIV	VOKALÄNDERUNG IM PRÄSENS	PRÄTERITUM	PARTIZIP	KONJUNKTIV II	BEDEUTUNG
backen		backte	gebacken	backte	*to bake*
befehlen	befiehlt	befahl	befohlen	beföhle (befähle)	*to command*
beginnen		begann	begonnen	begönne (begänne)	*to begin*
beißen		biß	gebissen	bisse	*to bite*
betrügen		betrog	betrogen	betröge	*to deceive*
beweisen		bewies	bewiesen	bewiese	*to prove*
sich bewerben	bewirbt	bewarb	beworben	bewürbe	*to apply for*
biegen		bog	gebogen	böge	*to bend*
bieten		bot	geboten	böte	*to offer*
binden		band	gebunden	bände	*to bind*

(Table continued on next page)

INFINITIV	VOKALÄNDERUNG IM PRÄSENS	PRÄTERITUM	PARTIZIP	KONJUNKTIV II	BEDEUTUNG
bitten		bat	gebeten	bäte	to request
bleiben		blieb	ist geblieben	bliebe	to remain
braten	brät	briet	gebraten	briete	to roast
brechen	bricht	brach	gebrochen	bräche	to break
brennen		brannte	gebrannt	brennte	to burn
bringen		brachte	gebracht	brächte	to bring
denken		dachte	gedacht	dächte	to think
empfangen	empfängt	empfing	empfangen	empfinge	to receive
empfehlen	empfiehlt	empfahl	empfohlen	empföhle	to recommend
empfinden		empfand	empfunden	empfände	to feel
entscheiden		entschied	entschieden	entschiede	to decide
erschrecken	erschrickt	erschrak	erschrocken	erschräke	to be frightened
essen	ißt	aß	gegessen	äße	to eat
fahren	fährt	fuhr	ist gefahren	führe	to drive; to travel
fallen	fällt	fiel	ist gefallen	fiele	to fall
fangen	fängt	fing	gefangen	finge	to catch
finden		fand	gefunden	fände	to find
fliegen		flog	ist geflogen	flöge	to fly
fliehen		floh	ist geflohen	flöhe	to flee
fließen		floß	ist geflossen	flösse	to flow
fressen	frißt	fraß	gefressen	fräße	to eat (of animals)
frieren		fror	gefroren	fröre	to freeze
geben	gibt	gab	gegeben	gäbe	to give
gefallen	gefällt	gefiel	gefallen	gefiele	to please
gehen		ging	ist gegangen	ginge	to go
gelingen		gelang	ist gelungen	gelänge	to succeed
gelten	gilt	galt	gegolten	gälte	to be worth
genießen		genoß	genossen	genösse	to enjoy
geschehen	geschieht	geschah	ist ge-schehen	geschähe	to happen
gewinnen		gewann	gewonnen	gewönne (gewänne)	to win
gießen		goß	gegossen	gösse	to pour
gleichen		glich	geglichen	gliche	to resemble
gleiten		glitt	ist geglitten	glitte	to glide, slide
graben	gräbt	grub	gegraben	grübe	to dig
greifen		griff	gegriffen	griffe	to grab
haben	hat	hatte	gehabt	hätte	to have
halten	hält	hielt	gehalten	hielte	to hold
hängen		hing	gehangen	hinge	to hang
heben		hob	gehoben	höbe	to lift
heißen		hieß	geheißen	hieße	to be called
helfen	hilft	half	geholfen	hülfe	to help
kennen		kannte	gekannt	kennte	to know
klingen		klang	geklungen	klänge	to sound
kommen		kam	ist ge-kommen	käme	to come
kriechen		kroch	ist ge-krochen	kröche	to crawl
laden	lädt	lud	geladen	lüde	to load
lassen	läßt	ließ	gelassen	ließe	to let, permit
laufen	läuft	lief	ist gelaufen	liefe	to run
leiden		litt	gelitten	litte	to suffer

(Table continued on next page)

INFINITIV	VOKALÄNDERUNG IM PRÄSENS	PRÄTERITUM	PARTIZIP	KONJUNKTIV II	BEDEUTUNG
leihen		lieh	geliehen	liehe	to lend
lesen	liest	las	gelesen	läse	to read
liegen		lag	gelegen	läge	to lie
lügen		log	gelogen	löge	to tell a lie
messen	mißt	maß	gemessen	mäße	to measure
nehmen	nimmt	nahm	genommen	nähme	to take
nennen		nannte	genannt	nennte	to name
pfeifen		pfiff	gepfiffen	pfiffe	to whistle
raten	rät	riet	geraten	riete	to advise
reiben		rieb	gerieben	riebe	to rub
reißen		riß	gerissen	risse	to tear
reiten		ritt	ist geritten	ritte	to ride
rennen		rannte	ist gerannt	rennte	to run
riechen		roch	gerochen	röche	to smell
rufen		rief	gerufen	riefe	to call
schaffen		schuf	geschaffen	schüfe	to create
scheinen		schien	geschienen	schiene	to shine
schieben		schob	geschoben	schöbe	to push
schießen		schoß	geschossen	schösse	to shoot
schlafen	schläft	schlief	geschlafen	schliefe	to sleep
schlagen	schlägt	schlug	geschlagen	schlüge	to hit
schließen		schloß	geschlossen	schlösse	to shut
schneiden		schnitt	geschnitten	schnitte	to cut
schreiben		schrieb	geschrieben	schriebe	to write
schreien		schrie	geschrie(e)n	schriee	to cry out, scream
schreiten		schritt	ist geschritten	schritte	to step
schweigen		schwieg	geschwiegen	schwiege	to be silent
schwimmen		schwamm	ist ge- schwommen	schwömme (schwämme)	to swim
sehen	sieht	sah	gesehen	sähe	to see
sein	ist	war	ist gewesen	wäre	to be
senden		sandte	gesandt	sendete	to send
singen		sang	gesungen	sänge	to sing
sinken		sank	ist gesunken	sänke	to sink
sitzen		saß	gesessen	säße	to sit
spinnen		spann	gesponnen	spönne	to spin
sprechen	spricht	sprach	gesprochen	spräche	to speak
springen		sprang	ist gesprun- gen	spränge	to spring
stechen	sticht	stach	gestochen	stäche	to sting, stick
stehen		stand	gestanden	stände (stünde)	to stand
stehlen	stiehlt	stahl	gestohlen	stähle	to steal
steigen		stieg	ist gestiegen	stiege	to climb
sterben	stirbt	starb	ist gestor- ben	stürbe	to die
stinken		stank	gestunken	stänke	to stink
stoßen	stößt	stieß	gestoßen	stieße	to push
streichen		strich	gestrichen	striche	to paint
streiten		stritt	gestritten	stritte	to quarrel
tragen	trägt	trug	getragen	trüge	to carry, wear
treffen	trifft	traf	getroffen	träfe	to meet
treiben		trieb	getrieben	triebe	to drive
treten	tritt	trat	ist/hat getreten	träte	to step; to kick

(Table continued on next page)

INFINITIV	VOKALÄNDERUNG IM PRÄSENS	PRÄTERITUM	PARTIZIP	KONJUNKTIV II	BEDEUTUNG
trinken		trank	getrunken	tränke	*to drink*
tun	tut	tat	getan	täte	*to do*
unter- scheiden		unter- schied	unter- schieden	unterschiede	*to distinguish*
verbergen	verbirgt	verbarg	verborgen	verbürge/ver- bärge	*to hide*
verderben	verdirbt	verdarb	verdorben	verdürbe	*to spoil*
vergessen	vergißt	vergaß	vergessen	vergäße	*to forget*
verlieren		verlor	verloren	verlöre	*to lose*
ver- schwinden		ver- schwand	ist ver- schwunden	verschwände	*to disappear*
verzeihen		verzieh	verziehen	verziehe	*to pardon*
wachsen	wächst	wuchs	ist ge- wachsen	wüchse	*to grow*
waschen	wäscht	wusch	gewaschen	wüsche	*to wash*
wenden		wandte	gewandt	wendete	*to turn*
werden	wird	wurde	ist ge- worden	würde	*to become*
werfen	wirft	warf	geworfen	würfe	*to throw*
wiegen		wog	gewogen	wöge	*to weigh*
wissen	weiß	wußte	gewußt	wüßte	*to know*
ziehen		zog	gezogen	zöge	*to pull, move*
zwingen		zwang	gezwungen	zwänge	*to compel*

1.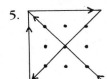

2. ELF

3. Petra hat 7,00 DM; Hans hat 5,00 DM.
4. Keiner; beide Züge sind gleich weit von Köln entfernt.

5.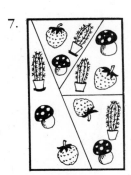

6.

7.

8. der Fluß
9. die Tochter
10. der Mensch

11.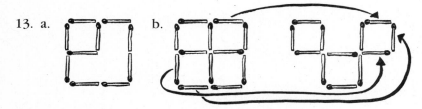

12. Man schüttet 7 in 2 und 5 in 4.

13. a.   b.

14. 11 Überfahrten sind nötig. Sie verlaufen so (R = Räuber; K = Kaufmann):
    1. RR hin
    2. R zurück
    3. RR hin
    4. R zurück
    5. KK hin
    6. KR zurück
    7. KK hin
    8. R zurück
    9. RR hin
    10. R zurück
    11. RR hin

15.

Anhang C

Grammatische Themen in *Impulse* und wo sie im *Concise German Review Grammar, Second Edition,* zu finden sind

Impulse Kapitel: Grammatisches Thema	*Concise German Review Grammar, Second Edition* Kapitel
1: Adjektivendungen (*Adjective endings*)	11
2: Perfekt (*Perfect tense*)	3
3: Präteritum (*Simple past*)	3
4: Temporaladverbien und temporale Konjunktionen (*Adverbs of time and conjunctions of time*)	4
5: Die Negation (*Negation*)	4, 11
6: Relativpronomen (*Relative pronouns*)	9
7: Fragestellungen (*Question formation*)	4–8
8: Akkusativ-Dativ-Präpositionen (*Two-way prepositions*)	7
9: Das Passiv (*Passive*)	13
10: Unterordnende Konjunktionen (*Subordinating conjunctions*)	4
11: Konjunktiv II und die **würde** + Infinitiv-Konstruktion (*General subjunctive and the* **würde** + *infinitive construction*)	12
12: Modalverben (*Modal auxiliary verbs*)	2, 3, 15

Wörterverzeichnis Deutsch-Englisch

This is a comprehensive list of words appearing in *Impulse,* except for some frequent basic vocabulary, e.g., numbers and pronouns, and occasional compound nouns, e.g., **Religionsleben,** whose components can be found in the list. The definitions given are limited to the context in which the words are used in this book.

Principal parts of irregular verbs are included. The use of the auxiliary verb **sein** is indicated for irregular verbs by the form **ist** preceding the participle,

e.g., **ist gegangen,** and for regular verbs by the notation (*aux.* **sein**). Verbs taking an indirect object are accompanied by the abbreviation *dat.* or the pronoun **jemandem,** e.g., **abfordern (jemandem etwas** *[acc.]) to demand (something from someone).* Genitive endings are given only for nouns forming their genitive with **-(e)n** or **-(e)ns.** A noun that either has no plural form, or in its sense as used in *Impulse* has no plural, is marked with *(no pl.).*

The following abbreviations are used in this end vocabulary:

abbr.	abbreviation	*comp.*	comparative	*gram.*	grammatical
acc.	accusative	*conj.*	conjunction	*pl.*	plural
adj.	adjective	*dat.*	dative	*prep.*	preposition
adv.	adverb	*decl.*	declined	*pron.*	pronoun
aux.	auxiliary	*fig.*	figuratively	*sing.*	singular
colloq.	colloquial	*gen.*	genitive		

ab off, down, away; **ab und zu** now and then
abbauen to reduce
abbrechen (bricht ab), brach ab, abgebrochen to break off
abbrennen, brannte ab, abgebrannt to burn off; (*aux.* **sein**) to burn down
der **Abend, -e** evening; **am Abend** in the evening
das **Abendbrot** (*no pl.*) supper
abends in the evening
das **Abenteuer, -** adventure
aber but, however; (*flavoring particle*) really, certainly
abfahren (fährt ab), fuhr ab, ist abgefahren to depart

die **Abfahrt, -en** departure
der **Abfall, ⸚e** garbage, waste
sich abfinden, fand ab, abgefunden mit to resign oneself to
abfordern (jemandem etwas *[acc.]) to demand (something from someone)
der **Abgrund, ⸚e** abyss
abhängen, hing ab, abgehangen von to depend on; **es hängt von dir ab** it depends on you
abhängig dependent
die **Abhängigkeit, -en** dependence, dependency
abholen to fetch, pick up

das **Abitur, -e** exam at end of secondary school, a prerequisite for admission to university
der **Abiturient, -en, -en;** die **Abiturientin, -nen** candidate for exam at end of secondary school that is a prerequisite for admission to university
abjagen (jemandem etwas *[acc.]) to hustle (something from somebody), get (something off of somebody)
die **Abkürzung, -en** abbreviation
der **Ablauf, ⸚e** expiration; passing; **der Ablauf der Ereignisse** the course of events

ablegen to shed, put down

die **Ablehnung, -en** rejection

die **Abreise, -n** departure

der **Absatz, ⸚e** paragraph

der **Abschied, -e** farewell, parting; **Abschied nehmen von** to say goodbye to, take one's leave of

abschleppen to pick up; to drag off

abschließen, schloß ab, abgeschlossen to conclude; to complete; to lock; **abschließend** in conclusion

der **Abschluß, Abschlusses, Abschlüsse** end, conclusion; **zum Abschluß** in closing

der **Abschnitt, -e** section, segment

die **Abschreckung, -en** deterrence, scaring off

absehen (sieht ab, sah ab, abgesehen to foresee; **es ist (noch) kein Ende abzusehen** there is (still) no end in sight

absetzen to take off, remove

die **Absicht, -en** intention, purpose

absichtlich intentional(ly), deliberate(ly)

der **Abstecher, -** excursion, side trip

abstimmen to vote; to determine

das **Abteil, -e** compartment

die **Abteilung, -en** department, division

abwechseln to alternate, to take turns; **abwechselnd** alternately

die **Abwehr** (no pl.) protection, defense

die **Abwehrschwäche, -n** defense weakness

abwenden, wandte ab, abgewandt to turn away

abwiegen, wog ab, abgewogen to weigh out

achten to respect; to observe; **achten auf** (+ acc.) to pay attention to

der **Ackerbau** (no pl.) agriculture

der **ADAC (Allgemeiner Deutscher Automobil Club)** German Automobile Club

das **Adjektiv, -e** adjective

der **Adler, -** eagle

die **Adresse, -n** address

das **Adverb, -ien** adverb

(das) **Afrika** Africa

der **Afrikaner, -;** die **Afrikanerin, -nen** African

afrikanisch African

das **Agens** (gram.) agent, the person or thing that causes the action to be performed

der **Agrarwissenschaftler, -;** die **Agrarwissenschaftlerin, -nen** agronomist

ahnen to foresee; to know; to have a presentiment

ähnlich similar

die **Ähnlichkeit, -en** similarity

die **AIDS-Hilfe** (no pl.) AIDS assistance or support

der **Akkusativ, -e** accusative

der **Aktenkoffer, -** attaché case

die **Aktentasche, -n** briefcase

die **Aktion, -en** campaign, operation

aktiv active

das **Aktiv** (gram.) active (voice)

aktuell up-to-date

akzeptieren to accept

der **Alarm, -e** alarm

der **Alkohol, -e** alcohol

alkoholfrei nonalcoholic

die **Alkoholmenge, -n** amount of alcohol

alle all, everybody; all gone

allein(e) alone

alleinstehend on its own; single, living on one's own

allemal anyway, whatever happens

allerdings certainly, of course, admittedly, though, mind you

allernächst very next

alles everything

allgemein general(ly); **im allgemeinen** in general

der/die **Alliierte** (decl. as adj.) ally

die **Alliteration, -en** alliteration

alljährlich annual(ly)

der **Alltag** (no pl.) everyday life

die **Alpen** (pl.) Alps

das **Alphabet, -e** alphabet

als when, as; than; **als ob** as if

also thus, therefore

alt old

das **Alter** (no pl.) age; **im Alter von 20 Jahren** at the age of 20

das **Altersheim, -e** senior citizens' home

(das) **Amerika** America

das **Amerikabild, -er** image of America

der **Amerikaner, -;** die **Amerikanerin, -nen** American

amerikanisch American

das **Amt, ⸚er** governmental or bureaucratic office; **von Amts wegen** officially

die **Anästhesie, -n** anesthesia

der **Anbau** (no pl.) cultivation, growing

anbauen to grow, to cultivate

die **Anbautechnik, -en** cultivation methods, growing methods

anbieten, bot an, angeboten to offer

ander- (-er, -e, -es) other; **die anderen** the others; **unter anderem** among other things

ändern to change, alter; **sich ändern** to change, alter

anders different(ly)

die **Änderung, -en** alteration, change

anerkannt recognized

der **Anfall, ⸚e** attack

der **Anfang, ⸚e** beginning, start

anfangen (fängt an), fing an, angefangen (mit) to begin (with)

anfangs initially

anfassen to touch, take a hold of, seize

anfordern to request

die **Anforderung** (no pl.) request; **-en** (pl.) demand

anführen to quote, to cite, to give

angeben (gibt an), gab an, angegeben to provide; to indicate

das **Angebot, -e** offer

angehen, ging an, ist angegangen to tackle (a job); to concern; **was mich angeht** as far as I am concerned

angemessen commensurate

angenehm pleasant

angetrunken intoxicated

angewiesen sein auf (+ *acc.*) to be dependent on, to have to rely on

angreifen, griff an, angegriffen to attack

der **Angriff, -e** attack

die **Angst, ⸚e** fear, anxiety; **Angst vor** (+ *dat.*) fear of; **Angst haben vor** to be afraid or frightened of

anhaben, hatte an, angehabt to have on, to wear

anhalten (hält an), hielt an, angehalten to stop (vehicles)

anhand: anhand dieses Beispiels with the help of this example

der **Anhang, ⸚e** appendix

sich anklammern an (+ *acc.*) to cling to, hang on to

sich ankleiden to dress

ankommen, kam an, ist angekommen to arrive; **ankommen auf** (+ *acc.*) to depend on; **es kommt darauf an** it (all) depends

der **Ankömmling, -e** person who has just arrived

ankratzen to scratch; to besmirch, damage (reputation, etc.)

ankreuzen to mark with a cross

die **Ankunft, ⸚e** arrival

die **Anlage, -n** device, installation, layout; grounds, facilities, plant

anlegen to lay out; to plant

anordnen to arrange, to order

sich anpassen to fit in; to adapt, conform

die **Anpassung, -en** (**an** + *acc.*) adaptation (to)

die **Anreise, -n** arrival

anschauen to watch

die **Anschauung, -en** opinion, view, idea

anschließend (immediately) afterwards

der **Anschluß, Anschlusses, Anschlüsse** connection; annexation

anschneiden, schnitt an, angeschnitten to touch on

ansehen (sieht an), sah an, angesehen to look at; **das sieht man ihm an** he looks it

die **Ansicht, -en** view

ansiedeln to settle; to get established

ansonsten otherwise

ansprechen (spricht an), sprach an, angesprochen to speak to, address; **jemanden ansprechen** to approach someone

der **Anspruch, ⸚e** claim, right; **Anspruch auf etwas** (*acc.*) **haben** to have a claim to something

anstarren to stare at

anstatt (+ *gen.*) instead of

anstecken to stick on; to infect; **ansteckend** infectious; contagious

die **Ansteckung, -en** infection

der **Anteil, -e** portion, share

das **Anti-Diskriminierungs-gesetz, -e** anti-discrimination law

der **Antisemitismus** (*no pl.*) antisemitism

die **Antwort, -en** answer

antworten (*dat.*) to answer (a person); **auf eine Frage antworten** to answer a question

sich anvertrauen (jemandem) to confide in (someone); to entrust oneself to (someone)

anwenden, wandte an, angewandt to use, make use of, apply

die **Anzeige, -n** advertisement

anziehen, zog an, angezogen to attract; to pull; **sich** (*dat.*) **etwas** (*acc.*) **anziehen** to put on something

anzünden to light

der **Appetit** (*no pl.*) appetite; **Guten Appetit!** Enjoy your food!

der **Aprilscherz, -e** April fool's joke

die **Arbeit, -en** work; a long essay or paper

arbeiten to work

der **Arbeiter, -; die Arbeiterin, -nen** worker

der **Arbeitsauftrag, ⸚e** task, job

die **Arbeitsgemeinschaft, -en** study group; association

der/die **Arbeitslose** (*decl. as adj.*) unemployed

die **Arbeitslosigkeit** (*no pl.*) unemployment

der **Arbeitsplatz, ⸚e** place of work, job

die **Arbeitsstelle, -n** place of work, job, position

der **Ärger** (*no pl.*) (**über** + *acc.*) annoyance (at) ; anger (at or about); hassle (about)

sich ärgern (**über** + *acc.*) to be annoyed (at)

das **Argument, -e** argument

argumentieren to argue

arm poor

der **Arm, -e** arm

die **Art, -en** kind, sort, type, manner

der **Artikel, -** article

der **Arzt, ⸚e; die Ärztin, -nen** doctor

der **Aspekt, -e** aspect

die **Assoziation, -en** association

der **Atlantik** Atlantic (Ocean)

auch also, too, likewise; indeed

auf on, upon; to; open

der **Aufbau** construction, structure, organization

aufbauen to assemble, build up, construct

aufbereiten to prepare, work up; to process

der **Aufdruck, -e** imprint

der **Aufenthalt, -e** stay

auffallen (fällt auf), fiel auf, ist aufgefallen to attract attention, be noticeable; **etwas fällt jemandem auf** something strikes someone, someone notices; **es ist mir aufgefallen** I've noticed

auffordern to ask (someone to do something)

aufführen to stage, put on; to list; **Beispiele aufführen** to give examples

die **Aufgabe, -n** task, assignment

aufgeben (gibt auf), gab auf, aufgegeben to give up

aufgeregt upset; excited; nervous

aufgeschlossen receptive, outgoing

aufgliedern to break down, to divide

aufgrund (*or* **auf Grund**) **von** (*or gen.*) on the basis of

aufhalten (**hält auf**), **hielt auf**, **aufgehalten** to detain, hold up; **sich aufhalten** to stay

aufhängen to hang up

aufhören to stop, quit, cease

aufkaufen to buy up

aufklären to inform, enlighten, clear up

die **Aufklärung**, **-en** enlightenment, education, clearing up, instruction

die **Auflage**, **-n** number of copies (published), printing

auflisten to list

aufmachen to open

aufmerksam attentive, observant

die **Aufnahme**, **-n** recording; photograph

aufnehmen (**nimmt auf**), **nahm auf**, **aufgenommen** to take (in), to absorb; to admit or accept; to take down (dictation, etc.)

aufpassen to pay attention; **aufpassen auf** (*+ acc.*) to keep an eye on

der **Aufpreis**, **-e** extra charge

aufräumen to straighten up, tidy up

aufrechnen: etwas gegen etwas aufrechnen to offset something with something; **jemandem etwas** (*acc.*) **aufrechnen** to charge something to somebody

aufrecken to stretch up

sich aufregen über (*+ acc.*) to get upset, excited about

die **Aufrüstung**, **-en** (re)armament, arming

der **Aufsatz**, **⸚e** composition, essay

die **Aufsatzsammlung**, **-en** collection of essays

der **Aufschlag**, **⸚e** surcharge; impact

aufschreiben, **schrieb auf**, **aufgeschrieben** to write down

aufschreien, **schrie auf**, **aufgeschrie(e)n** to cry out

aufstapeln to stack up

aufstehen, **stand auf**, **ist aufgestanden** to get up; to get out of bed

aufsteigen, **stieg auf**, **ist aufgestiegen** to rise; to climb

aufstellen to draw up; to put up

aufteilen to divide up

der **Auftrag** (*no pl.*) job, task; instructions; **⸚** (*pl.*) order (of goods, etc.)

auftreten (**tritt auf**), **trat auf**, **ist aufgetreten** to appear

aufwachen (*aux.* **sein**) to wake up

der **Aufwand** (*no pl.*) expenditure

aufwecken to wake (someone) up; to waken

das **Auge**, **-n** eye

der **Augenblick**, **-e** moment, instant

ausbeuten to exploit

die **Ausbeutung**, **-en** exploitation

ausbilden to train

der **Ausbildungsplatz**, **⸚e** vocational training position

ausbrechen (**bricht aus**), **brach aus**, **ist ausgebrochen** (**aus**) to break out (of)

ausbreiten to spread out

der **Ausbruch**, **⸚e** outbreak

die **Ausdehnung**, **-en** expanse

sich ausdenken, **dachte aus**, **ausgedacht** to think up, to devise

der **Ausdruck**, **⸚e** expression; phrase

ausdrücken to express

auseinanderleben to drift apart

das **Auserwähltsein** (*no pl.*) having been selected

ausfallen (**fällt aus**), **fiel aus**, **ist ausgefallen** to turn out (well, badly, etc.); to fall out; to be cancelled

ausführen to carry out

ausfüllen to fill out

ausgeben (**gibt aus**), **gab aus**, **ausgegeben** to spend (money); to hand out, distribute

ausgebucht fully booked

ausgeprägt distinctive, distinct, pronounced

ausgerechnet: ausgerechnet mir mußte das passieren it had to happen to me (of all people)

aushalten (**hält aus**), **hielt aus**, **ausgehalten** to hold out, endure

sich auskennen, **kannte aus**, **ausgekannt** to know one's way around

auskommen, **kam aus**, **ist ausgekommen** (**mit** *or* **ohne**) to manage, get by, get along (with or without)

auskosten to make the most of; to enjoy to the fullest

die **Auskunft**, **⸚e** information; **Auskunft über** (*+ acc.*) information about

das **Ausland** foreign countries; **ins** *or* **im Ausland** abroad

ausliefern to deliver, distribute; to hand over

die **Ausnahme**, **-n** exception

ausrauben to rob

die **Ausrede**, **-n** excuse

ausreichen to suffice, be sufficient; **ausreichend** sufficient(ly)

ausrichten (**auf** *+ acc.*) to orient (to)

ausrotten to eradicate

die **Aussage**, **-n** statement, message

ausscheiden, **schied aus**, **ausgeschieden** to remove, take out

ausschlagen (**schlägt aus**), **schlug aus**, **ausgeschlagen** to knock out

ausschließlich exclusively

der **Ausschnitt**, **-e** cutout; excerpt

aussehen (**sieht aus**), **sah aus**, **ausgesehen** to look, to appear

außen on the outside; **von außen** from the outside

außer (*+ dat.*) out of; except (for); in addition to

außerdem besides, moreover

außerhalb outside; **außerhalb** (*+ gen.*) outside of

äußern to express, to say; **sich äußern** (**zu**) to express one's opinion (about); **eine**

Meinung äußern to express an opinion

äußerst extreme(ly), utmost, furthest

außerstande incapable

die **Äußerung, -en** remark, comment, statement

aussortieren to sort out

ausspucken to spit out

die **Ausstattung, -en** equipment, provision; equipping, furnishing

aussuchen to choose, to pick

der **Austausch, -e** exchange

der **Austauschdienst, -e** exchange service

austauschen to exchange

austeilen to distribute

austrocknen to dry out

die **Auswahl, *(no pl.)*** selection, choice; **eine Auswahl treffen** to make a selection

auswählen to select

der **Auswanderer, -;** die **Auswanderin, -nen** emigrant

auswandern *(aux.* sein) (nach *or* in + *acc.*) emigrate (to)

ausweichen, wich aus, ist ausgewichen (jemandem, etwas *dat.*) to avoid (someone, something)

der **Ausweis, -e** identity card

der **Auszug, ⁔e** excerpt

das **Auto, -s** car, automobile

die **Autobahn, -en** superhighway

die **Autobahnbrücke, -n** superhighway bridge

autobiographisch autobiographical

der **Autofahrer, -;** die **Autofahrerin, -nen** automobile driver

der **Automechaniker, -;** die **Automechanikerin, -nen** auto mechanic

die **Automiete, -n** automobile rental company

der **Autor, -en;** die **Autorin, -nen** author

die **Autorität, -en** authority

das **Baby, -s** baby

der **Bäcker, -** baker

das **Badezimmer, -** bathroom

die **Bahn, -en** train, railroad; **mit der Bahn** by train

die **Bahnfahrt, -en** train trip

der **Bahnhof, ⁔e** railroad station

der **Bahnsteig, -e** platform

bald soon

der *or* das **Balg, ⁔er** brat

die **Banane, -n** banana

das **Band, ⁔er** ribbon, band

der **Band, ⁔e** volume (a single book, usually from a series)

die **Band, -s** (musical) band

bar cash; **bares Geld** cash, ready money

der **Bär, -en, -en** bear

bärig *(colloq.)* tremendous, fantastic

die **Barriere, -n** barrier

basal basic

der **Bau** *(no pl.)* construction; der **Bau, -ten** building

bauen to build, to construct

der **Baum, ⁔e** tree

die **Baumwolle** cotton

der **Bazillus, Bazillen** bacillus

beachten to notice, to pay attention to

die **Beachtung** observance, consideration; attention, notice; **das verdient Beachtung** that is worthy of note

der **Beamte** *(decl. as adj.)*; die **Beamtin, -nen** official, civil servant

beantworten *(+ acc.)* to answer (a question)

bearbeiten to work on, to deal with, to treat

beauftragen to engage, commission, appoint

bedeuten to mean

die **Bedeutung, -en** meaning, significance

die **Bedingung, -en** stipulation, condition

bedürfen, bedurfte, bedurft to require, need

das **Bedürfnis, -se** need

beeinflussen to influence

die **Beendigung** *(no pl.)* end, ending, completion

beerdigen to bury

die **Befestigung, -en** fixing, attaching; reinforcement, fortification

die **Befestigungsanlage, -n** fortification

die **Befreiung, -en** freeing, liberation, releasing

befriedigend satisfying, gratifying; adequate, acceptable

befürchten to fear, to be afraid of

begegnen *(aux.* sein) **jemandem, etwas** *(dat.)* to meet by chance, to come across someone, something

die **Begegnung, -en** encounter, chance meeting

begeistert (über) enthusiastic (about)

begießen, begoß, begossen to pour (water, etc.) on

beginnen, begann, begonnen to begin

begleiten to accompany

die **Begleitung** *(no pl.)* accompaniment, company; **in Begleitung** *(+ gen.)* accompanied by

begreifen, begriff, begriffen to comprehend

begrenzen to limit, restrict

der **Begriff, -e** concept, idea

begründen to give reasons for, justify, substantiate

die **Begründung, -en** justification

behalten (behält), behielt, behalten to keep, retain

behandeln to treat, deal with

die **Behandlung, -en** treatment

behaupten to claim, maintain, assert

beherrschen to rule, govern, control; to master (a language)

behindern to hinder

behindert disabled, handicapped

der/die **Behinderte** *(decl. as adj.)* disabled/handicapped person

behindertengerecht handicapped accessible

der **Behindertensport** *(no pl.)* sports for the disabled

die **Behinderung, -en** disability, handicap, hindrance

bei at, near, with, at the home of

beide both

die **Beifahrerseite** *(no pl.)* passenger side (in the front seat)

beileibe nicht certainly not

beisetzen to bury

das **Beispiel, -e** example

beispielsweise for example

der **Beitrag, ̈e** contribution

beitragen (trägt bei), trug bei, beigetragen to contribute

bejubeln to cheer

bekannt well-known

der/die **Bekannte** *(decl. as adj.)* acquaintance

das **Bekenntnis, -se** confession, profession; denomination

beklagen to complain, to lament

bekommen, bekam, bekommen to receive

belagern to besiege

belasten to put a strain on

belegt husky (voice); reserved (seat, table, room)

beleidigen to offend, to hurt

beliebig any (at all)

beliebt popular, well-liked

belohnen to reward

bemerken to notice; to remark

die **Bemerkung, -en** remark, comment, observation

sich bemühen to make the effort, trouble oneself, endeavor

benachteiligen to put at a disadvantage

benötigen to need, to require

benutzen to use

die **Benutzung** *(no pl.)* use

das **Benzin, -e** gasoline

beobachten to watch, observe

die **Beobachtung, -en** observation

bequem comfortable

die **Bequemlichkeit, -en** comfort

der **Bereich, -e** area; realm

bereit (zu) ready, prepared (to)

bereiten to prepare

bereithalten (hält bereit), hielt bereit, bereitgehalten to keep ready, have in store

bereits already

bereuen to regret

der **Berg, -e** mountain

der **Bericht, -e (über + *acc.*)** report (about)

berichten (über + *acc.*) to report (about)

berücksichtigen to take into account or consideration

der **Beruf, -e** occupation, profession, trade

die **Berufsgruppe, -n** professional/occupational group

berühmt famous

berühren to touch

besagen to say; to mean, imply

der/die **Beschäftigte** *(decl. as adj.)* employee

sich beschäftigen mit to occupy onself with

bescheiden modest, unassuming

beschönigen to gloss over

beschreiben, beschrieb, beschrieben to describe

die **Beschreibung, -en** description

beschriften to write on

besichtigen to tour; to have a look around

besiedeln to populate, settle

besitzen, besaß, besessen to possess, own

der **Besitzer, -; die Besitzerin, -nen** owner

besonder- special

besonders particularly, especially

besprechen (bespricht), besprach, besprochen to discuss, talk about

die **Besprechung, -en** discussion, meeting

der **Bestandteil, -e** element, component, part

bestätigen to confirm

das **Beste** the best

bestehen, bestand, bestanden to exist; to pass (a test, examination, etc.); **bestehen auf (+ *dat.*)** to insist on; **bestehen aus** to consist of

bestellen to order

die **Bestellung, -en** order

bestimmen to determine, to decide; to define; to fix, to set

bestimmt certain(ly), definite(ly)

der **Bestseller, -** bestseller

der **Besuch, -e** visit

besuchen to visit; **die Schule besuchen** to attend school

das **Besuchszentrum, Besuchszentren** visitors' center

sich beteiligen an (+ *dat.*) to take part in, to participate in

beteiligt sein (werden) an etwas *(dat.)* to be (become) involved in something

betonen to emphasize, to stress

der **Betonklotz, ̈e** concrete block

betrachten to look at

betragen (beträgt), betrug, betragen to amount to

betreffen (betrifft), betraf, betroffen to affect, concern; **betreffend** in question, relevant

betreuen to look after

der **Betrieb, -e** business, firm, operation

die **Betriebsführung, -en** management

der **Betriebswirt, -e** person with degree in business management

betrunken drunk

das **Bett, -en** bed

betten to bed down; **sich betten** to bed oneself down

beurteilen to judge, assess

die **Beurteilung, -en** assessment, judgment, evaluation

die **Bevölkerung, -en** population

bevor *(conj.)* before

bevormunden to treat like a child

bevorzugen to prefer

bewältigen to cope with, to manage, to get over

sich bewegen to move

die **Bewegung, -en** movement; **in Bewegung setzen** to set into motion

beweisen, bewies, bewiesen to prove

sich bewerben (bewirbt), bewarb, beworben (um) to apply (for)

der **Bewerber, -; die Bewerberin, -nen** applicant

die **Bewerbung, -en** application

bewirken to cause, bring about; to produce

der **Bewohner**, -; die **Bewohnerin**, -nen inhabitant

bewußt conscious; **sich** *(dat.)* **etwas** *(gen.)* **bewußt sein (werden)** to be (become) aware of something

bezahlen to pay

bezeichnen to characterize

die **Bezeichnung**, -en term

beziehen, bezog, bezogen to obtain, get; **wir beziehen eine Zeitung** we get a newspaper; **sich beziehen auf** *(+ acc.)* to refer to

die **Beziehung**, -en connection, relation

der **Bezirk**, -e district

der **Bezug**, ⸚e reference; **mit Bezug auf** *(+ acc.)* with reference to

der **Bezugspunkt**, -e point of reference

die **Bibliothek**, -en library

das **Bienenwachs**, -e beeswax

das **Bier**, -e beer

bieten, bot, geboten to offer, to present

das **Bild**, -er picture, image

bilden to form; to set up; to educate

das **Bildmaterial**, -ien pictorial material

die **Bildung** education

die **Bildungseinrichtung**, -en educational institution

billig cheap, inexpensive

bis until, by *(time)*; **zwei bis drei Sätze** one to two sentences

bisher so far, up to now, until now

bißchen: ein bißchen a little bit

die **Bißfestigkeit** *(no pl.)* firmness when bit into

bitte please; You're welcome.

bitten, bat, gebeten to ask, to request; **bitten um** to ask for

blasen (bläst), blies, geblasen to blow

der **Blastest**, -s *or* -e breathalyzer test

das **Blatt**, ⸚er leaf; sheet (of paper)

blau blue; drunk

bleiben, blieb, ist geblieben to stay, remain

der **Blick**, -e look, glance

blicken to glance, look

blindlings blindly

der **Blitz**, -e lightning

blitzen to flash, sparkle; **es blitzt** there is lightning

blöd stupid, silly

blühen to bloom, flower, blossom

die **Blume**, -n flower

das **Blut** *(no pl.)* blood

der **Blutalkoholwert**, -e blood alcohol level

bluten to bleed

die **Blütezeit**, -en time of blossoming; *(fig.)* era of greatness

blutverschmiert covered with blood

der **Boden**, ⸚ ground; floor

der **Bogen**, - *and* ⸚ curve, bend, arc; arch; bow

bombardieren to bomb, to bombard

die **Bombardierung**, -en bombing

die **Bombe**, -n bomb

der **Bombenangriff**, -e bombing attack, bombing raid

das **Bombenflugzeug**, -e bomber

der *or* das **Bonbon**, -s candy

der **Bonbon-Kocher**, - candy cooker

das **Boot**, -e boat

die **Bootsfahrt**, -en boat trip

böse (jemandem, auf jemanden *(acc.)* ,or **mit jemandem) sein** to be angry with someone

(das) **Brasilien** Brazil

der **Brauch**, ⸚e custom

brauchen to need

die **Brauerei**, -en brewery

die **BRD (Bundesrepublik Deutschland)** Federal Republic of Germany

brechen (bricht), brach, gebrochen to break

breit broad, wide

bremsen to brake

brennen, brannte, gebrannt to burn

das **Brett**, -er board, plank

der **Brief**, -e letter

der **Brieffreund**, -e; die **Brieffreundin**, -nen penpal

die **Brieftasche**, -n wallet, billfold

die **Brille**, -n glasses *(pl.)*

bringen, brachte, gebracht to bring; to take

brisant *(fig.)* explosive

die **Broschüre**, -n brochure

das **Brot**, -e bread

die **Brücke**, -n bridge

der **Bruder**, ⸚ brother

brüllen to roar

die **Brust** chest; die **Brust**, ⸚e breast

die **Brutstätte**, -n brooding place

das **Bruttosozialprodukt** *(no pl.)* gross national product

das **Buch**, ⸚er book

der **Buchdeckel**, - book cover

buchen to book, to reserve

der **Buchstabe**, -ens, -en letter (of the alphabet)

das **Buchstabierbuch**, ⸚er spelling book

buchstäblich literally

der **Büffel**, - buffalo

die **Bundesbahn** Federal Railroad

der **Bundesbürger**, -; die **Bundesbürgerin**, -nen citizen of Germany

das **Bundesland**, ⸚er (federal) state

das **Bundesministerium**, -rien federal ministry

die **Bundesrepublik** Federal Republic

der **Bundesstaat**, -en (federal) state

die **Bundestagswahl**, -en election for the lower house of parliament

bundesweit nationwide

der **Bunker**, - bunker; air-raid shelter

bunt colorful, multicolored

die **Burg**, -en fortress, castle

der **Bürger**, -; die **Bürgerin**, -nen citizen

das **Büro**, -s office

der **Bus**, -se bus

der **Button**, -s button

bzw. *abbr. of* **beziehungsweise** respectively, relatively, or

das **Camping** camping out
der **Campingplatz, ːe** campground
der **Cartoon, -s** cartoon
die **CD, -s** CD (compact disk)
die **Chance, -n** chance, opportunity
der **Charakter, -e** character
charakterisieren to characterize
der **Chef, -s;** die **Chefin, -nen** boss, head (of a firm, department, etc.)
der **Chefredakteur, -e;** die **Chefredakteurin, -nen** editor-in-chief
der **Chinese, -n, -n;** die **Chinesin, -nen** Chinese man; Chinese woman
chinesisch Chinese
die **Cholera** (no pl.) cholera
das **Christentum** (no pl.) Christianity
chronologisch chronological
der **Clown, -s** clown
der **Club, -s** club
die **Collage, -n** collage
das **Comic-Heft, -e** comic book
der **Computer, -** computer
der **Container, -** (cargo) container
die **Couch, -es** couch

da (adv.) there, then; (conj.) since
dabei with it; in the process, while doing it
dadurch thereby; by that
dafür therefore; for this; to make up for this
dagegen against it; on the other hand
daheimgeblieben (stayed) at home
daher therefore
dahin there; away; gone
dahinter behind
damalig of that time, of the day
damals at that time; then
die **Dame, -n** lady
damit with or by that; (conj.) so that, in order that
danach after it; afterwards; in accordance with
daneben beside it; besides

(das) **Dänemark** Denmark
der **Dank** reward, thanks
danken (+ dat.) to thank; **ich danke dir** I thank you
dann then
daran at, on; about
darauf thereupon; afterward
darin inside; within
die **Darmkrankheit, -en** intestinal illness
darstellen to represent, to depict, to portray
die **Darstellung, -en** portrayal, representation, depiction
darüber over it; across it; about it
darum therefore; around it
darunter under it; among them
daß that (conj.)
die **Daten** (pl.) data, information
der **Dativ, -e** dative
das **Datum, Daten** date
dauern to last
dauernd constant(ly), continual(ly)
davon of it; away
davor before
dazu for it, to it; in addition
dazugehörig belonging to it
die **DDR (Deutsche Demokratische Republik)** German Democratic Republic (also referred to as East Germany)
die **Debatte, -n** debate
debattieren to debate
decken to cover
definieren to define
die **Definition, -en** definition
deftig filling, hearty
die **Dekoration** (no pl.) decoration; decor; **die Fensterdekoration** window decoration
demnach consequently
die **Demokratie, -n** democracy
die **Demonstration, -en** demonstration
der **Demonstrationslauf, ːe** demonstration (trial run)
demonstrieren to demonstrate
demoralisieren to demoralize
demütig humble, meek
die **Demutshaltung, -en** submissive attitude
denkbar thinkable

denken, dachte, gedacht to think; **denken über** (+ acc.) to think about; **denken an** (+ acc.) to think of, have in mind
das **Denkspiel, -e** mental game
denn (conj.) for, because; (flavoring particle in question)
deprimierend depressing
deren whose
derjenige, diejenige, dasjenige the one . . . (who)
derselbe, dieselbe, dasselbe the same
die **Desertifikation** (no pl.) desertification
deshalb therefore, for that reason
das **Desinteresse** (no pl.) **(an +** dat.) lack of interest (in), indifference (to)
dessen whose
dessentwillen: um dessentwillen for whose sake
desto: je (mehr) ... desto (besser) the (more) . . . the (better)
deswegen on account of that, for that reason, therefore
deutlich clear, evident
deutsch German
das **Deutsch(e), -n, -n** (dat.) German (language); **aus dem Deutschen übersetzen** to translate from German
der/die **Deutsche** (decl. as adj.) German (person)
(das) **Deutschland** Germany
das **Deutschlandbild, -er** image of Germany
die **Deutschstunde, -n** German class (hour)
dezimieren to decimate
die **Diagnose, -n** diagnosis
der **Dialog, -e** dialogue
der **Dichter, -;** die **Dichterin, -nen** poet
dienen (+ dat.) to serve; **es dient dem Fortschritt** it serves progress
der **Dienst, -e** service
die **Dienstbefreiung, -en** (work) leave
dies- (-er, -e, -es) this; (pl.) these
diesseits (+ gen.) on this side (of)

das **Diktat, -e** dictation

das **Ding, -e** thing

das **Diplom, -e** diploma; certificate

der **Direktor, -;** die **Direktorin, -nen** director

die **Disco** or **Disko, -s (=** die **Diskothek, -en)** disco(theque)

der **Discounfall, ⁻e** disco (related) accident

die **Diskriminierung, -en** discrimination

die **Diskussion, -en** discussion

diskutieren to discuss

DM (deutsche Mark) Deutschmark, German currency

doch on the contrary; *(flavoring particle)* however, yet, surely

das **Dokument, -e** document

dokumentieren to document

der **Dom, -e** cathedral

die **Doppelbedeutung, -en** double meaning

doppelt twice, double

das **Dorf, ⁻er** village

dort there

dran: jetzt bist du dran it's your turn now; **gut dran sein** to be well-off

draußen outside

drehen to turn, rotate, spin; **einen Film drehen** to shoot a film

dringend urgent

das **Drittel, -** third

die **Droge, -n** drug

drogenabhängig addicted to drugs

der/die **Drogenabhängige** *(decl. as adj.)* drug addict

drohen *(+ dat.)* to threaten

drosseln to throttle (an engine), cut down (speed, etc.)

drüben over there

der **Druck, ⁻e** pressure

drucken to print

drücken to press, squeeze, push

dumm stupid, foolish, dumb

dunkel dark

dünn thin

durch through, by means of

der **Durchbruch, ⁻e** breakthrough

durchführen to carry out, implement; to lead through

durchlesen (liest durch), las durch, durchgelesen to read through

durchnehmen (nimmt durch), nahm durch, durchgenommen to go through, do

durchschlagend sweeping, effective, decisive; **ein durchschlagendes Heilmittel** a totally effective remedy

der **Durchschnitt, -e** average; **im Durchschnitt** on the average

sich durchsetzen to be successful, prevail; to assert oneself

die **Durchsetzung, -en** success, achievement, accomplishment, carrying through

dürfen (darf), durfte, gedurft to be permitted

der **Durst** thirst; **Durst haben** to be thirsty

die **Dusche, -n** shower

duschen to take a shower

die **Düse, -n** nozzle; jet

eben even; smooth; exactly, precisely, just

ebenfalls as well, likewise

ebenso just as; as well

echt genuine, real; *(colloq.)* very, really

die **Ecke, -n** corner

edel noble

der **Effekt, -e** effect

effektiv effective

egal equal, even; **das ist mir egal** it doesn't matter to me; it's all the same to me

ehe before

die **Ehe, -n** marriage

die **Ehefrau, -en** wife

ehemalig former

eher earlier, sooner; sooner, rather, more likely

ehrlich honest, sincere, open

eigen own; individual

eigenartig odd

die **Eigenschaft, -en** quality, characteristic

die **Eigenständigkeit, -en** autonomy, independence

eigentlich actual(ly), real(ly)

eilen to hurry

einander one another

sich einarbeiten to get used to the work

einbauen to work in; to install

einbeziehen, einbezog, einbezogen (in + *acc.)* to include (in)

eindeutig clear, unambiguous

der **Eindruck, ⁻e** impression; **einen Eindruck machen (auf +** *acc.)* to make an impression (on)

einfach simple, simply; **einfache Fahrt** one-way trip

einfallen (fällt ein), fiel ein, ist eingefallen (+ *dat.)* to occur to; **mir fällt nichts ein** I can't think of anything

der **Einfluß, Einflusses, Einflüsse** influence

einführen to introduce

die **Einführung, -en** introduction

das **Einführungsglossar, -e** introductory glossary

der **Eingang, ⁻e** entrance

eingehen, ging ein, ist eingegangen auf (+ *acc.)* to agree to; **auf eine Frage (usw.) näher eingehen** to go into a question (etc.) in more depth; **eingehend** detailed, thorough, in-depth

das **Eingeschränktsein** being restricted

einhalten (hält ein), hielt ein, eingehalten to keep, to obey (rules, etc.)

die **Einheit, -en** unity; unit

einholen to pull in; to catch up; to obtain (advice)

einig (über + *acc.)* united, in agreement (about); **sich** *(dat.)* **über etwas** *(acc.)* **einig sein** or **einig werden** to agree about something; **darüber sind wir uns mit dir einig** we agree with you about that

einige a few, several, some

sich einigen (über + *acc.)* to reach an agreement (about);

sich einigen auf *(+ acc.)* to agree to or on

einkaufen to shop, to buy

einladen (lädt ein), lud ein, eingeladen to invite

einleiten to introduce (a topic)

die Einleitung, -en introduction

einmal one time; once

einmalig single, unique; fantastic, amazing

die Einnahmen *(pl.)* income

einordnen to arrange

einpacken (in + acc.) to pack (in)

einplanen to include in one's plans

einreißen, riß ein, eingerissen to tear down

die Einrichtung, -en furnishing, arrangement, equipment

einsam lonely

einsammeln to collect (in)

der Einsatz, ⁝e commitment, risk

einschätzen to assess

einschenken to pour

einschlafen (schläft ein), schlief ein, ist eingeschlafen to fall asleep

einschlagen (schlägt ein), schlug ein, ist eingeschlagen to strike, hit; to smash in, hammer in; **einschlagen auf** *(+ acc.)* to strike out at; **einschlagen in** *(+ acc.)* to strike, hit

einschweißen to seal; to weld in

einsetzen to insert, place

einsilbig monosyllabic

einst once

einsteigen, stieg ein, ist eingestiegen to get in, board

die Einstellung, -en attitude, position, outlook

der Einstieg, -e lead-in, entry, access (to a subject, topic)

einstürzen to collapse, cave in, crumble

einteilen in *(+ acc.)* to divide (up) into

eintragen (trägt ein), trug ein, eingetragen to enter (name in a list, etc.); to register

die Eintragung, -en entry (diary, etc.)

eintreten (tritt ein), trat ein, ist eingetreten to enter; to happen

die Eintrittskarte, -n admission ticket

einverstanden sein (mit) to agree (with), to be in agreement; to consent; **ich bin einverstanden** I agree; that's okay with me

der Einwanderer, - immigrant

einwilligen to agree

der Einwohner, -; die Einwohnerin, -nen inhabitant, resident

die Einzelarbeit *(no pl.)* individual work

die Einzelheit, -en detail

einzeln single(ly), individual(ly)

einzig only

die Eisenbahn, -en railroad

eisern iron; ironclad; relentless

das Element, -e element

die Eltern *(pl.)* parents

der Emigrant, -en, en; die Emigrantin, -nen emigrant

emigrieren *(aux. sein)* to emigrate

empfehlen (empfiehlt), empfahl, empfohlen to recommend

die Empfehlung, -en recommendation

empfinden, empfand, empfunden to feel; **ich habe dabei viel Freude empfunden** it gave me great pleasure

das Ende, -n end, ending, close; **am Ende** at the end, in the end; **zu Ende** finished, over

enden to end

endgültig final, conclusive, definitive

endlich finally

die Endstellung, -en *(gram.)* final position

die Endung, -en ending

eng narrow

das Engagement, -s involvement, engagement

sich engagieren (für) to commit oneself (to); **engagiert** committed

(das) England England

der Engländer, -; die Engländerin, -nen English person

englisch English

der Enkel, - grandchild; **die Enkelin, -nen** granddaughter

das Enkelkind, -er grandchild

der Enkelsohn, ⁝e grandson

die Enkeltochter, ⁝ granddaughter

entdecken to discover

entfernen to remove

sich entfernen to go away

entfernt away

entfliehen, entfloh, ist entflohen to escape, flee

entgegen *(+ dat.)* against; opposite; toward

entgegenblicken *(+ dat.)* to look towards (someone); to look forward to (something)

entgegengesetzt opposite, contrasting, opposing

entgegenschlagen (schlägt entgegen), schlug entgegen, ist entgegengeschlagen (jemandem) to confront (someone)

enthalten (enthält), enthielt, enthalten to contain

sich entrüsten über *(+ acc.)* to be filled with indignation at, to be outraged at

entscheiden, entschied, entschieden to decide; **sich entscheiden** to make up one's mind; **entscheidend** decisive, determining

die Entscheidung, -en decision; **eine Entscheidung treffen** to make or reach a decision

sich entschließen, entschloß, entschlossen (etwas zu tun) to decide or resolve (to do something)

der Entschluß, Entschlüsse decision

entschuldigen to excuse; **sich entschuldigen** to apologize

die Entschuldigung, -en excuse

entschwinden, entschwand, ist entschwunden to disappear, vanish

sich entspannen to relax

entsprechen (entspricht), entsprach, entsprochen *(+ dat.)* to correspond to; **entsprechend** corresponding, appropriate

die Entsprechung, -en equivalent

entspringen, entsprang, ist entsprungen to rise; to spring or rise from

entstehen, entstand, ist entstanden to come into being, come about; **entstehen aus** *or* **durch** to arise from, result from

enttäuschen to disappoint; **enttäuschend** disappointing

die Enttäuschung, -en disappointment

entweder: entweder ... oder either . . . or

entwerfen (entwirft), entwarf, entworfen to design; to draft, make a sketch for

entwickeln to develop

die Entwicklung, -en development

der Entwicklungsdienst, -e agency for developing countries

die Entwicklungshilfe, -n aid to developing countries

das Entwicklungsland, Entwicklungsländer developing country

die Entwicklungspolitik *(no pl.)* policy for development

der Entwicklungsstand, -̈e developmental level

entziehen, entzog, entzogen to take away, to withdraw

der Entzug *(no pl.)* withdrawal, withholding; deprivation

entzünden to light; to inflame; **sich entzünden** to become inflamed

die Entzündung, -en inflammation, infection

die Epidemie, -n epidemic

die Erdbeere, -n strawberry

die Erde, -n earth; soil

das Erdgeschoß, Erdgeschosse ground floor

sich ereignen to happen, take place

das Ereignis, -se event, occurrence, occasion

erfahren (erfährt), erfuhr, erfahren to experience; to find out, hear about

die Erfahrung, -en experience; **die Erfahrung machen** to have the experience

erfinden, erfand, erfunden to invent

der Erfinder, -; die Erfinderin, -nen inventor

der Erfindergeist *(no pl.)* inventive spirit, genius

der Erfolg, -e success

erfolglos unsuccessful

erfolgreich successful

erforderlich required, necessary

erfordern to require, call for

erforschen to investigate, explore

erfreuen to please

erfüllen to fill; to perform; to fulfill

die Erfüllung *(no pl.)* fulfillment; **in Erfüllung gehen** to come true

ergänzen to complete; to add

sich ergeben (ergibt), ergab, ergeben to result in, produce

das Ergebnis, -se result

ergehen, erging, ist ergangen; es ist ihnen gut (schlecht etc.) ergangen they fared well (badly, etc.)

ergiebig productive, rich

ergreifen, ergriff, ergriffen to take up, to seize; grasp, grip

erhalten (erhält), erhielt, erhalten to get, receive; to preserve, maintain

erheben, erhob, erhoben to raise, lift; **sich erheben** to rise

erhitzen to heat (up)

erhöhen to increase, raise

sich erholen (von) to recover; to take a rest (from)

die Erholung recuperation, relaxation

erinnern to remind; **sich erinnern an** *(+ acc.)* to remember

die Erinnerungsstätte, -n memorial

erkennen, erkannte, erkannt (an + dat.) to recognize (by)

erklären to explain

die Erklärung, -en explanation

erkranken *(aux. sein)* to be taken ill, get sick

die Erkrankung, -en illness; disease

erlauben (jemandem etwas [acc.]) to permit, to allow (someone something)

die Erlaubnis permission

erleben to experience

das Erlebnis, -se experience

die Ermäßigung, -en reduction

ermitteln to investigate; to determine

ermöglichen (jemandem) to enable (someone), make possible for (someone)

ermorden to murder, assassinate

die Ermordung, -en murder, assassination

ermutigen to encourage; **ermutigend** encouraging

erniedrigen to degrade, humiliate

die Erniedrigung, -en humiliation, degradation

ernst serious; **ernst nehmen** to take seriously

die Ernte, -n harvest

der Erntedank *(no pl.)* harvest thanks

ernten to harvest

die Ernüchterung, -en sobermindedness; sobering up

der Eroberer, -; die Eroberin, -nen conqueror

erobern to conquer

erraten (errät), erriet, erraten to guess (correctly)

erreichen to achieve, reach

errichten to erect, set up

erscheinen, erschien, ist erschienen to appear, seem; to be published

erschließen, erschloß, erschlossen to open up

erschrecken *(weak verb)* to startle

erschrecken (erschrickt), erschrak, erschrocken to be startled, frightened

ersetzen (durch) to replace (with)

sich ersparen to spare; **erspare dir die Mühe** save yourself the trouble

erst first; not until; **er kommt erst morgen** he's not coming until tomorrow

erstaunen to astonish; **das erstaunt mich nicht** that doesn't surprise me

erstaunt (über + acc.) astonished, amazed (at, by)

erstellen to draw up

erstens in the first place, first(ly)

sich erstrecken (auf or über + acc.) to stretch (over), extend (over), cover

erwachen (aux. sein) to awaken; to be aroused

der/die **Erwachsene (decl. as adj.)** adult

erwähnen to mention

erwarten to expect (guests, events, etc.)

die **Erwartung, -en** expectation

erwerben (erwirbt), erwarb, erworben to acquire

erwidern to reply

erzählen to tell, give an account of

der **Erzähler, -;** die **Erzählerin, -nen** narrator

der **Erzählstil, -e** narrative style

die **Erzählung, -en** story

die **Erziehung, -en** education; upbringing; training

erzielen to attain, obtain, achieve

der or das **Essay, -s** essay

essen (ißt), aß, gegessen to eat

das **Essen, -** meal

etwa about, approximately

etwas something; **etwas Geld** some money

(das) **Europa** Europe

der **Europäer, -;** die **Europäerin, -nen** European

europäisch European

eventuell possible, possibly

eweitern to expand

das **Exemplar, -e** copy, specimen

das **Exil, -e** exile

existieren to exist

das **Experiment, -e** experiment

der **Experte, -n, -n;** die **Expertin, -nen** expert

explodieren to explode

der **Export, -e** export(ing); exports

exportieren to export

die **Fabrik, -en** factory

das **Fach, ¨er** subject, specialty

das **Fachheft, -e** journal

fachlich professional, expert

der **Fachmann, Fachleute** expert

die **Fachmesse, -n** specialized or technical trade fair

die **Fähigkeit, -en** capability

die **Fahrbahn, -en** road; lane; **von der Fahrbahn abkommen** to veer off the road

die **Fähre, -n** ferry

fahren (fährt), fuhr, ist gefahren to travel, go; to drive; **fahren (aux. haben)** to drive; **ich habe den Wagen gefahren** I drove the car

der **Fahrer, -;** die **Fahrerin, -nen** driver

der **Fahrgast, ¨e** passenger

die **Fahrkarte, -n** ticket (train, bus)

die **Fahrprüfung, -en** driving test

das **Fahrrad, ¨er** bicycle

der **Fahrschein, -e** ticket

die **Fahrt, -en** trip, tour

fahrtüchtig fit or competent to drive; **fahruntüchtig** unfit to drive

die **Fahruntauglichkeit, -en** unfitness to drive

das **Fahrzeug, -e** vehicle

der or das **Fakt, -en** fact

der **Fall, ¨e** case; **auf keinen Fall** in no case; **auf jeden Fall** in any case

fallen (fällt), fiel, ist gefallen to fall

falls if, in case

familiär (adj.) family, familial

die **Familie, -n** family

der **Familienbetrieb, -e** family business

fangen (fängt), fing, gefangen to catch

die **Farbe, -n** color

fassen to touch, grasp, hold; to understand

fast almost, nearly

faul lazy

die **Feder, -n** feather

der **Federschmuck** feather adornment

fehlen (+ dat.) to be lacking, miss; **mir fehlen die Worte** words fail me

der **Fehler, -** mistake, error

die **Feier, -n** celebration

feiern to celebrate, to party

der **Feiertag, -e** holiday

der **Feind, -e** enemy

feindselig hostile

das **Feld, -er** field

der **Feldherr, -(e)n, -en** commander

feminin feminine

das **Fenster, -** window

der **Fensterheber, -:** **elektronische Fensterheber** electrically operated windows

die **Ferien (pl.)** vacation

fern distant

der **Fernsehbericht, -e** television report

fernsehen (sieht fern), sah fern, ferngesehen to watch television

das **Fernsehen** television; **im Fernsehen** on television

der **Fernseher, -** television set

das **Fernsehprogramm, -e** television channel; television program

der **Fernsehsender, -** television station

die **Fernsehsendung, -en** television program

fertig finished; **fertig werden mit** to cope with

fest firm; solid; tight; steady

das **Fest, -e** festival, party, celebration

festlegen to establish, lay down, determine, fix

festsetzen to set, fix, arrange

das **Festspiel, -e (sing.)** festival production; (pl.) festival

feststehen, stand fest, festgestanden to be certain; to be set or fixed

feststellen to determine, find out, ascertain

der Festtag, -e holiday; special day

die Feuchtigkeit *(no pl.)* dampness, moistness; humidity

das Feuer, - fire

die Feuerwehr, -en fire department

das Fieber, - fever

fiebern to have a fever

die Figur, -en figure

der Film, -e film

der Filzstift, -e felt-tip pen

finanziell financial

finanzieren to finance

finden, fand, gefunden to find

der Finger, - finger

die Finsternis, -se darkness

die Firma, Firmen firm, company

der Firmenleiter, -; die **Firmenleiterin, -nen** head of the company

flach flat, even

die Flak, - or -s *abbr. of* die **Flugzeugabwehrkanone** antiaircraft gun

die Flamme, -n flame

die Flasche, -n bottle

der Fleck, -e or -en spot, patch, place, stain, blemish

das Fleisch *(no pl.)* meat

fleißig hard-working, industrious

fliegen, flog, ist geflogen to fly

der Flieger, -; die **Fliegerin, -nen** pilot, aviator

fliehen, floh, ist geflohen to escape, flee

das Fließband, ̈er conveyor belt

fließen, floß, ist geflossen to flow

das Floß, ̈e raft

die Flotte, -n fleet

die Flucht, -en escape; flight

flüchten *(aux. sein)* to flee, escape

flüchtig fleeting, brief; **(sich) flüchtig ansehen** to glance at

der Flüchtling, -e refugee

die Fluggesellschaft, -en airline company

das Flugzeug, -e aircraft

der Flur, -e corridor; hall(way)

der Fluß, Flüsse river

die Flüssigkeit, -en liquid

die Folge, -n consequence, result; sequence

folgen *(aux. sein)* **(jemandem, etwas** *dat.)* to follow (someone, something)

folgendermaßen as follows

fordern to demand, call for, claim

fördern to support, encourage

die Form, -en form, shape

das Format, -e size; format

formulieren to formulate, articulate

die Forschung, -en research

die Forschungsarbeit, -en research paper

die Forschungsgemeinschaft, -en research association

fort away; on, forward

sich fortbewegen to move on

fortgehen, ging fort, ist fortgegangen to leave

fortnehmen (nimmt fort), nahm fort, fortgenommen to take away

der Fortschritt, -e progress

fortwährend constant(ly), continual(ly), incessant(ly)

die Frage, -n question; **eine Frage stellen** to ask a question

der Fragebogen, - or ̈ questionnaire

fragen to ask

das Fragewort, ̈er interrogative, question word

fränkisch Frankonian

(das) Frankreich France

der Franzose, -n, -n; die **Französin, -nen** Frenchman, Frenchwoman

französisch French

die Frau, -en woman

der Frauensport *(no pl.)* women's sport(s)

frei free

die Freiheit, -en freedom

die Freiheitsstatue Statue of Liberty

freilich of course

das Freilichttheater, - open-air theater, outdoor theater

freiwillig voluntary

die Freizeit leisure time

die Freizeitbeschäftigung, -en leisure activity

fremd foreign; strange

der/die Fremde *(decl. as adj.)* stranger

die Fremdsprache, -n foreign language

das Fremdwort, ̈er foreign word

die Freude, -n joy

freuen to please; **sich freuen über** *(+ acc.)* to be happy about; **sich freuen auf** *(+ acc.)* to look forward to

der Freund, -e; die **Freundin, -nen** friend

freundlich friendly

der Frieden, - peace

die Friedenspfeife, -n peace pipe

friedfertig peaceable

friedlich peaceful

frieren, fror, (haben) gefroren to be or feel very cold; **ich habe gefroren** I was very cold; **frieren** *(aux. sein)* to freeze; **der Fluß ist gefroren** the river has frozen

frisch fresh

froh happy

die Frucht, ̈e fruit

die Fruchtmasse, -n fruit mixture

früh early

die Frühe *(no pl.)* dawn; **in der Frühe** early in the morning

frühstücken to eat breakfast

frühzeitig early, premature

frustrierend frustrating

fühlen to feel; **sich fühlen (krank,** *etc.)* to feel (sick, *etc.)*

führen to lead, guide; **ein Interview führen** to hold an interview

der Führerschein, -e driver's license

die Führung, -en guided tour; *(no pl.)* guidance, direction, leadership

füllen to fill

das Fundament, -e basis

die Funktion, -en function

funktionieren to function

für for

die Furcht *(no pl.)* fear, anxiety

sich fürchten (vor + *dat.)* to be afraid (of), to fear

die **Fürsorgepflicht, -en** obligation to provide care

der **Fürsprecher, -;** die **Fürsprecherin, -nen** advocate

der **Fuß, ⸚e** foot; **zu Fuß** by foot

der **Fußball** (no pl.) soccer, football

der **Fußgänger -;** die **Fußgängerin, -nen** pedestrian

die **Fußgängerzone, -n** area for pedestrians only

das **Futur** (gram.) future

der **Gang, ⸚e** corridor; course; gait, pace

ganz entire(ly), whole(ly), complete(ly)

ganzheitlich integral, in its entirety

gar nicht not at all

die **Garderobe, -n** wardrobe; checkroom

der **Gartenbauer, -n, -n;** die **Gartenbäuerin, -nen** horticulturalist

die **Gaskammer, -n** gas chamber

der **Gast, ⸚e** guest

die **Gastfamilie, -n** host family

die **Gastfreundschaft, -en** hospitality

der **Gasthof, ⸚e** inn

der **Gauner, -** crook, scoundrel, rascal

das **Gebäude, -** building

geben (gibt), gab, gegeben to give

der **Geber, -;** die **Geberin, -nen** giver

das **Gebiet, -e** area, region, territory

gebildet educated, cultured

die **Gebirgsbahn, -en** mountain railroad

geboren born

gebrandmarkt branded

der **Gebrauch, ⸚e** use, application; custom

gebrauchen to use

die **Geburt, -en** birth

der **Geburtsort, -e** birthplace

der **Geburtstag, -e** birthday

der **Gedanke, -ns, -n** thought

gedenken, gedachte, gedacht (+ gen.) to remember, think of; to commemorate

die **Gedenkstätte, -n** memorial

das **Gedicht, -e** poem

die **Geduld** (no pl.) patience

geduldig patient

geehrt honored, esteemed; **sehr geehrte Damen und Herren** Dear Madam or Sir

geeignet suited, suitable; **geeignet für** suited for

die **Gefahr, -en** danger

gefährden to endanger

der **Gefahrengrenzwert, -e** danger limit

gefährlich dangerous

gefallen (gefällt), gefiel, gefallen (+ dat.) to please, to like; **das Wetter gefällt mir** I like the weather

die **Gefangenschaft, -en** captivity

das **Gefängnis, -se** prison

das **Gefecht, -e** battle, encounter, engagement

das **Gefühl, -e** feeling, emotion

gegen against; approximately

die **Gegend, -en** area, region

der **Gegensatz, ⸚e** contrast; opposite; **im Gegensatz zu** unlike, in contrast to

gegenseitig mutual

der **Gegenstand, ⸚e** object; subject matter

das **Gegenteil, -e** opposite; **im Gegenteil** on the contrary

gegenüber (+ dat.) opposite; with regard to

gegenüberstehen, stand gegenüber, gegenübergestanden to be opposite; to face

die **Gegenwart** present; **in Gegenwart** (+ gen.) in the presence of

der **Gegner, -;** die **Gegnerin, -nen** opponent, adversary

der **Gehalt, -e** content

gehaltvoll substantive, rich in content; nourishing

gehandikapt handicapped

das **Geheimnis, -se** secret

gehen, ging, ist gegangen to go; **es geht um ...** it's a question of . . .

das **Gehirn, -e** brain

gehören (+ dat.) to belong to; **das Auto gehört ihm** the car belongs to him; **gehören zu** to belong to, to be amongst, to be part of; **sie gehört zu den fleißigen Studenten** she is one of the industrious students

sich gehören to be right, proper; **das gehört sich einfach nicht** that just isn't done

der **Geist, -er** mind; spirit; ghost

geistig mental(ly), spiritual(ly), intellectual(ly)

der/die **Geistigbehinderte** (decl. as adj.) mentally handicapped

das **Gelände, -** terrain; grounds

gelassen calm(ly), cool(ly), composed

gelb yellow

das **Geld, -er** money

die **Geldmittel** (pl.) funds

die **Gelegenheit, -en** opportunity

gelingen, gelang, ist gelungen (+ dat.) to succeed; **es ist mir gelungen** I was successful

gelten (gilt), galt, gegolten to be valid, in force, or of value; **gelten als** to be regarded as

gemein common; nasty, vulgar

gemeinsam mutual(ly), joint(ly), common; **gemeinsam mit** together with

die **Gemeinschaft, -en** community; group

das **Gemeinschaftsleben, -** community life

das **Gemüse, -** vegetables (pl.)

gemütlich cozy; comfortable, pleasant

genau exact(ly); **es nicht so genau nehmen** not to take it so seriously

genauso just as

die **Generation, -en** generation

genial ingenious; brilliant

genießen, genoß, genossen to enjoy

der **Genitiv, -e** genitive

der **Genosse, -n, -n;** die **Genossin, -nen** comrade

genug enough

das **Gepäck** (no pl.) luggage, baggage

gerade just; straight

das Gerät, -e piece of equipment

geraten (gerät), geriet, ist geraten in (+ *acc.*) to get into, end up in

die Gerechtigkeit (*no pl.*) justice

gering modest, slight, small

gern: etwas gern haben to like something; **etwas gern tun** to like to do something; **ich lese gern** I like to read

gerührt moved, touched

gesamt entire, whole, total, complete

die Gesamtliste, -n complete list

die Gesamtversion, -en complete version

das Geschäft, -e business

geschehen (geschieht), geschah, ist geschehen to happen

das Geschehene (*decl. as adj.*) events; that which has happened

das Geschenk, -e gift

die Geschichte, -n story; (*no pl.*) history

der Geschichtsschreiber, -; die Geschichtsschreiberin, -nen historian

die Geschicklichkeit (*no pl.*) skill, skillfulness, dexterity

geschickt skillfully

das Geschirr dishes (*pl.*)

das Geschütz, -e gun; (*pl.*) artillery

die Geschwindigkeit, -en speed

die Gesellschaft, -en society; company

gesellschaftlich social, societal

das Gesellschaftssystem, -e societal structure

das Gesetz, -e law

der Gesetzgeber, - legislator; legislature

das Gesicht, -er face

der Gesichtspunkt, -e point of view

gespannt curious, eager; **ich bin gespannt** I'm eager to know

das Gespräch, -e conversation

die Gesprächsrunde, -n round of talks

die Gestalt, -en figure; form, shape

gestalten to form, to shape, to design, to create

das Gestänge, - bars, frame

gestern yesterday

gestrig yesterday's, of yesterday

gesund healthy

die Gesundheit (*no pl.*) health

der Gesundheitsdienst, -e health service

das Gesundheitswesen, - health system

das Getränk, -e drink

die Gewalt, -en power; violence

gewaltig tremendous, enormous; forceful; violent

das Gewehr, -e gun; rifle

das Gewicht, -e weight; importance

der Gewinn, -e gain; profit

gewinnen, gewann, gewonnen to win, to gain

gewiß sure, certain; probable

das Gewissen, - conscience

sich gewöhnen an (+ *acc.*) to get accustomed to

die Gewohnheit, -en habit

gewöhnlich usual(ly)

gewohnt usual; **gewohnt sein** to be used to

gießen, goß, gegossen to pour

die Gitarre, -n guitar

das Gitter, - bars (*pl.*); grille, lattice

das Glas, ̈er glass

die Glasscheibe, -n pane of glass

glauben (*dat. of person*) to believe; to think; **ich glaube dir** I believe you; **glauben an** (+ *acc.*) to have faith in

die Glaubwürdigkeit (*no pl.*) credibility

gleich same, equal; immediately, at once

der/die Gleichaltrige (*decl. as adj.*) peer

die Gleichberechtigung (*no pl.*) equality, equal rights

gleichen, glich, geglichen (+ *dat.*) to be like, resemble

gleichwertig equal, of equal value

gleichzeitig at the same time, simultaneous(ly)

das Gleis, -e track, line, rails (*pl.*)

glitzern to glitter

das Glück (*no pl.*) luck, good fortune, happiness

glücklich (über + *acc.*) happy (about)

der Glückwunsch, ̈e congratulations (*pl.*); **herzlichen Glückwunsch** congratulations

die Glückwunschkarte, -n greeting card

die GmbH *abbrev. of* **Gesellschaft mit beschränkter Haftung** limited liability company

das Gold (*no pl.*) gold

der Golfkrieg, -e Gulf War

gondeln (*aux. sein*) to travel around; to travel by gondola

der Gott, ̈er god, God (as name); **die Göttin, -nen** goddess

der Graben, ̈ ditch

gradlinig straight

das Gramm gram

die Grammatik, -en grammar

grandios superb, magnificent

gratulieren (+ *dat.*) to congratulate

grau gray

das Grauen (*no pl.*) horror, dread

grausig terrible, atrocious

greifen, griff, gegriffen to grab, seize, grasp

die Grenze, -n limit, boundary, border

der Grenzübergang, ̈e (border) checkpoint

der Grenzwert, -e limit

(das) Griechenland Greece

der Griff, -e grasp, hold, grip

groß big, great; tall (*of people*)

großartig splendid, magnificent

(das) Großbritannien Great Britain

die Größe, -n height, size; greatness

die Großeltern (*pl.*) grandparents

die Großmutter, ̈ grandmother

die Großstadt, ̈e (large) city

größtenteils for the most part

der **Großunternehmer, -;** die
Großunternehmerin, -nen
entrepreneur
der **Großvater, ∸** grandfather
grübeln (über + *acc.*) to brood
(about)
grün green
der **Grund, ∸e** reason; **auf**
Grund (von *or gen.*) on the
basis (of)
die **Grundausstattung, -en**
basic plan, furnishings, or
equipment
gründen to found
der **Gründer, -;** die **Gründerin,**
-nen founder
gründlich thoroug(ly)
die **Grundschule, -n** elemen-
tary school
die **Gründung, -en** founding
grundverschieden fundamentally
different
die **Gruppe, -n** group
die **Gruppenarbeit** (*no pl.*)
teamwork
die **Gruselgeschichte, -n**
horror story
der **Gruß, ∸e** greeting
grüßen to greet
die **Grußkarte, -n** greeting card
gucken to look, peek
das *or* der **Gummi, -s** rubber
der **Gummibär, -en, -en**
gummi bear; **das**
Gummibärchen, - gummi
bear
die **Gunst** (*no pl.*) favor; **zu**
Gunsten (+ *gen.*) in favor of
günstig favorable, reasonable
gut good, well
das **Gut, ∸er** property, posses-
sion; **irdische Güter** worldly
goods

das **Haar, -e** hair
haben (hat), hatte, gehabt to
have
der **Hacker, -** chopper
halb half
die **Hälfte, -n** half; **die Hälfte**
der Studenten half of the
students
halt (*colloq., South. Germ.*) just,
simply
halten (hält), hielt, gehalten
to hold, keep; to stop; **halten**

von to think of; **halten für** to
regard as
die **Haltung, -en** attitude,
position
der **Hammer, ∸** hammer
die **Hand, ∸e** hand
der **Handel** trade, business
handeln to trade; **handeln**
von to be about, to deal with;
es handelt sich um it
concerns, it is about
das **Handelsregister, -** register
of companies
die **Handlung, -en** plot; action
der **Handschuh, -e** glove
hängenbleiben, blieb hängen,
ist hängengeblieben (an +
dat.) to get caught (on)
hart hard, severe
der **Hauch, -e** breath; air, aura
hauchdünn wafer thin
hauen to carve; to hit, clout; to
chop
häufig frequent(ly)
das **Hauptfach, ∸er** major
subject
der **Hauptgrund, ∸e** main
reason
die **Hauptidee, -n** main idea
der **Häuptling, -e** chief
die **Hauptsache, -n** main thing
der **Hauptsatz, ∸e** main or
independent clause
die **Hauptstadt, ∸e** capital (city)
das **Hauptthema,**
Hauptthemen main topic
die **Hauptursache, -n** main
cause
das **Haus, ∸er** building; house
der **Hausarzt, ∸e;** die
Hausärztin, -nen family
doctor
die **Hausaufgabe, -n** homework
der **Hausbewohner, -** occupant;
tenant
die **Hausfrau, -en** housewife
die **Haut, Häute** skin
die **Hautfarbe, -n** skin color
hautnah close to the skin; very
close
heben, hob, gehoben to lift
das **Hebräische** (*decl. as*
adj.) Hebrew
das **Heft, -e** exercise book;
(magazine) issue; **das Comic-**
Heft comic book

heften to staple, fasten
heil uninjured, unhurt; intact
heilig holy, sacred
der **Heiligabend, -e** Christmas
Eve
das **Heilmittel, -** remedy, cure
die **Heilpflanze, -n** medicinal
plants
das **Heim, -e** home; institution
die **Heimat, -en** home
heiraten to get married
heißen, hieß, geheißen to be
called; to mean
der **Held, -en, -en;** die **Heldin,**
-nen hero
helfen (hilft), half,
geholfen to help
der **Helfer, -;** die **Helferin,**
-nen helper
hell bright, light
der **Helm, -e** helmet
das **Hemd, -en** shirt
her here (*toward the speaker*)
herantragen (trägt heran),
trug heran, herangetragen
(etwas [*acc.*] **an jemanden**
[*acc.*]) to bring or take
(something to someone)
heraus out
herausfinden, fand heraus,
herausgefunden to find
out
herausgeben (gibt heraus),
gab heraus,
herausgegeben to publish, to
edit; to hand out
sich herausstellen to come to
light; to prove to be; **es stellt**
sich heraus, daß it turns out
that
heraussuchen to pick out
der **Herbst, -e** autumn, fall
der **Herd, -e** stove
die **Herde, -n** herd
herein in, into
sich hermachen über (+ *acc.*)
to make for, go after
der **Herr, -(e)n, -n** Mr., sir; lord,
master
herrlich marvelous, magnificent, wonderful
die **Herrschaft, -en** control,
power, rule
herstellen to produce
der **Hersteller, -** producer

die **Herstellung** *(no pl.)*
production, manufacture,
making

herum around; about

**herumgehen, ging herum, ist
herumgegangen** to go
around

sich **herumschlagen (schlägt
herum), schlug herum,
herumgeschlagen mit** to
struggle with, to squabble with

**hervorbringen, brachte
hervor, hervorgebracht** to
produce; to bring out

hervorstürzen *(aux.* **sein)** to
dash out

sich **hervortun, tat hervor,
hervorgetan** to distinguish
oneself

das **Herz, -ens, -en** heart

herzlich cordial, warm

hessisch Hessian

heulen to wail, howl, bawl

heute today

heutig today's, contemporary

heutzutage nowadays

hier here

die **Hilfe, -n** help, assistance;
etwas zu Hilfe nehmen to
make use of something

der **Hilferuf, -e** call for help

hilfreich helpful, useful

das **Hilfsverb, -en** auxiliary verb

der **Himmel, -** sky, heaven; **um
Himmels willen** for heaven's
sake

hin to, towards *(away from
speaker)*; gone

hinaus out; beyond

hindern to prevent

hinein in, into

**hinnehmen (nimmt hin),
nahm hin, hingenommen**
to accept

**hinschreiben, schrieb hin,
hingeschrieben** to write
(down)

sich **hinsetzen** to sit down

hinten in the rear

hinter behind

hintereinander one after the
other; one behind the other

der **Hintergrund, ⸚e** back-
ground

hinterher afterward(s)

hinunter down

**hinweggehen, ging hinweg,
ist hinweggangen über
etwas** *(acc.)* to pass over
something, to disregard
something

der **Hinweis, -e** hint

**hinweisen, hinwies,
hingewiesen (auf +** *acc.)* to
point (something out), indicate
(something)

**hinwerfen (wirft hin), warf
hin, hingeworfen** to throw
down; to drop

hinzu in addition, besides

der **Historiker, -;** die
Historikerin, -nen historian

historisch historical

HIV-infiziert infected with the
HIV virus; HIV positive

hoch high

das **Hochhaus, ⸚er** high-rise
building

**hochheben, hob hoch,
hochgehoben** to lift up

hochspielen to play up, blow
out of proportion

höchstens at most

die **Höchstgeschwindigkeit,
-en** top speed

die **Hochzeit, -en** wedding

hoffen (auf + *acc.)* to hope
(for)

hoffentlich I (we) hope,
(colloq.) hopefully

die **Hoffnung, -en** hope;
Hoffnung auf (+ *acc.)* hope in

hoffnungslos hopeless

die **Hoffnungslosigkeit** *(no
pl.)* hopelessness

hoffnungsvoll hopeful

die **Höflichkeit** politeness,
courteousness

die **Höhe, -n** height; **in die
Höhe gehen** to go up (prices,
etc.)

holen to get, to fetch

die **Hölle, -n** hell

höllisch hellish, dreadful

der **Holocaust** holocaust

das **Holz, ⸚er** wood; piece of
wood or lumber

der/die **Homosexuelle** *(decl. as
adj.)* homosexual

der **Honig** *(no pl.)* honey

hören to hear

der **Horizont, -e** horizon

die **Hose, -n** pants, trousers,
slacks

das **Hotel, -s** hotel

Hrsg. *abbr. of* **Herausgeber:** der
Herausgeber, -; die
Herausgeberin, -nen editor

der **Hubschrauber, -** helicopter

der **Humor,** *(rare)* **-e** humor

humorvoll humorous

der **Hund, -e** dog

der **Hunger** *(no pl.)* hunger;
Hunger haben to be hungry

hungern to be hungry

hungrig hungry

der **Husten** *(no pl.)* cough

der **Hustenanfall, ⸚e** coughing
fit

der **Hut, ⸚e** hat

die **Hut** *(no pl.)* protection,
keeping; **auf der Hut sein** to
be on guard

die **Ich-Erzählung, -en** short
story in the first person

die **Ichform** first-person
singular

das **Ideal, -e** ideal

idealisieren to idealize

die **Idee, -n** idea

die **Identität, -en** identity

der **Ideologe, -n -n;** die
Ideologin, -nen an advocate
of a particular ideology

die **Ideologie, -n** ideology

die **Illustration, -en** illustration

illustrieren to illustrate

immer always; **immer mehr**
more and more; **immer
noch** still; **immer wieder**
again and again

immerfort the whole time,
constantly

das **Immunsystem, -e** immune
system

impfen to vaccinate, inoculate

der **Impfstoff, -e** vaccine, serum

imponieren (jemandem) to
impress (someone); **es
imponiert mir** it impresses
me

der **Import, -e** import

der **Impuls, -e** impulse; **etwas**
(dat.) **neue Impulse
geben** to give something new
impetus

imstande sein to be able (to do something); to be in a position (to do something)

in in, into; at

indem by or while *(+ -ing form of verb)*

der **Indianer, -;** die **Indianerin, -nen** (Native American) Indian

das **Indianerbild, -er** image of the (Native American) Indian

der **Indianerputz** (Native American) Indian finery

(das) **Indien** India

der **Indikativ** *(gram.)* indicative

individuell individual(ly)

die **Industrialisierung, -en** industrialization

der **Infinitiv, -e** infinitive

der **Infinitivstamm, ⸚e** stem of the infinitive

infizieren to infect

die **Information, -en** information

informieren to inform

der **Inhaber, -;** die **Inhaberin, -nen** owner, proprietor

der **Inhalt, -e** content

die **Initiative, -n** initiative; undertaking; **die Initiative ergreifen** to take the initiative

initiieren to initiate

die **Innenseite, -n** inside

inner inner, interior

die **Innerei, -en** innard

innerhalb *(+ gen.)* within; inside

der **Insasse, -n, -n;** die **Insassin, -nen** passenger, occupant

das **Insekt, -en** insect

der **Insektenstich, -e** insect bite

die **Insel, -n** island

insgesamt altogether, in all

das **Instrument, -e** instrument

integrieren to integrate

intensiv intensive

interessant interesting

das **Interesse, -n** interest

interessieren to interest; **sich interessieren für** to be interested in

die **Interpretation, -en** interpretation

interpretieren to interpret

das **Interview, -s** interview

interviewen to interview

inzwischen (in the) meantime, meanwhile

irgend any, at all; **irgend etwas** anything, something; **irgend jemand** somebody, anybody

irgendein- (-er, -e, -es) any, (at all); some (or other)

irgendwann sometime

irgendwelch- (-er, -e, -es) any (at all); some (or other)

irgendwie somehow

irgendwo somewhere

italienisch Italian

ja yes; *(flavoring particle)* indeed, of course

die **Jacke, -n** jacket

die **Jagd, -en** hunt

das **Jahr, -e** year

die **Jahrgangsklasse, -n** grade (in school)

das **Jahrhundert, -e** century

jahrhundertelang for centuries

jährlich annually

je each; **von je drei** of three each; **als je** than ever

jed- (-er, -e, -es) each; every; everyone

jedenfalls in any case, at any rate, anyhow

jedesmal each or every time

jedoch however

jeglich each (one); any

jemals ever

jemand somebody

jen- (-er, -e, -es) that; the former; *(pl.)* those

jenseits *(+ gen.)* on the other side of; beyond

jetzt now

jeweilig respective

jeweils respectively, in each instance

der **Job, -s** job

der **Journalist, -en, -en;** die **Journalistin, -nen** journalist

der **Jubel** *(no pl.)* jubilation, rejoicing, celebrating

jubeln to cheer, rejoice

der **Jude, -n, -n;** die **Jüdin, -nen** Jew

die **Judenverfolgung, -en** persecution of the Jews

jüdisch Jewish

die **Jugend** *(no pl.)* youth

die **Jugendherberge, -n** youth hostel

der **Jugendherbergsführer, -** youth hostel guide

jugendlich youthful

der/die **Jugendliche** *(decl. as adj.)* young person

jung young

der **Junge, -n, -n** boy

der/die **Jungvermählte** *(decl. as adj.)* newlywed

der **Kaffee, -s** coffee

das **Kainsmal, -e** mark of Cain

der **Kakao, -s** cocoa

der **Kaktus, Kakteen** cactus

kalt cold

die **Kälte** *(no pl.)* cold(ness)

die **Kamera, -s** camera

der **Kampf, ⸚e** fight, struggle

kämpfen to fight, to struggle

der **Kanzler, -;** die **Kanzlerin, -nen** chancellor

der **Kapitän, -e;** die **Kapitänin, -nen** captain

das **Kapitel, -** chapter

kapitulieren to surrender, capitulate

kaputt broken, shattered, ruined

die **Karibik** Caribbean

kariert checkered

die **Karnevalsfeier, -n** carnaval celebration

die **Karte, -n** ticket; card; menu; map

die **Kassette, -n** cassette

der **Katalog, -e** catalogue

die **Katastrophe, -n** catastrophe

die **Kategorie, -n** category

kaufen to buy

das **Kaufhaus, ⸚er** department store

der **Kaufmann, ⸚er;** die **Kauffrau, -en;** *(or pl.)* **Kaufleute** businessman; businesswoman; merchant

kaufmännisch commercial, business

kaum scarcely, barely, hardly

kehren to turn

kein no, not a, none, not any

keinesfalls in no case, on no account

der **Keller**, - cellar, basement

der **Kellner**, -; die **Kellnerin**, -nen server

kennen, kannte, gekannt to know, be acquainted with

kennenlernen to become acquainted with

die **Kenntnis**, -se knowledge; **deine Kenntnisse des Deutschen** your knowledge of German

das **Kennzeichen**, - characteristic, (hall)mark; license plate

kennzeichnen to mark

die **Kerze**, -n candle

der **Kessel**, - kettle

ketten to chain, bind, link

das **Kfz** *abbr. of* das **Kraftfahrzeug** motor vehicle

der **Kilometer**, - kilometer

das **Kind**, -er child

die **Kinderart** the way children are; **nach Kinderart** in the way children are

das **Kinderheim**, -e children's home

die **Kindheit** *(no pl.)* childhood

das **Kino**, -s movie theater, cinema

kippen to tilt, to tip; to dump; *(aux. sein)* to tip over, to overturn

die **Kirche**, -n church

die **Kiste**, -n case; **kistenweise** by the case

der **Kittel**, - smock (doctor's, etc.)

die **Klagemauer**, -n wailing wall

klagen to complain

die **Klammer**, -n parenthesis, bracket; clip, staple

sich klammern an *(+ acc.)* to cling to

klar clear; **alles klar** OK

klären to clarify

die **Klasse**, -n class

klatschen to applaud

klauen to swipe, steal

das **Klavier**, -e piano

kleben to glue, to stick

klebrig sticky

das **Kleid**, -er dress

die **Kleidung** clothing

klein small; short *(of people)*

das **Klima**, -s *or* -te climate

die **Klimaanlage**, -n air conditioning

klingeln to ring

klingen, klang, geklungen to sound

die **Klinik**, -en clinic, hospital, medical center

das **Klischee**, -s stereotype, cliché

die **Klischeevorstellung**, -en stereotype

das **Kloster**, ⸚ cloister, monastery or convent

das **Klostergut**, ⸚er land belonging to a monastery or convent

der **Klub**, -s club

klug intelligent, clever

knapp not quite; terse(ly), brief(ly); scarce

die **Kneipe**, -n pub, bar

das **Knie**, - knee

der **Knopf**, ⸚e button

knüpfen to tie, to knot, attach (hopes, etc.)

der **Koffer**, - suitcase

der **Kollege**, -n, -n; die **Kollegin**, -nen colleague

komb. *(abbrev. of* **kombiniert)** combined

komisch strange, odd, comical, funny

kommen, kam, ist gekommen to come

die **Kommunikation**, -en communication

die **Kompetenz**, -en (area of) authority, competence

die **Komposttechnik**, -en composting technique

die **Kompostwirtschaft** compost farming

der *or* das **Kondom**, -e condom

die **Kongreßreise**, -n trip to a conference

konjugieren to conjugate

die **Konjunktion**, -en conjunction

der **Konjunktiv**, -e subjunctive

konkret concrete

die **Konkurrenz** *(no pl.)* competition

können (kann), konnte, gekonnt can, to be able to

die **Konsistenz**, -en consistency; texture

konstruieren to construct

die **Konstruktion**, -en construction

konsumieren to consume

der **Kontakt**, -e contact

der **Kontext**, -e context

der **Kontinent**, -e continent

der **Kontrast**, -e contrast

kontrollieren to inspect, to check, supervise

die **Konversation**, -en conversation

konzentrieren to concentrate

das **Konzert**, -e concert; concerto

der **Kopf**, ⸚e head

die **Kopie**, -n copy

kopieren to copy

der **Korb**, ⸚e basket

der **Körper**, - body

körperbehindert physically disabled

der/die **Körperbehinderte** *(decl. as adj.)* physically disabled person

körperlich physical(ly)

der **Korrespondent**, -en, -en; die **Korrespondentin**, -nen correspondent

korrigieren to correct

kosten to cost; try a food

krachen to make a crashing or banging noise; *(aux. sein)* to crash

die **Kraft**, ⸚e energy, strength

das **Kraftfahrzeug**, -e motor vehicle

der **Kraftfahrzeugmechaniker**, -; die **Kraftfahrzeugmechanikerin**, -nen auto mechanic

kräftig strong, powerful, forceful

krank sick; **sich krank schreiben lassen** to take a sick leave

der/die **Kranke** *(decl. as adj.)* sick person

das **Krankenhaus**, ⸚er hospital

der **Krankenpfleger**, -; die **Krankenpflegerin**, -nen nurse

der **Krankenschein**, -e medical insurance card

die **Krankenschwester**, -n (female) nurse

die **Krankheit, -en** illness, sickness

der **Krebs, -e** cancer; crab

die **Kreditkarte, -n** credit card

der **Kreis, -e** circle

der **Kreislauf, ⸚e** circulation

krepieren (*aux.* **sein**) to die a miserable death, croak

kreuz: kreuz und quer all over, this way and that

kreuzen to cross

die **Kreuzung, -en** intersection

das **Kreuzworträtsel, -** crossword puzzle

der **Krieg, -e** war

kriegen to get; **die Kurve kriegen** to make the curve

die **Kriegsgefangenschaft, -en** captivity

der **Kriegspfad, -e** warpath

die **Kritik, -en** criticism; **Kritik üben** to criticize

kritisieren to criticize

die **Küche, -n** kitchen

der **Kuchen, -** cake

die **Kuh, ⸚e** cow

kühl cool

die **Kulisse, -n** backdrop, scenery

die **Kultur, -en** culture

kulturell cultural

sich kümmern um to be concerned about, to take care of

der **Kunde, -n, -n;** die **Kundin, -nen** customer

die **Kunst, ⸚e** art

der **Kunsthandwerker, -;** die **Kunsthandwerkerin, -nen** craftsman; craftswoman

der **Künstler, -;** die **Künstlerin, -nen** artist

der **Kunststoff, -e** plastic, synthetic material

der **Kupferkessel, -** copper kettle

die **Kupplung, -en** clutch; **automatische Kupplung** automatic transmission

der **Kurs, -e** course, class; exchange rate; **im Deutschkurs** in German class

das **Kursbuch, ⸚er** (railroad) timetable

die **Kurve, -n** curve, bend (of a road); **die Kurve kriegen** to make the curve; **die Straße macht eine Kurve** the street curves

kurz short; **zu kurz kommen** to come off badly

die **Kurzdaten** (*pl.*) brief data

die **Kurzgeschichte, -n** short story

der **Kuß, Kusses, Küsse** kiss

lächeln (**über** + *acc.*) to smile (about)

lachen (**über** + *acc.*) to laugh (about)

lächerlich ridiculous, absurd; **sich lächerlich machen** to make a fool of oneself

der **Laden, ⸚** store

die **Lage, -n** position, situation, location; state of affairs

das **Lagerfeuer, -** campfire

das **Land, ⸚er** land, country

die **Landkarte, -n** map

die **Landschaft, -en** scenery, landscape; countryside

der **Landsmann, Landsleute** fellow countryman

die **Landwirtschaft, -en** farming, agriculture

lang long

lange a long time; **seit langem** for a long time

langfristig long-term

langsam slow(ly)

längst for a long time; long ago

lassen (**läßt**), **ließ, gelassen** to let; to leave; to have or get (something done)

lästern (**über** + *acc.*) to make nasty remarks (about)

der **Lastwagen, -** truck

das **Latein** Latin

(das) **Lateinamerika** Latin America

lateinisch Latin

der **Lauf, ⸚e** run, race; course

laufen (**läuft**), **lief, ist gelaufen** to run

leben to live

das **Leben, -** life

der **Lebensentwurf, ⸚e** plan for one's life

die **Lebenserfahrung, -en** life experience

der **Lebensstandard, -s** standard of living

die **Leber, -n** liver

lebhaft lively

das **Leder, -** leather

der **Lederstrumpf, ⸚e** leatherstocking

ledig single

lediglich merely

leer empty

legen to lay, to put

die **Lehre, -n** apprenticeship; teaching; lesson

lehren to teach

der **Lehrer, -;** die **Lehrerin, -nen** teacher

der **Lehrling, -e** apprentice

das **Lehrmaterial, -ien** teaching material

das **Lehrmittel, -** teaching material

der **Lehrplan, ⸚e** curriculum

der **Lehrplatz, ⸚e** place for trainee or apprentice

die **Lehrstelle, -n** trainee or apprentice position

die **Leibeskraft: aus Leibeskräften schreien** to cry or scream with all one's might

die **Leiche, -n** corpse

leicht easy; light

die **Leichtathletik** (*no pl.*) track and field

leid tun, tat leid, leid getan to feel sorry, to pity; **er tut mir leid** I feel sorry for him

das **Leid, -en** pain, suffering

leiden, litt, gelitten (**an** + *dat.*) to suffer (from)

leider unfortunately

leise quiet, soft, faint

leisten to achieve; **Widerstand leisten** to resist

sich leisten to afford

die **Leistung, -en** performance, achievement

leistungsfähig functioning properly; productive; efficient

die **Leistungsfähigkeit, -en** capability

leiten to lead

der **Leiter, -;** die **Leiterin, -nen** director, head, leader

der **Leitgedanke, -ns, -n** central idea

das **Leitungssytem, -e** system of pipes

lenken to steer

lernbehindert learning disabled
lernen to learn; to study
das **Lernmaterial, -ien** study material
die **Lernmittel** *(pl.)* schoolbooks
lesen (liest), las, gelesen to read
der **Leser, -**; die **Leserin, -nen** reader
der **Lesetext, -e** reading text
letzt last
leuchten to shine, glow
die **Leute** *(pl.)* people
das **Licht, -er** light
lieb dear
die **Liebe, -n** love
lieben to love
lieber *(comp. of* **gern**) prefer; **er trinkt lieber Kaffee** he prefers to drink coffee
der **Liebhaber, -**; die **Liebhaberin, -nen** lover, enthusiast
das **Lied, -er** song
liefern to supply, to provide
liegen, lag, gelegen to lie, to be located; **liegen an** *(+ dat.)* to be because of; **das liegt daran, daß ...** that is because . . .
der **Liegewagen, -** Pullman car, couchette car
die **Limonade, -n** carbonated drink
die **Linie, -n** line
link *(adj.)* left
links *(adv.)* (on the) left
die **Liste, -n** list
der *or* das **Liter, -** liter
literarisch literary
die **Literatur, -en** literature
die **Lobby, -s** *oder* **Lobbies** lobby
loben to praise
das **Loblied, -er** song or hymn of praise
das **Loch, ⁻er** hole
der **Lockenwickler, -** hair curler
locker light, relaxed, casual, loose
lockerlassen (läßt locker), ließ locker, lockergelassen to loosen, slacken; to relax; **nicht lockerlassen** to keep at it

logisch logical
der **Lohn, ⁻e** wage(s); reward
sich lohnen to be worthwhile
los loose, free; **was ist (mit dir) los?** what's the matter (with you)?
lösen to solve
die **Lösung, -en** solution
die **Lotterie, -n** lottery
die **Lücke, -n** gap
die **Luft,** *(pl. literary)* **⁻e** air
die **Luftfeuchtigkeit** *(no pl.)* humidity
der **Luftschutzkeller, -** air-raid shelter
die **Luftschutzwache** *(no pl.)* air-raid watch
der **Luftschutzwart, -e** air-raid warden
die **Lüge, -n** lie
lügen, log, gelogen to lie
die **Lungenentzündung** pneumonia
die **Lust, ⁻e** (sensual) desire; *(no pl.)* inclination, pleasure; **Lust haben** to feel like, to want (to do)
lustig amusing, funny
der **Luxus** *(no pl.)* luxury

machen to make, to do
die **Macht, ⁻e** power, might
mächtig powerful
das **Mädchen, -** girl
das **Magazin, -e** magazine
die **Mahnung, -en** admonition; reminder; exhortation
(das) **Mähren** Moravia
der **Mai** May
das **Maismehl, -e** cornmeal flour
mal (= einmal) once
das **Mal, -e** time; **nur das eine Mal** just once; **einmal, zweimal** once, twice
man one *(indefinite pron.)*
manch- (-er, -e, -es) many a, *(pl.)* some
manchmal sometimes
mangeln; es mangelt an *(dat.)* there is a lack of; **mangelnd** inadequate, lacking
der **Mann, ⁻er** man; husband
der **Männersport** men's sport(s)

männlich male, masculine
die **Mannschaft, -en** team
der **Mantel, ⁻** coat
das **Märchen, -** fairy tale
die **Mark** *(no pl.)* Mark *(German monetary unit)*
markieren to mark
markig pointed, pithy, vigorous
der **Markt, ⁻e** market
die **Marktwirtschaft, -en** market economy
die **Marmelade, -n** jam
der **Marmor, -e** marble
die **Marmorplatte, -n** marble slab
die **Maschine, -n** machine
die **Masern** *(pl.)* measles
das **Massaker, -** massacre
die **Masse, -n** mass, crowd; mixture; quantity
die **Maßnahme, -n** measure; **Maßnahmen treffen** to take steps or measures
das **Material, -ien** material
die **Mauer, -n** wall; die **Mauerreste** *(pl.)* remains of the wall; der **Mauerring, -e** encircling wall
maximal *(adj.)* maximum; *(adv.)* at most
der **Mechaniker, -**; die **Mechanikerin, -nen** mechanic
das **Medikament, -e** medicine
das **Medium, Medien** medium, media
das **Meer, -e** sea
das **Mehl, -e** flour
mehr more; **immer mehr** more and more; **nicht mehr** no longer
mehrere several
mehrfach multiple, numerous; repeated
die **Mehrheit, -en** majority
die **Mehrkosten** *(pl.)* additional costs
mehrmals several times, repeatedly
meinen to be of the opinion, to think; to mean
die **Meinung, -en** opinion; **meiner Meinung nach** in my opinion
die **Meinungsumfrage, -n** opinion poll

meist most
meistens mostly
der **Meister, -;** die **Meisterin, -nen** champion, master
die **Meisterschaft, -en** championship
melden to register; to report; to announce
die **Meldung, -en** announcement
die **Menge, -n** (great) amount or quantity; crowd; **jede Menge** loads of
der **Mensch, -en, -en** human being
das **Menschenkind, -er** creature (meaning person)
der **Menschenverstand** (*no pl.*) human understanding; **gesunder Menschenverstand** common sense
die **Menschheit** humankind
menschlich human
merken to notice; to realize; **sich merken** to remember; **das werde ich mir merken** I'll remember that
das **Merkmal, -e** mark; sign; feature
merkwürdig strange, weird
die **Messe, -n** trade fair
das **Messer, -** knife
der **Meter, -** meter
die **Methode, -n** method
der **Metzger, -** butcher
die **Milch** (*no pl.*) milk
der **Milchzahn, -̈e** milk tooth; baby tooth
die **Milliarde, -n** billion
die **Million, -en** million
die **Minderheit, -en** minority
mindestens at least
die **Minute, -n** minute
mischen to mix
die **Mischung, -en** mixture
mißhandeln to mistreat
mißmutig disgruntled
das **Mißverständnis, -se** misunderstanding
mißverstehen, mißverstand, mißverstanden to misunderstand
mit with
die **Mitarbeit** (*no pl.*) cooperation
mitarbeiten to cooperate

der **Mitarbeiter, -;** die **Mitarbeiterin, -nen** co-worker, colleague
mitbringen, brachte mit, mitgebracht to bring along
miteinander together
mitfahren (fährt mit), fuhr mit, ist mitgefahren to go or travel along (with someone)
die **Mitfahrgelegenheit, -en** ride (with someone else), lift
das **Mitgefühl, -̈e** sympathy
mitgehen, ging mit, ist mitgegangen (mit) to go along (with); to respond to (favorably)
das **Mitglied, -er** member
mitkommen, kam mit, ist mitgekommen to come along
das **Mitleid** (*no pl.*) compassion, sympathy; **Mitleid haben mit jemandem** to have compassion for someone
der **Mitmensch, -en, -en** fellow human being
der **Mittag, -e** noon; midday
das **Mittagessen, -** lunch
mittags at noon
die **Mitte, -n** middle, center
mitteilen to tell, to inform, to communicate
das **Mittel, -** means; **Mittel zum Zweck** (the) means to an end
der **Mittelpunkt, -e** center; central/focal point
die **Mittelstufe, -n** middle grade; middle school
mitten in (right) in the middle of
die **Mitternacht, -̈e** midnight
mitunter from time to time
mitwirken (an or **bei + dat.)** to help (with), to play a part (in)
das **Modalverb, -en** modal verb
die **Mode, -n** fashion
das **Modell, -e** model
modern modern
mögen (mag), mochte, gemocht to like
möglich possible
möglicherweise possibly
die **Möglichkeit, -en** possibility
möglichst as . . . as possible; **möglichst schnell** as quickly as possible

der **Moment, -e** moment
der **Monat, -e** month
monatlich monthly
der **Mond, -e** moon
die **Monotonie, -n** monotony
das **Moped, -s** moped
moralisch moral
moralisieren to moralize
der **Mord, -e** murder
der **Mörder, -;** die **Mörderin, -nen** murderer
morgen tomorrow
der **Morgen, -** morning; **am Morgen** in the morning
die **Morgendämmerung, -en** dawn
morgens in the morning; every morning
das **Motiv, -e** motive; motif
die **Motivation, -en** motivation
der **Motor, -en** motor, engine
das **Motorrad, -̈er** motorcycle
die **Mückenplage, -n** problem with mosquitos
müde tired
die **Müdigkeit** (*no pl.*) tiredness, weariness
die **Mühe, -n** effort, trouble; **der Mühe wert** worth the effort
der **Mund, -̈er** mouth
mündlich orally
munter lively, cheerful
das **Museum, Museen** museum
die **Musik** music
musikalisch musical
musizieren to make music
müssen (muß), mußte, gemußt must, to have to
das **Muster, -** pattern, example, model
der **Mut** (*no pl.*) courage
mutig courageous
die **Mutter, -̈** mother
die **Mythologie, -n** mythology

na well; **na, gut** well, okay
nach after; to; according to; **nach und nach** little by little
der **Nachbar, -n, -n;** die **Nachbarin, -nen** neighbor
nachdem (*conj.*) after
nachdenken, dachte nach, nachgedacht (über + acc.) to think (about), to ponder
nachdenklich thoughtful(ly)
nacherzählen to retell

die **Nacherzählung, -en**
retelling
der **Nachfolger, -;** die
Nachfolgerin, -nen successor
die **Nachfrage, -n** *(nach)*
demand (for)
nachher later on; **jetzt kann
ich es nicht; erst nachher** I
can't do it now; not until later
**nachkommen, kam nach, ist
nachgekommen** to keep up,
fulfill; to follow
nachlässig careless, negligent,
slipshod, lax
die **Nachlässigkeit, -en**
carelessness
der **Nachmittag, -e** afternoon
nachmittags in the afternoon;
afternoons
die **Nachricht, -en** news
nachschauen to look and see,
to have a look; to look
(something) up
**nachschlagen (schlägt nach),
schlug nach,
nachgeschlagen** to look
(something) up
**nachsehen (sieht nach), sah
nach, nachgesehen
(jemandem, etwas** *dat.*) to
check (up); to have a look; to
look up; to gaze after (somebody, something)
nächst next; **am nächsten
Tag** the next day; **als
nächstes ging ich** next I
went
die **Nacht, ⸚e** night
der **Nachteil, -e** disadvantage
nachts at night
nachträglich subsequent(ly);
belated(ly)
nachvollziehbar reproducible
**nachvollziehen, nachvollzog,
nachvollzogen** to reproduce
nah(e) near
die **Nähe** *(no pl.)* nearness,
proximity; **in der Nähe** in the
vicinity
**näherkommen, kam näher, ist
nähergekommen** to come
closer
sich nähern to approach
die **Nährstoffrückführung,
-en** return of nutrients

das **Nahrungsmittel, -** food
der **Name, -ns, -n** name
nämlich namely, you see
naschen to nibble; to eat sweet
things
die **Nase, -n** nose
die **Nation, -en** nation
die **Nationalität, -en** nationality
die **Nationalmannschaft, -en**
national team
der **Nationalsozialismus** *(no
pl.)* National Socialism
die **Natur, -en** nature
natürlich natural(ly)
naturwissenschaftlich scienti-
fic(ally)
das **Nazideutschland** Nazi
Germany
neben next to, beside
nebenan next door
nebenbei incidentally;
nebenbei gesagt by the way;
on the side; at the same time
der **Nebensatz, ⸚e** subordinate
or dependent clause
das **Nebenzimmer, -** adjoining
room
die **Negation, -en** negation
**nehmen (nimmt), nahm,
genommen** to take
nein no
die **Nelke, -n** carnation
nennen, nannte, genannt to
name, call
nervös nervous
nett nice
neu new
neubearbeitet revised
neuerdings recently
neulich recently
nicht not; **nicht mehr** no
more; **nicht nur ... sondern
auch** not only . . . but also
nichtbehindert not disabled
der/die **Nichtbehinderte** *(decl.
as adj.)* person without
disabilities
nichts nothing
nie never
der **Niedergang** *(no pl.)* decline
die **Niederlande** *(pl.)* the
Netherlands
niederschmettern to crush, to
smash down;
niederschmetternd crushing
niemals never

niemand nobody
nirgendwo nowhere
noch still, yet; **noch nicht** not
yet
der **Nominativ, -e** nominative
der **Norden** North
nördlich northern; **nördlich
von** north of
die **Nordsee** North Sea
normalerweise normally
die **Not, ⸚e** distress, need
die **Note, -n** grade
notieren to note down, to jot
down, to make a note of; **sich
(dat.) notieren** to make a
note of
nötig necessary
notwendig necessary
die **Notwendigkeit, -en**
necessity
numerieren to number
die **Nummer, -n** number
nüchtern sober; matter-of-fact;
levelheaded; down-to-earth,
plain
nun now
nur only
nutzbar useable
nutzen/nützen to use, make
use of
nützlich useful
die **Nutzpflanze, -n** useful plant

ob whether
oben at the top; up; upstairs;
nach oben upwards
oberflächlich superficial
der **Oberkörper, -** trunk, torso,
upper body
die **Oberstufe, -n** upper level
das **Objekt, -e** object
objektiv objective
das **Obst** fruit
obwohl although
oder or
offen open; frank
die **Offenheit** *(no pl.)* openness, frankness, candor
offensichtlich obvious(ly)
öffentlich public
die **Öffentlichkeit** *(no pl.)*
public
offiziell official(ly)
öffnen to open
die **Öffnung, -en** opening

oft often

öfters on occasion, now and again

ohne without

ohnehin anyway, anyhow

ohnmächtig powerless; unconscious

der **Onkel, -** uncle

optimistisch optimistic

das **Orchester, -** orchestra

ordnen to order, to arrange, to organize

die **Ordnung, -en** order, orderliness

die **Organisation, -en** organization

organisch organic

organisieren to organize

der **Organismus, Organismen** organism

sich orientieren to get oriented; **sich orientieren (über + acc.)** to inform onself (about)

der **Ort, -e** place; **vor Ort** on site

die **Ortsveränderung, -en** change of place

der **Ossi, -s** *(colloq.)* expression for a person from former East Germany

der **Osten** East

(das) **Österreich** Austria

paar: ein paar a couple of, a few

das **Paar, -e** pair, couple

packen to pack; to grab

das **Packet, -e** package

die **Packung, -en** pack, packaging, packet

die **Palme, -n** palm (tree)

die **Panik, -en** panic

der **Panzer, -** tank

das **Papier, -e** paper; document

der **Park, -s** park

parken to park

die **Partei, -en** (political) party

das **Partizip, -ien** participle

der **Partner, -;** die **Partnerin, -nen** partner

die **Partnerarbeit** *(no pl.)* partner work

die **Partnerschaft, -en** partnership

die **Party, -s** *or* **Parties** party; **auf einer Party** at a party

der **Paß, Passes, Pässe** passport

die **Passsage, -n** passage

passen *(+ dat.)* to fit; to suit; **passend** fitting, appropriate

passieren *(aux.* **sein***)* to happen

das **Passiv, -e** *(gram.)* passive (voice)

der **Pathologe, -n;** die **Pathologin, -nen** pathologist

der **Patient, -en, -en;** die **Patientin, -nen** patient

die **Pause, -n** pause, intermission, break

das **Pech** *(no pl.)* bad luck

peinlich embarrassing, awkward

perfekt perfect

das **Perfekt, -e** *(gram.)* perfect tense

die **Periode, -n** period (of time)

die **Person, -en** person

persönlich personal(ly)

die **Persönlichkeit** *(no pl.)* personality; **Persönlichkeit, -en** prominent person

pessimistisch pessimistic

der **Pfad, -e** path

die **Pfeife, -n** pipe

die **Pflanze, -n** plant

die **Pflanzenkrankheit, -en** plant disease

der **Pfleger, -;** die **Pflegerin, -nen** nurse

die **Pflicht, -en** duty, responsibility

das **Phänomen, -e** phenomenon

die **Phantasie, -n** (power of) imagination; fantasy

die **Phase, -n** phase

die **Philharmonie, -n** philharmonic (orchestra)

die **Philosophie, -n** philosophy

das **Photo, -s** photo(graph)

photokopieren to photocopy

der **Pilz, -e** mycosis; fungus; mushroom

pinseln to paint

der **Pionier, -e** pioneer

der **Pioniergeist** *(no pl.)* pioneer spirit

die **Pizza, -s** *or* **-en** pizza

der **Pkw** *(abbrev. of)* **Personenkraftwagen** passenger motor vehicle

der **Plan, ⁻e** plan

planen to plan

die **Planung, -en** planning

die **Planwirtschaft, -en** planned economy

die **Platte, -n** plate; sheet; panel; slab; record

der **Platz, ⁻e** space, seat

das **Plenum** *(no pl.)* plenum *(full assembly of a class, legislative body, etc.);* **im Plenum** in the whole group

plötzlich suddenly

(das) **Polen** Poland

die **Politik** politics; policy

die **Polizei** *(no pl.)* police

der **Polizist, -en, -en;** die **Polizistin, -nen** police officer

populär popular

das **Portemonnaie, -s** wallet, purse

portionieren to divide into portions

die **Position, -en** position

positiv positive

die **Post** *(no pl.)* post office; mail

der *or* das **Poster, -** poster

die **Postkarte, -n** postcard

prächtig magnificant, splendid

das **Präfix, -e** prefix

prägen to leave its mark on, to shape

praktisch practical

prallen *(aux.* **sein***)* to collide, crash; **prallen gegen /auf** *(acc.)* to collide with, crash into

die **Präposition, -en** preposition

das **Präsens, -sentia** present tense

das **Präteritum, -ta** preterite, (simple) past tense

die **Praxis** *(no pl.)* practice, experience, application of theory

die **Predigt, -en** sermon

der **Preis, -e** price; prize

der **Preisaufschlag, ⁻e** supplementary charge

preiswert reasonably priced

die **Presse, -n** the press
pressen to press, to squeeze
der **Pressesprecher, -;** die
Pressesprecherin, -nen
public relations officer; press
secretary
der **Priester, -;** die **Priesterin,**
-nen priest; priestess
das **Prinzip, -ien** principle
privatisieren to privatize
pro per; for
die **Probe, -n** rehearsal; test; die
Probe aufs Exempel
machen to put it to the test
probieren to try; to sample
das **Problem, -e** problem
das **Produkt, -e** product
die **Produktion, -en** production
produzieren to produce
die **Prognose, -n** prediction,
prognosis
das **Programm, -e** program
das **Projekt, -e** project
die **Promille** parts per thousand
(of alcohol in the blood)
das **Promille-Gesetz** law
regarding the alcohol content
of the blood (of drivers)
die **Promille-Grenze** limit (of
grams of alcohol) per thousandth part (of blood)
der/die **Prominente** (decl. as
adj.) prominant figure
promovieren to receive one's
doctorate
der **Prospekt, -e** brochure,
pamphlet
der **Protest, -e** protest
protestieren to protest
das **Prozent, -e** percent
der **Prozentsatz, -̈e** percentage
der **Prozeß, Prozesse** process;
trial
prüfen to test; to check
die **Prüfung, -en** test
psychologisch psychological
das **Publikum** (no pl.) audience
der or das **Puder, -** powder
der **Pulli, -s** (colloq.) sweater
der **Pullover, -** sweater
der **Punkt, -e** point, period, dot
pünktlich on time, punctual
die **Pünktlichkeit** (no pl.)
punctuality
die **Pyramide, -n** pyramid

das **Quadrat, -e** square
quadratisch square
der **Quadratkilometer, -** square
kilometer
quälen to torment, to torture;
quälend agonizing
die **Qualifikation, -en** qualifica-
tion
qualifizieren to qualify
die **Qualität, -en** quality
die **Quelle, -n** source; spring
quer crossways, crosswise, diag-
onally; **quer durch** right
through
querschnittsgelähmt paraplegic,
paralyzed from the waist down
quetschen to crush, to squash

das **Rad, -̈er** wheel; bicycle
radfahren (fährt rad), fuhr
rad, ist radgefahren to ride a
bike
das **Radio, -s** radio
der **Rand, -̈er** edge; rim
rasch quick(ly), rapid(ly),
rash(ly)
der **Rassismus** racism
der **Rat** (no pl.) advice, counsel;
ein Rat a piece of advice; **Rat**
geben to give advice
raten (rät), riet, geraten to
advise; to guess
der **Ratschlag, -̈e** piece of
advice; **Ratschläge**
erteilen to give advice
das **Rätsel, -** riddle, puzzle
der **Räuber, -;** die **Räuberin,**
-nen robber
der **Rauch** (no pl.) smoke
rauchen to smoke
der **Raum, -̈e** room; space; area
raus (= heraus) out, outside
reagieren to react; **reagieren**
auf (+ acc.) to react to
die **Reaktion, -en** reaction
die **Realität, -en** reality
der **Rechen, -** rake
rechnen to calculate; **rechnen**
mit to reckon with or on,
expect, be prepared for
die **Rechnung, -en** calculation;
bill
das **Recht, -e** right; law; justice
recht right; **recht haben** to be
right
das **Rechteck, -e** rectangle

rechts on or to the right
der **Rechtsanwalt, -̈e;** die
Rechtsanwältin, -nen lawyer
rechtzeitig early enough, in
time
der **Redakteur, -e;** die
Redakteurin, -nen editor
die **Redaktion, -en** editing;
editorial staff, office, or
department
die **Rede, -n** speech
das **Redemittel, -** phrase
reden (über + acc. or von) to
talk, to speak (about or of)
reduzieren to reduce
das **Referat, -e** report, essay
die **Reform, -en** reform
die **Regel, -n** rule, regulation
regelmäßig regular(ly)
regelrecht downright, out-and-
out
die **Regelung, -en** regulation
der **Regen** rain; **vom Regen in**
die Traufe from the frying
pan into the fire
der **Regenschirm, -e** umbrella
die **Regierung, -en** government,
administration
das **Register, -** register; index
das **Reich, -e** empire, realm,
kingdom
reich rich
reichen to reach; to pass or
hand (at the table); to suffice
reichlich ample, substantial
das **Reichsparteitagsgelände**
(no pl.) meeting grounds for
the Nazi party convention
die **Reihe, -n** row; **an der**
Reihe sein to be one's turn;
du bist an der Reihe it's your
turn
die **Reihenfolge, -n** sequence
rein pure
rein (= herein) in, into, inside
die **Reise, -n** trip, travel, journey
das **Reisebüro, -s** travel agency
der **Reiseführer, -** travel guide
book
die **Reisegesellschaft, -en** party
of tourists; tour operator
reisen (aux. sein) to travel
der/die **Reisende** (decl. as
adj.) traveler
der **Reiseveranstalter, -;** die
Reiseveranstalterin, -nen
tour organizer or operator

das **Reiseziel, -e** travel destination

reiten, ritt, ist geritten to ride (*a horse*)

der **Reiz, -e** charm, attraction, appeal, lure; stimulus

die **Reklame, -n** advertisement

relativ relative(ly)

das **Relativpronomen, -** or **-mina** relative pronoun

der **Relativsatz, ⸚e** relative clause

die **Religion, -en** religion

rennen, rannte, ist gerannt to run; to race

der **Renner, -** winner, "hit"

die **Rente, -n** pension

die **Reparatur, -en** repair

reparieren to repair

der **Reporter, -;** die **Reporterin, -nen** reporter

repräsentieren to represent

die **Republik, -en** republic

das **Reservat, -e** reservation (*e.g., Native American*)

reservieren to reserve

der **Rest, -e** rest, remainder; remains

das **Restaurant, -s** restaurant

das **Resultat, -e** result

retten to save, to rescue

die **Revolution, -en** revolution

richten to direct; **richten an (+ acc.)** to direct at or to, to address to; **sich richten nach** to depend on; to set according to; to prepare; **den Tisch richten** to set the table

der **Richter, -;** die **Richterin, -nen** judge

richtig correct

die **Richtung, -en** direction; **in Richtung** in the direction of

riechen, roch, gerochen to smell

der **Riese, -n, -n** giant

riesengroß gigantic

riesig gigantic

der **Ring, -e** ring

das **Risiko, -s** or **-ken** risk

der **Rock, ⸚e** skirt

roh raw

das **Röhrchen, -** tube

die **Rolle, -n** role

das **Rollenspiel, -e** role play

der **Rollstuhl, ⸚e** wheelchair

der **Roman, -e** novel

die **Romantik** (*no pl.*) romanticism

rot red

die **Route, -n** route

die **Rubrik, -en** category, heading

der **Rückblick, -e** review, look back; **im Rückblick** in retrospect

rückblickend looking back; in retrospect; retrospective(ly)

die **Rückkehr** (*no pl.*) return

der **Rucksack, ⸚e** backpack

die **Rückzahlung, -en** repayment

rufen, rief, gerufen to call

der **Ruf, -e** call; reputation; **einen guten Ruf genießen** to enjoy a good reputation

die **Ruhe** (*no pl.*) quiet, silence, peace; **laß mich in Ruhe** leave me alone

ruhen to rest

ruhig calm, quiet

rühren to stir

der **Rührer, -** stirrer

die **Rührung** (*no pl.*) emotion

rund round

der **Rundfunk** (*no pl.*) radio (broadcasting); **im Rundfunk** on the radio

runter (= herunter) down

(das) **Rußland** Russia

die **Sache, -n** thing, matter

sächsisch Saxon

der **Sack, ⸚e** sack, bag

der **Saft, ⸚e** juice

sagen to say, to tell

das **Sammelbecken, -** gathering place

sammeln to collect

die **Sammlung, -en** collection

sanft gentle, easy, smooth

der **Sänger, -;** die **Sängerin, -nen** singer, vocalist

der **Satz, ⸚e** sentence

das **Satzgefüge, -** sentence structure or construction

sauber clean

saufen (säuft), soff, gesoffen to drink excessively; to drink (*animals*)

die **Sauna, -s** or **Saunen** sauna

das **Schach** chess

schade what a pity

der **Schaden, ⸚** damage, harm

schaden (+ dat.) to harm, hurt; to be bad for

schädigen to damage

die **Schädigung, -en** damage, harm

schaffen, schuf, geschaffen to create

schalten to switch

der **Schalter, -** counter, window, ticket window

die **Schande,** (*pl. rare*) **-n** disgrace, shame

scharf sharp; keen; hot, highly seasoned

der **Schatten, -** shadow; shade

der **Schatz, ⸚e** treasure

schätzen to value; to estimate

das **Schatzkästlein, -e** small treasure chest

schauen to look

das **Schaufenster, -** show window

der **Schein** (*no pl.*) light, glow, gleam; appearance; der **Schein, -e** certificate; (monetary) note

scheinbar seemingly, apparently

scheinen, schien, geschienen to shine; to seem, to appear

schenken to give (as a present)

die **Scherzfrage, -n** riddle, trick question

die **Schicht, -en** layer; shift (at work)

schicken to send

das **Schicksal, -e** fate, destiny

schieben, schob, geschoben to push, to shove

schief crooked

die **Schiene, -n** rail, track

schießen, schoß, geschossen to shoot

das **Schiff, -e** ship

das **Schild, -er** sign

schildern to describe, to portray

schimpfen to scold; to swear; **mit jemandem schimpfen** to scold someone or tell someone off **auf** (*or* **über**) **jemanden** (*or* **etwas**) **schimpfen** to swear at (or about) someone (or something)

der **Schirm, -e** umbrella; screen
die **Schlacht, -en** battle
der **Schlaf** *(no pl.)* sleep
die **Schläfe, -n** temple
schlafen (schläft), schlief, geschlafen to sleep
der **Schlafsack, ⸚e** sleeping bag
der **Schlag, ⸚e** blow; stroke
schlagen (schlägt), schlug, geschlagen to hit, to beat
die **Schlagzeile, -n** headline
schlank slender
schlapp worn out, listless, run down
das **Schlauchboot, -e** rubber dinghy
schlecht bad
schlechthin per se, as such; absolutely, quite
schleppen to lug, to drag, to haul
schleudern *(aux. sein)* to skid
das **Schleudern** *(no pl.)* skidding; **ins Schleudern kommen** to go into a skid
schlicht simple, plain, unpretentious
schließen, schloß, geschlossen to close, to shut
schließlich finally; in the end; after all
die **Schließungszeit, -en** closing time
schlimm bad
das **Schloß, Schlösser** lock; castle
der **Schloßhund, -e** watchdog
der **Schluß, Schlusses, Schlüsse** end, ending, conclusion; **zum Schluß** in conclusion, in closing, at the end; **Schlüsse** *(pl.)* **ziehen** to draw conclusions
der **Schlüssel, -** key
schmecken to taste
schmeißen, schmiß, geschmissen to toss, to throw, to sling
der **Schmerz, -es, -en** pain
der **Schmuck,** *(pl. rare)* **-e** jewelry
schneiden, schnitt, geschnitten to cut
schnell fast, quick(ly)
der **Schnitt, -e** cut
der **Schnurrbart, ⸚e** moustache

schockierend shocking
die **Schokolade, -n** chocolate
schon already
schön beautiful; pretty; nice; OK
die **Schönheit, -en** beauty
schonen to preserve, to save
der **Schornstein, -e** chimney
der **Schoß, ⸚e** lap
der **Schoßhund, -e** lap dog
der **Schrank, ⸚e** cabinet, closet, wardrobe
der **Schreck, -e;** der **Schrecken, -** fright, horror
schrecken to frighten, to startle
schrecklich horrible, terrible
der **Schrei, -e** cry, scream; **der Hilfeschrei** cry for help
schreiben, schrieb, geschrieben to write
das **Schreibgerät, -e** writing utensil
der **Schreibstil, -e** style of writing
schreien, schrie, geschrieen to cry, to scream, to shout
die **Schrift, -en** script, writing, handwriting; report
schriftlich written; in writing
der **Schriftsteller, -;** die **Schriftstellerin, -nen** author, writer
der **Schritt, -e** step, pace; **Schritt halten** to keep up with; **Schritt für Schritt** step by step
der **Schuh, -e** shoe
der **Schulabgänger, -;** die **Schulabgängerin, -nen** person leaving school
die **Schuld** *(no pl.)* blame, guilt, fault; **die Schuld an etwas** *(dat.)* **haben** to be at fault for something; **er ist schuld daran** it's his fault; die **Schulden** *(pl.)* debts
schulden *(+ dat.)* to owe
schuldig guilty
die **Schule, -n** school
der **Schüler, -;** die **Schülerin, -nen** pupil
die **Schülerschaft, -en** (all the) pupils (at a school)
die **Schulstufe, -n** school level
der **Schuß, Schüsse** (gun)shot
die **Schußfahrt, -en** schuss (skiing)

schütteln to shake
der **Schutz** *(no pl.)* **(vor + *dat.* or gegen)** protection (from or against)
schützen (vor + *dat.* or gegen) to protect (from or against)
schwach weak
die **Schwäche, -n** weakness
schwächen to weaken
die **Schwangerschaft, -en** pregnancy
schwarz black
schweigen, schwieg, geschwiegen to be silent; **schweigend** silent(ly)
schweigsam silent; taciturn
das **Schwein, -e** pig, hog
die **Schweiz** Switzerland
der **Schweizer, -;** die **Schweizerin, -nen** Swiss
schwer difficult; heavy
die **Schwere** *(no pl.)* severity; weight
schwerfallen (fällt schwer), fiel schwer, ist schwergefallen (jemandem) to be difficult (for somebody)
die **Schwester, -n** sister
die **Schwiegermutter, ⸚** mother-in-law
schwierig difficult
die **Schwierigkeit, -en** difficulty
das **Schwimmbad, ⸚er** swimming pool
schwul gay (homosexual)
der/die **Schwule** *(decl. as adj.)* gay (person)
sechszackig six-pointed
der **See, -n** lake
die **See, -n** sea, ocean
die **Seele, -n** soul
segeln *(aux. sein)* to sail
sehen (sieht), sah, gesehen to see
sehr very
der **Seiltänzer, -;** die **Seiltänzerin, -nen** tightrope walker
sein (ist), war, ist gewesen to be
seit *(prep.)* since; *(conj.)* since, for *(temporal)*
seitdem *(adv.)* since then; *(conj.)* since
die **Seite, -n** page; side; **auf der einen Seite ... auf der**

anderen Seite on the one hand . . . on the other hand

der **Seitenweg, -e** side road, byway

seither since then

der **Sekt, -e** champagne

selber oneself

selbst oneself; even

selbständig independent(ly)

die **Selbständigkeit** *(no pl.)* independence

die **Selbstbestätigung, -en** self-affirmation

die **Selbstbestimmung, -en** self-determination

das **Selbstbewußtsein** *(no pl.)* self-confidence, self-assurance

der **Selbsttest, -s** *or* **-e** self-test

selbstverständlich obvious; of course

die **Selbstverständlichkeit, -en** a matter of course, self-evident truth

selten rare, scarce; rarely, seldom

seltsam strange, odd, peculiar

das **Semester, -** semester

senden, sendete, gesendet; *or* **senden sandte, gesandt** to send; to broadcast

der **Sendeplatz, ꞊e** room in the broadcasting schedule

die **Sendung, -en** broadcast; TV or radio program

senken to lower

sich **senken** to sink, to go down, to fall

senkrecht vertical

die **Sequenz, -en** sequence

die **Serie, -n** series

servieren to serve

der **Sessel, -** armchair

setzen to set

sich **setzen** to sit down

die **Sexualität** *(no pl.)* sexuality

der **Sexualverkehr** *(no pl.)* sexual intercourse

die **Show, -s** show

sicher safe, secure; sure

die **Sicherheit** *(no pl.)* certainty; safety, security

sicherlich certainly

die **Sicht** *(no pl.)* view

das **Sieb, -e** sieve; strainer

sieben to sieve, to sift

siedeln to settle

die **Siedlung, -en** settlement

der **Siedlungsraum, ꞊e** settlement area

der **Sieg, -e** victory

der **Sieger, -;** die **Siegerin, -nen** victor

der *or* das **Silvester, -** New Year's Eve; **an** *or* **zu Silvester** on New Year's Eve

(das) **Simbabwe** Zimbabwe

singen, sang, gesungen to sing

sinken, sank, ist gesunken to sink

der **Sinn, -e** sense; mind; meaning; purpose; **in den Sinn kommen** to come to mind

sinnlos foolish; meaningless

sinnvoll meaningful, reasonable

die **Sirene, -n** siren

die **Situation, -en** situation

der **Sitz, -e** seat; headquarters (of a company)

sitzen, saß, gesessen to sit

die **Sitzung, -en** session, meeting

(das) **Skandinavien** Scandinavia

der **Ski, -er** ski; **Ski laufen, Ski fahren** to ski

das **Skilaufen** *(no pl.)* skiing

die **Skizze, -n** sketch

der **Sklave, -n, -n;** die **Sklavin, nen** slave

der **Slogan, -s** slogan

so so; **so ... wie** as . . . as

sobald as soon as

das **Sofa, -s** sofa

sofort immediate(ly)

sogar even

sogleich at once

der **Sohn, ꞊e** son

solange as long as

solch- (-er, -e, -es) such a; *(pl.)* some

der **Soldat, -en, -en;** die **Soldatin, -nen** soldier

der **Soldatenfriedhof, ꞊e** military or national cemetery

sollen (soll), sollte, gesollt to be supposed to, to be obliged to

der **Sommer, -** summer

das **Sonderangebot, -e** special offer or presentation

sondern but (rather); on the contrary

die **Sonderschule, -n** school for children with special needs

die **Sonne, -n** sun

der **Sonnenschein, -e** sunshine

der **Sonnenschirm, -e** sunshade; parasol

sonst otherwise, else; **sonst noch Fragen?** any more questions?

die **Sorge, -n** worry; care; **sich** *(dat.)* **Sorgen machen um** to worry about

sorgen für to take care of, to care for

sorgfältig careful(ly), conscientious(ly)

sorglos carefree; careless

die **Sorte, -n** type, kind

soviel as far as; as much

sowie as soon as; as well as

die **Sowjetunion** Soviet Union

sowohl: sowohl ... als auch not only . . . but also

der **Sozialarbeiter, -;** die **Sozialarbeiterin, -nen** social worker

sozusagen so to speak

die **Spalte, -n** column

die **Spaltung, -en** division

(das) **Spanien** Spain

spannend exciting

sparen to save (money, time, etc.)

der **Spaß, ꞊e** joke; **der Spaß** *(no pl.)* fun; **es macht Spaß** it is fun; **zum Spaß** for fun

spät late

spazierengehen, ging spazieren, ist spazierengegangen to go for a walk

die **Speise, -n** food

die **Speisekarte, -n** menu

spektakulär spectacular

die **Spekulation, -en** speculation

spendieren (jemandem etwas *acc.*) to treat (someone to something), to buy (someone something)

das **Spezialwissen** *(no pl.)* specialized knowledge

speziell special

spezifisch specific

der **Spiegel, -** mirror

das **Spiel, -e** play, game

spielen to play

der **Spieler, -;** die **Spielerin, -nen** player

spielerisch playful(ly)

das **Spielkasino, -s** (gambling) casino

der **Spielplatz, ⁻e** playground

die **Spielwaren** (pl.) toys

das **Spielzeug, -e** toy

die **Spitze, -n** top, tip, peak, point

die **Spitzenleistung, -en** first-rate performance

der **Spitzensportler, -;** die **Spitzensportlerin, -nen** top sportsman; sportswoman; top athlete

spontan spontaneous(ly)

der **Sporn, Sporen** spur

der **Sport** (no pl.) sport(s); **Sport treiben** to engage in sports

die **Sportart, -en** (type of) sport

der **Sportdozent, -en, -en;** die **Sportdozentin, -nen** assistant professor of sports or physical education

der **Sportler, -;** die **Sportlerin, -nen** sportsman; sports-woman; athlete

sportlich sporty; athletic

die **Sportpublizistik** (no pl.) sports journalism

die **Sportveranstaltung, -en** sports or sporting event

die **Sprache, -n** language

der **Sprachführer, -** language guidebook; phrase book

sprachlich linguistic(ally); **sprachliche Schwierigkeiten** language difficulties

der/die **Sprechende** (decl. as adj.) speaker

sprechen (spricht), sprach, gesprochen to speak

der **Sprecher, -;** die **Sprecherin, -nen** speaker; spokesman; spokeswoman

das **Sprichwort, ⁻er** proverb

die **Spritze, -n** syringe; injection; **eine Spritze bekommen** to have an injection

spritzen to spray, to squirt; to inject, to give an injection

der **Spruch, ⁻e** motto, saying

der **Sprung, ⁻e** jump, leap

spülen to rinse; to wash (dishes)

die **Spur, -en** lane (of a road); track(s), trail; **aus der Spur kommen** to leave (skid out of) the lane

spüren to feel; to sense, perceive

der **Staat, -en** state; country

staatlich governmental

die **Staatsangehörigkeit, -en** nationality, citizenship

die **Stadt, ⁻e** city

der **Stadtteil, -e** part of town; district

der **Stahl, ⁻e** steel

das **Stahlwerk, -e** steelworks

der **Stamm, ⁻e** stem; (tree) trunk; tribe

stammen (von, aus) to come (from)

stampfen to pound, to stamp

der **Standard, -s** standard

ständig constant(ly)

der **Standpunkt, -e** point of view

stark strong; **starker Regen** heavy rain

starren to stare

die **Station, -en** station

die **Statistik, -en** statistics

statt instead of

die **Stätte, -n** place, location

stattfinden, fand statt, stattgefunden to take place, happen

stattlich magnificent, splendid, imposing, stately

staunen (über + acc.) to be astonished, amazed (at)

stecken to put; to stick

stehen, stand, gestanden to stand; to be situated

stehenbleiben, blieb stehen, ist stehengeblieben to stop; to remain standing

stehlen (stiehlt), stahl, gestohlen to steal

steigen, stieg, ist gestiegen to rise, to climb; go up; to increase

die **Steigung, -en** incline, slope

der **Stein, -e** stone; piece (in board game)

die **Stelle, -n** place; position

stellen to put

der **Stellenwert** (no pl.) degree of value, status

die **Stellung, -en** job; position

der **Stempel, -** (rubber) stamp

die **Steppe, -n** steppe

sterben (stirbt), starb, ist gestorben to die

das **Stereotyp, -en** stereotype

der **Stern, -e** star

das **Steuer, -** steering wheel; **am Steuer** at the wheel; **Alkohol am Steuer** drunk driving

die **Steuer, -n** tax

der **Stich, -e** sting, bite; stabbing pain; stitch; engraving; tinge, hint

das **Stichwort, ⁻er** key word, cue

der **Stil, -e** style

still calm, quiet

der **Stillstand** (no pl.) standstill; **zum Stillstand kommen** to come to a stop

die **Stimme, -n** voice; vote

stimmen to be correct, to be right

die **Stimmung, -en** mood; atmosphere

der **Stimmzettel, -** ballot

das **Stipendium, -dien** scholarship

die **Stirn, -en** forehead

das **Stockwerk, -e** floor; **ein Haus mit 5 Stockwerken** a five-story building

der **Stoff, -e** material; topic

stolz (auf + acc.) proud (of)

stoppen to stop

stören to disturb, to bother, to annoy

die **Störung, -en** disturbance, interruption

stoßen (stößt), stieß, gestoßen to push, to shove; **stoßen auf (+ acc.)** to run into, to come upon

die **Strafe, -n** punishment; fine

der **Strand, ⁻e** beach, shore; **am Strand** on the beach

strapazierfähig durable, hard-wearing

die **Straße, -n** street

der **Straßenrand, ⁻er** side of the road

der **Straßenverkehr** (no pl.) (highway) traffic

die **Strategie, -n** strategy
die **Strecke, -n** route, distance, stretch
streichen, strich, gestrichen to stroke; to cancel, to delete
das **Streichholz, ̈er** match
der **Streifen, -** strip
der **Streifzug, ̈e** brief survey; expedition; raid
sich streiten, stritt, gestritten to dispute, to quarrel
streng strict, harsh
der **Streß, -sse** stress; **im Streß sein** to be under stress
der **Streuselkuchen, -** sponge cake with crumble topping
der **Strich, -e** line
die **Stromschnelle, -n** rapids
die **Struktur, -en** structure
strukturieren to structure
das **Stück, -e** piece, part; (theater) play
der **Student, -en, -en;** die **Studentin, -nen** student
studieren to study; to attend (a university)
das **Studium, -ien** studies
die **Stufe, -n** step, level
der **Stuhl, ̈e** chair
die **Stunde, -n** hour
der **Stundenplan, ̈e** schedule
stürzen (*aux.* **sein**) to fall, to plunge
stützen to support, to back up
das **Subjekt, -e** subject
das **Substantiv, -e** noun
die **Subvention, -en** subsidy
subventionieren to subsidize
das **Suchbildrätsel, -** picture puzzle
die **Suche, -n** search
suchen to look for, to search
der **Süden** South
die **Summe, -n** sum
die **Sünde, -n** sin
süß sweet
die **Süßigkeiten** (*pl.*) candy
das **Süßwarengeschäft, -e** candy shop
das **Symbol, -e** symbol
sympathisch pleasant, congenial, likeable
das **System, -e** system
die **Szene, -n** scene

die **Tabelle, -n** chart, table
die **Tafel, -n** (black)board; bar (of chocolate)
der **Tag, -e** day; **eines Tages** one day
tagaus: tagaus, tagein day in, day out
das **Tagebuch, ̈er** diary; **ein Tagebuch führen** to keep a diary
täglich daily
das **Tal, ̈er** valley
die **Tante, -n** aunt
der **Tanz, ̈e** dance
das **Tanzbärchen, -** dancing bear
tanzen to dance
tapfer courageous(ly)
die **Tasche, -n** pocket
die **Tat, -en** deed, act
der **Täter, -;** die **Täterin, -nen** culprit; perpetrator
tätig active; **tätig sein** to work
die **Tätigkeit, -en** activity
die **Tatsache, -n** fact
tatsächlich actually, really, in fact
die **Taube, -n** dove; pigeon
tauchen to dive
tauschen to exchange
tausend thousand
das **Team, -s** team
die **Technik, -en** technology; technique
der **Teil, -e** part; **ein großer Teil** a great number; **Teil für Teil** piece by piece; **zum Teil** partly
teilen to divide (up); to share
teilhaben an (*dat.*) to participate in, to have a share in
teilnehmen (nimmt teil), nahm teil, teilgenommen (**an** + *acc.*) to participate (in)
der **Teilnehmer, -;** die **Teilnehmerin, -nen** participant
teilweise partly, partially
das **Telefon, -e** telephone
telefonieren to phone
die **Telefonzelle, -n** telephone booth
die **Temperatur, -en** temperature
die **Tendenz, -en** tendency

tendieren to tend; **dazu tendieren, etwas zu tun** to tend to do something
die **Terminnot, ̈e** pressure of deadlines; **in Terminnot** under pressure of deadlines
der **Test, -s** *or* **-e** test
testen to test
teuer expensive
der **Text, -e** text
der **Textüberblick, -e** survey of the text; overall view of the text
das **Theater, -** theater
das **Thema, Themen** theme, subject, topic
die **Thematik, -en** topic
theologisch theological
die **These, -n** thesis, hypothesis
das **Ticket, -s** ticket
tief deep
die **Tiefe, -n** depth
das **Tier, -e** animal
der **Tip, -s** tip; hint
der **Tisch, -e** table
der **Titel, -** title
die **Tochter, ̈** daughter
der **Tod, -e** death
der **Todeskandidat, -en, -en;** die **Todeskandidatin, -nen** candidate for death
tödlich fatal, deadly, lethal
die **Toilette, -n** toilet; bathroom
toll crazy, wild, fantastic, great
der **Ton, ̈e** sound; note; tone
das **Tor, -e** gate; goal (sports)
tot dead
die **Totalerhebung, -en** comprehensive investigation or inquiry
der/die **Tote** (*decl. as adj.*) dead person
töten to kill
der **Totenschädel, -** death's-head, skull
die **Tour, -en** tour, trip
der **Tourismus** (*no pl.*) tourism
der **Tourist, -en, -en;** die **Touristin, -nen** tourist
die **Tracht, -en** traditional dress, costume
die **Tradition, -en** tradition
tragbar portable; wearable; bearable, acceptable
tragen (trägt), trug, getragen to wear; to carry

der **Träger, -** bearer
die **Tragik** *(no pl.)* tragedy
tragisch tragic
trainieren to train, to practice
die **Träne, -n** tear
trauen *(+ dat.)* to trust
die **Trauer** *(no pl.)* sorrow, grief
trauern (um) to mourn (for)
der **Traum, ⁀e** dream
traumatisch traumatic
träumen (von) to dream (of or about)
traumhaft dreamlike, fabulous
traurig sad(ly)
treffen (trifft), traf, getroffen to meet; **eine Entscheidung treffen** to make a decision; **treffend** fitting, apt
treiben, trieb, getrieben to do, to pursue, to engage in (sports, etc.); to drive (cattle, etc.)
der **Trend, -s** trend; tendency
trennbar separable
trennen (von) to separate (from)
die **Trennung, -en** separation, division
treten (tritt), trat, ist getreten to step
treu faithful, loyal
die **Treue** *(no pl.)* faithfulness, loyalty
trinken, trank, getrunken to drink
trocken dry
der **Trockenraum, ⁀e** drying room
trocknen to dry
die **Trommel, -n** drum
die **Tropen** *(pl.)* tropics
das **Tropenkrankenhaus, ⁀er** hospital for tropical diseases
trösten to comfort
trotz in spite of
trotzdem nevertheless
die **Trümmer** *(pl.)* rubble, debris; **die Trümmerstätte, -n** place of rubble
tschüs bye, so long
tüchtig capable, competent; efficient
tun, tat, getan to do
die **Tür, -en** door
die **Türkei** Turkey
der **Turm, ⁀e** tower, spire
das **Turnier, -e** competition; tournament

der **Turnverein, -e** sports or athletic club
tuscheln to whisper
die **Tüte, -n** bag
TV *abbr. of* **Turnverein** *and (Eng.)* Television
der **Typ, -en** type; character
typisch typical

die **U-Bahn, -en (Untergrundbahn)** subway
üben to practice
über over; above; across; more than; by way of
überall everywhere
überbesetzt overoccupied
der **Überblick, -e** survey, overview, overall perspective
sich einen Überblick verschaffen to get a general idea
übereinstimmen (in + dat.) to agree (about or on), to concur (in); **ich stimme mit dir darin überein** I agree with you about that; **übereinstimmend** *(adv.)* unanimously
die **Überfahrt, -en** crossing
der **Überfall, ⁀e (auf + acc.)** attack, assault, raid (on); invasion (of); holdup (of)
überfallen (überfällt), überfiel, überfallen to attack, to assault, to raid, to hold up
überfällig overdue
überflüssig superfluous
überfordern to overtax
die **Übergangsperiode, -n** period of transition
überhaupt at all; generally
überholen to pass, overtake
überleben to survive
überlegen to think; to deliberate; **Überleg doch mal!** Think!; **sich überlegen** to consider, give thought to, think about; **das werde ich mir überlegen** I'll think it over.
übermächtig all-powerful, superior
übermannen to overcome
übermorgen the day after tomorrow

die **Übermüdung** *(no pl.)* overtiredness, overfatigue
übernachten to stay overnight
die **Übernahme, -n** take-over
übernehmen (übernimmt), übernahm, übernommen to take over; to undertake
überprüfen to check (over), examine, review
überqueren to cross
überraschen to surprise
die **Überraschung, -en** surprise
überreden to persuade
überreichen (jemandem) to present, hand over (to someone)
der **Überrest, -e** remains *(pl.)*
überschreiten, überschritt, überschritten to exceed; to cross
die **Überschrift, -en** title, heading, headline
übersehen (übersieht), übersah, übersehen to overlook; to look over
übersetzen to translate
die **Übersetzung, -en** translation
überstehen, überstand, überstanden to survive
übertragen (überträgt), übertrug, übertragen (auf + acc.) to transfer, transmit (to); to translate (into); **etwas live übertragen** to broadcast something live
die **Übertragung, -en** transmission, transfer, communication, translation
übertreiben, übertrieb, übertrieben to exaggerate
überwinden, überwand, überwunden to overcome, surmount
die **Überzahl** *(no pl.)* majority
überzeugen to convince
überzeugt sein (von) to be convinced or confident (of or about)
die **Überzeugung, -en** conviction
überziehen, überzog, überzogen to overdraw (an account, etc.); to put on (a coat, etc.)
übrig remaining, other

übrigens by the way, incidentally

die **Übung, -en** exercise; practice

das **Ufer, -** shore, (river) bank

die **Uhr, -en** clock, watch

um about; around; approximately; near; **um ... zu** in order to

umbringen, brachte um, umgebracht to kill

der **Umbruch, ⸚e** upheaval

der **Umfang** *(no pl.)* size

umfangreich extensive

umfassen to contain; to include; to grasp; to surround

die **Umfrage, -n** survey, opinion poll

umfunktionieren (**zu** *or* **in** + *acc.*) to change the function of [something] (into)

der **Umgang** *(no pl.)* contact, dealings; **Umgang mit** contact with, company with

die **Umgebung, -en** environs, surroundings

umgehen, umging, umgangen (*aux.* **sein**) to go around; to detour; **umgehen mit** to handle, to treat

umgekehrt opposite, the other way around, vice versa

umkehren (*aux.* **sein** *or* **haben**) to turn around, to reverse

umlegen to move

der **Umsatz, ⸚e** turnover, business

umschreiben, umschrieb, umschrieben to adapt, rewrite

die **Umschreibung, -en** adaptation, rewriting

die **Umsetzung, -en** conversion, translating (into action, etc.)

umsonst in vain; free of charge

der **Umstand, ⸚e** circumstance

umsteigen, stieg um, ist umgestiegen to transfer, change (trains, etc.)

umstellen to rearrange, shift around

die **Umstellung, -en** rearrangement; readjustment

umstritten disputed, controversial

die **Umwelt** *(no pl.)* environment

umweltfreundlich environmentally safe

umziehen, zog um, ist umgezogen to move (one's residence)

sich umziehen, zog um, umgezogen to change clothes

unabhängig independent

unangenehm unpleasant

unausdenkbar uncertain, incapable of being predicted; unthinkable; **unausdenkbare Folgen** uncertain consequences

unbedingt absolute(ly); under any circumstances; definite(ly); **nicht unbedingt** not necessarily

unbegrenzt unlimited

unbekannt unknown

unbequem uncomfortable

unberührt untouched

unbeschadet *(gen.)* without detriment to

unbeschreiblich indescribable

unbestimmt indefinite, undetermined, vague

und and; **und so weiter (usw.)** and so forth (etc.)

undenkbar unthinkable, inconceivable

die **Uneigennützigkeit** unselfishness, altruism

unentschieden undecided

der **Unfall, ⸚e** accident; **an einem Unfall beteiligt sein** to be involved in an accident

unfruchtbar barren

ungefähr approximate(ly)

ungeheuer enormous, immense, tremendous

ungemein extraordinarily

die **Ungerechtigkeit, -en** injustice

ungeschützt unprotected

ungestört undisturbed

die **Ungewißheit, -en** uncertainty

ungewöhnlich unusual

ungezähmt untamed

ungezwungen casual, informal

unglaublich unbelievable

ungleich dissimilar, unequal

das **Unglück, -e** misfortune; accident

unglücklich unhappy, unfortunate

unheimlich frightening, eerie; tremendous, incredible

die **Universität, -en** university; **auf die Universität gehen** to attend a university

unmöglich impossible

unnötig unnecessary

das **Unrecht** *(no pl.)* wrong, injustice

unregelmäßig irregular

unruhig restless

unschlagbar unbeatable

unsicher insecure, unsure, uncertain; unsafe

der **Unsinn** *(no pl.)* nonsense

unsympathisch unpleasant, disagreeable

unten below

unter under; **unter anderem** among other things

unterbrechen (unterbricht), unterbrach, unterbrochen to interrupt

unterbringen, brachte unter, untergebracht to put up, accommodate

unterdrücken to suppress; to oppress, repress

untereinander among each other

untergehen, ging unter, ist untergegangen to sink, go down; to decline, come to an end

sich unterhalten (unterhält), unterhielt, unterhalten to converse, talk

das **Unternehmen, -** concern, business, enterprise; undertaking

unternehmen (unternimmt), unternahm, unternommen to undertake, attempt

die **Unternehmensführung, -en** management

unterordnen (+ *dat.*) to subordinate to; **unterordnend** subordinating

der **Unterricht** *(no pl.)* instruction; lesson

unterrichten to instruct, teach

das **Unterrichtsmittel, -** instructional material

unterscheiden, unterschied, unterschieden to distinguish, tell apart, differentiate

sich unterscheiden, unterschied, unterschieden to differ

der **Unterschied, -e** difference; **im Unterschied zu** in contrast to, unlike, as opposed to

unterschiedlich different, varying

unterschreiben, unterschrieb, unterschrieben to sign

unterstreichen, unterstrich, unterstrichen to underline

die **Unterstufe, -n** lower grade; lower school

unterstützen to support

die **Unterstützung, -en** support, assistance

untersuchen to examine, look into, investigate

unterteilen (in + *acc.*) to subdivide (into)

unterwegs on the way

unterwerfen (unterwirft), unterwarf, unterworfen to subject, subjugate

untrennbar inseparable

unvergeßlich unforgettable, memorable

die **Unvollkommenheit, -en** imperfection, incompleteness

unvorhergesehen unforeseen

unvorstellbar inconceivable

unwesentlich negligible, insignificant

unwichtig unimportant

unzufrieden dissatisfied

unzugänglich inaccessible

der **Ureinwohner, -;** die **Ureinwohnerin, -nen** native or original inhabitant

der **Urlaub, -e** vacation; **in Urlaub fahren** to go on vacation; **Urlaub machen** to (be on) vacation; **in** *or* **auf Urlaub** on vacation

der **Urlaubsort, -e** vacation spot

die **Ursache, -n** cause

ursprünglich original(ly), initial(ly)

das **Urteil, -e** judgment

urteilen (über etwas [*acc.*]) to judge (something)

urtümlich unspoiled, original, native

die **USA** (*pl.*) the USA (*sing.*)

usw. *abbr. of* **und so weiter** etc. (et cetera, and so forth)

---

der **Vater, ⸚** father

das **Vaterland, ⸚er** fatherland

verabreden to arrange, fix (a meeting, time, etc.); **sich verabreden mit** to make an appointment with (someone)

die **Verabredung, -en** appointment; arrangement

verändern to change, alter

die **Veränderung, -en** change, alteration

veranstalten to hold (an event), organize, arrange

verantwortlich responsible

die **Verantwortlichkeit** responsibility

verarbeiten to use; to process, assimilate

das **Verb, -en** verb

der **Verband, ⸚e** association; bandage

verbessern to improve

verbieten, verbot, verboten to forbid, prohibit

verbinden, verband, verbunden to connect, combine, associate

die **Verbindung, -en** connection

verblassen (*aux.* **sein**) to pale, to fade

verblüffen to stun, to amaze; **verblüffend** amazing(ly)

das **Verbrechen, -** crime

verbreiten to spread

verbringen, verbrachte, verbracht to spend (*time*)

verdammt damned

verderben (verdirbt), verdarb, verdorben to spoil; to ruin; to corrupt; (*aux.* **sein**) to become spoiled, to deteriorate

verdienen to earn; to deserve

verdrängen to repress (thoughts, wishes, etc.); to drive out, oust, displace

die **Verdrängung, -en** repression; driving out; displacement; suppression

---

der **Verein, -e** organization, society, association, club

vereinen to unite, reconcile; **Vereinte Nationen** United Nations

vereinigen to unite, bring together

die **Vereinigten Staaten** the United States

die **Vereinigung, -en** uniting, unification, union

die **Vererbung** (*no pl.*) (transmission by) heredity

verfassen to write, draw up

der **Verfasser, -;** die **Verfasserin, -nen** author

verfehlen to miss; to fail to have

die **Verfilmung, -en** film version; filming

verflucht confounded, cursed

die **Verfolgung, -en** persecution

die **Verfügung: (jemandem) zur Verfügung stehen** to be available (to someone), to be (at someone's) disposal; **etwas (*acc.*) zur Verfügung haben** to have something at one's disposal

vergangen past, bygone

das **Vergangene** (*decl. as adj.*) the past

die **Vergangenheit, -en** past

die **Vergasung, -en** gassing

vergeben (vergibt), vergab, vergeben to allocate; to give away; to award

vergeblich futile

vergehen, verging, ist vergangen to pass, go by

vergessen (vergißt), vergaß, vergessen to forget

die **Vergessenheit** (*no pl.*) oblivion; **in Vergessenheit geraten** to be forgotten, fall into oblivion

vergießen, vergoß, vergossen to spill; **Tränen vergießen** to shed tears

der **Vergleich, -e** comparison; **im Vergleich zu** *or* **mit** in comparison to or with, compared to or with

vergleichen, verglich, verglichen to compare

das **Vergnügen, -** pleasure

das **Verhalten** *(no pl.)* behavior; *(pl.)* **Verhaltensweisen** behaviors

sich **verhalten (verhält), verhielt, verhalten** to act, behave, conduct oneself

das **Verhältnis, -se** relationship; *(pl.)* conditions

die **Verhandlung, -en** negotiation

die **Verhandlungskunst, ⸚e** negotiation skill

verharmlosen to belittle, make light of

verheiratet married

verhelfen (verhilft), verhalf, verholfen (jemandem zu etwas) to help (somebody to get something); **wir verhalfen ihm zum Durchbruch** we helped him to (make) a breakthrough

verhindern to prevent

verhungern to starve

sich **verirren** to get lost, lose one's way

verirrt lost

verkaufen to sell

der **Verkaufsleiter, -;** die **Verkaufsleiterin, -nen** sales manager

der **Verkehr** *(no pl.)* traffic

verkehren *(aux.* **sein** *or* **haben)** to run (train, etc.); to have contact, to associate

verkürzen to shorten

der **Verlag, -e** publisher, publishing house

verlangen to demand, to ask for, to call for

verlängern to extend, lengthen

verlassen (verläßt), verließ, verlassen to leave, to abandon; sich **verlassen (verläßt), verließ, verlassen auf** *(acc.)* to rely (on), depend (on)

der **Verlauf, ⸚e** course

verlaufen (verläuft), verlief, ist verlaufen to go (off); to proceed; to pass; to run; sich **verlaufen (verläuft), verlief, verlaufen** to get lost, lose one's way

verleihen, verlieh, verliehen to lend, to loan; to award, confer

verletzen to hurt

sich **verlieben (in +** *acc.***)** to fall in love (with)

verlieren, verlor, verloren to lose

der **Verlierer, -** loser

das **Vermächtnis, -se** bequest, legacy

vermehren to increase; to breed; to multiply

vermeiden, vermied, vermieden to avoid

vermissen to miss

vermitteln (jemandem etwas *[acc.]***)** to convey (an idea, etc., to someone); to mediate; to obtain, procure (something for someone)

die **Vermittlung, -en** conveyance; mediation, arbitration

vermögen (vermag), vermochte, vermocht; etwas zu tun vermögen to be able to do something

vermuten to expect (to find), suspect

vermutlich presumable, probable

die **Vermutung, -en** supposition, assumption

vernünftig sensible

veröffentlichen to publish

die **Verpflichtung, -en** obligations

verrückt crazy

der **Vers, -e** verse

das **Versagen** *(no pl.)* failure, breakdown; **menschliches Versagen** human error

versäumen to neglect; to miss (a chance, etc.)

sich **verschaffen** to obtain, acquire; sich **einen Überblick verschaffen** to get a general idea

verschieden different, dissimilar, differing

verschiffen to ship

verschleppen to carry off, to abduct

verschwinden, verschwand, ist verschwunden to disappear

verseuchen to infect, contaminate

die **Version, -en** version

die **Verspätung, -en** lateness; delay

versprechen (verspricht), versprach, versprochen to promise

das **Versprechen, -** promise

das **Versrätsel, -** verse puzzle

die **Verständigung** *(no pl.)* agreement, understanding; **internationale Verständigung** international understanding

das **Verständnis** understanding; **Verständnis haben für** to have sympathy or understanding for

verstärken to intensify, to strengthen, to reinforce

verstehen, verstand, verstanden to understand

verstoßen (verstößt), verstieß, verstoßen (gegen) to break (the law, etc.); to offend (against)

der **Versuch, -e** attempt, try

versuchen to try, to attempt

die **Versuchung, -en** temptation

verteilen (an + *acc.***)** to distribute (to)

die **Verteilung, -en** distribution

vertiefen to deepen

der **Vertrag, ⸚e** treaty; **einen Vertrag abschließen** to conclude a treaty; to close a deal

vertrauen (+ *dat.***)** to trust

das **Vertrauen** *(no pl.)* **zu** *or* **in, auf (+** *acc.***)** confidence, trust (in)

vertreiben, vertrieb, vertrieben to drive out, expel

vertreten (vertritt), vertrat, vertreten to represent; to stand in for

der/die **Vertriebene** *(decl. as adj.)* exile

verunglücken to have an accident

verursachen to cause

vervollständigen to complete

der/die **Verwandte** *(decl. as adj.)* relative

die **Verwandtschaft, -en** relatives, relations; relationship

verwenden, verwendete, verwendet; *or* **verwenden, verwandte, verwandt** to use, make use of, utilize

verwirrend confusing
verzichten auf *(+ acc.)* to do without, abstain from, give up
verzweifeln to despair
die **Verzweiflung** *(no pl.)* despair
verzwickt tricky
das **Video, -s** video
die **Videoaufnahme, -n** video filming
viel much, a lot
die **Vielfalt** *(no pl.)* diversity, great variety
vielfältig varied, diverse
vielleicht perhaps, maybe
vielseitig many-sided, multifaceted
das **Viertel, -** fourth; quarter
die **Violine, -n** violin
das *or* der **Virus, Viren** virus
der **Vize-Europameister, -;** die **Vize-Europameisterin, -nen** second place European champion
der **Vogel, ⸚** bird
die **Vokabel, -n** word; *(pl.)* vocabulary
das **Volk, ⸚er** people, nation
der **Völkermord, -e** genocide
die **Volkswirtschaft, -en** economy
voll full; whole; complete; **voll von** full of
vollenden to complete, to finish
völlig complete(ly)
vollständig complete
vollwertig full, equal, adequate
von of; about; from; by
voneinander from one another
vor in front of; **vor allem** above all; **vor einem Jahr** a year ago
vorangehen, ging voran, ist vorangegangen to go on ahead
voraus ahead
vorausschauen to look ahead
voraussetzen to presuppose
vorbei past, over
vorbeigleiten, glitt vorbeit, ist vorbeigeglitten to glide past
vorbeikommen, kam vorbei, ist vorbeigekommen an *(+ dat.)* to pass, go past, get past; **an einer Sache nicht vorbeikommen** to be unable to avoid a thing

vorbereiten to prepare; **sich vorbereiten auf** *(+ acc.)* to prepare (oneself) for
die **Vorbereitung, -en** preparation; **Vorbereitungen treffen** to make preparations
der **Vordergrund, ⸚e** foreground
die **Vorfahrt** *(no pl.)* right of way; **die Vorfahrt haben** to have the right of way; **die Vorfahrt beachten (nicht beachten)** to observe (ignore) the right of way
vorfinden, fand vor, vorgefunden to find
vorführen to bring forward; to present, demonstrate, perform
der **Vorgang, ⸚e** process; event, occurrence; course of events
vorgeben (gibt vor), gab vor, vorgegeben to give, lay down, prescribe; to pretend
vorgehen, ging vor, ist vorgegangen to proceed, go on/forward
der/die **Vorgesetzte** *(decl. as adj.)* superior
vorgestern day before yesterday
vorhaben to have in mind, to plan
vorhanden available, present
vorher before, beforehand
vorkommen, kam vor, ist vorgekommen to happen, occur
vorlesen (liest vor), las vor, vorgelesen to read aloud; to lecture
die **Vorlesung, -en** lecture
die **Vorliebe, -n** special liking, preference
vorliegen, lag vor, vorgelegen to be available, be present; **uns liegen die Aktionspläne vor** we have (here) the plans; **vorliegend** available, existing, on hand
der **Vormittag, -e** morning
vorn(e) in front
der **Vorname, -ns, -n** first name
vornehm distinguished, noble, aristocratic
vornehmlich principally
vorschieben, schob vor, vorgeschoben to push forward
der **Vorschlag, ⸚e** suggestion

vorschlagen (schlägt vor), schlug vor, vorgeschlagen to suggest, propose
die **Vorsicht** *(no pl.)* caution, care
vorsichtig careful(ly)
vorspielen to act out, play, put on
der **Vorsprung, ⸚e** lead; **einen Vorsprung vor jemandem haben** to be ahead of someone
vorstellen to introduce; **sich *(dat.)* vorstellen** to imagine; **ich stelle mir vor** I imagine
die **Vorstellung, -en** idea, picture; performance; introduction
die **Vorstufe, -n** preliminary stage or level
der **Vorteil, -e** advantage
vortragen (trägt vor), trug vor, vorgetragen to present; to express (opinion, wish); to recite
das **Vorurteil, -e** prejudice; **Vorurteile abbauen** to reduce prejudices
vorwärts forward
vorwiegend predominant(ly)
das **Vorwort, -e** preface
der **Vorwurf, ⸚e** reproach; accusation
vorziehen, zog vor, vorgezogen to prefer

die **Waage, -n** scales *(pl.)*
waagerecht horizontal
die **Wache, -n** guard (duty)
das **Wachs, -e** wax
wachsen (wächst), wuchs, ist gewachsen to grow
das **Wachstum** growth
wagen to dare
der **Wagen, -** car
die **Wahl, -en** choice; election
wählen to choose; to elect; to vote
der **Wahnsinn** *(no pl.)* insanity, madness
wahr true; real; correct
während *(conj.)* while; *(prep. + gen.)* during
die **Wahrheit, -en** truth
wahrscheinlich probably
die **Währung, -en** currency

der **Wald**, ⸗**er** forest, woods
die **Walze**, **-n** roller
die **Wand**, ⸗**e** wall
der **Wandel** (*no pl.*) change
wann when
die **Ware**, **-n** product, article, merchandise
warten (**auf** + *acc.*) to wait (for)
die **Warteschlange**, **-n** waiting line
warum why
was what; **was für** what kind of; what sort of
die **Wäsche** (*no pl.*) washing, laundry
das **Wasser** water
wechseln to exchange; to change (**in** + *acc.*) into
wecken to wake (someone up)
der **Wecker**, **-** alarm clock
weder ... noch neither . . . nor
weg gone; away; lost
der **Weg**, **-e** way; path; road
wegen (+ *gen.*) on account of, because of
wegnehmen (**nimmt weg**), **nahm weg, weggenommen** to take away
wegstreichen, strich weg, weggestrichen to strike (out)
weh sore, aching; **weh tun** to hurt
sich wehren (**gegen**) to defend onself (against)
weiblich female, feminine
weichen, wich, ist gewichen to retreat
das **Weihnachten**, **-** Christmas
weil because
die **Weile** (*no pl.*) while
der **Wein**, **-e** wine
der **Weinbehälter**, **-** container for wine
weinen to cry
der **Weinpanscher**, **-** wine adulterator
die **Weinstube**, **-n** wine tavern
die **Weise**, **-n** manner, way, fashion; **auf diese Weise** in this way
weiß white
der/die **Weiße** (*decl. as adj.*) white person
weit wide, broad; far
die **Weite**, **-n** distance, expanse, width

weiter further; additional; **bis auf weiteres** until further notice
weiterführen to continue; to lead on
weitergeben (**gibt weiter**), **gab weiter, weitergegeben** to pass on
weitergehen, ging weiter, ist weitergegangen to go on, continue
weiterhin furthermore, on top of that
weiterleben to live on, continue living
weitverbreitet widespread
welch- (**-er, -e, -es**) which
die **Welt**, **-en** world
der **Weltkrieg**, **-e** world war
die **Weltmacht**, ⸗**e** world power
der **Weltmeister**, **-**; die **Weltmeisterin**, **-nen** world champion
die **Weltmeisterschaft**, **-en** world championship
die **Weltzuckerwirtschaft** (*no pl.*) world sugar industry
die **Wende**, **-n** turning point, change
wenden, wendete, gewendet; *or* **wenden, wandte, gewandt** to turn
wenig little; **wenige** (*pl.*) a few
wenigstens at least
wenn if, when(ever)
der **Werber**, **-** recruiter
der **Werbetext**, **-e** advertising copy; (*pl.*) pieces of advertising copy
der **Werbetexter**, **-**; die **Werbetexterin**, **-nen** advertising copywriter
die **Werbung**, **-en** recruitment (of members); (*no pl.*) advertising, publicity
der **Werdegang** (*no pl.*) development
werden (**wird**), **wurde, ist geworden** to become
werfen (**wirft**), **warf, geworfen** to throw
das **Werk**, **-e** work
die **Werkstufe**, **-n** level of professional experience
der **Wert**, **-e** value; **Wert legen auf** (+ *acc.*) to attach importance to

wertlos worthless
wertvoll valuable
wesentlich essential(ly); substantial(ly)
weshalb why
wessen whose
der **Wessi**, **-s** (*colloq.*) *expression for a person from the former West Germany*
der **Westen** west
der **Wettbewerb**, **-e** competition, contest
wetten to bet
das **Wetter**, **-** weather
wichtig important
die **Widersprüchlichkeit**, **-en** contradiction, inconsistency
der **Widerstand**, ⸗**e** resistance; **Widerstand leisten** (**jemandem, etwas** *dat.*) to resist (someone, something)
wie how; **wie bitte?** pardon?, excuse me?, what did you say?
wieder again
der **Wiederaufbau** (*no pl.*) reconstruction, rebuilding
wiederaufbauen to reconstruct, rebuild
wiederentdecken to rediscover
die **Wiedergabe**, **-n** account, report, rendering
wiedergeben (**gibt wieder**), **gab wieder, wiedergegeben** to give back, return; to render; to give an account; to convey
wiedergewinnen, gewann wieder, wiedergewonnen to regain, win back, recover
wiederholen to repeat; to review
wiedersehen (**sieht wieder**), **sah wieder, wiedergesehen** to see again, meet again
wiederum on the other hand; again, anew
wiedervereinen to reunify
die **Wiedervereinigung**, **-en** reunification
die **Wiege**, **-n** cradle
wieso why, how come
wieviel how much; **wie viele** how many
wild wild, savage; rugged; fierce
der/die **Wilde** (*decl. as adj.*) savage, wild man or woman
wildfremd completely strange

die **Wildnis, -se** wilderness

der **Wille, -ns, -n** will, determination

die **Willkür** *(no pl.)* arbitrariness, capriciousness, despotism

der **Winzer, -**; die **Winzerin, -nen** wine grower, vintner

wirken to work, be active; to have an effect (**auf** + *acc.*) on

wirklich really

die **Wirklichkeit, -en** reality

die **Wirkung, -en** effect

wirksam effective

die **Wirtschaft, -en** economy; restaurant

wirtschaftlich economic

die **Wirtschlaftslage, -n** economic situation

das **Wirtschaftssystem, -e** economic system

wißbegierig eager to learn

wissen (weiß), wußte, gewußt to know

die **Wissenschaft, -en** science; body of knowledge

der **Wissenschaftler, -**; die **Wissenschaftlerin, -nen** scientist

wissenschaftlich scientific

der **Witz, -e** joke

witzig funny

wo where

wobei in which; at what

die **Woche, -n** week

das **Wochenende, -n** weekend

der **Wochenplan, ̈e** week's schedule

die **Wochenstation, -en** maternity ward

wöchentlich weekly

wodurch through what, by means of what

wofür what for

wogegen against what

woher where from

wohin where to, where

wohl well; **sich wohl fühlen** to feel good

der **Wohlstand** *(no pl.)* affluence, prosperity

wohnen to live, reside

das **Wohnhaus, ̈er** residential building

der **Wohnort, -e** place of residence

die **Wohnung, -en** apartment, dwelling

die **Wolke, -n** cloud

der **Wolkenkratzer, -** skyscraper

wollen (will), wollte, gewollt to want; to intend

womit with what

wonach after what, according to what

woran of, against, or by what

worauf on what; whereupon; upon, to, or at which

worin in what

das **Wort** word; *(pl.)* **Worte** (connected) words, *(pl.)* **Wörter** (disconnected) words, **mit anderen Worten** in other words; **zu Wort kommen** to get a chance to speak

das **Wortfeld, -er** word field

die **Wortfeldsammlung, -en** collection of word fields

der **Wortschatz, ̈e** vocabulary

die **Wortstellung, -en** word order

die **Wortwahl, -en** choice of words

worüber about what, over what

worum about what

worunter under or among what; under or among which

wovon from what

wovor before what

wozu to what, for what (purpose)

das **Wunder, -** miracle

sich wundern (über + *acc.*) to be surprised (at)

der **Wunsch, ̈e** wish

die ***würde*-Konstruktion, -en** construction with *would*

die **Wüste, -n** desert

wütend (auf + *acc.*) furious (with)

die **Zahl, -en** number, figure

zahlen to pay

zählen to count; **zählen zu** to belong to, rank among

das **Zahlenrätsel, -** number puzzle

zahlreich numerous

der **Zaun, ̈e** fence

z.B. *abbr. of* **zum Beispiel** e.g., for example

das **Zeichen, -** sign, indication, symbol, signal

zeichnen to draw, sketch

die **Zeichnung, -en** drawing

der **Zeigefinger, -** index finger, forefinger

zeigen to show

die **Zeile, -n** line

die **Zeit, -en** time; **sich** *(dat.)* **Zeit lassen** to take one's time

zeitlich timewise; temporal; **in zeitlicher Reihenfolge** in chronological order

die **Zeitschrift, -en** magazine; journal

die **Zeitung, -en** newspaper

die **Zelle, -n** cell, cubicle; die **Telefonzelle, -n** phone booth

das **Zelt, -e** tent

die **Zentrale, -n** central office, headquarters

das **Zentrum, Zentren** center

zerstören to destroy

die **Zerstörung, -en** destruction

zertrümmern to smash into pieces, smash up, wreck, destroy

der **Zettel, -** slip of paper; note

der **Zeuge, -n, -n**; die **Zeugin, -nen** witness

zeugen to father; to beget

das **Zeugnis, -se** testimony; evidence; grades, report card

ziehen, zog, gezogen to pull, draw

das **Ziel, -e** destination, goal, aim, objective; **sich Ziele stecken** to set goals for oneself

die **Zielgruppe, -n** target group

ziemlich rather; quite

der **Zigeuner, -**; die **Zigeunerin, -nen** gypsy

das **Zimmer, -** room

der **Zinken, -** prong

das **Zitat, -e** quotation

zitieren to quote, cite

die **Zivilbevölkerung, -en** civilian population

die **Zone, -n** zone

zu to; too; shut

der **Zucker** *(no pl.)* sugar

das **Zuckerrohr, -e** sugar cane

zuerst first; at first

zufällig by chance; accidental(ly)

zufrieden content, satisfied

der **Zug, ⸚e** train

zugänglich available; accessible

zugeben (gibt zu), gab zu, zugegeben to admit; to confess

zugeschnitten sein (auf + *acc.*) to be geared (to)

das **Zugeständnis, -se** concession

zugreifen, griff zu, zugegriffen to act quickly; to step in quickly; to grab hold

zugute kommen (jemandem, etwas *dat.*) to be of benefit (to someone, something)

zuhören (jemandem, etwas *dat.*) to listen to (someone, something)

der **Zuhörer, -;** die **Zuhörerin, -nen** listener

die **Zukunft,** *(rare)* **⸚e** future; **in Zukunft** in the future

zulegen to put on; to add; **sich zulegen** to get oneself; **ich habe mir ein neues Auto zugelegt** I got myself a new car

zuletzt in the end, finally

zumal especially

zumeist mostly, mainly

zumindest at least

zunächst first (of all)

zunehmen (nimmt zu), nahm zu, zugenommen to increase, gain (weight)

der **Zungenbrecher, -** tongue twister

zuordnen *(+ dat.)* to assign to

sich zurechtfinden, fand zurecht, zurechtgefunden to find one's way around

zurück back

sich zurückerinnern an *(+ acc.)* to remember back to

zurückfinden, fand zurück, zurückgefunden to find one's way back; **findest du alleine zurück?** can you find your own way back?

zurückkehren *(aux.* **sein)** to return, come back

zurücklassen (läßt zurück), ließ zurück, zurückgelassen to leave behind

zurücklegen to cover, do; to put back

zurückzahlen to repay

zusagen to promise; to agree to, accept

zusammen together

die **Zusammenarbeit** *(no pl.)* cooperation

zusammenarbeiten to cooperate, work together

zusammenbrechen (bricht zusammen) brach zusammen, zusammengebrochen to collapse; to break down; to give way

zusammenfassen to summarize

die **Zusammenfassung, -en** summary, synopsis

zusammenfügen to join together

zusammengehören *(of people)* to belong together; *(of things)* to go together

der **Zusammenhang, ⸚e** connection, correlation, interrelation

zusammenheften to staple or fasten together

zusammenkleben to stick together, glue together

zusammenleben to live together

zusammenpassen to go together

sich zusammensetzen to sit (down) together

zusammenstellen to put together

der **Zusammenstoß, ⸚e** collision, crash

zusammenstoßen (stößt zusammen), stieß zusammen, ist

zusammengestoßen (mit) to collide (with)

zusammentragen (trägt zusammen), trug zusammen, zusammengetragen to collect

zusätzlich additional(ly)

zuschauen to watch

der **Zuschauer, -;** die **Zuschauerin, -nen** spectator, member of the audience; (TV) viewer

die **Zuschrift, -en** letter

zuspitzen to intensify

der **Zustand, ⸚e** state, condition

die **Zutat, -en** ingredient

zuteilen (jemandem) to allocate, allot, assign (to someone)

zutreffen (trifft zu), traf zu, zugetroffen to apply (to), be true or accurate; **zutreffen auf** *(+acc.)* to apply to, be true or accurate for

zuversichtlich confident(ly)

zuviel too much

die **Zuweisung, -en** allocation, assignment

die **Zuwendung, -en** care, attention

zwangsrekrutieren to recruit forcibly

zwar to be sure, of course, indeed

der **Zweck, -e** purpose, aim; **das Mittel zum Zweck** the means to an end

der **Zweifel, -** doubt

zweifellos no doubt

der **Zweig, -e** branch; twig

zweitens second(ly)

zweitrangig second class

zwingen, zwang, gezwungen to compel, force

zwischen between

der **Zwischenfall, ⸚e** incident

Register

This **Register** *(index)* alphabetically lists grammar terms and language functions **(sprachliche Funktionen)** in both German and English. Selected topics and authors about whom biographical information is given in *Impulse* are also listed.

Permissions and Credits

The authors and editors thank the following authors, publishers, and others for granting permission to use excerpts from copyrighted material.

Text

pp. 28-30 Kronzucker, Dieter. "Bilder aus Amerika." In *Unser Amerika.* Reinbek: Rowohlt Verlag, 1987, 10, 50, 58-59, 145, 327.

pp. 43-44 Kronzucker, Dieter. "Bilder aus Amerika." In *Unser Amerika.* Reinbek: Rowohlt Verlag, 1987, 45-46, 298-299, 312-314, 316, 319.

pp. 55-57 Heer, Hannes, ed. *Als ich 9 Jahre alt war, kam der Krieg. Schüleraufsätze 1946. Ein Lesebuch gegen den Krieg.* Cologne: Prometh Verlag, 1980, 112-113.

pp. 88-91 Seemann, Peter. *Entwicklung des ADAC-Disco-Videos.* Munich: © ADAC Zentrale München (Deutschland), Abt. VEA, 1992.

pp. 95-96 Schulze, Horst, and Peter Berninghaus. *Damit sie die Kurve kriegen,* 3rd ed. Bonn: Referat Verkehrsrecht und -medizin, Deutscher Verkehrssicherheitsrat, 1991, 4, 15.

pp. 95-96 Becker, Klaus. *Alkohol im Strassenverkehr: Meine Rechte und Pflichten.* Beck-Rechtsberater im dtv. Munich: C.H. Beck Verlag, 1988, 36, 38, 54.

pp. 118-119 Karpa, Joachim. "(Him-)Bär und seine Freunde - Eine süße Versuchung wird 70." *Westfalenpost: Wochenendpost,* Hagen, 7 November 1992, 1.

pp. 119-121 Wilk, Uwe. "Das Geheimnis der Gummibärchen." *Heimat + Welt: Wochenmagazin des Reutlinger General-Anzeigers,* 1 September 1990, 2-3.

pp. 136-138 Gindler, Frank J. "Das wahre Märchen vom Gummibärchen." *LM life,* 2/1992, 2-3. Reprinted with permission of Frank J. Gindler, Chefredakteur *Lebensmittelreport,* Munich/Germany.

pp. 147-149 Werner H.: "Aus dem Tagebuch eines AIDS-Kranken." In *Das ist mein Land: 40 Jahre Bundesrepublik,* ed. Horst Heidtmann. Baden-Baden: Signal-Verlag, 1988, 196-197.

p. 164 *Was jede/r über HIV und AIDS wissen sollte,* 4th ed. Bonn: Bundeszentrale für gesundheitliche Aufklärung, 1992.

pp. 140, 164-165 Tücking, Stefanie, and Kai Böcking, eds., *Das Anti Aids Buch.* © 1990 Fischer Taschenbuch Verlag GmbH, Frankfurt am Main, 16-17, 35, 54-58.

pp. 178-183 Moericke, Helga. *Wir sind verschieden: Lebensentwürfe von Schülern aus Ost und West.* Hamburg: Luchterhand Literaturverlag GmbH, 1991, 68, 73, 114-115.
Baehr, Vera Maria. "Drei Jahre danach: Kinder der Wende." *Brigitte,* 21, 1992, 140-146.
"33 Kilometer bis Hoyerswerda." *Der Spiegel,* 38, 1993, 110-114. Reprinted by permission of the New York Times Syndication Sales Corporation.

pp. 195-196 "Erst vereint, nun entzweit." *Der Spiegel,* 3, 1993, 52-62. Reprinted by permission of the New York Times Syndication Sales Corporation.

pp. 209-212 Spellmeyer, Walter. "Eine verirrte Kuh findet allein zur Herde zurück." *Deutscher Entwicklungsdienst: Fachheft Gesundheitswesen.* Berlin: Deutscher Entwicklungsdienst, 1990, 26-27.

pp. 238–241 Nicolas, Dominic. "Billig-Touren mit der Bahn quer durch Europa." In *Informationsbuch für deutsche Schüler und Studenten: Update.* © Betriebswirtschaftlicher Verlag Dr. Th. Gabler, Wiesbaden, Redaktion: Brigitte Stolz-Dacol (verantwortlich), 1990, 141–144.

pp. 267–270 Kronzucker, Dieter. "Winnetou und die anderen." In *Unser Amerika.* Reinbek: Rowohlt Verlag, 1987, 235–237, 239, 242–244.

pp. 286–287 Wagner, Irmgard. "Die Indianer standen vor einem Rätsel." *Kulturchronik,* 3, 1991, 46–47. First published in *General-Anzeiger,* Bonn.

pp. 296–299 and 310 Herzog, Ruth. *Shalom Naomi? Brief an ein Kind.* © Fischer Taschenbuch Verlag GmbH, Frankfurt am Main, 1982, 5, 15, 18–19, 179–180, 183–184.

pp. 346–351, 354 Paraquin, Karl Heinz. *Denkspiele.* © Ravensburger Buchverlag Otto Maier GmbH, 1990, 6, 8, 28, 33, 51, 57, 69, 77, 100.
   Gebert, Helga. *Das große Rätselbuch.* © 1979, 1986 Beltz Verlag, Weinheim und Basel. Programm Beltz & Gelberg, Weinheim, 96, 100, 109.
   "Rätsel-Kaiser." *Sonderheft der Freizeit-Revue,* 16, 1990, 5, 28, 37, 44–45.

Realia

Page 17 (left): PA Dutch Convention & Visitors Bureau; p. 17 (right): Courtesy of Lee Alberton; p. 19: VHS Volkshochschule Bremen; p. 20 © Visa International 1989. All Rights Reserved. Reproduced with the permission of Visa International; p. 23 Little Tiger Verlag, Hamburg; p. 25: Courtesy of the Greater Boston Convention and Visitors Bureau; p. 27 (left): Intertours; p. 27 (right): Ihr Reiseladen; p. 31, ARO; p. 41: (top): Deutsches Reisebüro GmbH; 1: Marlboro Travels, IDE GmbH; 2: Deutsches Reisebüro GmbH; 3: Allkauf Reisen Gmbh; p. 63: 1. Nie wieder! Manfred Bosch (Hrsg.); 2. Frieden 83; 3. Liederbuch für Friedensdienste; 4. Verein für Friedenspädagogik Tübingen e.V.; 5. Frieden 83; p. 74: Courtesy of Max Haberstroh, Congress- und Tourismus-Zentrale Nürnberg; p. 82: courtesy of ADAC; pp. 83, 95: Angaben: Statistisches Bundesamt; p. 86: Hauptverband der gewerblichen Berufsgenossenschaften, Deutscher Verkehrssicherheitsrat (DVR); pp. 114, 126, 129, 132: Courtesy of Haribo GmbH; p. 135: Copyright Hanson White Ltd. England, UK; p. 151: Globus, Hamburg; pp. 156, 162: Bundeszentrale für gesundheitliche Aufklärung; p. 193: Christine Dölle in: J. Serwuschok und Chr. Dölle, Der Besser Wessi, © Forum Verlag Leipzig, 1991; p. 198: EINE WELT FÜR ALLE – Zusammenschluß entwicklungs- und umweltpolitischer Organisationen in Zusammenarbeit mit One World Broadcasters, Norddeutscher Rundfunk; pp. 201, 202, 208: Deutscher Entwicklungsdienst, Berlin; p. 216: Brot für die Welt; p. 223: Bundesministerium für wirtschafliche Zusammenarbeit und Entwicklung; Presse und Öffentlichkeitsarbeit; p. 246: Regionaler Fremdenverkehrsverband Vorpommern e.V.; p. 251: BVZ, Zermatt-Bahn; pp. 252, 253 (left): Courtesy of Die Deutschen Bahnen; p. 253 (right): © Betriebswirtschaftlicher Verlag Dr. Th. Gabler GmbH, Wiesbaden 1990; p. 255: Toshiba Germany; p. 259: Courtesy of kosmos, Deutsche Verlags-Anstalt, Stuttgart, Photo by Dr. Werner Lieber; p. 260: 1: © Eichtal Werbeagentur, Hamburg; 2: Courtesy of kosmos; 3: Sur la trace des indians d'Amérique, Découvertes Benjamin, illustrations Donald Grant, © Gallimard jeunesse; 4: © by K. Thienemanns Verlag, Stuttgart-Wien; p. 262: Courtesy of Lufthansa; p. 271: Courtesy of Manfred J. Lampert Werbeagentur; p. 276: Courtesy of Deutsche Bundespost; p. 280 (top): Courtesy of Karl-May-Museum, Radebeul; p. 280 (bottom): Courtesy of Prospekt, Karl-May-Verlag; p. 281 (top): Aral Autoreisebuch; p. 281 (middle): Imprint; p. 281 (bottom): BASTEI Verlag, Bergisch Gladbach p. 282 (top): Courtesy of Wilhelm Heyne Verlag München, photo: dpa; p. 282 (bottom): Hörzu; p. 330: MEYRA; p. 332: Nageltech; p. 346 (top and bottom): Beltz und Gelberg, Weinheim/Bergstraße; p. 347: Ravensburger Buchverlag, Otto Maier GmbH; p. 348 (bottom): Opal Verlagsgesellschaft; p. 350 (bottom): Ravensburger Buchverlag, Otto Maier GmbH; p. 351: Opal Verlagsgesellschaft; p. 355: Frankfurter Allgemeine Magazin.

Illustrations

Illustrations by Tim Jones.

Photos

Page 1: Ulrike Welsch; pp. 29 & 43 (left): Ulrike Welsch; p. 43 (right): Kathy Squires; p. 46: USAF Museum; pp. 50, 56 & 73: UPI/Bettmann; pp. 58 & 76: Bildstelle u. Fotoarchiv der Stadt Nürnberg; p. 77: Kathy Squires; p. 78: Wolf/Visum; p. 79: Meisel/Visum; pp. 81 & 90: ADAC; p. 93: Krewitt/Visum; pp. 109, 116, 119 & 124: Haribo GmbH; p. 112: Kathy Squires; pp. 139, 142 & 163: from *Ich kann nicht mehr leben wie ihr Negativen,* photos by Koni Nordmann & Heiko Sobel, text by Lukesch, Duttweiler & Weiss, reprinted by permission Parkett/Der Alltag; p. 168: Ulrike Welsch; pp. 169 & 172: AP/Wide World; p. 179: Piel/Gamma Liaison; p. 181: Merillon/ Gamma Liaison; p. 182: Sauer/Lichtblick Fotografie; p. 210: Rau/DED; p. 212: Green/DED; p. 225 (top): Gartung/ DED; p. 225 (bottom): Nagel/DED; p. 228: Mazzaschi/Stock Boston; pp. 231 & 239: Deutsche Bahn AG; pp. 241 & 255 (top): Kathy Squires; p. 254: Ulrike Welsch; p. 264: Schmitt/dpa/Photoreporters; p. 268: Meyer/Action Press/SABA; p. 270: Karl-May-Museum; pp. 289, 297 & 311: Kathy Squires, p. 298: Bettmann Archive; pp. 313 & 316: Mit freundlicher Genehmigung der Deutschen Nationalmannschaft für Rollstuhl-Basketball; p. 322: Kathy Squires; p. 340: Doris Brenneisen, *Eisenhammerschläge,* 1993, Mischtechnik, sechsteilig, 3.50 x 2.20, Kollektion d. Künstl.; p. 361: Ulrike Welsch; p. 362 (top left): Franken/German Information Center; p. 362 (top right): Kathy Squires; p. 362 (bottom left): Deutsche Bahn AG; p. 362 (bottom right): Ulrike Welsch; p. 363 (top left): AP/Wide World Photos; p. 363 (top right): Ulrike Welsch; p. 363 (bottom left): German Information Center; p. 363 (bottom right): dpa/Photoreporters; p. 364 (top): German Information Center; p. 364 (bottom): Ulrike Welsch; p. 365: Franken/German Information Center.